【权威解读】

中华人民共和国
反电信网络诈骗法
解读

主编
王爱立
（全国人大常委会法制工作委员会刑法室主任）

中国法制出版社
CHINA LEGAL PUBLISHING HOUSE

前　言

2022 年 9 月 2 日，第十三届全国人民代表大会第三十六次会议以 144 票赞成、1 票弃权的表决结果，审议通过了《中华人民共和国反电信网络诈骗法》，并由国家主席习近平签署第一一九号主席令，予以公布，自 2022 年 12 月 1 日起施行。

反电信网络诈骗法分为 7 章，包括总则、电信治理、金融治理、互联网治理、综合措施、法律责任、附则，共 50 条。这部法律立足源头治理、综合治理，变事后打击为前端防范，变“亡羊补牢”为“未雨绸缪”，从理念、制度、技术等方面综合施策。一是加强行业治理、堵塞漏洞，本法第二章、第三章、第四章分别规定了电信治理、金融治理和互联网治理，就是加强这些领域防范职责。二是从思想根源上，提高防骗意识，立法着重前端的教育宣传防范，规定各方主体要积极开展有针对性的宣传教育，建立举报奖励和保护制度，营造全社会反诈的良好氛围。三是充分进行技术反制。本法对企业、主管部门以及公安部门等完善反制技术措施，推进涉诈样本信息数据共享等作了规定，针对诈骗分子的“魔高一尺”推进在技术上的“道高一丈”。四是规定政府和各部门责任，面对电信网络诈骗新型违法犯罪，各方面要完善机制，提升能力，形成合力。五是规定建立预警劝阻系统，及时采取劝阻措施，最大程度降低潜在被害人被骗的概率，加强追赃挽损。

为了配合反电信网络诈骗法的学习、宣传，帮助广大读者及时了解、准确把握条文的立法原意，我们组织编写了本书。

全国人大常委会法工委刑法室主任王爱立同志担任本书主编，全国人大常委会法工委刑法室的黄永、许永安、王宁、张义健、陈远鑫、黄星、伊繁伟、王瑞、马曼、戴蕾、骆程、张金勇、董晴、刘筱彤、纪文哲等同志参与撰写。

本书力求准确、简要、通俗易懂地阐释反电信网络诈骗法的内容，但因时间和水平有限，如有疏漏之处，敬请读者批评指正。

编　者

2022年10月

目　录

第一章　总　　则

第一条　为了预防、遏制和惩治电信网络诈骗活动，加强反电信网络诈骗工作，保护公民和组织的合法权益，维护社会稳定和国家安全，根据宪法，制定本法。

◆ 条文主旨

本条是关于立法目的和立法根据的规定。

◆ 立法背景

（一）起草背景

近年来反电信网络诈骗犯罪多发高发，十分猖獗，严重危害国家安全、社会秩序和人民群众财产安全，成为突出的社会问题，必须依法防范惩治、坚决打击遏制这类犯罪。这就需要根据实践迫切需要，从“小切口”入手，立足预防性法律制度建设，制定一部专门的反电信网络诈骗法，为打击治理电信网络诈骗活动提供全面系统的、有力的法律支撑。制定本法的有关背景和考虑主要有：

1. 贯彻落实习近平总书记重要指示批示和党中央决策部署，要求必须制定一部专门的反电信网络诈骗法。习近平总书记多次对打击治理电信网络诈骗犯罪作出重要指示批示。2021 年 4 月，习近平总书记作出重要指示强调，“近年来，各地区各部门贯彻党中央决策部署，持续开展电信网络诈骗犯罪打击治理，取得了初步成效。要坚持以人民为中心，统筹发展和安全，强化系统观念、法治思维，注重源头治理、综合治理，坚持齐抓共管、群防群治，全面落实打防管控各项措施和金融、通信、互联网等行业监管主体责任，加强法律制度建设，加强社会宣传教育防范，推进国际执法合作，坚决遏制此类犯罪多发高发态势，为建设更高水平的平安中国、法治中国作出新的更大的贡献。”2021 年 12 月 6 日，习近平总书记在主持十九届中央政治局第三十五次集体学习时指出：“对人民群众反映强烈的电信网络诈骗、新型毒品犯罪和‘邪教式’追星、‘饭圈’乱象、‘阴阳合同’等娱乐圈突出问题，要从完善法律入手进行规制，补齐监管漏洞和短板，决不能放任不管。”习近平总书记的这些重要指示从指导思想、基本原则、具体举措、关键环节、制度构建等方面对反电信网络诈骗工作提出明确要求，为我们打击治理电信网络诈骗犯罪工作指明了方向，提供了根本遵循。为贯彻落实习近平总书记重要指示批示精神，2021 年 12 月 31 日中共中央办公厅、国务院办公厅印发《关于加强打击治理电信网络诈骗违法犯罪工作的意见》，对有关工作作出系统谋划和全面部署。贯彻落实党中央重大决策部署，需要完善加强法律制度，为及时解决这一突出的社会治安问题提供充分的法律保障。

2. 坚持以人民为中心，解决人民群众急难愁盼，要求我们必须坚决打击遏制电信网络诈骗犯罪，需要制定法律提供坚强保障。近年来，在全国刑事案件数量持续下降的情况下，电信网络诈骗案件数量居高不下，形势严峻。电信网络诈骗犯罪约占全部刑事立案数的 20%，从刑事报案数看，约占全部刑事警情数的 50%。目前日均发案仍超 3000 起，群众日均被骗损失 2 亿元，数量仍在高位运行。此类犯罪已成为主流犯罪，严重危害人民群众人身财产安全、破坏社会诚信、损害国家形象。电信网络诈骗与传统“一对一”的诈骗有很大的不同，犯罪分子利用通讯网络等技术手段，钻管理上的漏洞，非法获取个人信息，针对社会不特定群体，特别是老年人、在校学生等，大肆实施诈骗，呈现组织化、链条化、精准化、跨境实施等特征。每个人都可能被骗，人民群众防不胜防，严重危害人民群众的获得感、幸福感、安全感。对此，必须从人民立场出发，坚决打击治理这一人民群众深恶痛绝的违法犯罪活动。制定反电信网络诈骗法是重要举措。

3. 打击治理电信网络诈骗需要进一步完善法律制度。从现行法律制度看，有关法律从不同方面对打击治理电信网络诈骗作了相应规定，特别是近年来的刑法修改。2015 年通过的刑法修正案（九）根据电信网络诈骗等网络犯罪出现的新情况新问题作了系统性、针对性修改，对帮助、预备、互联网企业责任等各环节、各阶段单独定罪处罚，在立法层面解决了网络犯罪定罪门槛高、查证难等突出问题，实现了“打早打小”。同时，其他有关行政的、经济的法律也有涉及电信网络诈骗治理的相关规定，如全国人大常委会关于加强网络信息保护的决定、网络安全法、反洗钱法、个人信息保护法等。同时，立法方面也需要进一步完善，打击治理电诈的法律规定比较分散；有的规定对于打击治理电信网络诈骗来说，还不够明确、细化和有针对性；实践中的一些做法和政策文件需要进一步上升为法律规定。从实践情况看，反电信网络诈骗工作综合治理、源头治理方面的制度措施不够充分，金融、通信、互联网等行业治理存在薄弱环节，需要进一步建立、完善各方面责任制度，形成协同打击治理合力。针对当前电信网络诈骗犯罪的情况、特点和问题，各方面都认为坚决贯彻落实习近平总书记重要指示批示精神，在进一步强化执法和治理工作的同时，也需要进一步完善法律，有针对性地规定相关制度，为打击治理电信网络诈骗犯罪提供更加充分有效的法律保障。

关于专门立法方式。从调研情况看，多数意见赞成制定一部专门的反电信网络诈骗法，认为："专门立法是针对特定事项的立法，能够集中全面解决打击治理电信网络诈骗犯罪中的法律问题，从各环节作出规定，体现系统观念和源头治理、综合治理的要求，更有利于防范遏制惩治此类犯罪，更好回应社会关切；其他相关立法条文分散，从各个环节领域分别作出规定，系统性、针对性不强；专门立法在立法技术上没有问题。"也有意见提出，可以在目前正在起草、修改的相关立法中研究解决。后经研究认为，就打击治理电信网络诈骗犯罪进行专门立法是必要的，各方面对于解决电诈犯罪涉及的金融、通信、互联网治理等各环节制度问题的需求较为迫切，专门立法符合实践需要，可以为及时有效打击遏制防范电信网络诈骗提供有力的法律支撑。

制定反电信网络诈骗法的有关主要考虑。这部法律在立法技术、立法方式方面还有以下重要特征：一是研究制定反电信网络诈骗法是"小快灵"立法的又一次重要立法实践。中央全面依法治国工作会议提出，"要研究丰富立法形式，可以搞一些'大块头'，也要搞一些'小快灵'。"这部立法主要考虑是体现"小切口"，对关键环节、主要制度作出规定，建起四梁八柱，力求精准有效，条文数量不求太多，立法进程要快，是一部体现"小快灵"的立法，将进一步丰富全国人大常委会的立法形式。二是研究制定反电信网络诈骗法是完善预防性法律制度建设的重要体现。反电信网络诈骗法体现的是源头治理、综合治理，侧重前端防范。三是研究制定反电信网络诈骗法体现的是急用先行，同时其他行业立法也将共同推进。反电信网络诈骗法虽然体量小，但涉及金融、通信、互联网、个人信息保护等各领域，是一部集中全面、系统综合、针对性强的小法律，目的是解决当前迫切需要的立法需求，坚持急用先行。同时，其他有关行业性法律针对电信网络诈骗的新情况新问题从各自行业领域作出专门规范，也是必要的。专门立法与行业立法相互配套、共同发力，将为打击治理电信网络诈骗犯罪提供充分的法律制度供给。四是本法作为一部新型领域立法，立法技术上坚持粗细相宜。反电信网络诈骗法针对的是网络空间的新兴违法犯罪活动，不断翻新变化，规律也在不断变化。立法过程中坚持问题导向和结果导向，对能够明确细化的予以明确细化，对一时难以看清的作出原则性或者授权性规定，处理好粗与细的关系。本法总体上粗略相间，有的地方很细，也有很多地方作原则性的粗规定。通盘考虑各方面诉求，平衡各方面利益和责任，条文规定详略得当，对拿不准的原则规定，提供法律依据，不作细化规定。本法有很多义务性规定，将来还需要主管部门等出台相关配套规定，具体确定和根据情况实时调整。

（二）审议中各方面的意见

1. 反电信网络诈骗法（草案）第一条规定："为了预防、遏制和惩治电信网络诈骗活动，加强反电信网络诈骗工作，保护公民合法权益，维护社会稳定和国家安全，制定本法。"在草案审议和征求意见过程中，对草案一审稿第一条的意见主要有：一是有些常委会组成人员提出，"单位"在有些情形下也是受害者，建议扩大保护范围，在"公民"后增加"法人和其他组织"，将"保护公民合法权益"修改为"保护公民、法人和其他组织的合法权益"。二是有的认为，草案涉及个人处理信息活动的规范，参照个人信息保护法的规定和表述，建议增加"根据宪法"的表述。三是有的建议删除"遏制"表述。

2. 草案二次审议稿第一条规定："为了预防、遏制和惩治电信网络诈骗活动，加强反电信网络诈骗工作，保护公民和组织的合法权益，维护社会稳定和国家安全，根据宪法，制定本法。"根据各方面的意见，草案二次审议稿对草案一审稿作了以下修改：一是将“保护公民合法权益”修改为“保护公民和组织的合法权益”，增加了保护“组织”合法权益的表述。二是在立法根据中增加了“根据宪法”的表述。

在审议过程中、征求意见过程中、通过前评估过程中，各方面的意见主要有：一是有的提出，将“惩治”修改为“依法惩治”，与国家安全法等相关法律表述一致，意在强调“依法”开展反电信网络诈骗工作。二是有的提出，将“组织”修改为“法人和其他组织”，因民法典将组织分为法人和非法人组织。

3. 草案三次审议稿第一条规定：“为了预防、遏制和惩治电信网络诈骗活动，加强反电信网络诈骗工作，保护公民和组织的合法权益，维护社会稳定和国家安全，根据宪法，制定本法。”草案三次审议稿对草案二次审议稿未作修改。

4. 关于为了“预防、遏制和惩治”电信网络诈骗活动的表述问题。一是关于“遏制”。草案研究过程中，有意见提出删去“遏制”作为立法目的的表述。法律中很少使用这一表述，类似的表述有“制止”，但也不多。《中华人民共和国国家安全法》第九条规定：“维护国家安全，应当坚持预防为主、标本兼治，专门工作与群众路线相结合，充分发挥专门机关和其他有关机关维护国家安全的职能作用，广泛动员公民和组织，防范、制止和依法惩治危害国家安全的行为。”《中华人民共和国香港特别行政区维护国家安全法》第五条第一款规定：“防范、制止和惩治危害国家安全犯罪，应当坚持法治原则。法律规定为犯罪行为的，依照法律定罪处刑；法律没有规定为犯罪行为的，不得定罪处刑。”这两部法律中规定了与“遏制”类似的“制止”，但并没有在第一条立法目的中规定。反间谍法也使用了“制止”作为立法目的的表述，但目前没有其他法律在立法目的中规定“遏制”的，这是本法专门使用的表述，主要考虑是：习近平总书记对打击治理电信网络诈骗工作重要指示中指出，要“坚决遏制此类犯罪多发高发态势”，当前电信网络诈骗活动十分猖獗，制定本法的重要目的就是为迅速遏制这一犯罪猖獗势头提供法律依据，遏制电信网络诈骗活动是立法的重要目的，是当前亟须解决的突出问题。二是关于是表述为“惩治”还是“依法惩治”。如上所述，《中华人民共和国国家安全法》第九条中使用了“依法惩治”，但并没有在第一条立法目的中进行表述，更多法律表述为“惩治”。《中华人民共和国反间谍法》第一条规定：“为了防范、制止和惩治间谍行为，维护国家安全，根据宪法，制定本法。”《中华人民共和国国家情报法》第十一条规定：“国家情报工作机构应当依法搜集和处理境外机构、组织、个人实施或者指使、资助他人实施的，或者境内外机构、组织、个人相勾结实施的危害中华人民共和国国家安全和利益行为的相关情报，为防范、制止和惩治上述行为提供情报依据或者参考。”《中华人民共和国反恐怖主义法》第一条规定：“为了防范和惩治恐怖活动，加强反恐怖主义工作，维护国家安全、公共安全和人民生命财产安全，根据宪法，制定本法。”《中华人民共和国反有组织犯罪法》第一条规定：“为了预防和惩治有组织犯罪，加强和规范反有组织犯罪工作，维护国家安全、社会秩序、经济秩序，保护公民和组织的合法权益，根据宪法，制定本法。”因此，多数法律表述为“惩治”，惩治当然是必须依法进行，这也是制定本法的目的。另外，本法第五条中也再次强调了反电信网络诈骗工作应当依法进行，作了明确规定，本条立法目的中不再表述为“依法”惩治。

5. 关于规定“根据宪法”。除了基础性部门法如刑法、民法典等以外，随着我国法律门类和数量不断细化和增长，哪些法律在立法根据中应当写上“根据宪法”，哪些不需要写，需要一个相对明确的标准，需要结合各个法律的内容和规范的特殊性，与宪法实施的紧密程度等综合判断。当然，即使不写根据宪法，所有法律也都是贯彻实施宪法，根据宪法精神制定的，法律规定不得违背宪法规定。本法在草案一审稿中并未规定“根据宪法”，在草案二审稿中增加了这一规定。主要考虑有：

一是反电信网络诈骗法的根本目的和任务在于通过打击治理电信网络诈骗犯罪，保护人民群众财产安全。这两点在宪法中具有直接根据。宪法对保护公民和组织财产安全作了明确规定，《中华人民共和国宪法》第十三条中规定：“公民的合法的私有财产不受侵犯。国家依照法律规定保护公民的私有财产权和继承权”；第二十八条对打击犯罪作了规定：“国家维护社会秩序，镇压叛国和其他危害国家安全的犯罪活动，制裁危害社会治安、破坏社会主义经济和其他犯罪的活动，惩办和改造犯罪分子。”

二是本法在规定有关反电信网络诈骗制度过程中，有的涉及对公民基本权利方面的限制，如通信权等，《中华人民共和国宪法》第四十条规定：“中华人民共和国公民的通信自由和通信秘密受法律的保护。除因国家安全或者追查刑事犯罪的需要，由公安机关或者检察机关依照法律规定的程序对通信进行检查外，任何组织或者个人不得以任何理由侵犯公民的通信自由和通信秘密。”又如，本法对出境的限制等。当然上述规定是为了防范违法犯罪，对这些人员的一些权利和活动进行限制，由于涉及基本权利限制，因此也需要根据宪法的精神，在统筹打击犯罪和维护基本权利这两重宪法目的中进行权衡、统筹考虑，实现精准防范。因此，从本法规范涉及宪法权利的紧密程度和保护需要这一点来看，增加规定“根据宪法”也是必要的。

三是其他关于打击某方面违法犯罪的专项法律也都规定了“根据宪法”的内容。如反有组织犯罪法、反恐怖主义法等法律中都规定了“根据宪法，制定本法”的内容。与此相关的个人信息保护法等也规定了“根据宪法”的立法依据。

四是进一步完备宪法实施制度的需要。党中央提出加强宪法实施和监督，宪法实施的方式具有多样性，其中重要的是通过制定其他法律进行实施，为进一步加强宪法实施有必要在本法中规定“根据宪法”的内容。我国宪法对打击犯罪和保护公民的基本权利作了充分具体的规定。通过建立健全法律法规和制度体系，推动和保障宪法实施，是我国宪法实施的基本途径。在依法打击犯罪方面，现行宪法颁布实施40年以来，全国人大及其常委会制定并不断补充和完善刑法，通过关于刑法的解释，并制定了一系列防范和惩处犯罪相关法律和有关法律问题的决定，如预防未成年人犯罪法、反有组织犯罪法、反恐怖主义法、关于维护互联网安全的决定等。这些刑事领域立法为依法防范和惩处犯罪，维护国家安全、社会秩序和公民、组织合法权益提供了有力法律依据，是不断通过立法落实宪法规定和精神的具体举措。反电信网络诈骗法是专门针对当前突出的电信网络诈骗违法犯罪活动，加强源头治理的又一部刑事领域专门法律。根据实践需要，及时制定反电信网络诈骗法，有效防范和惩处电信网络诈骗违法犯罪活动，保护公民财产、个人信息安全等合法权益，是通过立法推动实施宪法的又一重要举措。

（三）有关国家、地区的规定

当前，全球电信网络诈骗整体呈上升态势，在很多国家成为新型的主要犯罪类型。为应对电信网络诈骗犯罪活动，从一些国家立法情况看，需要不断强化立法保障，打好诈骗治理的法治基础。目前世界主要国家和地区为预防和治理电信网络诈骗，在电信法及相关立法中设置了一系列专门条款，其中美国、韩国的相关规定相对完善和详细。通过对相关条款的梳理总结，目前国外在电信网络诈骗治理方面的立法重点主要集中在以下四个方面：

一是电信业务办理实名制和用户真实身份核验要求，确保主叫身份真实性。美国要求提供语音服务（包括 VOIP）的电信运营商应使用用户身份认证框架；韩国要求办理电信业务需要使用人真实信息，监管部门应构建身份核验系统；日本要求移动语音通信服务运营商应当要求用户提供身份信息，未按照规定进行真实身份验证的，移动语音通信服务运营商可拒绝提供服务。同时，为确保用户的真实身份，一些国家还对电信号码资源、电信设备的转让进行规范。如韩国禁止私下交易电信号码，监管部门可要求对私下交易的电话号码采取服务隔离或信息显示限制；日本规定转让终端设备应当取得移动语音通信运营商同意或进行受让人身份验证。

二是完善金融账户监管和反洗钱制度建设，针对薄弱环节加强综合治理。美国通过《银行保密法》确立了金融账户实名制和反洗钱制度，并颁布一系列配套立法保障实施。欧盟高度重视反洗钱工作，先后发布了五个反洗钱指令，并通过刑事立法加大对洗钱犯罪的惩处力度。英国颁布《反洗钱条例》和《犯罪收益法》，构建了较为完整的洗钱犯罪罪名体系。澳大利亚通过《金融交易报告法》，建立了金融交易信息报告体系和制度。俄罗斯通过《俄罗斯联邦刑法典》修正案和《反洗钱和恐怖融资法》规制洗钱犯罪。日本政府严厉打击恐怖主义融资、黑社会等地下钱庄，并规定了完善的反洗钱法律法规，重点打击证券地下融资。韩国的反洗钱立法由《犯罪所得法》和《金融交易报告法》两个主要部分构成。

三是逐渐重视互联网和网络平台治理，拓展政企合作加强技术防范。在实名制方面，以韩国为代表的政府推动模式和以美国为代表的企业推动模式，是全球立法及实践中推行互联网实名制的典型代表。在使用管理方面，欧洲对于互联网企业对用户使用行为管理所施加的义务，采取了“软硬兼施”的制度策略。欧盟2020年颁布《数字服务法》（DSA）和《数字市场法》（DMA），从网络内容治理和互联网经济秩序维持两个出发点加强互联网和网络平台治理，将欧洲数字失衡问题根源直指大型互联网平台的守门人角色，着力规范互联网平台对在线内容的守门人义务。

四是强化企业责任和风险管理，压实企业主体在电信网络诈骗治理方面的义务。美国规定FCC（美国联邦通信委员会）应构建与私营实体进行信息共享的机制，鼓励电信运营者共享电信网络诈骗信息。欧盟规定国家监管机构或其他主管当局有权要求电信服务提供商对涉嫌欺诈或滥用的电信号码停止服务。德国规定为治理电信网络诈骗，电信服务提供商可收集和使用用户数据，记录用户所使用的诈骗方法和获得的非法收入信息，并可在规定范围内向国外私人机构提供用户个人数据。葡萄牙规定电信业务经营者在存在欺诈的情况下可以中断服务。日本规定电信运营商有正当理由可拒绝提供电信邮件发送服务。韩国规定可利用政务信息共享等机制建立用户身份核验机制，监管部门在存在电信网络诈骗的情形下可要求电信经营企业采取中断服务措施等。

◆ 条文解读

本条是关于立法目的和立法根据的规定。本条包含以下几个方面的内容：

第一，制定本法是“为了预防、遏制和惩治电信网络诈骗活动，加强反电信网络诈骗工作”。强调预防是制定本法的重要考虑，本法从电信、金融、互联网和综合措施四个方面进行制度设计，主要体现的都是“防范为先”的重要理念。从实践看，过去在打击这方面做了大量工作，但实践表明光靠打是不行的，此前工作中存在打防失衡，注重打击、防范治理制度建设不够的情况。特别是在金融、通信、互联网等管理方面漏洞较多，需要从电信网络诈骗犯罪的信息流、技术流、资金流等环节，以及行业监管、企业平台责任、社会宣传教育防范等各方面齐抓共管，形成制度合力。在强化系统观念、源头治理和综合治理方面还需要进一步加强工作。因此，本法将预防摆在突出位置，立法目的第一个就是“预防”。立法目的强调“遏制”，这是当前迫切的首要目标，是治标的首要目标，同样非常重要。经过各方面共同努力，强力推进打击治理工作，自 2021 年 6 月起，单月立案数已连续呈同比下降态势，在发案数连续下降的同时，破案率同比上升，这两方面数据表明在严打震慑态势下，电信网络诈骗犯罪持续上升势头得到有效遏制，但电信网络诈骗犯罪活动形势依然严峻复杂，在我国整体犯罪特别是重大犯罪案件数量不断下降的情况下，电信网络诈骗犯罪仍高位运行，因此，是否能够“遏制”电信网络诈骗上升势头和扭转高位运行态势将是制定本法的重要目标和挑战。关于“惩治”方面，惩治或者说打击一直是开展反电信网络诈骗工作的主要手段和方式，这一点也同样也不能放松，防范和打击并重，打防管控多管齐下，多种手段综合治理和系统治理，才能取得显著成效。“加强反电信网络诈骗工作”也是本法制定的重要考虑。本法通过压实行业主管部门行业监管责任、各企业反诈责任、地方政府属地责任，以及公检法打击职责、有关方面宣传职责，还有技术防范措施等，通过有针对性的制度设计和工作要求，加强反电信网络诈骗工作，取得反电信网络诈骗工作实效。

第二，保护公民和组织的合法权益。主要包括以下方面：（1）电信网络诈骗活动侵害的主要是公民、组织的财产安全，首先是保护公民、组织的合法财产免受诈骗侵害。诈骗分子针对社会公众，特别是一些老年人、学生等实施诈骗，致使一些人的养老钱、上学钱、看病钱被骗而遭受重大生活困难，保护人民群众财产安全，守护“钱袋子”是反电信网络诈骗工作的首要和根本目标。(2) 除了上述财产权益以外，还应当依照本法和其他有关法律规定，保护公民和组织的个人信息、个人隐私安全和商业秘密等。(3) 依照宪法和有关法律规定，保护公民和组织的有关基本权利。本法在立法过程中始终重视统筹发展和安全，在防范限制有关非法活动、压实企业等责任的同时，也注意精准治理，防止对公民、企业正常生活和生产经营活动的不利影响，保障公民的基本权利。如本法对有关涉诈异常的电话卡、银行账户、支付账户、互联网账号等会采取有关限制卡、号、账户功能、暂停等措施，收集有关必要的个人信息、设备信息等，在采取这些措施时明确规定要限于反电信网络诈骗工作，同时明确规定需要依照国家有关规定采取措施，并建立完善申诉渠道，对异议及时处理等，这类情况同样体现了本条规定的保护公民和组织合法权益的要求。

第三，维护社会稳定和国家安全。电信网络诈骗与传统“一对一”的诈骗有很大的不同，犯罪分子针对社会不特定群体，特别是利用老年人、在校学生等特殊群体，大肆实施诈骗，呈现组织化、链条化、精准化、跨境实施等特征，犯罪活动在社会面蔓延，每个人都可能被骗，人民群众防不胜防，严重危害了人民群众切身利益，特别是伤害了社会诚信体系，已经成为社会公害，因此，从维护社会稳定角度，从维护我国创造的“两个奇迹”成果角度，都必要坚决打击治理电信网络诈骗活动。同时，打击治理电信网络诈骗活动也是维护国家安全的需要，主要体现在：贯彻总体国家安全观，维护国家政治、经济和社会安全。电信网络诈骗活动危害政治安全，特别是跨境实施的电信网络诈骗活动，大量人员出国盘踞特定区域，有组织、产业化地实施电信网络诈骗活动，严重损害国家对外形象。电信网络诈骗活动洗钱猖獗，涉及大量资金境外转移，危害国家资金安全等。

第四，立法根据是“根据宪法，制定本法”。“根据宪法”是指根据宪法精神，实现宪法目的，贯彻实施宪法。一方面是保障宪法规定的保护公民和组织合法财产的重要措施，另一方面也是依据宪法精神，统筹发展和安全，精准进行制度设计。“根据宪法，制定本法”是法律中将宪法作为立法依据的经典表述。在其他一些法律中，除了依据宪法之外，还对总结实践经验作了规定。如《中华人民共和国刑法》第一条规定：“为了惩罚犯罪，保护人民，根据宪法，结合我国同犯罪作斗争的具体经验及实际情况，制定本法。”实际上，制定本法过程中总结实践经验也是重要方面。本法是在总结实践中好经验好做法的基础上，结合反电信网络诈骗工作的实际情况和需要，推进相关制度建设。

在该条的理解适用中，需要注意以下几个方面的问题：

第一，预防、遏制和惩治电信网络诈骗活动，加强电信网络诈骗工作是一个整体，必须按照综合治理、系统观念的思维推进反电信网络诈骗工作，这也是理解本法篇章结构和制度设计的重要方面。本法在立法过程中，主要侧重预防、防范性的制度设计，同时也增加了打的方面的内容，如关于公检法机关在反电信网络诈骗工作中的惩治职责，对电信网络诈骗分子专门规定治安处罚责任，以及民事责任和纳入信用记录等，这些也可以说是“打击”方面的内容，因此理解本法规定时，难以用单纯的打或者防来概括，而是综合性的措施。

第二，正确处理本法和刑法、刑事诉讼法等惩治性法律的关系。立法过程中，一些意见要求加大对电信网络诈骗活动人员的刑事打击，对此刑法等法律中已经作出了明确规定。为打击治理电信网络诈骗等网络犯罪，刑法做过多次修改。目前，可以适用的罪名包括：诈骗罪、帮助信息网络犯罪活动罪、非法利用信息网络罪、侵犯公民个人信息罪、妨害信用卡管理罪等，其中诈骗罪等最高可判处无期徒刑，总体上能够适应实践需要。因此本法在刑事责任方面仅作了衔接性规定。同时，也有意见提出，对电信网络诈骗案件办理中的一些证据标准、程序等问题也作出规定，这些在刑事诉讼法等法律中已有相应规定，总体上实践中也能够通过制定司法解释、统一认识等研究解决，因此未在本法中作出规定。

第三，处理好本法与反洗钱法、网络安全法、个人信息保护法、电信法等法律或者拟制定的法律的关系。制定、修改电信法、反洗钱法等已经列入全国人大常委会立法规划，有关方面正在推进工作。这些立法都会涉及电信网络诈骗犯罪的某个或者某些环节，但是针对性不强，主要制度角度也不同，如电信法规定的主要是有关电信设备资源、电信企业责任等电信管理制度，对有关金融领域、互联网治理、跨境执法等方面难以覆盖。已经列入有关立法计划的网络犯罪防治法，与本法在角度和侧重上也会有所不同。反电信网络诈骗专项立法的优势是系统综合、针对性强，立法进程快。

◆ **相关规定**

《中华人民共和国宪法》第12条、第28条、第40条；《中华人民共和国国家安全法》第9条；《中华人民共和国刑法》第1条；《中华人民共和国国家情报法》第11条；《中华人民共和国反间谍法》第1条；《中华人民共和国反恐怖主义法》第1条；《中华人民共和国反有组织犯罪法》第1条；《中华人民共和国个人信息保护法》第1条

第二条 本法所称电信网络诈骗，是指以非法占有为目的，利用电信网络技术手段，通过远程、非接触等方式，诈骗公私财物的行为。

◆ 条文主旨

本条是关于电信网络诈骗定义的规定。

◆ 立法背景

（一）起草背景

本法是专门规制电信网络诈骗的法律，因此有必要对电信网络诈骗作出定义，明确范围，从而确定本法适用的对象。表面上看，电信网络诈骗是否定义并不重要，其范围也似可轻易确定，但实际并非如此，科学确定电信网络诈骗定义，需要考虑和处理好以下关系：

一是电信网络诈骗与传统诈骗罪的关系。本法是针对电信网络诈骗的治理，而不是针对所有诈骗犯罪。传统的一对一、接触式的诈骗罪，其发案范围、治理的特点和需要与电信网络诈骗有很大不同，对其打击治理并不需要专门法律作出另外安排，因为无论是法律依据、打击治理环节等都不存在特别问题，与其他传统犯罪如盗窃罪等的治理是一样的，在制度安排和办案方面基本上是一样的。因此，作出定义时需要准确区分与普通诈骗罪的关系，确定有关要素时要体现普通诈骗和电信网络诈骗的区别，合理划定本法规范边界。

二是与其他关联犯罪的区分。电信网络诈骗活动过程中还有其他很多关联犯罪。如，电信网络诈骗分子从事电信网络诈骗往往利用非法获取的公民个人信息，进行精准诈骗，其中伴随着侵犯公民个人信息罪，属于重要的关联犯罪；又如，电信网络诈骗活动通常需要运用各种手法洗钱，实现非法占有诈骗资金目的，因此洗钱罪是重要的关联犯罪；还比如，为电信网络诈骗活动提供各类黑灰产支持帮助的行为，也都是重要的关联犯罪。在定义电信网络诈骗定义时，需要处理好电信网络诈骗与这些伴生的关联犯罪的关系问题。

本条规定电信网络诈骗定义的主要考虑：一是为确定本法调整对象，划定法律调整事项范围，同时明确本法作为规制电信网络诈骗活动的“小切口”专项法律，不涉及其他违法犯罪事项。二是电信网络诈骗的界定是适用本法有关制度措施、施加权利义务和责任的前提。如，本法对金融、电信、互联网企业规定了防范监测电信网络诈骗的责任，电信网络诈骗如何定义就直接关系企业需要防范监测的违法犯罪的范围；又如，本法对有关涉电信网络诈骗活动的违法犯罪人员采取限制办卡、限制出境，以及进行惩戒等措施，电信网络诈骗界定的范围不同就会决定了上述措施适用的人群范围不同，因此，对电信网络诈骗作出清晰定义是具有重要意义的。三是本法确定的电信网络诈骗定义对刑法等其他法律的适用也具有重要意义。对电信网络诈骗的入罪门槛作了不同于普通诈骗罪的规定，属于电信网络诈骗还是普通诈骗将决定一些情形下是否构成犯罪承担刑事责任。

从反电信网络诈骗实践看，当前常见的电信网络诈骗手段主要有：贷款、代办信用卡类，刷单返利类，“杀猪盘”类（网络交友赌博投资类诈骗），冒充电商物流客服类，虚假购物、服务类，冒充领导、熟人类，上述 6 类案件共占全国电信网络诈骗犯罪发案数和损失数的八成以上。受害人最多的电信网络诈骗犯罪类型为刷单返利类，诈骗金额最多、损失最大的为“杀猪盘”类。在“杀猪盘”案件中，不少受害人自杀身亡，已成为危害最突出的电信网络诈骗犯罪类型。总结这些常见的电信网络诈骗手法是作出科学定义的基础。

（二）审议中各方面的意见

1. 反电信网络诈骗法（草案）第二条规定："本法所称电信网络诈骗，是指以非法占有为目的，利用电话、短信、互联网等电信网络技术手段，通过远程、非接触方式，骗取公私财物的行为。"

在草案一开始的起草阶段并未对电信网络诈骗作出定义，在草案起初征求各方面意见的过程中，有关方面提出，目前实践中一些规范性文件对电信网络诈骗定义有所规定，但并不统一，定义角度也有所不同，作为反电信网络诈骗专门法律，应当对电信网络诈骗进行定义。后经研究，在草案一审稿中对电信网络诈骗作出上述定义。常委会审议和征求意见过程中，各方面的意见主要有：一是关于具体手段列举。有的提出，通过微信进行网络诈骗时有发生，建议增加"微信"；有的提出，"利用电话、短信、互联网等电信网络技术手段"的表述不科学，也不全面，建议修改为"利用电信网络技术手段"。二是将电信网络诈骗相关的帮助行为列入。有的提出，从司法实践看，应当将支持或者帮助他人实施电信网络诈骗活动的行为列入电信网络诈骗范畴，并作为规制对象，建议增加"为他人提供支持和帮助"的表述。有的建议将"可能触犯诈骗罪、侵犯公民个人信息罪、非法获取计算机信息系统数据罪等多种罪名的网络黑灰产行为"列入定义范围。三是关于是否规定针对不特定人实施。有的提出，电信网络诈骗犯罪的对象是不特定的人，"一对一"的诈骗行为即使利用了电信网络手段也应归入普通诈骗，建议定义中增加"不特定"的表述。四是关于是否限定为"非接触式"，有的建议删除"非接触式"表述。有的提出，通过电信网络发生的诈骗行为在物理距离上并不一定为“远程”，也有线下接触场景，建议删除“远程、非接触方式”。五是关于进一步完善描述诈骗方式。有的建议，在“技术手段”后增加“传播虚假信息”，在“非接触方式”后增加“使被害人陷入错误认识”；有的建议修改为“通过虚构事实、非接触方式，骗取、敲诈公私财物的行为”或者修改为：“虚构事实，设置骗局，实施远程、非接触式诈骗，骗取公私财物的行为”。

2. 草案二次审议稿第二条规定：“本法所称电信网络诈骗，是指以非法占有为目的，利用电信网络技术手段，通过远程、非接触方式，诈骗公私财物的行为。”根据各方面的意见，草案二次审议稿对草案一审稿作了以下修改：一是删去了“电话、短信、互联网等”电信网络技术手段的列举，主要是考虑还有其他一些方式，不好一一列举。二是将“骗取”修改为“诈骗”，与刑法诈骗罪的罪名一致。

在审议过程中、征求意见过程中、通过前评估过程中，各方面提出的意见有：一是电信网络诈骗手段具有多样性，并且随着技术手段的发展而变化，实际中可能会出现远程和近端、接触和非接触相结合的诈骗形态，建议在本条后面加上“等”字。二是删除“远程、非接触式”，增加涉众型特征。三是本法对诈骗实施者的处罚没有明确规定，主要是依据刑法，本法中对诈骗行为的定义与刑法的规定有所不同，没有规定数额较大。对诈骗数额较小的如何处罚，建议明确。四是有的提出，在定义中阐述具体的形式更通俗易懂，草案删去了一审稿中“电话、短信、互联网”具体手段的列举，建议保留。五是有的建议增加规定帮助行为，将本条修改为“本法所称电信网络诈骗，是指以非法占有为目的，利用电话、短信、互联网等电信网络技术手段，通过远程非接触方式骗取公私财物以及为他人实施上述活动提供帮助的行为。”

3. 草案三次审议稿第二条规定："本法所称电信网络诈骗，是指以非法占有为目的，利用电信网络技术手段，通过远程、非接触等方式，诈骗公私财物的行为。"根据各方面的意见，草案三次审议稿对草案二次审议稿作了以下修改：考虑到电信网络诈骗手段不断变化，可能出现远程和近端、接触和非接触结合等形态，在"远程、非接触"后增加"等"字，为实践留有余地。

在审议过程中，有常委委员建议在"以非法占有为目的"前增加"面向不特定多数人"的表述；有的常委委员提出，电信诈骗不一定都是远程、非接触方式，建议将"通过远程、非接触等方式"修改为"通过网络平台，以远程、非接触为主要方式"。考虑到这些意见在此前修改中已作了回应，未再修改。

◆ **条文解读**

本条包含以下几个方面的内容：

第一，电信网络诈骗必须是"以非法占有为目的""诈骗公私财物"的行为。这体现的是电信网络诈骗中的"诈骗"要素。电信网络诈骗本质上是诈骗的一种，电信网络诈骗犯罪必须符合诈骗犯罪的构成要件。诈骗罪具有完整的构成要件和过程，本条没有规定的其他构成要件也应当按照诈骗罪的构成要件补充完整。刑法中规定了诈骗罪，没有对诈骗定义作出明确规定，法学理论和实践中对于诈骗罪的构成要件和过程一般表述为："以非法占有为目的——虚构事实或者隐瞒真相——使他人产生错误认识——他人基于错误认识处分财产——行为人取得财产——被害人造成财产损失。"这些要件过程对于电信网络诈骗的构成过程同样适用。因此，本条中虽然没有明确规定虚构事实、设置骗局、使他人产生错误认识等条件，但这些条件同样应当具备，要按照诈骗罪的要件予以确认。本条主要是将电信网络诈骗的突出特点规定出来，其他要素还需要结合普通诈骗的其他要件综合认定。“诈骗公私财物”包括骗取公民个人财物，也包括骗取单位财物。

第二，“利用电信网络技术手段”，这是电信网络诈骗在手段方式上区别普通诈骗的一个重要特征，也是称其为“电信网络诈骗”的原因。电信网络技术手段包括电信手段、网络手段或者电信网络手段的结合，实际上电信和网络也存在交叉融合。根据《中华人民共和国电信条例》第二条规定，电信，“是指利用有线、无线的电磁系统或者光电系统，传送、发射或者接收语音、文字、数据、图像以及其他任何形式信息的活动。”根据《中华人民共和国网络安全法》第七十六条规定，“网络，是指由计算机或者其他信息终端及相关设备组成的按照一定的规则和程序对信息进行收集、存储、传输、交换、处理的系统。”本法没有对电信网络及其相互关系、界限和管理职责等作出规定，本法主要是针对电信网络进行打击治理，不涉及电信网络的范围界定和部门管理职责划分。从实践看，电信网络技术手段通常包括：一是利用发送短信方式，二是利用拨打电话方式；三是利用微信等即时通讯工具；四是利用互联网手段等。实际上单纯利用一种方式的已经比较少，而是综合利用电信网络各类手段。从实践看，电信网络诈骗从过去主要由电话诈骗逐渐发展为网络端诈骗为主，并逐渐融合。2020 年全年，利用电话实施诈骗案件占全部电信网络诈骗案件比 21%，利用短信实施诈骗占比 8%，利用网络实施诈骗占比 71%。值得注意的是，利用短信和电话独立完成诈骗的案件极少，短信和电话主要是引流作用，如冒充假客服发验证短信、发送诈骗链接、引诱刷单广告等，最终引到网络上利用网络通讯进行诈骗；或者是利用电话联系到受害人后，再引流到网址、QQ、微信等社交软件上实施诈骗。另外，本条在定义中并没有对电信网络诈骗的洗钱手段作出描述，实践中电信网络诈骗犯罪除了利用电信网络技术手段进行诈骗以外，在诈骗链条中的资金转移链条中通常会采取利用银行、支付机构、POS机（销售点情报管理系统）等系统转移资金，以及利用贸易对冲、虚拟货币等方式洗钱，这些新型洗钱手段也是与电信网络诈骗伴生的重要特征，这一点也是电信网络诈骗区别于普通诈骗的一个重要特征。

第三，“通过远程、非接触等方式”实施诈骗。电信网络诈骗通常是针对不特定人，按照事先设计好的诈骗脚本，利用掌握的一些公民个人信息，采取广撒网方式在线上实施诈骗活动。当然一开始对象是不确定的，但确定目标后进行诈骗时的对象就是确定的。正式电信网络诈骗的这种涉众型、不特定对象的方式，通常就表现为通过远程、不接触的方式进行诈骗活动，传统诈骗通常是以线下方式针对特定人，双方有所接触实施诈骗。之所以强调电信网络诈骗的远程、非接触方式，一方面是考虑此为电信网络诈骗的一个主要特征，实践中也多是这种形态，另一方面对于线下的、接触式的诈骗，可归于普通诈骗，对普通诈骗在案件查办、防范治理等方面并不需要采取本法规定的有关制度、措施，其危害性并不会拓展为广泛的社会危害行为。同时，也应当注意的是，对此也不能一概将存在线下接触的诈骗都排除在电信网络诈骗之外，从而不适用本法规定。以电信网络技术手段为主实施诈骗，同时在诈骗过程中也存在线下接触时，如“杀猪盘”诈骗中，通过电信网络技术手段诈骗，在建立联系感情过程中见面的，也可适用本法规定。因此，本条在“远程、非接触”后增加了“等”字，对这种多种手段、方式融合的情况，以及随着实践发展可能出现的其他新情况，在立法适用上保留余地。

在该条的理解适用中，需要注意的是，对于传统的诈骗不适用本法规定。传统诈骗也可能采取打电话等方式，但主要是基于线下场景，或者熟人之间实施，这类诈骗往往有迹可循，对其治理不需要采取本法规定的金融、电信、互联网等特定防范措施，对普通诈骗人员也不能采取本法规定的有关惩戒、行政处罚，以及限制出境等措施，违反其他法律规定的，依法给予相应处罚。

◆ 典型案例

“杀猪盘”是近年来出现的一类新型网络诈骗方式，总体上已成为电信网络诈骗犯罪损失最大的案件类型。诈骗分子通过社交软件、婚恋交友平台等方式寻求目标，诈骗分子通过“剧本”和“话术”与锁定人群培养感情、建立“恋爱关系”，随后诱骗其到虚假诈骗平台进行投资理财、博彩等，为建立信任和诱骗被害人投入更多财物，诈骗分子前期通常会给予被害人较高收益的回报，被害人投入较高财物时已“人财两空”。以下介绍一个典型案例，从中进一步认识电信网络诈骗的定义和特点。

广西南宁“杀猪盘”案。经查，2020 年 12 月，广西壮族自治区南宁市张女士在某婚恋平台软件结识一同龄男子李某。李某每天对张某嘘寒问暖，单身的张某认为两情相悦遇到真爱。相识仅十几天时，李某提出让张某帮助做理财，并把李某的网络账户和密码告知张某。此举让张某以为李某真诚靠谱，便帮助李某“理财”，当场看到赚到的钱到账。随后李某邀请张某利用此网络平台赚钱，张某投资 6 万元后很快获利 6 千元并提现。为了更多获利，张某通过网上借贷、微信、支付宝借款、向朋友借款等方式共投入 100 多万元，直至钱款无法提现才发现被骗。公安机关接到报案后，立即展开调查，此时张某投资使用的网络平台已经无法登录。根据此案线索，公安机关辗转北京、河北、福建、贵州等地，共抓获犯罪嫌疑人 14 人，涉及案件 68 余起，受害人遍布全国各地，涉案金额达 1000 余万元。

◆ **相关规定**

《中华人民共和国刑法》第266条；《中华人民共和国网络安全法》第76条；《中华人民共和国电信条例》第2条；《检察机关办理电信网络诈骗案件指引》三、(二)

第三条 打击治理在中华人民共和国境内实施的电信网络诈骗活动或者中华人民共和国公民在境外实施的电信网络诈骗活动，适用本法。

境外的组织、个人针对中华人民共和国境内实施电信网络诈骗活动的，或者为他人针对境内实施电信网络诈骗活动提供产品、服务等帮助的，依照本法有关规定处理和追究责任。

◆ **条文主旨**

本条是关于本法适用范围的规定。

◆ **立法背景**

（一）起草背景

电信网络诈骗是利用电信网络技术手段实施的新型犯罪，在诈骗行为、资金转移等方面都打破了地域和国家界限。法律的适用范围首先是本国地域范围，同时根据惩治违法犯罪和保护本国公民、组织和国家利益的需要也可采取其他有关管辖原则。当前电信网络诈骗活动的一个显著特征是具有跨境实施的特点。一是我国公民前往境外实施的案件多。前些年一些专门电信网络诈骗活动集中在国内某些特定地区，随着打击治理工作力度加大，国内无处藏身，电信网络诈骗活动又开始向境外转移，据有关方面统计，境外作案占80%以上，其中又以缅北诈骗最为突出。近来随着对缅北电诈打击治理的加强，电诈分子又开始向阿联酋、柬埔寨、菲律宾、东欧、“金三角”等其他国家和地区转移。二是境外电信、网络等服务或者有关境外黑灰产为境内电信网络诈骗活动提供支撑的情况。很多电信网络诈骗案件中，电信网络诈骗分子利用境外聊天软件 Telegram（俗称“电报”或“纸飞机”）等实施诈骗，境外相关电信、互联网企业对电信网络诈骗监测防范不足、不进行实名制等，有的明知或者纵容他人利用其服务实施电信网络诈骗，还有的在境外提供黑灰产支撑。一些企业的境外云服务被大量利用进行电信网络诈骗活动等。三是电信网络诈骗活动在世界范围内蔓延，已经逐渐成为国际性的突出犯罪问题。境外针对境内的诈骗也开始出现和增多。基于上述电信网络诈骗犯罪跨境实施的情况，有必要在本法中对法律适用范围，特别是有关境外适用的情形作出明确规定。这也是贯彻党中央关于完善我国法律域外管辖制度的要求。近年来贯彻落实这一要求，在很多立法中根据法律适用的现实需要都增加规定了有关域外管辖的规定，如证券法、个人信息保护法、数据安全法等法律中都作了规定。上述规定对于加强我国法律体系的域外适用，依法严厉惩治跨境犯罪具有重要意义。

（二）审议中各方面的意见

1. 反电信网络诈骗法（草案）第三条规定：“打击治理中华人民共和国境内的电信网络诈骗活动或者中华人民共和国公民在境外实施的电信网络诈骗活动，适用本法。

境外的组织、个人针对境内实施电信网络诈骗活动，或者为他人实施电信网络诈骗活动提供产品、服务，损害中华人民共和国国家或者公民利益的，可以依照本法有关规定处理和追究责任。”

在审议过程中、征求意见过程中各方面的意见主要有：一是在第二款损害“公民”利益后增加“法人和其他组织”，有的建议将“国家或者公民利益”修改为“国家、集体或者公民利益”。二是有的提出，不论在何地对中国境内实施诈骗，都应当依照本法进行处理，建议删除“可以依照本法有关规定处理和追究责任”中的“可以”。三是有的提出，本条规定了“中华人民共和国公民在境外实施的电信网络诈骗活动”，建议增加“境外实施的针对中国公民的电信网络诈骗活动”。四是有的提出，境外电信网络诈骗现在比境内的还要多，建议增加“积极开展打击境外电信网络诈骗活动的工作，加强国际合作，国际上共同打击电信网络诈骗犯罪”。五是建议第一款中增加“及注册地或主要营业地在中华人民共和国境内的单位”。六是建议在“或者”后增加“明知”，修改为“或者明知他人实施电信网络诈骗活动为其提供产品、服务”。七是建议将“损害中华人民共和国国家或者公民利益的”修改为“损害中华人民共和国国家或者公民合法利益的”，或者修改为“损害国家利益、社会公共利益或者第三人合法权益的”。八是建议将“提供产品、服务”修改为“提供产品、服务、资金、技术”，或者在“产品、服务”后增加“等”。

2. 草案二次审议稿第三条规定：“打击治理中华人民共和国境内的电信网络诈骗活动或者中华人民共和国公民在境外实施的电信网络诈骗活动，适用本法。

境外的组织、个人针对中华人民共和国境内实施电信网络诈骗活动的，或者为他人实施针对境内的电信网络诈骗活动提供产品、服务等帮助的，依照本法有关规定处理和追究责任。”根据各方面的意见，草案二次审议稿对草案作了以下修改：一是，将第二款中的“境内”修改为“中华人民共和国境内”，属于表述上的修改。二是，删去了第二款中的“损害中华人民共和国国家或者公民利益的”，主要是考虑到，针对境内实施电信网络诈骗活动，或者为他人实施针对境内的电信网络诈骗活动提供产品、服务的，因为已经限定为针对境内实施或者帮助实施，因此必然同时损害了中华人民共和国国家、公民的利益，不需要再作这一限制，这也与刑法保护管辖的规定相一致。三是，删去了“可以”。是否需要对境外发生的针对境内的诈骗适用本法有关管理制度和处罚，根据案件情况和实践具体把握，法律中不必规定“可以”。

审议过程中和征求意见过程中，各方面提出的意见主要是，建议将本条第一款修改为“打击、治理中华人民共和国境内的电信网络诈骗活动或者中华人民共和国公民以及注册地或主要营业地在中华人民共和国境内的单位在境外实施的电信网络诈骗活动，适用本法”。这一意见的目的是将有关国内企业在国外的分公司等也纳入管辖范围。实际上，对于这类在境外的企业实施或者帮助实施针对境内的电信网络诈骗时依照第二款的规定能够处理，不需要再单独作出规定，因此未采纳这一意见。

3. 草案三次审议稿第三条规定：“打击治理在中华人民共和国境内实施的电信网络诈骗活动或者中华人民共和国公民在境外实施的电信网络诈骗活动，适用本法。

境外的组织、个人针对中华人民共和国境内实施电信网络诈骗活动的，或者为他人实施针对境内的电信网络诈骗活动提供产品、服务等帮助的，依照本法有关规定处理和追究责任。”

根据各方面的意见，草案三次审议稿对草案二次审议稿作了以下修改：将“打击治理中华人民共和国境内的电信网络诈骗活动”修改为“打击治理在中华人民共和国境内实施的电信网络诈骗活动”，与第一款第二句话的表述相一致。

在审议过程中，有的建议增加对境外组织和个人针对生活居住在境外的我国公民实施的电信网络诈骗活动进行规制的规定，有的提出，修改第二款表述，前后均表述为“针对境内实施”。

根据常委会委员的审议意见和各方面意见，本条又作了以下修改：将第二款中“为他人实施针对境内的电信网络诈骗活动提供产品、服务等帮助的”修改为“为他人针对境内实施电信网络诈骗活动提供产品、服务等帮助的”，属于表述修改，与本款前一句“境外的组织、个人针对中华人民共和国境内实施电信网络诈骗活动的”表述一致。

◆ **条文解读**

本条共分两款。第一款是本法适用于中国境内电信网络诈骗活动，以及适用于中国公民在境外实施电信网络诈骗活动的规定。

本款包含以下几个方面的内容：

第一，打击治理在中华人民共和国境内实施的电信网络诈骗活动。这是本法适用的属地原则，这也是法律适用范围的通常界定，即对于本国境内发生的电信网络诈骗活动适用本法规定。本法主要规定的是治理防范方面的内容，也包括一些打击方面的规定，无论是相关打击措施还是治理都适用本法相应规定。这里的实施包括组织、领导、策划和具体实施、参与实施，以及其他帮助实施的行为，全部或者有一部分行为发生在境内，结果或者结果的一部分发生在境内的，都适用本法。根据《最高人民法院、最高人民检察院、公安部关于办理电信网络诈骗等刑事案件适用法律若干问题的意见》规定，“犯罪行为发生地”包括用于电信网络诈骗犯罪的网站服务器所在地，网站建立者、管理者所在地，被侵害的计算机信息系统或其管理者所在地，犯罪嫌疑人、被害人使用的计算机信息系统所在地，诈骗电话、短信息、电子邮件等的拨打地、发送地、到达地、接受地，以及诈骗行为持续发生的实施地、预备地、开始地、途经地、结束地。“犯罪结果发生地”包括被害人被骗时所在地，以及诈骗所得财物的实际取得地、藏匿地、转移地、使用地、销售地等。此外，根据《最高人民法院、最高人民检察院、公安部关于办理电信网络诈骗等刑事案件适用法律若干问题的意见（二）》的规定，犯罪行为发生地或者结果发生地还包括：用于犯罪活动的手机卡、流量卡、物联网卡的开立地、销售地、转移地、藏匿地；用于犯罪活动的信用卡的开立地、销售地、转移地、藏匿地、使用地以及资金交易对手资金交付和汇出地；用于犯罪活动的银行账户、非银行支付账户的开立地、销售地、使用地以及资金交易对手资金交付和汇出地；用于犯罪活动的即时通讯信息、广告推广信息的发送地、接受地、到达地；用于犯罪活动的“猫池”（Modem Pool）、GOIP 设备、多卡宝等硬件设备的销售地、入网地、藏匿地；用于犯罪活动的互联网账号的销售地、登录地。因此，只要具备上述任何一种情形的，都可认定为在我国境内实施犯罪，对有关人员、行为适用本法进行管理和处罚。

第二，对于中华人民共和国公民在境外实施的电信网络诈骗活动适用本法。当前我国一些地方的人员出境从事诈骗等非法活动的情况较为突出，甚至一些地方存在区域化、有组织化现象，大量本地居民集中前往境外，利用境外监管治理不严和跨境执法难的情况，在境外组织人员、设立窝点，不少人员滞留境外实施电信网络诈骗活动。因此本条对我国公民在境外实施电信网络诈骗活动适用本法作出专门规定。从实践看，我国公民在境外实施电信网络诈骗活动以针对我国公民为主要情形，也有针对外国公民的情形，如取得外国国籍的华人，这种情况也适用本法。对于我国公民实施的电信网络诈骗活动按照属人管辖的原则适用本法，不要求侵害对象必须是我国公民。实践中，公安机关部署开展针对境外人员的“断流”行动，劝返境外人员回流，并根据情况依据我国现有法律进行有关处罚。

第二款是关于电信网络诈骗域外管辖的规定。适用域外管辖需要具备以下条件：一是行为主体是境外的组织、个人。二是行为方式是在境外实施电信网络诈骗活动，或者为他人针对境内实施电信网络诈骗活动提供产品、服务等帮助。需要注意的是，本条特意将“为他人针对境内实施电信网络诈骗活动提供产品、服务等帮助”专门写出来，主要针对的是境外一些电信业务经营者、互联网服务提供者等企业明知或者应当知道他人利用其产品、服务实施电信网络诈骗活动，而仍然为其提供帮助或者便利的行为，如实践中常见的国外一些互联网服务软件疏于监管被国内人员大量用于电信网络诈骗活动。这种情况下，我国执法机关根据案件情况和需要，对于危害特别严重、被电信网络诈骗广泛利用的有关特定境外企业提出整改要求或者作出行政处罚。三是行为对象针对的是境内人员。由于行为主体和行为发生地都在境外，适用本法管辖必须要具备针对境内人员的管辖连接点，如不针对境内人员、不损害我国国家和公民利益的则不适用本法处理。目前来看，外国公民、组织对我境内实施电信网络诈骗的极少，因此本款将来主要可能适用的情形在于境外企业违法本法规定，造成大量电信网络诈骗，侵害我国国家和公民利益的情况。

此外，从实践看还有两种情况需要注意：一是存在一些境外人员利用我国通信、金融、互联网产品、服务在境外实施电信网络诈骗的情况，如果损害我国企业或者国家利益的，也可适用本法。二是我国境内互联网企业在境外拓展业务或者设立的公司，其不落实有关管理和防范制度规定，造成其产品、服务被大量用于电信网络诈骗时也可依照第二款规定适用本法，但必须是被利用针对境内实施诈骗，损害我国国家或者公民利益，同时予以处罚的前提也必须是明知相关产品、服务被用于电信网络诈骗而放任不管。

“依照本法有关规定处理和追究责任”包括两层含义：一是适用本法有关规定进行管理，如要求企业按照电信治理、金融治理、互联网治理或者综合措施中的有关规定落实反电信网络诈骗职责，又如企业要建立完善涉诈异常情形的电话卡、账号、账户实时监测识别防范等。二是适用本法有关行政处罚或者惩戒措施等，如对境外企业违反本法规定，为他人实施电信网络诈骗提供产品、服务的，可以依照本法给予其行政处罚，责令采取有关防范措施，限制或者停止针对国内的有关业务活动等。此外，需要注意的是，处罚为他人实施电信网络诈骗活动提供产品、服务的行为，也应当限于行为人“明知”的情形，对于不知道或者难以完全防范他人利用其产品、服务实施电信网络诈骗活动的，不应追究其责任。“明知”包括确切知道，也包括可以推定的应当知道。

在该条的理解适用中，需要注意以下几个方面的问题：

第一，本条有关域外管辖的规定是在管辖原则上作出备用性质的规定，是否适用需要根据案件情况和维护我国国家利益的需要进行判断。很多情况下，由于这类行为主体和行为实施地均在境外，当地法律一般也具有管辖权。法律上作出管辖依据规定，为根据情况需要对境外组织、个人进行管理或者处罚时提供备用工具。

第二，本法的管辖原则与刑法属地管辖、属人管辖和保护管辖相衔接，但条件不完全一致。刑法对属人管辖规定了三年以下有期徒刑可以不予追究的情形，在保护管辖上有刑期条件限制，还有“按照犯罪地的法律不受处罚的除外”的限制性规定，本法在适用原则上没有这些限制。主要是考虑，本法的主要制度是防范性管理制度，以及一些行政处罚，为更好防范境外电信网络诈骗活动，在适用上不需要作出进一步限制，从而更好地防范境内外电信网络诈骗活动。

◆ 典型案例

1. 某大学教授被骗千万元案

某大学54岁教授，遭电话诈骗损失人民币1800余万元。侦查发现部分赃款在我国台湾地区提现，诈骗电话的地址也设在我国台湾地区。诈骗团伙冒充最高人民检察院检察官身份，以我国台湾地区常见诈骗幌子“信用卡遭冒用盗刷，要监管账户现金”为由，用电话、微信聊天软件实施诈骗。为规避警方查缉，利用人头电话及流行的通讯软件QQ、Skype、WeChat（微信）为主要联络工具。本案中犯罪分子通过微信通知教授信用卡遭盗刷，之后转给假刑警，借查询消费记录骗得身份证号；为继续取得被害人信任，又假冒最高人民检察院检察官与被害人通电话，告知被害人涉嫌“洗钱”，须配合资产清查；接着申请微信账号互加好友，通过通讯软件让被害人信以为真。该教授在高校任教多年，不甘为人师表被冤枉，为证明自身清白，四处向亲友借贷筹钱，共分6次汇款，直到家人点醒才惊觉上当。

针对某教授被骗1800万等7起被骗千万元以上的案件开展侦查，发现上述诈骗犯罪窝点均设在西班牙，所犯案件涉及全国31个省800余起，骗取金额1.2亿余元。短时间内，西班牙成为境外电信诈骗危害最严重的窝点聚集地。为此，公安部组织开展“长城行动”。“长城行动”一案从西班牙引渡225人，重创了我国台湾地区电信诈骗犯罪集团的跨国网络，其中押解回国218名嫌疑人，创历次从境外押回我国台湾地区嫌疑人之最。

2. 10·18特大跨境电信网络诈骗案

此案为公安部督办案件，抓获犯罪嫌疑人100余人，冻结涉案资金900余万元。2021年6月16日，该案在成都铁路运输两级法院集中公开宣判。2019年3月至2020年5月20日，“宏盛国际”犯罪集团租用成都某网络科技有限公司的客服软件，在菲律宾马尼拉马卡蒂市（音译）电力大厦组织设立虚假赌博平台，内设“北京28”“加拿大28”等项目，实施电信网络诈骗犯罪。该犯罪集团通过交友软件，设置个人虚假信息资料、虚拟定位，以交朋友“谈感情”等方式物色中国境内被害人，编排“话术”与被害人聊天。取得被害人信任后，以“高额回报”为诱饵，诱骗被害人参与上述虚假赌博平台。先期让被害人少量获利提现，待被害人产生信任后继续诱骗被害人大额充值，之后以信息错误、金额不足、账户被冻结等为由拒绝提现，非法占有被害人钱财。本案国内被害人达1500余名，涉案金额1.05亿元。

◆ 相关规定

《中华人民共和国刑法》第6—8条；《中华人民共和国个人信息保护法》第3条；《中华人民共和国数据安全法》第2条；《最高人民法院、最高人民检察院、公安部关于办理电信网络诈骗等刑事案件适用法律若干问题的意见》五、（一）；《最高人民法院、最高人民检察院、公安部关于办理电信网络诈骗等刑事案件适用法律若干问题的意见（二）》第1条

第四条　反电信网络诈骗工作坚持以人民为中心，统筹发展和安全；坚持系统观念、法治思维，注重源头治理、综合治理；坚持齐抓共管、群防群治，全面落实打防管控各项措施，加强社会宣传教育防范；坚持精准防治，保障正常生产经营活动和群众生活便利。

◆ 条文主旨

本条是关于反电信网络诈骗工作基本原则的规定。

◆ 立法背景

（一）起草背景

随着移动通信技术的迅速发展和网络应用软件的社会普及，在促进经济社会发展、方便群众生产生活的同时，也出现了各种新的网络犯罪形态、生态，传统的诈骗犯罪逐步向高科技靠拢、向网络诈骗转变，电信网络诈骗犯罪已成为近年来持续高发多发的新型犯罪，并呈现愈演愈烈的趋势，给社会稳定、人民群众的生产安全带来极大损害。不仅如此，电信网络诈骗犯罪催生了一系列黑灰产业链，形成一些上下游关联犯罪，打击电信网络诈骗犯罪活动形势异常严峻。

涉及面广、欺骗性强、无接触、危害严重是电信网络诈骗犯罪的基本特点。犯罪分子利用新型电信网络技术手段，钻管理上的漏洞，通过非法获取个人信息、网络黑灰产业交易等实施精准诈骗，通过境外实施跨境跨地域诈骗。他们往往用极低的犯罪成本就能骗得盆满钵满，随后利用发达的金融支付系统快速地转移赃款，大量涉诈资金被转往境外难以追查，严重影响国家的经济安全、边境安全，严重影响国家形象和“一带一路”倡议实施。

因陷入电信网络诈骗的圈套，很多群众的看病钱、养老钱、上学钱被席卷一空，因骗致贫、因骗返贫现象和受骗后破产、自杀等恶性事件时有发生，严重危害人民群众财产安全，严重影响人民群众安全感、幸福感、获得感。

习近平总书记对打击治理电信网络诈骗犯罪作出重要指示批示。2021 年 4 月，习近平总书记作出重要指示强调，“近年来，各地区各部门贯彻党中央决策部署，持续开展电信网络诈骗犯罪打击治理，取得了初步成效。要坚持以人民为中心，统筹发展和安全，强化系统观念、法治思维，注重源头治理、综合治理，坚持齐抓共管、群防群治，全面落实打防管控各项措施和金融、通信、互联网等行业监管主体责任，加强法律制度建设，加强社会宣传教育防范，推进国际执法合作，坚决遏制此类犯罪多发高发态势，为建设更高水平的平安中国、法治中国作出新的更大的贡献。”习近平总书记的重要指示批示，从指导思想、基本原则、具体举措、关键环节、制度构建等方面提出明确要求，对电信网络诈骗犯罪规律和实质作了深入全面的精准把握，为我们打击治理电信网络诈骗犯罪指明了方向。

深入学习认真贯彻落实习近平总书记关于打击治理电信网络诈骗犯罪工作的重要指示、批示精神，以高站位、大决心、强力度，持续开展对电信网络诈骗违法犯罪的打击治理。但从实践情况看，反电信网络诈骗工作系统治理、综合治理、源头治理方面的制度措施不够充分，电信网络诈骗在预防治理方面仍有漏洞。一些地区虽经过整治，但违法犯罪土壤尚未根除；一些地方基层社会治理比较薄弱，非法从事黑灰产业链问题还十分突出；一些行业治理存在薄弱环节，各方面责任制度尚未建立完善，难以形成协同打击的治理合力。此外，在开展打击治理电信网络诈骗工作过程中，一些部门和地区存在重打击、轻保护的现象，部分具体措施的执行还不够精准，在平衡打击治理犯罪与保障合法生产生活关系方面，做得还不够好。各方面对于加强法律制度建设的需求较为迫切，一些经验做法和政策文件精神需要上升为法律规定，反电信网络诈骗工作的基本原则需要统一明确，为进一步精准有效打击治理电信网络诈骗起到指导作用。

法律原则是一部法律的根本遵循和指导准则，是法律性质、法律内容、法律要求、法律规律等方面的直接反映。反电信网络诈骗工作的基本原则，应当重点把握以下几个方面内容：一是在根本立场上，必须始终坚持以人民为中心，从统筹发展和安全的高度做好反电信网络诈骗工作；二是在基本方法上，要坚持系统观念、法治思维，注重源头治理和综合治理，整体性、系统性推进反电信网络诈骗工作；三是在实施策略上，要求各方面各环节共同发力，打防管控各项措施并举，做好社会宣传教育防范，增强电信网络诈骗治理体系和治理能力现代化；四是在工作要求上，要做到精准防治，在电信网络诈骗治理过程中，要依法保障公民和组织的正常生产生活的便利性，科学合理地持续开展电信网络诈骗打击治理。

（二）审议中各方面的意见

1. 反电信网络诈骗法（草案）第四条规定："反电信网络诈骗工作坚持以人民为中心，统筹发展和安全；坚持系统观念、法治思维，注重源头治理、综合治理；坚持齐抓共管、群防群治，加强社会宣传教育防范，全面落实打防管控各项措施；坚持精准防治，防止对正常生产经营活动、群众生活便利造成不当影响。"

对反电信网络诈骗工作基本原则的确立，经历了一个不断完善的过程。本条在最初起草时，对反电信网络诈骗工作的基本原则分条规定了三项具体原则，即系统观念、源头治理和综合治理、统筹发展与安全。其中系统观念主要规定，反电信网络诈骗工作坚持系统观念，对电信网络诈骗涉及的信息流、技术流、资金流、人员流进行全链条治理、生态系统治理，工作上齐抓共管、群防群治，全面落实打防管控各项措施。源头治理、综合治理主要规定，反电信网络诈骗工作坚持源头治理、综合治理，防范为先，加强预防性制度建设，建立反电信网络诈骗综合防治体系。统筹发展与安全主要规定，反电信网络诈骗工作和有关措施，应当坚持以人民为中心，统筹发展与安全、服务与风险，坚持精准防治、切实有效，防止对企业正常生产经营、群众生产生活便利造成不当影响。

经过讨论修改，最初起草的三条基本原则被总结成一条基本原则并分成了三款，分别为系统原则，源头治理和综合治理原则，人民为中心、统筹发展和安全原则。其中第一款规定，反电信网络诈骗工作坚持系统观念、法治思维，对电信网络诈骗涉及的信息流、技术流、资金流、人员流等进行全链条治理、生态系统治理；坚持齐抓共管、群防群治，全面落实打防管控各项措施。第二款规定，反电信网络诈骗工作坚持打防并举，注重源头治理、综合治理，加强预防性制度建设，建立电信网络诈骗综合防治体系。第三款规定，反电信网络诈骗工作和有关措施坚持以人民为中心，统筹发展和安全；坚持精准防治、切实有效，防止对正常生产经营活动、群众生产生活便利造成不当影响。在此基础上进一步精简：反电信网络诈骗工作坚持系统观念、法治思维，注重源头治理、综合治理，对电信网络诈骗涉及的信息流、技术流、资金流、人员流等进行全链条治理、生态系统治理，建立电信网络诈骗综合防治体系；坚持齐抓共管、群防群治，全面落实打防管控各项措施；坚持以人民为中心，统筹发展和安全，实现精准防治，防止对正常生产经营活动、群众生产生活便利造成不当影响。

草案确定的反电信网络诈骗的三项基本原则，得到各部门、各地方及社会公众的广泛认同，通过听取、吸收各方面的意见，基本原则条款的规定形成了一审稿的内容。草案在全国人大常委会进行第一次审议中，有的常委委员对该条提出了进一步的修改建议，提出要增加切实保护正常用户的合法权益方面的内容。将“坚持精准防治，防止对正常生产经营活动、群众生活便利造成不当影响”也作为反电信网络诈骗工作的基本原则。一方面要精准，尽可能提高被限制服务对象的精准度，实行“限制服务”要有严格的审批程序，做到慎重使用限制服务等措施；另一方面要对限制服务对象履行告知义务，确保其合法权益不受侵害，得到救济，尽可能减少相应的损失和负面效应。

2. 草案二次审议稿第四条规定："反电信网络诈骗工作坚持以人民为中心，统筹发展和安全；坚持系统观念、法治思维，注重源头治理、综合治理；坚持齐抓共管、群防群治，全面落实打防管控各项措施，加强社会宣传教育防范；坚持精准防治，保障正常生产经营活动和群众生活便利。"

根据一审常委会组成人员的审议意见，进一步听取了各方意见，形成了草案二次审议稿的内容。草案二次审议稿对本条作了以下修改：一是，调整了"全面落实打防管控各项措施，加强社会宣传教育防范"两句的顺序。二是，将"防止对正常生产经营活动、群众生活便利造成不当影响"修改为"保障正常生产经营活动和群众生活便利"。

草案二次审议过程中，有的委员建议增加个人信息安全的内容，经讨论整合到第五条第二款关于保护国家秘密、商业秘密和个人隐私、个人信息的规定中。

3. 草案三次审议稿对草案二次审议稿未作修改。

（三）有关国家、地区的规定

加大对网络犯罪的治理，已成为世界各国政府的普遍共识。为进一步防范治理电信网络诈骗，全球主要国家和地区立足本国国情，结合本国电信网络诈骗犯罪特点规律，多措并举，纷纷加强个人信息保护，强化重点人群以及弱势群体管理，持续提升技术防范能力，不断畅通用户举报投诉等工作机制，同步配套宣传引导与警示教育等，遏制电信网络诈骗活动的蔓延。民众既是电信网络诈骗的受害者，更是各国打击电信网络诈骗的重要主体。各国均将发挥民众监督作用、提升民众防诈反诈意识作为电信网络诈骗治理的有效举措。

在畅通社会监督渠道方面，美国成立了网络诈骗投诉中心，用于受理各类网络诈骗投诉，并利用大数据分析和比对技术打击网络诈骗分子。澳大利亚政府设立了专门的举报网站，以受理民众举报诈骗电话等信息；且设立网络犯罪在线举报和欺诈报告平台，通过大数据来研究其分布规律，对公民做出警示。

◆ **条文解读**

反电信网络诈骗法是针对当前电信网络诈骗犯罪高发多发这一突出问题进行的专门立法。作为“小快灵”立法，本法坚持了源头治理、系统治理、综合治理，是完善预防性法律制度的重要举措，为司法实践打击治理电信网络诈骗犯罪提供重要的法律依据，体现了立法的人民性、前瞻性。秉持了“小切口立法”以及“急用先行”的原则，立足综合治理、源头治理和依法治理，侧重前端防范，体现了我国打击治理电信网络诈骗从点状打击到溯源治理，从国家主导到社会动员，预防性的制度设计，贯彻的是综合治理和预防治理的思路，改变的是整个网络治理的生态环境。

本条规定了反电信网络诈骗工作的四个方面基本原则。

第一个方面的基本原则是关于反电信网络诈骗工作坚持以人民为中心，统筹发展和安全的规定。

电信网络诈骗是当前人民群众反映突出的一个重要社会安全问题，不少人民群众的养老钱、看病钱、上学钱被骗，还有不少资金是从民间借贷、网络借贷平台借贷而来，被骗人民群众面临生活无着落、不能还款受到信用惩戒等严重后果。治理电信网络诈骗，必须要有“零容忍”的态度。针对反电信网络诈骗进行专门立法，将反电信网络诈骗工作从被动处置转化为全面治理，主动出击，体现以人民为中心的发展理念。

坚持以人民为中心是反电信网络诈骗工作的基本立场，对反电信网络诈骗进行专门立法，根本目的也是依法保障人民的权益。当前，电信网络诈骗犯罪活动猖獗，已成为人民群众反映强烈的一大痛点问题。坚持以人民为中心，就要不断满足人民对生活、法治、发展、安全等方面日益增长的要求，坚决打击侵犯人民切身利益的电信网络诈骗活动，依法保障人民的人身权、财产权，真正守护好人民群众的钱袋子，使人民群众不断增强获得感、幸福感、安全感，用法治保障人民安居乐业。

“领导干部要胸怀两个大局，一个是中华民族伟大复兴的战略全局，一个是世界百年未有之大变局，这是我们谋划工作的基本出发点。”统筹发展和安全是统筹两个大局的必然要求，反电信网络诈骗工作应当立足在两个大局的高度上，统筹好发展和安全这两件大事。安全是发展的前提，发展是安全的保障。通过立法从国家层面确立反电信网络诈骗工作的原则，系统性地开展预防和治理，维护良好的金融、电信、互联网环境，为社会发展提供良好的安全环境。在总体国家安全观指导下，既要注重内部安全，又要注重外部安全，坚持内部协调与外部合作的打击电信网络诈骗工作机制，以良好的安全环境促进经济社会快速发展。同时，在反电信网络诈骗工作中树立发展是第一要务、发展是安全的保障的理念，以经济社会发展来保安全，为国家安全奠定坚实基础。在开展反电信网络诈骗工作中，要正确处理好打击犯罪与保护经济发展的关系，还要善于通过各方面技术的发展来促进打击网络诈骗的力度和精度，消除影响国家安全的不稳定因素。

第二个方面的基本原则是关于坚持系统观念、法治思维，注重源头治理、综合治理的规定。

反电信网络诈骗工作涉及电信、网络、金融等多环节、多领域，同时涉及公民、电信网络运营商、金融机构或支付平台以及监管部门等众多主体。所涉及的工作具体包括：网络账号、手机卡等通讯治理，银行卡及账户、反洗钱等金融治理，提供网站搭建维护、软件技术以及硬件设备产业服务，公民个人信息保护，宣传教育防范等各个方面。对电信网络诈骗应当坚持统筹治理，全链条、生态链式打击惩处，在反电信网络诈骗立法中明确坚持系统观念、法治思维，注重源头治理、综合治理的基本原则，符合打击治理电信网络诈骗的工作实际需要。

反电信网络诈骗工作中的“系统观念”，是指站在党和国家的全局角度和战略高度，统筹考虑电信网络诈骗预防和治理，这是开展工作的基础性思想和工作方法。要充分认识到反电信网络诈骗工作是一项系统性工作，需要多部门、多环节、多主体共同参与方能完成，需要各方面的配合与互动。反电信网络诈骗工作中的“法治思维”，是指将法治的要求运用于打击电信网络诈骗的各方面，用法治的方式认识、分析、处理工作过程中的各种问题，善于用法律手段协调各种关系。保证打击电信网络诈骗的各项工作都符合法治的要求，在法治的轨道上运行。反电信网络诈骗工作中的“源头治理”，是指将治理电信网络诈骗的工作着力点放到强化源头打击和防范上，打早打小打准，治理关口前移，建立长效的“治本”机制，达到事半功倍的治理效果。反电信网络诈骗工作中的“综合治理”，是指要对电信网络诈骗违法犯罪活动进行全方位多角度的全面治理，需要集中各职能部门、全平台协同发力，依靠人民群众和社会各方面的力量，综合运用政治、经济、法律、行政、教育、文化等各种手段，对电信网络诈骗活动进行全链条的治理。

第三个方面的基本原则是关于坚持齐抓共管、群防群治，全面落实打防管控各项措施，加强社会宣传教育防范的规定。

近年来，电信网络诈骗犯罪案件高发，在刑事犯罪案件中占比越来越大。据统计，在全国刑事案件数量连续五年下降的情况下，电信网络诈骗犯罪数量不降反升，严重危害人民群众财产安全，破坏社会诚信体系，损害国家形象。因此，我们必须充分认识当前电信网络诈骗犯罪的严峻形势，夯实金融、通信、互联网等领域反电信网络诈骗监管、治理的主体责任，坚持各部门齐抓共管，充分依靠基层组织和广大人民，坚持系统性的群防群治策略，开展宣传教育、预警防范，全力落实打防管控各项工作措施，依法坚决打击遏制电信网络诈骗犯罪活动。

在落实反电信网络诈骗工作中坚持“齐抓共管”，就是要进一步健全工作机制，明确各级人民政府及公安、金融、电信、网信、市场监管等有关主管部门的职责义务，同时将电信业务经营者、银行业金融机构、非银行支付机构、互联网服务提供者等纳入电信网络诈骗防控责任体系中，逐步形成紧密配合、通力协作、齐抓共管的工作格局。在反电信网络诈骗工作中坚持“群防群治”，就是坚持“从群众中来，到群众中去”的群众工作路线，在落实相关工作上要充分相信群众、发动群众、依靠群众，保障人民群众积极参与电信网络诈骗治理，让基层群众工作成为预防和治理电信网络诈骗的重要方面。“全面落实打防管控各项措施，加强社会宣传教育防范”是在反电信网络诈骗工作中落实“惩防并举”的必然要求，既要注重打防管控具体措施的落实，又注重社会宣传教育的防范效果。各有关部门要以高站位、大决心、强力度的政治责任感、使命感，将打防管控各项措施落地落实，形成持续打击的工作合力和紧密合作的打防管控体系。通过法治宣传、以案释法等方式，开展反电信网络诈骗法治教育，将防范宣传责任落实到基层，完善涉电信网络诈骗举报渠道，提升人民群众的防范意识和鉴别能力，形成全民反诈的社会氛围。

第四个方面的基本原则是关于坚持精准防治，保障正常生产经营活动和群众生活便利的规定。

电信网络诈骗涉及区域广、牵扯行业部门多等特点，决定了电信网络诈骗犯罪预防和治理难度上的复杂性，不仅需要多个部门协调配合多管齐下，而且需要运用多种手段多措并举，防治结合才能取得比较好的效果。为了保证打击电信网络诈骗的实效，一些部门和部分地区在运用治理手段和措施时，力度较大、范围较广，对当地正常的生产经营活动和群众的生活便利造成了一些影响。尤其是在运用一些行政手段来打击治理电信网络诈骗的同时，带来了一些不当运行的“后遗症”，如侵犯公民个人信息、擅自增加行政许可的条件等现象。为了规制实践中出现的负面现象，落实以人民为中心的基本立场，增强反电信网络诈骗工作的实效，需要在法律原则中进一步明确打击治理与保障人民正常生产生活的关系。

在反电信网络诈骗工作中坚持“精准防治”，是指在电信网络诈骗治理的各环节中贯彻科学精准的理念，相关职能部门对涉诈关联行为进行精准调查、精准监测，对违法犯罪行为进行精准认定、精准打击，对涉诈风险范围和人群进行精准划分、精准防范，用较小的社会投入换取治理电信网络诈骗最大的效果。在“精准防治”要求基础上，在电信网络诈骗活动惩治过程中进一步要求“保障正常生产经营活动和群众生活便利”，是指相关部门在作出具体防治措施的决定时应符合“比例原则”，充分考量该措施对人民群众正常生产生活的影响，保障正常生产经营活动和群众生活便利是作出具体决定的前提。从而合理地平衡打击治理电信网络诈骗和保障人民群众正常生产生活两个主要方面的关系。

◆ **相关规定**

《中共中央办公厅、国务院办公厅关于加强打击治理电信网络诈骗违法犯罪工作的意见》

第五条 反电信网络诈骗工作应当依法进行，维护公民和组织的合法权益。

有关部门和单位、个人应当对在反电信网络诈骗工作过程中知悉的国家秘密、商业秘密和个人隐私、个人信息予以保密。

◆ 条文主旨

本条是关于依法反电信网络诈骗、保护国家秘密、商业秘密和个人隐私、个人信息的规定，是开展反电信网络诈骗工作的总要求。

◆ 立法背景

（一）起草背景

依法治国，是坚持和发展中国特色社会主义的本质要求和重要保障，是实现国家治理体系和治理能力现代化的基本要求。党的十八大以来，以习近平同志为核心的党中央高度重视法治建设，把全面依法治国纳入“四个全面”战略布局。党的十八届四中全会专题研究全面推进依法治国，作出重大决策。党的十九大把全面推进依法治国纳入习近平新时代中国特色社会主义思想“八个明确”，把坚持全面依法治国纳入新时代坚持和发展中国特色社会主义基本方略“十四个坚持”。2020 年 11 月，党中央召开中央全面依法治国工作会议，将习近平法治思想明确为全面依法治国的指导思想。习近平总书记在会议上强调，要坚持全面推进科学立法、严格执法、公正司法、全民守法。《中华人民共和国宪法》第五条第一款规定，中华人民共和国实行依法治国，建设社会主义法治国家。《中华人民共和国国家安全法》第七条中规定，维护国家安全，应当遵守宪法和法律，坚持社会主义法治原则。反电信网络诈骗工作作为重要的执法司法工作，应当遵循法治原则，严格依法进行。

宪法的总纲中明确规定国家保护公民和组织合法的权利和利益。《中华人民共和国刑事诉讼法》第二条规定的刑事诉讼法的任务包括“尊重和保障人权、保护公民的人身权利、财产权利、民主权利和其他权利”。这一原则同样也体现在相关法律中，如《中华人民共和国国家情报法》第八条规定，国家情报工作应当依法进行，尊重和保障人权，维护个人和组织的合法权益。《中华人民共和国反间谍法》第五条规定，反间谍工作应当依法进行，尊重和保障人权，保障公民和组织的合法权益。《中华人民共和国网络安全法》第一条明确立法目的是“保障网络安全，维护网络空间主权和国家安全、社会公共利益，保护公民、法人和其他组织的合法权益，促进经济社会信息化健康发展”。《中华人民共和国反有组织犯罪法》第五条规定，反有组织犯罪工作应当依法进行，尊重和保障人权，维护公民和组织的合法权益。2009 年以来，我国先后制定了四期《国家人权行动计划》，都提出了执法司法领域尊重和保障人权，维护公民、企业和组织合法权益的具体举措。反电信网络诈骗工作也应当依法进行，既要严厉惩治电信网络诈骗，也要尊重和保障人权，维护公民和组织的合法权益。本法赋予了执法司法机关必要的执法权力，同时就要加强对执法权力的规范制约，防止执法手段的不当使用侵害公民和组织的合法权益。这样，反电信网络诈骗工作才能真正获得人民群众的拥护和支持，得到胜利的保障。

反电信网络诈骗工作，是关系社会稳定、公共安全和人民群众生命财产安全的一项重要工作，为有效预防和应对电信网络诈骗活动，增强反电信网络诈骗工作能力，采取各种安全防范措施，以及给予执法机关有力的执法手段等都是必要的。比如在电信治理过程中，本法赋予电信业务经营者采取必要的核验措施的规定；在金融治理过程中，本法赋予银行业金融机构、非银行支付机构采取相应的风险管理措施的规定；在互联网治理过程中，本法赋予电信业务经营者、互联网服务提供者采取相关处置措施的规定等。同时，执法机关或者有关部门在履行反电信网络诈骗工作职责、义务过程中不可避免地会接触到一些国家秘密、商业秘密和个人隐私、个人信息。例如，有关部门出于反电信网络诈骗工作的需要，根据本法有关规定，在对电信、金融、互联网进行管理、管控和调查过程中，或者在采取技术侦查措施过程中，侦查人员在获取与案件有关的证据和线索时，可能会知悉其他组织、公民的合法商业秘密或者个人隐私、个人信息。因此，对平衡反电信网络诈骗工作手段和保护国家秘密、商业秘密和个人隐私、个人信息作出明确规定是必要的。本条第一款规定反电信网络诈骗工作应当依法进行，其中包含着对国家秘密、商业秘密和个人隐私、个人信息予以保密的内容，不能违反法律关于保密的要求和规定，这也是维护公民和组织合法权益的一种具体表现。本条第二款规定对国家秘密、商业秘密和个人隐私、个人信息予以保密，既是对国家安全、公共安全的保障，也是在反电信网络诈骗工作中贯彻尊重和保障人权，维护公民和组织合法权益的体现，目的是加强规范，防止反电信网络诈骗工作过程中侵害国家、组织和公民的合法权益，维护有关方面利益。

另外需要注意的是，使用本条规定的措施进行侦查获取的有关证据、材料只能用于对电信网络诈骗的侦查、起诉和审判，不得用于其他用途，侦查人员对采取技术侦查措施过程中知悉的国家秘密、商业秘密和个人隐私、个人信息，应当保密；对采取技术侦查措施获取的与案件无关的材料，必须及时销毁。

（二）审议中各方面的意见

1. 在草案的起草阶段和一审阶段，本条的内容没有在草案中进行规定。

2. 草案二次审议稿第五条规定：“反电信网络诈骗工作应当依法进行，维护公民和组织的合法权益。

有关部门和单位、个人应当对在反电信网络诈骗工作过程中知悉的国家秘密、商业秘密和个人隐私予以保密。”

本条是在草案一审之后根据各方面的意见增加的。审议中，委员们对如何平衡好打击犯罪与维护公民和组织的合法权益进行了深入讨论，经过修改讨论分成了草案二次审议稿的两款内容。二次审议过程中，有的委员建议第二款中增加对“个人信息”予以保密的规定。

3. 草案二次审议稿第五条规定：“反电信网络诈骗工作应当依法进行，维护公民和组织的合法权益。

有关部门和单位、个人应当对在反电信网络诈骗工作过程中知悉的国家秘密、商业秘密和个人隐私、个人信息予以保密。”

草案三次审议稿在草案二次审议稿的基础上主要增加了“个人信息予以保密”的规定。

◆ **条文解读**

本条共分二款。第一款是关于依法开展反电信网络诈骗工作总的原则的规定。

本款主要规定了反电信网络诈骗工作两个方面的要求：一是反电信网络诈骗工作应当依法进行。这一规定要求在反电信网络诈骗工作中，应当贯彻党中央全面依法治国的要求，坚持社会主义法治原则。在立法方面，贯彻习近平法治思想和习近平总书记对打击治理电信网络诈骗犯罪活动的重要指示批示精神，制定反电信网络诈骗法，为反电信网络诈骗工作提供有力的法治保障和法律武器，同时将反电信网络诈骗工作纳入法治轨道进行规范，就体现了依法反电信网络诈骗的原则要求。在执法司法方面，各级人民政府、政法机关和其他有关部门都应当严格执行本法、刑法、刑事诉讼法和其他法律法规的规定，依法开展反电信网络诈骗工作。在刑事诉讼的侦查、审查起诉、审判、执行等各环节严格遵循法律规定的程序。在监督管理方面，反电信网络诈骗工作专门机关和各有关部门开展各项反电信网络诈骗工作，应当遵守本法及网络安全法、个人信息保护法等对反电信网络诈骗规定的电信治理、金融治理、互联网治理、综合治理等措施的要求，依照法定的职责分工，严格依照法律确定的条件和程序，采取各项反电信网络诈骗措施，既不失职，也不越权。

二是反电信网络诈骗工作应当维护公民和组织的合法权益。对这一规定，应当从两个层面去理解。一方面，电信网络诈骗是对社会稳定、公共安全、人民人身财产权利的重大威胁，强化反电信网络诈骗措施，有效地防范和惩治电信网络诈骗活动，本身就是国家维护公民和组织合法权益的一个重要方面。同时，执法司法机关、监督管理部门及相应的经营主体，在落实反电信网络诈骗各方主体责任过程中，应当充分维护公民和组织的合法权益，严格履行本法、刑事诉讼法等法律规定的程序要求，严格掌握有关治理措施的审批权限，慎重采取暂停、关闭、禁止相关服务等可能影响人民群众正常生产经营活动和生活便利的处置措施。作出决定时，要遵循“比例原则”，把握法律政策界限，尽量减少治理电信网络诈骗活动对公民生活和企业生产经营活动的不利影响，维护和优化营商环境。要畅通公民和组织对违法不当措施侵犯其合法权益的申诉、救济渠道，违法采取治理措施给公民和组织人身或者财产造成损害的，应当依照国家赔偿法等规定给予赔偿。

另一方面，本法的许多具体规定都体现了维护公民和组织的合法权益的原则。如第十六条、第十八条都明确规定，在采取金融治理措施过程中获取的相关信息不得用于风险防控以外的其他用途；第二十条规定要求建立完善电信网络诈骗涉案资金即时查询、紧急止付、快速冻结、及时解冻和资金返还制度，明确有关条件、程序和救济措施；第三十二条第三款规定：“依据本法第十一条、第十二条、第十八条、第二十二条和前款规定，对涉诈异常情形采取限制、暂停服务等处置措施的，应当告知处置原因、救济渠道及需要提交的资料等事项，被处置对象可以向作出决定或者采取措施的部门、单位提出申诉。作出决定的部门、单位应当建立完善申诉渠道，及时受理申诉并核查，核查通过的，应当即时解除有关措施。”执法司法机关及有权采取相关措施的有关部门和单位应当严格执行这些规定，切实维护公民和组织的合法权益。

第二款是关于保护国家秘密、商业秘密和个人隐私、个人信息的规定。

反电信网络诈骗工作有关部门和单位、个人在履行反电信网络诈骗工作职责、义务过程中有可能涉及、了解有关国家秘密、商业秘密和个人隐私、个人信息。国家秘密一旦被泄露，就会对国家安全和利益造成威胁或者危害；商业秘密被泄露，会给拥有该商业秘密的单位和个人的生产、经营活动带来不利影响，造成经济损失；个人隐私、个人信息的泄露，则侵犯了当事人的合法权利，可能给当事人的名誉造成损害，影响正常生活，对个人带来精神痛苦和心理压力。因此，各有关部门和单位、个人对于在反电信网络诈骗工作中接触、知悉的国家秘密、商业秘密和个人隐私、个人信息，应当予以保密。

规定本条有以下几个方面的考虑：一是从现实情况看，有关部门和单位、个人对于在反电信网络诈骗工作中接触、知悉的国家秘密、商业秘密和个人隐私、个人信息量多面广。二是有关部门和单位、个人对于在反电信网络诈骗工作中接触、知悉的国家秘密、商业秘密和个人隐私、个人信息一般敏感度较大或者私密程度较高。若有关部门和单位、个人缺乏强烈的保密意识，可能导致国家秘密、商业秘密和个人隐私、个人信息被泄露或者公开，造成极大的权益损害，社会后果也是极为严重的。基于此，本条明确规定，有关部门和单位、个人应当对在反电信网络诈骗工作过程中知悉的国家秘密、商业秘密和个人隐私、个人信息予以保密。这就要求，有关部门和单位、个人在反电信网络诈骗工作过程中自己不主动泄露、公开或者非法提供这些信息，还要采取有力的措施确保这些信息不被泄露、不被公开。

本条规定的“国家秘密”，依照保守国家秘密法的有关规定，是指关系国家安全和利益，依照法定程序确定，在一定时间内只限一定范围的人员知悉的事项。国家秘密包括符合上述规定的下列秘密事项：国家事务重大决策中的秘密事项；国防建设和武装力量活动中的秘密事项；外交和外事活动中的秘密事项以及对外承担保密义务的秘密事项；国民经济和社会发展中的秘密事项；科学技术中的秘密事项；维护国家安全活动和追查刑事犯罪中的秘密事项；其他经国家保密行政管理部门确定的秘密事项。政党的秘密事项中符合上述规定的，也属于国家秘密。国家秘密的密级分为绝密、机密、秘密三级。其中，绝密级国家秘密是最重要的国家秘密，泄露会使国家安全和利益遭受特别严重的损害；机密级国家秘密是重要的国家秘密，泄露会使国家安全和利益遭受严重的损害；秘密级国家秘密是一般的国家秘密，泄露会使国家安全和利益遭受损害。根据保守国家秘密法的有关规定，一切国家机关、武装力量、政党、社会团体、企事业单位和公民都有保守国家秘密的义务。反电信网络诈骗工作的有关部门和单位、个人对于履行反电信网络诈骗工作职责、义务过程中知悉的国家秘密当然也应当保密，这是对保守国家秘密法有关内容的重申。

“商业秘密”，根据《中华人民共和国反不正当竞争法》第九条的规定，是指不为公众所知悉、能为权利人带来经济利益，具有实用性并经权利人采取保密措施的技术信息和经营信息。技术信息，包括技术配方、技术诀窍、工艺流程等。经营信息，是指采取什么方式进行经营等有关经营的重大决策以及与自己有业务往来的客户的情况等。商业秘密都具有一定的经济价值，必须予以保护，以维护社会主义市场经济秩序。

本条规定的“个人隐私”，是指公民不愿意公开的、与其人身权密切相关的、隐秘的事件或者事实，如个人财产、住址、生育能力、收养子女等。对这些信息应当予以保密，不得非法向外界泄露、传播、扩散，让不该知悉的人知悉。根据《中华人民共和国民法典》第一千零三十二条的规定，自然人享有隐私权。任何组织或者个人不得以刺探、侵扰、泄露、公开等方式侵害他人的隐私权。隐私是自然人的私人生活安宁和不愿为他人知晓的私密空间、私密活动、私密信息。

“个人信息”，根据《中华人民共和国民法典》第一千零三十四条的规定，是指以电子或者其他方式记录的能够单独或者与其他信息结合识别特定自然人的各种信息，包括自然人的姓名、出生日期、身份证件号码、生物识别信息、住址、电话号码、电子邮箱、健康信息、行踪信息等。个人信息保护法第四条的规定的“个人信息”与民法典的规定是一致的，同时明确个人信息不包括匿名化处理后的信息。在载体形式方面，突出强调以电子方式记录的个人信息，但并未排除以纸质等其他方式记录的个人信息。个人信息具有可识别性，即某一自然人的身份能够直接或者通过相关信息间接识别。个人信息具有相对性，只要已经确定了特定个人的身份，或者具备识别、确定特定个人身份的能力，则与该特定个人有关的各种信息均应作为个人信息予以保护。个人信息中的私密信息，适用有关隐私权的规定；没有规定的，适用有关个人信息保护的规定。

在该条的理解适用中，需要注意以下几个方面的问题：

依法打击治理电信网络诈骗犯罪，无论是执法活动还是司法活动，都要始终高度重视精准性问题，依法保护公民和组织合法权益，防止由于采取“一刀切”等方式对市场服务、公民生活带来不利影响。既要充分赋予有关部门执法和管理手段、落实企业社会责任，也要避免采取不必要的，或者成本过大、收益很小的措施，这就需要执法司法过程中统筹发展和安全，加强深入论证，科学合理落实各项措施和制度。

◆ **相关规定**

《中华人民共和国宪法》总纲；《中华人民共和国刑事诉讼法》第 2 条；《中华人民共和国国家情报法》第 8 条；《中华人民共和国反间谍法》第 5 条；《中华人民共和国网络安全法》第 1 条；《中华人民共和国反有组织犯罪法》第 5 条、第 74 条；《中华人民共和国保守国家秘密法》第 9 条、第 10 条；《中华人民共和国反不正当竞争法》第 9 条；《中华人民共和国民法典》第 1032 条、第 1034 条；《中华人民共和国个人信息保护法》第 4 条

第六条 国务院建立反电信网络诈骗工作机制，统筹协调打击治理工作。

地方各级人民政府组织领导本行政区域内反电信网络诈骗工作，确定反电信网络诈骗目标任务和工作机制，

开展综合治理。

公安机关牵头负责反电信网络诈骗工作，金融、电信、网信、市场监管等有关部门依照职责履行监管主体责任，负责本行业领域反电信网络诈骗工作。

人民法院、人民检察院发挥审判、检察职能作用，依法防范、惩治电信网络诈骗活动。

电信业务经营者、银行业金融机构、非银行支付机构、互联网服务提供者承担风险防控责任，建立反电信网络诈骗内部控制机制和安全责任制度，加强新业务涉诈风险安全评估。

◆ 条文主旨

本条是关于反电信网络诈骗工作各方职责的规定。

◆ 立法背景

（一）起草背景

近些年，电信网络诈骗犯罪日益猖獗，渗透到百姓日常生活，严重破坏人民群众的获得感、幸福感、安全感。但电信网络诈骗与传统“一对一”的诈骗具有很大的不同，犯罪分子利用通讯网络等技术手段，钻管理上的漏洞，非法获取个人信息，针对社会不特定群体特别是老年人、在校学生等，大肆实施诈骗，呈现组织化、链条化、精准化、跨境实施等特征。这就要求我们在反电信网络诈骗工作中，进一步完善各方面制度，加强各项工作，形成打击治理电信网络诈骗的强大合力。

当前，包括电信网络诈骗犯罪在内的网络犯罪生态系统和黑灰产业链条复杂，犯罪活动已经系统化、集成化。犯罪分子充分利用信息网络技术的特点，利用有关行业管理的弱点，与各类上下游黑灰产业及人员形成了分工合作，实现了跨部门、跨行业、跨地域协作犯罪。在这种情况下，各自为政、单线作战的传统打击思路，难以形成有效合力，不能适应网络犯罪规律特点。只有各部门、各单位、各领域齐抓共管，完善各方面制度，加强各方面工作，特别是在信息共享、快速联动方面完善体制机制，系统集成作战，斩断电信网络诈骗犯罪链条，才能从根本上遏制电信网络诈骗犯罪。这其中包括立法执法司法普法各项工作，包括打防管控各项措施，也包括信息流、资金流、技术流、人员流等各项治理。既要从国家层面由国务院建立起反电信网络诈骗工作机制，统筹协调打击治理工作；又要落实地方各级人民政府在各自行政区域内反电信网络诈骗工作的组织领导责任，确定反电信网络诈骗目标任务和工作机制，开展综合治理。公安机关、金融、电信、网信、市场监管等有关主管部门要切实承担本行业领域反电信网络诈骗工作的监管主体责任；人民法院、人民检察院要充分发挥审判、检察职能作用，依法防范、惩治电信网络诈骗活动；电信业务经营者、银行业金融机构、非银行支付机构、互联网服务提供者要承担风险防控责任，建立反电信网络诈骗内部控制机制和安全责任制度，加强新业务涉诈风险安全评估。

（二）审议中各方面的意见

1. 反电信网络诈骗法（草案）第五条规定：“地方各级人民政府对本行政区域内反电信网络诈骗工作负责，确定反电信网络诈骗目标任务和工作机制，组织开展综合治理和防范宣传。

公安部门组织协调反电信网络诈骗工作，金融、通信、互联网等行业主管部门依照职责负责本行业反电信网络诈骗工作，承担行业监管主体责任。

电信业务经营者、银行业金融机构和非银行支付机构、互联网服务提供者承担安全主体责任，建立反电信网络诈骗内部风险防控机制和安全责任制度。”

本条在起草阶段，按照反电信网络诈骗工作各参与主体的职责分工等，分多条进行了规定。起草初稿的条款，分别包括部际合作机制、各地方办案协作、各部门协同联动、地方政府主导责任、部门行业监管职责、企业主体责任等内容。经过征求各方面意见和多次讨论修改，在对初稿规定的多条内容基础上，对反电信网络诈骗工作中的各方责任进行了整合提炼，形成了一条三款内容。草案在一次审议过程中，常委会委员及各部门、社会公众等方面提出了一些修改建议，如有的建议，在第二款“各行业主管部门”中增加“市场监督管理部门”；有的建议，将“通信”主管部门修改为“电信”主管部门。

2. 草案二次审议稿第六条规定：“国务院建立反电信网络诈骗工作机制，统筹协调打击治理工作。

地方各级人民政府负责本行政区域内反电信网络诈骗工作，确定反电信网络诈骗目标任务和工作机制，组织开展综合治理。

公安机关组织协调反电信网络诈骗工作，金融、电信、网信、市场监管等有关主管部门承担监管主体责任，依照职责负责本行业领域反电信网络诈骗工作。

电信业务经营者、银行业金融机构、非银行支付机构、互联网服务提供者承担风险防控责任，建立反电信网络诈骗内部控制机制和安全责任制度，加强新业务涉诈风险安全评估。”

草案在二次审议过程中，常委会委员及各部门、社会公众等方面提出了一些修改建议，如有的建议在本条中明确法院、检察院的司法职能。有的建议，在第二款中“负责本行政区域内反电信网络诈骗工作”后增加规定“组织、指挥、推动、协调反电信网络诈骗工作”。此外，各方面还提出了一些文字表述意见。

3. 草案三次审议稿第六条规定：“国务院建立反电信网络诈骗工作机制，统筹协调打击治理工作。

地方各级人民政府组织领导本行政区域内反电信网络诈骗工作，确定反电信网络诈骗目标任务和工作机制，开展综合治理。

公安机关牵头负责反电信网络诈骗工作，金融、电信、网信、市场监管等有关主管部门承担监管主体责任，依照职责负责本行业领域反电信网络诈骗工作。

人民法院、人民检察院发挥审判、检察职能作用，依法防范、惩治电信网络诈骗活动。

电信业务经营者、银行业金融机构、非银行支付机构、互联网服务提供者承担风险防控责任，建立反电信网络诈骗内部控制机制和安全责任制度，加强新业务涉诈风险安全评估。”

根据各方面的意见，草案三次审议稿主要增加了一款内容：人民法院、人民检察院发挥审判、检察职能作用，依法防范、惩治电信网络诈骗活动。

◆ 条文解读

本条共分五款。

第一款是关于国务院建立反电信网络诈骗工作机制的规定。

国务院建立反电信网络诈骗工作机制，统筹协调打击治理工作。国家高度重视反电信网络诈骗工作，为了使这项工作长期有效进行，有必要从国家层面建立工作机制。近些年电信网络诈骗犯罪形势的严峻性，也说明了反电信网络诈骗工作必须长期持续有效开展。工作机制是一项工作实际开展的长期工作方式，从国家层面建立反电信网络诈骗工作机制，是反电信网络诈骗工作的关键一环，也是对电信网络诈骗犯罪持续进行打击的长效保证。反电信网络诈骗工作机制的内容包括：反电信网络诈骗工作参与的主体及其职责，反电信网络诈骗工作的计划及程序，反电信网络诈骗工作中的规则及要求等。反电信网络诈骗工作机制是参与主体共同形成的工作整体，需要贯穿于反电信网络诈骗工作中的各环节、各步骤，需要各有关职责部门相互配合、相互支持，切实担负起相应的职责，才能保持该工作机制持续有效运行。

第二款是关于地方各级人民政府反电信网络诈骗职责的规定。

地方各级人民政府组织领导本行政区域内反电信网络诈骗工作，确定反电信网络诈骗目标任务和工作机制，开展综合治理。地方政府对重点人员和地区的治理，依法落实地方政府责任，是做好反电信网络诈骗工作的关键措施。地方各级人民政府对本行政区域内的反电信网络诈骗工作承担组织领导职责，这种组织领导主要是对地方反电信网络诈骗全局性工作进行组织领导，比如贯彻学习党中央关于反电信网络诈骗工作的精神，组织落实国家关于反电信网络诈骗工作的方针、政策，组织执行反电信网络诈骗区域工作任务，协调指导本行政区域开展反电信网络诈骗的安全防范、应对处置、部门合作、评比考核等。地方各级人民政府按照国务院建立的反电信网络诈骗工作机制的要求，结合地方反电信网络诈骗工作的实际，确定反电信网络诈骗目标任务和工作机制。这里的目标任务，既包括地方政府为反电信网络诈骗制定长期性、综合性的目标计划，也包括短期性、临时性的具体工作任务。地方所确定的反电信网络诈骗工作机制，一方面要与国务院建立的国家层面的反电信网络诈骗工作机制在工作精神上保持一致，确保国家部署的任务得到有效落实。另一方面还要考虑到各地方电信网络诈骗犯罪的实际情况和反电信网络诈骗工作的迫切要求。既做到不违背国家反电信网络诈骗工作精神，又符合地方反电信网络诈骗工作实际，从而使工作机制的建立具有针对性和有效性，发挥工作机制的合力优势。地方政府对电信网络诈骗工作开展综合治理，是指要对电信网络诈骗违法犯罪活动进行全方位多角度的全面治理，需要地方政府集中相关职能部门、平台协同发力，依靠人民群众和社会各方面的力量，综合运用政治、经济、法律、行政、教育、文化等各种手段，对电信网络诈骗活动进行全链条的治理，包括反电信网络诈骗工作中的预防、惩治、宣传等各方面。

第三款是关于公安机关、金融、电信、网信、市场监管等有关主管部门反电信网络诈骗职责的规定。

电信网络诈骗犯罪的防范治理涉及各环节各链条，必须坚持系统观念和源头治理、综合治理的方针，从金融、通信、互联网、个人信息保护、重点人员防控等方面全面加强防范性制度建设，才能适应和把握好电信网络诈骗产生、发展和治理的规律。近年来，电信网络诈骗犯罪手段花样翻新，执法部门打击的力度很大，但仍难以根本遏制，这说明反电信网络诈骗工作应当更加重视在综合治理、源头防范、堵塞各方面漏洞上加大力度，坚持齐抓共管，进一步夯实各方责任。各部门、各单位都应当负起自己的责任，共同行动，相向而行，形成齐抓共管的良好局面。公安机关、工信、金融部门等共同推进“断卡”行动、“断流”行动等。电信主管部门对于通信工具、网络、域名服务等的管理，金融主管部门对于金融账户、反洗钱的管理，互联网主管部门对于个人信息、网络信息、网络治理的管理，公检法部门对于案件的打击等，要抓紧抓实，形成合力。依法落实行业监管部门责任、执法和司法主体责任，是做好反电信网络诈骗工作的关键措施。

公安机关是打击电信网络诈骗犯罪的主导力量，应毫不动摇坚持依法严打方针，严厉打击电信网络诈骗分子，推动地方党委政府落实属地管控责任，推动行业源头治理，大力开展精准宣传教育、预警防范，全力落实打防管控各项工作措施。对电信网络诈骗犯罪保持严打高压的态势，持续开展大案攻坚，组织集群战役，出重拳、下重手，打击电信网络诈骗及其上下游关联违法犯罪。指导规范执法行为，保护公民和组织的合法权益，协同配合法检机关高效率进行捕、诉、审等司法程序，进一步增强对电信网络诈骗犯罪的惩治力度。

金融主管部门主要指中国人民银行、银保监会、证监会、外汇管理等监管部门。金融主管部门要完善相关制度建设，切实担负起账户资金等的监管职责。包括但不限于以下方面：一是组织出台部门规章、行业规范、制度文件等，完善银行账户、支付账户的管理制度，规范支付服务市场秩序，有效遏制电信网络赌博等违法违规活动蔓延。二是推进涉案账户资金网络查控平台建设、企业信息联网核查系统等，为核查工商登记、纳税和手机号码信息提供便利，完善可疑交易拦截机制，针对非法资金转移采取防控措施，积极配合公安机关做好涉案账户的快速查询、紧急止付、快速冻结等查控工作，提高涉案资金查控的合法性、及时性、有效性。同时，配合公安机关做好冻结资金的及时返还，切实维护人民群众的合法权益。三是持续加强对银行卡的管理，从源头遏制电信网络新型违法犯罪的发生，对各银行业金融机构严格贯彻实名制要求，杜绝违规代开卡、乱开卡、批量开卡等问题，组织核实清理“一人多卡”、睡眠账户等，进一步铲除电信网络诈骗犯罪土壤。四是强化金融科技应用，完善账户风险监测系统，增加支付监测模块及人脸识别监管措施等，补齐监管短板，堵塞制度漏洞。五是组织金融机构、网点开展多渠道、多角度、多形式的宣传教育活动，普及金融安全和风险防范知识，提高群众自防意识，减少电信网络诈骗犯罪的发生。

工业和信息化部及地方通信管理局作为电信主管部门，应以电话卡、物联网卡以及关联互联网账号等治理为聚焦重点，落实技管结合措施，压实电信企业、互联网企业反电信网络诈骗责任。包括但不限于以下方面：一是有效推进“断卡行动”“打猫行动”等专项活动，依法清理整治涉诈电话卡、物联网卡以及关联互联网账号，对“猫池”设备进行快速打击。二是提高实时预警劝阻能力、监测能力，完善涉诈预警劝阻短信系统，组织电信企业实施“二次实人认证”，主动监测发现涉诈高风险电话卡。三是加强技防体系建设，通过建设信息通信行业反诈大平台，形成涉诈短信、电话号码、域名网址、互联网账号等快速处置机制。

国家和地方网信部门应加强对网站平台的常态化监管，强化网络安全治理的主管责任，为打击治理电信网络诈骗犯罪提供网络安全基础。包括但不限于以下方面：一是整治网上涉诈信息，推动网站平台落实主体责任，健全用户注册、账号管理、信息发布审核、跟帖评论审核、页面生态管理、实时巡查、黑色产业链信息处置等制度，主动开展内容审核，深入清理虚假招聘、博彩网站链接等网上有害信息。二是完善互联网技术和数据资源库，提高反诈预警监测能力，加强涉诈网址封堵与预警劝阻，阻断违法违规信息网上传播途径，对境外诈骗电话进行预警监测。三是做好国家反诈大数据平台、国家反诈中心APP等建设，对涉诈网址、APP等及时进行收录，为封堵境外域名、IP地址提供技术支撑，对用户可疑访问进行预警提醒等。

市场监管部门应立足市场监管职能职责，强化市场监管手段，规范网络市场秩序，落实电子商务主体责任，严厉打击各种网络非法生产经营行为。包括但不限于以下方面：一是完善企业登记身份管理实名验证，推进企业登记实名验证系统建设，严厉打击虚假注册违法行为。二是完善网络直播营销规则，出台相关指导意见，明确参与各方的责任与义务、禁止性规定、经营活动规范等。三是规范电子商务主体资格，落实电子商务经营者主体责任、电子商务平台治理义务和协助监管义务等，加强平台违法违规交易行为的查处，维护网络市场经营秩序。四是严厉打击网络传销行为，加强对聚集式传销重点城市和网络传销重点地区整治力度，重点对涉诈传销违法活动进行打击整治。

第四款是人民法院、人民检察院反电信网络诈骗职责的规定。

法院、检察院应承担审判、检察等司法职能，依法防范、惩治电信网络诈骗犯罪。包括但不限于以下方面：一是配合本法出台相应的司法解释及其他规范性文件，完善司法适用，强化法律支撑，统一司法标准，确保准确、及时、有效地打击电信网络诈骗犯罪。二是加强检察、审判案例指导，对电信网络诈骗犯罪典型案件及时进行总结发布，强化办案证据指引，确保案件办理质效。三是加强数据研判和案件信息统计，对电信网络诈骗犯罪以及关联犯罪案件进行调研分析，梳理司法问题和总结办案经验。四是加强反诈法治宣传，开展预防性治理，通过以案释法、庭审直播等多种宣传形式，增强人民群众的识别意识和防范能力。五是发挥检察建议、司法建议的作用，对网络黑灰产业链条整治、个人信息保护、涉诈重点人群保护等重点问题提出治理建议，推动电信网络诈骗犯罪源头治理、综合治理。此外，人民法院、人民检察院在依法防范、惩治电信网络诈骗犯罪过程中，既要充分发挥审判、检察的司法职能，形成对电信网络诈骗犯罪打击的高压态势；同时也要依法遵循宪法、刑事诉讼法对人民法院、人民检察院的职责定位，在办理电信网络诈骗犯罪案件中与公安机关分工负责、相互配合、互相制约，准确有效地执行法律，让人民群众从每个司法案件中都能感受到公平正义。

第五款是关于电信业务经营者、银行业金融机构、非银行支付机构、互联网服务提供者反电信网络诈骗工作职责，以及加强新业务涉诈风险评估的规定。

电信企业、金融机构、非银行支付机构、互联网企业是反电信网络诈骗工作中不可或缺的重要主体。各企业要统筹发展和安全，在为用户提供服务和实现企业发展时，在构建相关管理制度和设计产品、业务时，应当同时担起防范违法犯罪的社会责任，加强企业内部风险控制体系建设，防止出现企业平台、服务被大量用于电信网络诈骗犯罪的情况。对本企业本领域发生的电信网络诈骗信息、活动的情况，要采取技术措施等进行识别、监测、拦截、处置工作。互联网企业还应当对买卖个人信息、电话卡、银行卡等网络黑灰产业加强监测治理等。

电信业务经营者应切实承担起涉诈风险防控、内部控制、安全制度、风险安全评估等责任。根据本法电信治理一章的规定，这些职责主要包括：落实电话用户真实身份信息登记制度。承担对代理商落实电话实名制管理责任，明确代理商实名制登记的责任和有关违约处置措施。对经识别存在异常办卡情形的，加强核查或者拒绝办卡。对监测识别的涉诈异常电话卡用户应当重新进行实名核验，根据风险等级采取有区别的、相应的核验措施；对未按规定核验或者核验未通过的，可以限制、暂停有关电话卡功能。建立物联网卡用户风险评估制度，评估未通过的，不得向其销售物联网卡；严格登记物联网卡用户身份信息，采取有效技术措施限定物联网卡开通功能、使用场景和适用设备。对物联网卡的使用建立监测预警机制。对存在异常使用情形的，应当采取暂停服务、重新核验身份和使用场景或者其他合同约定的处置措施。规范真实主叫号码传送和电信线路出租，对改号电话进行封堵拦截和溯源核查。严格规范国际通信业务出入口局主叫号码传送，真实、准确地向用户提示来电号码所属国家或者地区，对网内和网间虚假主叫、不规范主叫进行识别、拦截。及时识别、阻断前款规定的非法设备、软件接入网络，并向公安机关和相关行业主管部门报告。

银行业金融机构和非银行支付机构应当建立起涉诈风险防控机制、账户监测机制、客户尽职调查及信息核验制度等。根据本法金融治理一章的规定，这些职责主要包括：建立客户尽职调查制度，依法识别受益所有人，采取相应风险管理措施，防范银行账户、支付账户等被用于电信网络诈骗活动。按照国家有关规定的限制数量，为客户开立银行账户、支付账户，对经识别存在异常开户情形的，加强核查或者拒绝开户。按照国家有关规定提供开户情况和有关风险信息，相关信息不得用于风险防控以外的其他用途。建立开立企业账户异常情形的风险防控机制。对银行账户、支付账户等支付工具及支付服务加强监测，建立完善涉电信网络诈骗特征的异常账户监测模型；参与支持反洗钱统一监测系统的建设，完善与电信网络诈骗犯罪资金流转特点相适应的反洗钱可疑交易报告制度。对监测识别的异常账户、可疑交易，根据风险情况，采取核实交易情况、延迟支付结算、重新核验身份、限制或者终止有关业务等必要的防范措施。按照国家有关规定，完整、准确传输直接提供商品或者服务的商户名称、收付款客户名称及账号等交易信息，保证交易信息的真实、完整和支付全流程中的一致性。

互联网服务提供者应当建立起互联网监测防范制度、用户信息核验机制等，对涉诈异常账号、应用程序等采取处置措施等。根据本法互联网治理一章的规定，这些职责主要包括：对监测识别的涉诈异常账号应当采取重新核验、限制功能、暂停服务等处置措施；对涉案电话卡、涉诈异常电话卡所关联注册的有关互联网账号进行核验，根据风险情况，采取限期改正、限制功能、暂停使用、关闭账号、禁止重新注册等处置措施。登记并核验应用程序开发运营者的真实身份信息，核验应用程序的功能、用途；

加强对分发平台以外途径下载传播的涉诈应用程序重点监测、及时处置。按照国家有关规定，核验域名注册、解析信息和互联网协议地址的真实性、准确性，限制域名跳转次数，记录并留存所提供相应服务的日志信息，支持实现对跳转、解析、转换记录的溯源。建立监测防范制度，对涉诈支持、帮助活动进行监测、拦截和处置。为公安机关办理电信网络诈骗案件依法调取证据提供技术支持和协助，对互联网账号异常使用监测中发现的可疑犯罪线索、风险信息等，移送公安、网信、电信等部门。

在该条的理解适用中，需要注意以下几个方面的问题：

金融、电信、网信、市场监管等有关主管部门，在履行相应的监管主体责任过程中，应针对不同行业的特点，建立完善不同行业的监管标准，推动行业监管细则进一步落地，使监管更有力、更具针对性。电信业务经营者、银行业金融机构、非银行支付机构、互联网服务提供者，在履行相应的风险防控责任过程中，同样要根据不同行业的经营特点，建立、完善、细化反电信网络诈骗内部控制机制和安全责任制度，将防范电信网络诈骗风险的具体责任进一步落实，构建严密的电信网络诈骗风险防控体系。

第七条 有关部门、单位在反电信网络诈骗工作中应当密切协作，实现跨行业、跨地域协同配合、快速联动，加强专业队伍建设，有效打击治理电信网络诈骗活动。

◆ **条文主旨**

本条是关于反电信网络诈骗协同联动工作机制的规定。

◆ 立法背景

（一）起草背景

电信网络诈骗犯罪是在电信网络技术先进且发展变化迅速的当今时代滋生、发展蔓延的新型犯罪活动，具有一些不同于传统犯罪的新特点。一是利用先进的技术手段，犯罪手法不断更新升级。从简单的通过电话、网络即时通讯工具以“话术”设置陷阱、冒充公职人员或特定关系人实施诈骗，到利用短信群发、改变主叫号码、虚拟拨号、自动切换网络地址、拦截接收验证码等先进设备或者技术手段，甚至采用非法侵入、控制计算机信息系统的手段获取个人信息等用于犯罪的信息。互联网、电信、金融等领域的新技术、新设备也成为“双刃剑”，既被用于增进市场活力、改进服务品质、满足人民群众的美好生活需要，也被不法分子用于实施电信网络诈骗犯罪活动，有时候甚至更快地被用于电信网络诈骗活动。行政监管机关、司法办案机关防范电信网络诈骗活动的技术手段在更新升级，电信网络诈骗犯罪集团实施犯罪活动的技术手段也在更新升级，有时候甚至比防范技术更新升级更快，呈现出“道高一尺，魔高一丈”的局面。二是组织性强、分工细致，且在组织特征上有新特点。电信网络诈骗涉及多个环节、多种领域，这类犯罪活动发展到今天，已经呈现出组织严密、链条长、分工细的特征。电信网络诈骗活动涉及的各个领域、步骤，如编造话术“剧本”、非法获取、出售个人信息、发送诈骗信息、开发、制造可用于实施诈骗活动的设备、软件等，都有专门的人员、团队负责进行。与行政监管机关和司法办案机关对抗的不是一般的犯罪团伙，而是分工明确、智力密集的犯罪和相关黑灰产业链条。但是，与刑法关于共同犯罪、犯罪集团规定的典型特征相对照，这些新兴电信网络犯罪组织又有新的特点。

因为信息技术的高度发展，犯罪活动分工高度细化，犯罪活动链条的上下游人员之间往往并没有传统意义上的沟通联系和共同犯意，甚至根本互不相识。这就给适用刑法有关规定对这类犯罪组织进行打击惩治带来新的困难。三是跨部门、跨行业、跨地域实施犯罪。电信网络诈骗犯罪活动已经系统化、集成化，犯罪分子充分利用信息网络技术的特点，钻营电信、互联网、金融等行业管理的弱点，与各类上下游黑灰产业及人员形成分工合作，实现跨部门、跨行业、跨地域协作犯罪。

面对具有这样新特点的电信网络犯罪活动，如果有关行政执法机关、司法办案机关和电信、互联网、金融等行业的市场主体还是各自为政、单线作战，就难以形成有效合力，不能适应网络犯罪规律特点。只有各部门、各单位、各领域齐抓共管，完善各方面制度，加强各方面工作，特别是在信息共享、快速联动方面完善体制机制，系统集成作战，斩断电信网络诈骗犯罪链条，才能从根本上遏制电信网络诈骗犯罪。

2021 年 4 月，习近平总书记对电信网络诈骗犯罪打击治理工作作出的重要指示强调，要坚持以人民为中心，统筹发展和安全，强化系统观念、法治思维，注重源头治理、综合治理，坚持齐抓共管、群防群治，全面落实打防管控各项措施和金融、通信、互联网等行业监管主体责任。习近平总书记的重要指示，为做好反电信网络诈骗工作中的协调联动配合机制建设提供了根本遵循。

2021 年 12 月，中共中央办公厅、国务院办公厅印发了《关于加强打击治理电信网络诈骗违法犯罪工作的意见》（以下简称《意见》），对加强打击治理电信网络诈骗违法犯罪工作作出安排部署。《意见》要求，要依法严厉打击电信网络诈骗违法犯罪。坚持依法从严惩处，形成打击合力，提升打击效能；坚持全链条纵深打击，依法打击电信网络诈骗以及上下游关联违法犯罪。《意见》强调，各级党委和政府要加强对打击治理电信网络诈骗违法犯罪工作的组织领导，统筹力量资源，建立职责清晰、协同联动、衔接紧密、运转高效的打击治理体系。金融、电信、互联网等行业主管部门要全面落实行业监管主体责任，各地要强化落实属地责任，全面提升打击治理电信网络诈骗违法犯罪的能力水平。《意见》中的这些要求，为做好反电信网络诈骗工作中的协调联动配合机制建设提出了具体举措。

在本法调研起草过程中，有关方面反映，目前的反电信网络诈骗工作中，在各部门、单位之间的协调配合、快速联动机制方面还存在一些问题需要改进。在部门之间，存在信息共享不足、沟通协调不够、应急处置反映不够迅速、行政执法和刑事司法衔接机制不够顺畅等问题。在跨地区案件的办理上，存在管辖协调机制不顺畅，不同地区的办案机关有时争管辖，有时互相推诿；异地办案机关在调查取证、要求市场主体配合方面困难较大等问题。在执法司法机关与电信、互联网、金融等行业市场主体之间，也存在一些市场主体对于监管防范措施落实不到位，对办案机关的协作要求不重视不积极配合，甚至为了经营业绩漠视放任电信网络诈骗活动和相关黑灰产业发展，跨行业配合协调机制缺乏或者运行效率不高等问题。各方面普遍呼吁通过立法强化相关协同配合、快速联动机制，充分发挥各部门、各领域的职能作用，形成共同防范惩治电信网络诈骗活动，与电信网络诈骗犯罪组织和相关黑灰产业链作斗争的强大合力。

同时，反电信网络诈骗工作涉及电信、互联网、金融方面等各专业领域的新发展、新知识，要与不断花样翻新、升级换代的诈骗犯罪手段和黑灰产业链斗争，无论是行政监管、行业风险防控还是案件侦查、审查起诉、审判工作，都需要懂法律、懂技术，敢于斗争、善于斗争的专业反电信网络诈骗人员队伍作为支撑。

反电信网络诈骗工作的实践也需要在法律中对相关专业队伍建设作出原则性、指引性规定。

本条贯彻落实习近平总书记重要指示精神和党中央决策部署，在第六条对国务院和地方各级人民政府反电信网络诈骗工作机制，公安机关、有关行业主管机关、司法机关的职责，电信、互联网、金融等行业市场主体的责任作出明确规定的基础上，进一步对有关部门、单位在反电信网络诈骗工作中的协同联动工作机制作出了明确规定，为有关方面共同开展好协同联动工作机制建设和反电信网络专业队伍建设，提供了法律指引和保障。

（二）审议中各方面的意见

1. 反电信网络诈骗法（草案）第六条规定："国务院建立打击治理电信网络诈骗工作机制，统筹协调打击治理工作。有关部门应当密切配合，实现跨行业、跨地域协同配合、快速联动，有效防范电信网络诈骗活动。"

草案初次审议和随后征求意见过程中，有些常委会组成人员和列席人员建议，将国务院建立打击治理电信网络诈骗工作机制的内容移至前一条部门职责的规定中，本条专门对反电信网络犯罪协同联动工作机制作出规定，突出协同联动工作机制建设的重要性。有的代表建议，在"协同配合、快速联动"前增加"信息共享"。有的专委会组成人员建议，从事前预防能力建设、事中责任督导机制建设、事后反诈骗成效体系建设三个方面进一步明确细化协同联动工作机制，建立跨行业、跨地域、跨部门、跨地区的联防联控工作机制。有的地方和部门建议将"有关部门应当密切配合"修改为"有关部门和企业应当密切配合，建立健全专职人员队伍体系"。有的地方和部门建议将第二款中"有效防范"修改为"有效防范和打击治理电信网络诈骗活动"，或者修改为"有效防范和打击"。

2. 草案二次审议稿第七条规定："有关部门、单位在反电信网络诈骗工作中应当密切协作，实现跨行业、跨地域协同配合、快速联动，加强专业队伍建设，有效打击治理电信网络诈骗活动。"根据常委会组成人员的意见和地方、部门的意见，草案二次审议稿对本条作了以下修改：一是，将关于建立反电信网络诈骗工作机制的有关内容移至前一条关于部门、单位职责规定中作为第一款，本条成为关于反电信网络诈骗协同联动工作机制的专门规定。二是，在"有关部门"后增加了"单位"，增加了加强专业队伍建设的内容。三是，将"防范"修改为"打击治理"。

在草案二次审议过程中，有的常委会委员建议，在"跨地域协同配合"后增加"数据共享"，以与本法其他条文中"信息共享查询系统""共享信息"的内容相对应。

（三）有关国家、地区的规定

有关国家重视在反电信网络诈骗工作中建立健全跨部门协调机制。如2018年，英国金融业协会与英国财政部、伦敦市警察局、大都会警察局联合成立专用卡和支付欺诈专案组，专职打击欺诈类犯罪。英国金融业协会通过金融欺诈反欺局和欺诈情报共享系统与警察局、金融从业机制之间建立欺诈情报共享机制，并根据共享情况定期生成可疑活动报告，供监管机构、司法机关、金融从业机构和消费者交流共享来提高英国金融业整体反欺诈水平。

◆ **条文解读**

本条规定的主要内容是建立反电信网络诈骗协同联动工作机制，有效打击治理电信网络诈骗活动。这种协同联动工作机制，是各层级、各地域由行政监管机关、司法办案机关和金融、电信、互联网等行业市场主体共同构成，与电信网络诈骗犯罪活动作斗争的联合工作机制。建设这一工作机制的目的是"打击治理电信网络诈骗活动”，既包括在电信网络诈骗犯罪活动发生后即时发现、及时阻断、迅速查办、依法惩治，也包括在各相关行业领域和全社会加强治理，有效防范新的电信网络诈骗犯罪活动发生。本条对有关部门和单位提出了以下几个方面的要求：

一是，有关部门、单位在反电信网络诈骗工作中应当密切协作。这里规定的“有关部门”，是指承担反电信网络诈骗工作的国家机关，包括承担反电信网络诈骗牵头职责的公安机关，承担有关行业行政监督管理职责的金融监管、电信、网信、市场监管等部门，承担电信网络诈骗犯罪案件检察、审判职责的人民检察院、人民法院等部门，包括中央和地方各层级的相关部门及其分支机构。“单位”是指国家机关以外的负有反电信网络诈骗犯罪责任的单位，主要是电信、互联网、金融行业的电信业务经营者、银行业金融机构、非银行支付机构、互联网服务提供者等市场主体，既包括国有单位，也包括非国有单位。首先，各部门、单位都要提高政治站位，从贯彻落实党中央决策部署，维护人民群众幸福感、获得感、安全感，积极履行企业社会责任的高度，充分认识共同做好反电信网络诈骗工作的重大意义。各部门、单位都不能只从本部门局部、眼前的角度出发，要积极协作配合、互相补台，而不是各行其是、互相掣肘。其次，国家机关之间要实现密切协作配合。各部门都要在认真履行自身职责的基础上，积极协助配合其他部门的工作。要加强行政执法和刑事司法衔接配合，行政监管机关在监管工作中发现犯罪活动线索的，要按照有关规定及时移送公安机关。公安机关、检察机关、审判机关在办理案件中发现行业监管存在疏漏的，要及时向有关行业监管部门提出改进建议，必要时，可以按照有关规定正式提出司法建议书、检察建议书、公安提示函。公安机关、检察机关、审判机关办理电信网络诈骗犯罪案件，要依法互相配合，就证据标准、取证认证规范等加强沟通，共同提高办案质量。不同地方的有关国家机关也要加强协调配合，在跨地域案件办理上从有利于惩治犯罪、有利于维护被害群众利益的角度确定办案机关，而不是基于局部利益或者工作方便争抢或者推诿。再次，有关单位也要与国家机关和其他单位密切协作配合。有关市场主体要配合国家机关落实各项防范措施，配合国家机关防范、调查电信网络诈骗犯罪工作，对于有关机关依法下达的紧急止付等阻断电信网络诈骗犯罪活动的指令，要及时不折不扣予以落实。在有关工作中不能只从自身发展业绩、回避风险的角度出发，而要积极承担社会责任，主动做好有关工作。

二是有关部门、单位要实现跨行业、跨地域协同配合、快速联动。就是要求有关部门、单位要在各级电信网络诈骗工作机制统筹协调下，打破行业、地域的局限，联合行动，共同发力，以快制快，形成全方位打击治理电信网络诈骗犯罪活动的局面。特别是在处置正在发生、即将发生的电信网络诈骗犯罪活动时，各部门、单位都要做好积极响应、严格落实、守土尽责。

三是有关部门、单位要加强反电信网络诈骗专业队伍建设。要通过学习培训、实战锻炼等多种方式，培养从事反电信网络诈骗工作中宣传教育、技术防范、装备软件开发、案件侦查、审查起诉、审判等各环节的专门人才和专门队伍。建立激励机制，奖励在反电信网络诈骗工作中作出突出贡献的人员。

在本条的理解适用中，需要注意以下几个方面的问题：

第一，有关部门在反电信网络诈骗工作中，要依照本条的规定建立协同联动工作机制，形成打击合力。但公安机关、人民检察院、人民法院办理电信网络诈骗犯罪案件，在互相配合的同时，也要依照宪法和刑事诉讼法的规定互相制约。通过互相制约保证案件办理的质量和司法公正，维护诉讼参与人的合法权益。

第二，有关部门和单位要按照本条规定，积极共享涉及反电信网络诈骗工作的信息资源，同时也要严格执行个人信息保护法的有关规定，特别是有关国家机关要遵守国家机关处理个人信息的特别规定，切实维护公民个人信息安全。

◆ **相关规定**

《中华人民共和国刑事诉讼法》第7条

第八条 各级人民政府和有关部门应当加强反电信网络诈骗宣传，普及相关法律和知识，提高公众对各类电信网络诈骗方式的防骗意识和识骗能力。

教育行政、市场监管、民政等有关部门和村民委员会、居民委员会，应当结合电信网络诈骗受害群体的分布等特征，加强对老年人、青少年等群体的宣传教育，增强反电信网络诈骗宣传教育的针对性、精准性，开展反电信网络诈骗宣传教育进学校、进企业、进社区、进农村、进家庭等活动。

各单位应当加强内部防范电信网络诈骗工作，对工作人员开展防范电信网络诈骗教育；个人应当加强电信网络诈骗防范意识。单位、个人应当协助、配合有关部门依照本法规定开展反电信网络诈骗工作。

◆ **条文主旨**

本条是关于反电信网络诈骗宣传教育、单位和个人防范的规定。

◆ 立法背景

（一）起草背景

根据本法第二条的规定，电信网络诈骗犯罪本质上是诈骗犯罪，即刑法第二百六十六条规定的诈骗犯罪，属于诈骗这类刑法上常见的侵犯财产类犯罪在电信网络技术高度发达的时代的新表现形式。虽然形式上新，但仍然具有诈骗犯罪的实质特征，即行为人以非法占有为目的，通过虚构事实或者隐瞒真相的欺诈行为，使被害人陷入错误的认识，从而作出处置财产的行为，将财产“自愿”交由行为人支配。诈骗犯罪得逞的关键，是让被害人产生错误认识，落入“陷阱”。被害人产生错误认识的具体原因在不同案件中各不相同，有的是贪图小利，有的是为保护本人或者亲人人身财产安全，有的是因为从事特定活动、面临特定情境而落入骗局。电信网络诈骗作为新形势下的诈骗犯罪，其犯罪手法具有不同于传统犯罪的新特点。一是借助电信、互联网等现代化的传播途径，既实现便捷快速广泛传播，又不和被害人产生直接的接触。二是由专业人员编造话术“剧情”，结合非法获取公民个人信息等违法犯罪活动，欺骗性、迷惑性更强。三是针对老年人、青少年、特定岗位或者特定情境下的人员，有针对性地布设精准骗局。老年人对于电信、互联网等信息化工具不熟悉，青少年缺乏社会经验，他们识别和抵御防范电信网络诈骗的能力相对较弱，更容易落入“陷阱”。这些新的特点，使电信网络诈骗犯罪的“杀伤力”和防范难度比普通诈骗犯罪更大。

从防范诈骗犯罪的角度看，如果被害人防范意识强，识破了行为人的骗局，不产生错误认识，不落入“陷阱”，诈骗犯罪就不能得逞。防范电信网络诈骗这类新型的诈骗犯罪，就需要潜在的被害人具有更强的防范诈骗的意识和识别诈骗的能力。要提高公众的防骗意识和识骗能力，就离不开宣传教育这一重要手段，包括对作为潜在被骗者的社会公众进行的普遍宣传教育，也包括针对老年人、青少年等容易遭受电信网络诈骗的群体进行的有针对性的宣传教育。

2021 年 4 月，习近平总书记对电信网络诈骗犯罪打击治理工作作出的重要指示强调，要坚持以人民为中心，统筹发展和安全，强化系统观念、法治思维，注重源头治理、综合治理，坚持齐抓共管、群防群治，加强社会宣传教育防范。习近平总书记的重要指示，为做好反电信网络诈骗宣传教育工作提出了要求，指明了方向。

2021 年 12 月，中共中央办公厅、国务院办公厅印发了《关于加强打击治理电信网络诈骗违法犯罪工作的意见》（以下简称《意见》），对加强打击治理电信网络诈骗违法犯罪工作作出安排部署。《意见》提出，坚持打防结合、防范为先，强化预警劝阻，加强宣传教育，坚持广泛动员、群防群治，发动群众力量，汇聚群众智慧，坚决遏制电信网络诈骗违法犯罪多发高发态势。《意见》要求，要构建严密防范体系。强化宣传教育，建立全方位、广覆盖的反诈宣传教育体系，开展防范电信网络诈骗违法犯罪知识进社区、进农村、进家庭、进学校、进企业活动，形成全社会反诈的浓厚氛围。《意见》中的这些要求，为做好反电信网络诈骗宣传教育工作提出了具体举措。

从近年来反电信网络诈骗工作的实践情况看，加强宣传教育防范是反电信网络诈骗的重要工作，也是最为有效的防范性措施之一。各地各部门创新方式，广泛开展反电信网络诈骗宣传教育防范，推进反诈宣传进学校、进企业、进社区、进农村、进家庭、活动，营造全社会反诈浓厚氛围，取得了明显成效。在本法调研起草过程中，有关方面普遍提出，总结实践中的好做法好经验，在法律中对反电信网络诈骗宣传教育工作作出原则性、指引性规定。

同时，作为社会组成单元和电信网络诈骗犯罪潜在受害者的单位和个人，也应当积极参与全民反诈的大局，提高自身防范电信网络诈骗的意识，主动配合有关国家机关的反电信网络诈骗工作。

本条贯彻落实习近平总书记重要指示精神和党中央决策部署，总结反电信网络诈骗工作的实践经验，对反电信网络诈骗宣传教育工作作了规定，明确了各级人民政府和有关部门在反电信网络诈骗宣传教育工作中的职责，明确了宣传教育的对象和主要形式。本条还对单位、个人防范电信网络诈骗的责任和义务作了规定。

（二）审议中各方面的意见

1. 反电信网络诈骗法（草案）第二十五条规定："地方各级人民政府及其有关部门应当加强反电信网络诈骗宣传，普及法律知识，提高公众对各类电信网络诈骗的鉴别能力和安全防范意识。

村民委员会、居民委员会和教育、民政、市场监管等有关部门，应当结合电信网络诈骗受害群体的分布等特征，有针对性地开展防范电信网络诈骗违法犯罪知识进学校、进企业、进社区、进农村等宣传活动。"

草案初次审议和随后征求意见过程中，有些常委会组成人员建议加强宣传教育和社会防范，提高群众识骗防骗能力；明确宣传舆论主管部门的宣传职责；明确电信企业、互联网企业、金融机构反电信网络诈骗宣传的责任；增加针对老年人、未成年人等重点人员的防范电诈宣传教育的规定；明确银行应当张贴、发放反电信网络诈骗宣传材料，明确新闻媒体的宣传责任等。有的地方建议，将第二款中宣传主体修改为"教育、民政、市场监管等有关部门和村民委员会、居民和委员会"；增加银行业金融机构、非银行支付机构、电信业务经营者、互联网服务提供者等进行反电信网络诈骗宣传的责任。有的部门建议，增加规定单位和个人应当加强自身安全防范意识，履行基本的审慎义务。

2. 草案二次审议稿第八条规定："地方各级人民政府和有关部门应当加强反电信网络诈骗宣传，普及法律知识，提高公众对各类新型电信网络诈骗方式的识骗能力和防骗意识。

教育行政、市场监管、民政等有关部门和村民委员会、居民委员会，应当结合电信网络诈骗受害群体的分布等特征，有针对性地开展反电信网络诈骗宣传教育防范进学校、进企业、进社区、进农村、进家庭等活动。

单位、个人应当加强电信网络诈骗防范意识，履行基本审慎义务，协助、配合有关部门依照本法规定开展反电信网络诈骗工作。"

根据常委会组成人员的意见和地方、部门的意见，草案二次审议稿对本条作了以下修改：一是，将本条位置由第五章第二十五条调整到第一章总则第八条，更加突出宣传教育工作在反电信网络诈骗工作全局中的地位。二是，增加通过宣传增强公民自身防范意识和防范能力的规定。三是，按照职责定位要求，调整有关部门和村民委员会、居民委员会等主体的排序。四是，增加单位、个人加强防范意识，配合有关部门反电信网络诈骗工作的规定。

草案二次审议和征求意见过程中，有的常委会组成人员和部门建议，将"提高公众对各类新型电信网络诈骗方式的识骗能力和防骗意识"修改为"提高公众特别是老年人对各类新型电信网络诈骗方式的识骗能力和防骗意识"；将"识骗能力和防骗意识"修改为"防骗意识和识骗能力"；删除"地方各级人民政府"中的"地方"；对单位、个人履行基本审慎义务的规定进一步研究。

3. 草案三次审议稿第八条规定："各级人民政府和有关部门应当加强反电信网络诈骗宣传，普及法律知识，提高公众对各类电信网络诈骗方式的防骗意识和识骗能力。

教育行政、市场监管、民政等有关部门和村民委员会、居民委员会，应当结合电信网络诈骗受害群体的分布等特征，加强对老年人、青少年等群体的宣传教育，增强反电信网络诈骗宣传教育的针对性、精准性，开展反电信网络诈骗宣传教育进学校、进企业、进社区、进农村、进家庭等活动。

单位、个人应当加强电信网络诈骗防范意识，协助、配合有关部门依照本法规定开展反电信网络诈骗工作。”

根据各方面的意见，草案三次审议稿对草案二次审议稿作了以下修改：一是，将“地方各级人民政府”修改为“各级人民政府”。二是，将“识骗能力和防骗意识”修改为“防骗意识和识骗能力”。三是，增加加强对老年人、青少年等群体的宣传教育，增强反电信网络诈骗宣传教育的针对性、精准性的规定。四是，删除单位、个人“履行基本审慎义务”的规定。

草案三次审议过程中，有的常委会委员建议将第一款中的“普及法律知识”修改为“普及相关法律和知识”；完善扩大教育防范举措的范围，增加相关单位对内部相关人员，特别是有关的工作人员加强宣传教育培训的规定。

（三）有关国家、地区的规定

关于提升民众防范能力。美国、俄罗斯、英国、新加坡等国家均在其官方网站发布近期常见电信网络诈骗手法，并为用户提供了信息核查验证渠道；在感恩节、圣诞节等特殊节日期间，美国、德国等分别发布了题为“感恩节期间请注意安全、防范电信诈骗”“德国的电话诈骗伎俩”等警示信息，给出经典诈骗案例以及有效预防措施；澳大利亚设立诈骗意识周，开办博客系列活动，展示当前电信网络诈骗新技术以及防范措施，同时编印《诈骗小黑书》，详细介绍了最常见诈骗手法以及防范措施，列出了诈骗的举报投诉方式，并翻译成 10 种语言供大家参考学习。2018 年，英国金融业协会联合金融服务公司、司法机构、电信服务供应商、商业机构、公共机构等发起了“拒绝欺诈倡议”，面向全国消费者和企业用户宣传金融安全知识和防范欺诈要点，帮助大众提高安全意识。

关于打击针对老年人的诈骗。美国于 1994 年制定发布了《打击针对老年人的营销骗局法》，加大了对于老年人的保护。德国于 2018 年成立了专项调查小组，定向打击针对老年人的电信网络诈骗犯罪；巴伐利亚州警察局开展“老年人告知老年人”项目，招募退休警官为志愿者，定期面向老年人组织各类讲座，分享最新的诈骗案例和防范手段。

◆ **条文解读**

本条共分三款。

第一款是关于人民政府和有关部门开展反电信网络诈骗宣传工作的规定。本条规定的责任主体是各级人民政府，包括中央人民政府，即国务院，和地方各级人民政府。根据本法第六条的规定，国务院建立反电信网络诈骗工作机制，统筹协调打击治理工作。地方各级人民政府负责本行政区域内反电信网络诈骗工作。反电信网络诈骗宣传工作作为反电信网络诈骗工作的重要基础环节，也是各级人民政府的重要职责。这里规定的“有关部门”，包括人民政府的公安、金融监管、电信、市场监管等部门，也包括人民法院、人民检察院和网信等部门。本条规定的宣传教育工作内容是“加强反电信网络诈骗宣传，普及相关法律和知识，提高公众对各类电信网络诈骗方式的防骗意识和识骗能力”。人民政府和各有关部门都应当根据自身职责，开展多种形式的反电信网络诈骗宣传教育。如公安机关加强对社会面反诈宣传，人民法院、人民检察院加强以案释法，金融、网信、电信等部门在各自监管的行业内加强宣传，并督促本行业市场主体在经营活动中加强宣传。普及相关法律和知识，主要是普及本法和刑法有关惩治和预防电信网络诈骗犯罪的规定，普及常见的各类电信网络诈骗手段和危害。通过普法，警示公众不得参与电信网络诈骗活动，同时提高公众防骗意识和识骗能力。这里规定的“防骗意识”是指在日常生活、工作中对电信网络诈骗犯罪活动的警醒和防范意识。“识骗能力”是指识别并抵制各种形式的电信网络诈骗的能力。

第二款是关于有关部门和村民委员会、居民委员会有针对性地开展反电信网络诈骗宣传教育的规定。本条规定的责任主体包括政府特定部门和村民委员会、居民委员会。政府特定部门包括教育行政、市场监管、民政等部门，这些部门都与本款规定的易受电信网络诈骗活动侵害的特定群体有较密切的关系，如教育行政部门与未成年人，民政部门与老年人等。村民委员会、居民委员会是城乡居民自我管理、自我教育、自我服务的基层群众性自治组织。根据村民委员会组织法、城市居民委员会组织法的规定，他们都有协助维护社会治安的职责。本条规定的职责主要有两个方面：一是开展有针对性的精准反电信网络诈骗宣传教育，即根据电信网络诈骗受害群体的年龄、职业、地域分布等特征，直接并指导学校、养老服务机构等主体，加强对老年人、青少年等易受电信网络诈骗侵害的群体的有针对性宣传教育，以精准宣传教育对抗犯罪团伙的精准诈骗，补齐全民反诈的短板弱项。二是开展反电信网络诈骗宣传教育进学校、进企业、进社区、进农村、进家庭等活动。各部门、单位可以结合各类下基层工作，实现反电信网络诈骗宣传全覆盖，营造全社会一起与电信网络诈骗犯罪作斗争的浓烈氛围。

第三款是关于单位和个人防范责任的规定。本款规定的“单位”是指一般意义上的社会单位，与本法第七条规定的负有特定反电信网络诈骗职责的“单位”不同。本款对单位、个人规定了两方面的防范反电信网络诈骗的责任：一是单位应当加强内部防范电信网络诈骗工作，对工作人员开展防范电信网络诈骗教育；个人应当加强电信网络诈骗防范意识。实践中单位财务人员等成为电信网络诈骗重点对象，造成单位财产损失，本款有针对性地规定，各单位应当加强内部防骗工作，对工作人员开展防骗教育。个人加强反电信网络诈骗防范意识，即在日常生活、工作中随时注意防范和识别电信网络诈骗活动，防止本人和他人落入诈骗“陷阱”，这与本条第一款关于通过宣传教育提高公众“防骗意识”的规定是相照应的。二是协助、配合有关部门依照本法规定开展反电信网络诈骗工作，既包括配合有关部门落实电信、互联网、金融等行业的防范措施，也包括配合公安、检察、审判机关的执法办案活动等。

实践中需要注意的是，本条规定的一个核心精神就是要加强反电信网络诈骗宣传教育的针对性、实效性。有关宣传教育工作要有一定的形式，形成一定的声势，但不能搞形式主义，为了宣传而宣传。要在精准宣传上下更多的功夫，通过宣传切实提高公众特别是特定人群抵御电信网络诈骗犯罪的能力。

第二章　电信治理

第九条　电信业务经营者应当依法全面落实电话用户真实身份信息登记制度。

基础电信企业和移动通信转售企业应当承担对代理商落实电话用户实名制管理责任，在协议中明确代理商实名制登记的责任和有关违约处置措施。

◆ 条文主旨

本条是关于电话用户实名制的规定。

◆ 立法背景

（一）起草背景

电信网络诈骗犯罪活动主要利用电信网络技术手段进行。为防范治理电信网络诈骗犯罪，必须对电信、互联网行业进行治理，通过有效的制度规定和技术措施构筑起抵御电信网络诈骗犯罪的坚固防线。本法在总则后的第二章对电信治理作了专门规定。

近些年来，在电信网络犯罪防范治理领域存在的一个突出问题是，利用电信网络实施侵害的行为人个人身份信息没有登记或者登记的信息虚假，致使公安机关在侦办过程中，难以追溯到作案人本人，导致违法犯罪成本低，取证、查处难。在本法规定的电信网络诈骗领域，许多违法犯罪人员利用种种手段，获取未实名登记或者虚假登记的电话卡，作为拨打诈骗电话、发送诈骗信息的基础设备，肆无忌惮地进行电信网络诈骗活动，大大增加了行政监管机关和司法办案机关查处惩治有关犯罪活动的难度。有关国家机关在办理电信网络诈骗犯罪案件时，需要投入大量人力物力、技术力量核实用于实施犯罪活动的电话卡持有者的真实身份。

电话用户实名制属于电信领域的基础管理制度，不仅适用于防范治理电信网络诈骗犯罪，对于防范和惩治利用电话网络实施的编造和传播谣言、扰乱社会秩序、传播淫秽物品、侵犯公民个人信息，甚至黑社会性质组织和恶势力犯罪活动、恐怖主义、极端主义犯罪活动、危害国家安全犯罪活动等，都有重要的基础性意义。我国电话用户实名制法律制度的发展也有一个从实践探索到专项立法，再到综合性立法的发展过程。

自 2010 年开始，工业和信息化部会同公安部等部门，在整治手机淫秽色情专项行动中，开始推行手机用户实名登记制度，初期取得了一些成效，但由于缺乏明确的法律依据，遇到了一些困难。2012 年 12 月 28 日，十一届全国人大常委会第三十次会议通过了《全国人民代表大会常务委员会关于加强网络信息保护的决定》（以下简称《决定》）。《决定》根据严厉惩处网络违法犯罪行为，维护网络用户的合法权益，保障网络健康有序运行的需要，总结实践经验和各方面的意见，借鉴外国有关规定，对网络身份管理制度作了规定。《决定》第六条规定，网络服务提供者为用户办理网站接入服务，办理固定电话、移动电话等入网手续，或者为用户提供信息发布服务，应当在与用户签订协议或者确认提供服务时，要求用户提供真实身份信息。这是全国人大常委会在专项立法中首次对电话用户实名制作出明确规定。2013 年 6 月，工业和信息化部根据《决定》和有关法规规定，制定了《电话用户真实身份信息登记规定》，对电话用户真实身份登记的具体操作规范，有关个人信息保护措施，违反实名登记制度的法律责任，推动存量用户补登记的措施等作了具体规定。此后，电话用户实名制工作进展迅速，特别是新入网用户实名登记落实得比较好。2016 年 11 月 7 日，十二届全国人大常委会第二十四次会议通过了《中华人民共和国网络安全法》，作为网络安全领域的基础性综合性法律，网络安全法总结网络用户身份管理的成功经验，与《决定》相衔接，也对包括电话用户实名制在内的网络实名制作了明确规定。该法第二十四条规定，网络运营者为用户办理网络接入、域名注册服务，办理固定电话、移动电话等入网手续，或者为用户提供信息发布、即时通讯等服务，在与用户签订协议或者确认提供服务时，应当要求用户提供真实身份信息。用户不提供真实身份信息的，网络运营者不得为其提供相关服务。网络安全法的这一规定为电话用户实名制提供了更充分明确的法律依据。

根据有关方面反映的情况，近年来电话用户实名制的法律规定落实是有成效的，形式上的实名制基本落实到位，每张卡对应到人。实践中存在的问题，主要在于使用环节人卡分离问题突出，相关监测、核验制度尚不健全，特别是买卖、出租、出借电话卡产生的“实名不实人”局面为实施电信网络诈骗提供了滋生土壤。也有一些经营电话入网业务的转售企业在落实实名登记制度时责任心不够，存在一定疏漏。

中共中央办公厅、国务院办公厅印发的《关于加强打击治理电信网络诈骗违法犯罪工作的意见》强调，要强化系统观念、法治思维，坚持打防结合、防范为先，坚持源头治理、综合治理，加强行业监管。电话用户实名制作为电信领域违法犯罪防治的基础性制度，在反电信网络诈骗工作中应当长期坚持、深化落实。本法作为反电信网络诈骗的专门性法律，有必要对这一制度再次进行强调和明确，并针对实践中存在的问题进一步明确有关市场主体的责任。本条对此作了规定。

（二）审议中各方面的意见

1. 反电信网络诈骗法（草案）第七条规定："电信业务经营者应当依法落实电话用户真实身份信息登记制度。

基础电信企业和移动通信转售企业应当对代理商落实电话用户实名制实施监督管理，在协议中明确代理商实名制登记的责任和有关违约处置措施。"

草案初次审议和随后征求意见过程中，有的常委会组成人员提出，"电话用户"的范围不能全部涵盖网络电话等终端设备，对跨国转接的电话应当采取特殊的针对措施。有的部门建议，规定电信业务经营者为用户办理互联网接入、域名注册、主机托管、空间租用、云计算、内容分发等服务，办理固定电话、移动电话和专线、短信息端口等入网手续，应当要求用户提供真实身份信息，采取人像比对、联网核验等技术措施，确保登记信息真实、准确。用户不提供真实身份信息或者实际使用人与登记信息不一致的，电信业务经营者不得为其提供相关服务。有的部门建议对"监督管理"的表述用于企业之间是否合适进一步斟酌。

2. 草案二次审议稿第九条规定："电信业务经营者应当依法落实电话用户真实身份信息登记制度。

基础电信企业和移动通信转售企业应当承担对代理商落实电话用户实名制管理责任，在协议中明确代理商实名制登记的责任和有关违约处置措施。"根据有关方面的意见，草案二次审议稿对本条作了以下修改：将"监督管理"修改为"管理"。

草案二次审议和征求意见过程中，有的常委会组成人员提出，目前有不少境外发售而又能接入境内网络的电话卡，建议为境外能够接入境内网络的电话卡提供实名登记渠道。有的部门建议将

“基础电信企业、移动通信转售企业”修改为“电信业务经营者”。

3. 草案三次审议稿第九条规定：“电信业务经营者应当依法全面落实电话用户真实身份信息登记制度。

基础电信企业和移动通信转售企业应当承担对代理商落实电话用户实名制管理责任，在协议中明确代理商实名制登记的责任和有关违约处置措施。”

根据各方面的意见，草案三次审议稿对草案二次审议稿作了以下修改：将“依法落实”修改为“依法全面落实”。

草案三次审议过程中，有的常委会委员建议将第二款中“电话实名制”修改为“电话用户实名制”；增加对用户身份信息严格保密的规定；增加规定落实实名制的日常管理制度。

（三）有关国家、地区的规定

根据全球移动通信系统协会（GSMA）的统计，截至2020年1月，已有155个国家或地区制定了强制性SIM（GSM系统的移动用户所持有的IC卡，称为用户识别卡）注册法律。81%有强制性SIM注册法律的国家要求运营商在客户购买预付费SIM卡时采集个人信息并保存记录，与政府机构共享信息。如韩国采用手机和SIM卡合一并采用CDMA制式的移动网络。在这种技术制式下，韩国信息通信部（MIC）2001年对移动用户采取了一户一网、机卡合一的手机入网登记制。韩国《电信事业法》对用户身份核验进行了规定：用户在办理电信业务时，电信经营企业可以要求用户提供使用人的真实信息；监管部门应当构建身份核验系统，并可通过行政信息共享机制要求其他行政部门进行用户身份核验。德国2004年6月《电信法》明确规定，针对用户进行实名登记是运营商获得电信资源经营权的条件之一。在德国，有两种途径可获得手机号，一种是与手机运营商签订至少两年的合同，除非特殊情况，用户不可以随意解除合同。另外一种途径是购买预付费手机卡。按规定，购买此类手机卡时也必须出示有效的个人身份证明，经销商必须监督购买者进行实名登记。

◆ **条文解读**

本条共分两款。

第一款是关于全面落实电话用户实名制的规定。根据本款规定，电信业务经营者应当依法全面落实电话用户真实身份信息登记制度。根据《中华人民共和国电信条例》的规定，电信，是指利用有线、无线的电磁系统或者光电系统，传送、发射或者接收语音、文字、数据、图像以及其他任何形式信息的活动。本款规定的电信业务经营者，主要是指经营固定电话和移动电话入网服务业务的企业，包括第二款规定的基础电信企业、移动通信转售企业及其代理商。本款规定的“依法”，包括依据网络安全法、《决定》、本法等法律规定和工信部《电话用户真实身份信息登记规定》规定的具体规范。根据《电话用户真实身份信息登记规定》，电信业务经营者为用户办理固定电话装机、移机、过户，移动电话开户、过户等电话入网业务时，应当登记用户的真实身份信息。用户拒绝出示有效证件，拒绝提供其证件上所记载的身份信息，冒用他人的证件，或者使用伪造、变造的证件的，电信业务经营者不得为其办理入网手续。工业和信息化部和各省、自治区、直辖市通信管理局依法对电话用户真实身份信息登记工作实施监督管理。本款规定的“全面”，是指要把法律规定的电话用户实名制不折不扣落到实处，既要做到形式上实名，也要认真按照本法和有关规定中的措施，积极落实实名实人，推动解决实践中存在的“实名不实人”的问题，为防范治理反电信网络诈骗提供基础保障。

第二款是关于促进代理商落实电话用户实名制责任的规定。

本款规定的直接责任主体是基础电信企业和移动通信转售企业。“基础电信企业”是指提供公共网络基础设施、公共数据传送和基本话音通信服务的基础电信业务的企业，主要包括中国移动、中国联通、中国电信等。“移动通信转售企业”是指从拥有移动网络的基础电信业务经营者购买移动通信服务，重新包装成自有品牌并销售给最终用户的企业，目前是一些民营企业。基础电信企业和移动通信转售企业在拓展业务过程中，都会发展一些代理商经营电话入网业务。本款明确基础电信企业和移动通信转售企业都应当与代理商签订协议，明确代理商落实电话用户实名制的责任和不履行责任的违约处置措施。本款规定通过市场经济手段与行政监管手段相结合，推动代理商全面落实电话用户实名制责任，补齐实践中存在的短板漏洞。

实践中需要注意的是，电信业务经营者在落实电话用户实名制过程中，会掌握大量电话用户的个人信息，在严格落实电话用户实名制要求的同时，也应当严格落实个人信息保护法、数据安全法等规定，切实保护公众个人信息安全。有关部门也应当对此加强监管，防范和惩治有关侵犯公民个人信息安全的违法犯罪行为。

◆ **相关规定**

《全国人民代表大会常务委员会关于加强网络信息保护的决定》第 6 条；《中华人民共和国网络安全法》第 24 条；《中华人民共和国电信条例》第 2 条、第 8 条；《电话用户真实身份信息登记规定》

第十条 办理电话卡不得超出国家有关规定限制的数量。

对经识别存在异常办卡情形的，电信业务经营者有权加强核查或者拒绝办卡。具体识别办法由国务院电信主管部门制定。

国务院电信主管部门组织建立电话用户开卡数量核验机制和风险信息共享机制，并为用户查询名下电话卡信息提供便捷渠道。

◆ 条文主旨

本条是关于电话卡办卡数量和风险管理的规定。

◆ 立法背景

（一）起草背景

近年来有关方面在预防和治理电信网络诈骗犯罪活动中遇到的一个突出问题，就是一些不法分子通过各种途径，大量非法收购、获取他人手机卡，用于拨打诈骗电话，发送诈骗信息，实施电信网络诈骗活动。利用电话卡使用“实人”监管落实不够的漏洞，绕过电话卡实名制监管要求，逃避打击。有的不法人员专门注册、贩卖、收购、非法提供电话卡，涉电话卡的非法活动成为网络黑灰产业链条上的重要一环，给打击治理电信网络诈骗犯罪工作带来很大困扰。一些青年甚至在校学生，以从事非法收购、贩卖、提供电话卡作为生财“捷径”，误入歧途，走上违法犯罪道路，留下人生的污点，教训惨痛。

为严格执行电话身份管理制度，推动落实“实名实人”，遏制非法买卖电话卡的黑灰产业链，一方面需要对于这类违法犯罪行为依法严厉惩治。2015 年 8 月，刑法修正案（九）增加规定了帮助信息网络犯罪活动罪。2020 年 12 月，最高人民法院、最高人民检察院、公安部、工业和信息化部、中国人民银行联合发布了《关于依法严厉打击惩戒治理非法买卖电话卡银行卡违法犯罪活动的通告》，开展了“断卡行动”，以零容忍的态度严厉打击非法买卖电话卡的违法犯罪活动。另一方面，也需要严格落实办理电话卡的行政监管措施，从源头上减少流入非法渠道的电话卡数量。在这方面，限制用户办理电话卡数量是一项重要的措施。电话卡作为通讯工具，个人合理自用的数量不会太多，如果单个用户办理电话卡的数量过多，就很有可能用于非法买卖，导致电话卡用于电信网络诈骗等违法犯罪活动。对超出合理限度的办理电话卡行为加以限制，是十分必要的。

2016 年 9 月 23 日，最高人民法院、最高人民检察院、公安部、工业和信息化部、中国人民银行、中国银行业监督管理委员会六部门联合发布了《关于防范和打击电信网络诈骗犯罪的通告》，其中第四条规定，电信企业立即开展一证多卡用户的清理，对同一用户在同一家基础电信企业或同一移动转售企业办理有效使用的电话卡达到 5 张的，该企业不得为其开办新的电话卡。2016 年 11 月，工业和信息化部发布了《关于进一步防范和打击通讯信息诈骗工作的实施意见》，提出严格限制一证多卡。2016 年年底前，各基础电信企业和移动转售企业应全面完成一证多卡用户摸排清理，对在本企业全国范围内已经办理 5 张（含）以上移动电话卡的存量用户，要对用户身份信息逐一重新核实。同一用户在同一基础电信企业或同一移动转售企业全国范围内办理使用的移动电话卡达到 5 张的，按照六部委《关于防范和打击电信网络诈骗犯罪的通告》第四条相关要求处理。

本法调研起草过程中，有关方面普遍反映，限制办理电话卡数量的规定作为一项电信领域的基础治理措施，对于防范电信网络诈骗犯罪活动具有重要意义，几年来执行情况也是好的，但目前仅以有关部门联合通告为依据，效力等级不高，需要在法律中固定下来。本条根据有关方面意见，总结实践经验，对电话卡办卡数量和有关风险管理措施作了规定，明确了电信主管部门、电信业务经营者和用户各方的责任。

（二）审议中各方面的意见

1. 反电信网络诈骗法（草案）第八条规定："办理电话卡一般不得超出国家有关规定限制的数量。对经识别存在异常办卡情形的，电信业务经营者有权延长办理期限或者拒绝办卡。

国家电信主管部门组织建立电话用户开卡情况信息共享机制和管理平台，并为用户提供查询名下电话卡的便捷渠道。"

草案初次审议和随后征求意见过程中，有些常委会组成人员和部门提出，"一般"很难掌握，建议删去；"延长办理期限"不尽合理，建议删去。有的地方建议明确异常办卡情况，并列举具体情形，对于确有需要多张多次办卡的，采取承诺制或审批制，由承诺人或审批人负责。有的社会公众建议，一个用户在一个电信运营商处只能开办一张电话卡，实名人脸认证，并进行随机抽查认证，确保实人使用。

2. 草案二次审议稿第十条规定："办理电话卡不得超出国家有关规定限制的数量。对经识别存在异常办卡情形的，电信业务经营者有权加强核查或者拒绝办卡。

国务院电信主管部门组织建立电话用户开卡数量核验机制和风险信息共享机制，并为用户查询名下电话卡信息提供便捷渠道。"根据各方面的意见，草案二次审议稿对本条作了以下修改：一是，删去了"一般"，增加规定的刚性。二是，将"延长办理期限"修改为"加强核查"。三是，将"开卡情况信息共享机制和管理平台”修改为“开卡数量核验机制和风险信息共享机制”。

草案二次审议和征求意见过程中，有的常委会组成人员和部门建议，增加规定“异常办卡情形的识别办法由国务院电信主管部门制定”。有的部门建议将本条有关规定修改为，国家为防范电信网络诈骗，在保障公民合理需求的同时，可以对开设办理电话卡的数量、频次予以必要的限制。

3. 草案三次审议稿第十条规定：“办理电话卡不得超出国家有关规定限制的数量。

对经识别存在异常办卡情形的，电信业务经营者有权加强核查或者拒绝办卡。具体识别办法由国务院电信主管部门制定。

国务院电信主管部门组织建立电话用户开卡数量核验机制和风险信息共享机制，并为用户查询名下电话卡信息提供便捷渠道。”

根据各方面的意见，草案三次审议稿对草案二次审议稿作了以下修改：增加了“具体识别办法由国务院电信主管部门制定”的规定。

草案三次审议过程中，有的常委会委员等建议，将第二款中的“有权”修改为“有权且应当”；在第三款中对监管行为增设限制性规定，明确风险信息共享机制的共享范围，增设特殊情况下的查询审批制度。

（三）有关国家、地区的规定

韩国规定一张身份证只允许开通一个预付费卡的手机。新加坡规定客户必须年满 15 岁才有资格购买预付费 SIM 卡，每位客户最多只能注册 3 张预付费 SIM 卡。泰国规定每个人允许持有的 SIM 卡数量是 15 张。德国、日本、澳大利亚等国家对于 SIM 卡允许持有的数量没有作出限制。

◆ 条文解读

本条共分三款。

第一款是关于电话卡办卡数量限制的规定。根据本款规定，电话用户办理电话卡不得超出国家有关规定限制的数量。这里规定的“国家有关规定限制的数量”，是指有关法律、行政法规、规章等对用户办理电话卡限制的数量。应当注意的是，本法对发卡的具体数量没有作出规定，而是授权有关部门，根据我国经济社会发展的实际，认真平衡发展与安全，确定具体的发卡数量限制。依照目前有效的六部委《关于防范和打击电信网络诈骗犯罪的通告》，同一用户在同一家基础电信企业或同一移动转售企业办理有效使用的电话卡不能超过 5 张。立法调研中也有意见提出，目前每个运营商处一人可以办理 5 张电话卡，按此计算一人最多可以办理上百张电话卡，倒卖、租借电话卡仍然有空间。对此，有关部门应当根据不同发展阶段的实际情况，不断研究办理电话卡数量限制的问题。

第二款是关于异常办卡情形识别和处理的规定。根据本款规定，对经识别存在异常办卡情形的，电信业务经营者有权加强核查或者拒绝办卡。作这样的规定，主要是针对实践中存在的电话卡“实名不实人”问题，为确保实名制的有效落实，赋予电信业务经营者进行二次核验的职责。实践中，一些电信业务经营者在落实电话用户实名制工作中，已经采取了一些二次核验措施，取得了明显成效。本条规定为这些措施提供了明确的法律依据。这里规定的“识别”，是指依照国家有关规定和技术方法对异常办卡情形进行甄别，目前三家运营商主要采用大数据监测分析手段进行识别。“异常办卡情形”是指出于合理用途以外的目的办理电话卡，可能导致电话卡流入非法渠道，供电信网络诈骗等违法犯罪活动使用的情形。在识别出异常办卡情形后，电信业务经营者应当加强对用户办卡目的的核查，对其中可以判断为非法用途的，也可以直接采取拒绝办卡的措施。本款还规定，具体识别办法由国务院电信主管部门制定，为主管部门制定识别的具体办法留出空间。“国务院电信主管部门”目前是指工业和信息化部。在具体识别办法中，应当对识别的具体措施和工作机制，以及发生错误识别的救济渠道、程序等作出具体规定。

第三款是关于电话用户开卡有关风险管理机制的规定。本款规定的责任主体是国务院电信主管部门，本款规定了该部门的三项职责。一是组织建立电话用户开卡数量核验机制，即组织建立为加强电话卡风险管理，防范和打击电信网络诈骗等利用电话卡进行的违法犯罪活动，由有关部门等对用户办理电话卡的数量进行核查的机制。二是组织建立电话用户风险信息共享机制，即组织建立跨部门、单位的与电话用户开卡有关的涉电信网络诈骗活动等风险信息共享机制，打破信息壁垒，为防范和打击电信网络诈骗活动提供信息支撑。三是为用户查询名下电话卡信息提供便捷渠道，即为电话用户查询本人名下办理的电话卡数量、号码等情况提供跨运营商的便捷查询渠道，便于用户防范本人名下的电话卡被用于电信网络诈骗等违法犯罪活动。目前，工业和信息化部反诈中心已经推出了全国移动电话卡“一证通查”服务。本款规定国务院电信主管部门组织建立这些机制和渠道，也是为了切实防范电话卡办卡领域的涉诈风险，推进电话用户实名制的全面落实。

在本条的理解适用中，需要注意以下几个方面的问题：

第一，根据本条第二款的规定，对经识别存在异常办卡情形的，电信业务经营者有权加强核查或者拒绝办卡。电信业务经营者应当既履行防范电信网络诈骗的责任，又为用户的合法使用提供方便。对于经核查确有合法使用多张电话卡事由的用户，应当予以办卡，不能一律拒绝。

第二，国务院电信主管部门和有关部门在建立、运行电话用户风险信息共享机制工作中，要严格执行个人信息保护法的有关规定，包括国家机关处理个人信息的特别规定，切实维护公民个人信息安全。

◆ **典型案例**

郭某凯，1997 年 10 月出生，初中文化，无固定职业；刘某学，1999 年 5 月出生，系某学院在校学生；耿某云，2000 年 6 月出生，高中文化，无固定职业。2020 年 8 月，刘某学办理休学手续后到河北省石家庄市打工，在网上看到收购手机卡的信息后，办理多张手机卡出售给郭某凯所在的贩卡团伙。为尽快挣钱，刘某学主动加入该团伙成为“收卡人”。该团伙长期在北京、石家庄等地收购手机卡，贩卖给电信网络诈骗等违法犯罪团伙使用。经统计，郭某凯通过自己及其下线收购、贩卖手机卡 3700 张，获利人民币 5.7 万余元；刘某学收购、贩卖手机卡 871 张，获利人民币 1.5 万余元。

2020 年 8 月 23 日，耿某云在微信兼职群内看到郭某凯团伙发布的收购手机卡信息后，用自己身份证办理 9 张手机卡并按照郭某凯要求交给刘某学，由刘某学验卡、拍照后通过快递寄出，耿某云获利人民币 450 元。其中一张手机卡被用于实施电信网络诈骗犯罪，导致河北省井陉县一名被害人被骗人民币 35 万余元。

◆ **相关规定**

《最高人民法院、最高人民检察院、公安部、工业和信息化部、中国人民银行、中国银行业监督管理委员会关于防范和打击电信网络诈骗犯罪的通告》四；《工业和信息化部关于进一步防范和打击通讯信息诈骗工作的实施意见》一、（三）

第十一条　电信业务经营者对监测识别的涉诈异常电话卡用户应当重新进行实名核验，根据风险等级采取有区别的、相应的核验措施。对未按规定核验或者核验未通过的，电信业务经营者可以限制、暂停有关电话卡功能。

◆ 条文主旨

本条是关于电信业务经营者监测识别、处置涉诈异常电话卡的规定。

◆ 立法背景

（一）起草背景

信息通信网络和技术的快速发展，在给人们工作、生活带来便利的同时，也为不法分子利用通信网络实施违法犯罪活动提供了可乘之机。电话卡是电信网络诈骗作案的重要工具，治理电话卡问题是电信网络诈骗源头治理的关键环节之一。从实际情况看，贷款、代办信用卡类，刷单返利类，“杀猪盘”类（网络交友赌博投资类诈骗），冒充电商物流客服类，虚假购物、服务类，冒充领导、熟人类，冒充公检法及政府机关类等全国电信网络诈骗犯罪高发案件类型中，很多都会涉及电话卡。本法第九条对“电话实名制”作了规定。自2013年我国电话实名制登记实施以来，不仅新入网用户实现了实名登记，未实名老用户也进行了补登记，形式上实名制基本落实到位，每张卡对应到人，但在使用环节人卡分离问题较为突出。此外，由于各种原因，非实名手机卡仍在一定范围存在。这类卡隐蔽身份，有关部门无法查证行为人的真实身份，极易被犯罪分子用来实施电信网络诈骗。本条在电话用户真实身份信息登记的基础上，要求电信业务经营者对监测识别的涉诈异常电话卡用户重新进行实名核验，对未按规定核验或者核验未通过的可以限制、暂停有关电话卡功能。之所以作出这一规定，主要是为了解决电话卡“实名不实人”的问题，防止电话卡被不法分子利用成为实施电信网络诈骗的工具，保障人民群众的财产安全。

（二）审议中各方面的意见

1. 反电信网络诈骗法（草案）第九条规定：“电信业务经营者对监测识别的涉诈高风险电话卡应当重新进行实名核验，根据风险等级采取有区别的、相应的核验措施。对未按规定核验或者核验未通过的，电信业务经营者可以限制、暂停有关电话卡功能。”

在全国人大常委会审议和草案征求意见过程中，有的代表提出，当前涉案电话卡黑灰产最突出的问题不是不实名登记，而是实名不实人操作，建议修改为“电信业务经营者对监测识别的涉诈高风险电话卡应进行实人实操核验”。

有的部门建议增加规定：电信业务经营者应当建立电信入网风险监测和身份核验技术能力。有的地方建议在草案第九条、第十九条中明确，对涉诈电话卡、网络账号进行重新核验前，电信业务经营者、互联网服务提供者应当及时、有效地履行告知义务，避免电话卡、网络账号使用人因为不知情而未参与核验。

有的地方提出，“对未按规定核验”表述不够准确，建议修改为“对未按照规定配合核验”或者修改为“对涉诈高风险电话用户未按规定核验”；有的建议对未按规定核验或者核验未通过的，增加注销电话卡的措施，修改为“对未按规定核验或者核验未通过的，电信业务经营者可以限制、暂停有关电话卡功能，必要时可以注销电话卡”。

有的地方建议增加规定：采取限制、暂停有关电话卡功能措施的，应当同时向公安机关和相关行业主管部门报告。同时也明确监测识别涉诈高风险电话卡及核验的标准和主体。

有的社会公众建议，各手机制造商或者通信服务公司应当提供必要说明、服务以限制境外电话的呼入。如果无法限制，至少要提示呼入号码为境外号码或者虚拟号码。

在征求意见过程中争议较大的问题，有的意见提出，实践中存在因紧急情况需要先行限制或者暂停有关电话卡功能后再开展实名核验的情况，建议将本条修改为“电信业务经营者对监测识别的涉诈高风险电话卡应当重新进行实名核验，并可以根据风险等级先行限制或者暂停有关电话卡功能。通过实名核验的，应当恢复电话卡功能；未按规定进行实名核验或者未通过实名核验的，应当关停电话卡功能。”也有的不赞成这样修改。考虑到本条规定的电话卡仅仅是电信业务经营者监测识别的具有涉诈风险、可能是被用来实施电信网络诈骗的电话卡，事实上并不一定真的涉诈，先行限制或者暂停有关电话卡功能会给用户生活生产带来较大影响，不当限制了用户的权利，本条维持了先重新进行实名核验，对未按规定核验或者核验未通过的才限制、暂停有关电话卡功能的规定。

2. 草案二次审议稿第十　条规定：“电信业务经营者对监测识别的涉诈异常电话卡用户应当重新进行实名核验，根据风险等级采取有区别的、相应的核验措施。对未按规定核验或者核验未通过的，电信业务经营者可以限制、暂停有关电话卡功能。”草案二次审议稿对草案作了一处修改，将“涉诈高风险电话卡”修改为“涉诈异常电话卡用户”，修改后表述更为准确。

在审议过程中，有的常委会组成人员建议，在“暂停有关电话卡功能”后增加规定，“直至按规定完成并通过核验”；有的委员建议增加规定，用户通过什么途径可以恢复有关电话卡功能。

在征求意见过程中，有的单位提出，实践中存在因紧急情况需要先行限制或者暂停有关电话卡功能后再开展实名核验的情况，建议增加规定“电信业务经营者对监测识别或公安机关、电信主管部门认定的涉诈高风险电话卡有权暂停服务并通知电话卡用户重新进行实名核验”，同时，建议将“监测识别的涉诈异常电话卡”修改为“风险异常电话卡”。

3. 草案三次审议稿对草案二次审议稿未作修改。

◆ 条文解读

本条包含以下几个方面的内容：

第一，电信业务经营者负有监测识别涉诈异常电话卡的职责。

本条规范的是已经办理的电话卡中，经电信业务经营者监测识别存在涉诈异常情形的那部分电话卡。

2021 年 5 月，工业和信息化部召开信息通信行业防范治理电信网络诈骗工作电视电话会议，要求强化异常卡监测发现，着力清理整顿“睡眠卡”、“静默卡”、“一证多卡”、虚拟运营商存量卡等高风险号卡。2021 年 6 月，工业和信息化部、公安部发布《关于依法清理整治涉诈电话卡、物联网卡以及关联互联网账号的通告》，其中第四条中规定，电信企业应建立电话卡“二次实人认证”工作机制，针对涉诈电话卡、“一证（身份证）多卡”、“睡眠卡”、“静默卡”、境外诈骗高发地卡、频繁触发预警模型等高风险电话卡，提醒用户在 24 小时内通过电信企业营业厅或线上方式进行实名核验。

从实践来看，涉诈异常电话卡主要包括“一证（身份证）多卡”、“睡眠卡”、“静默卡”、境外诈骗高发地卡、虚拟运营商存量卡、频繁触发预警模型等高风险电话卡。

“一证（身份证）多卡”，是指一个身份证件办理多张电话卡。在发卡数量限制管理方面，中国移动、中国联通、中国电信三家运营商根据 2016 年《工业和信息化部关于贯彻落实〈反恐怖主义法〉等法律规定进一步做好电话用户真实身份信息登记工作的通知》及 2016 年《最高人民法院、最高人民检察院、公安部、工业和信息化部、中国人民银行、中国银行业监督管理委员会关于防范和打击电信网络诈骗犯罪的通告》的规定，明确落实“一证五卡”要求，同一有效证件在全国范围内同一运营商最多只能办理 5 张卡。

“睡眠卡”，是指 90 天以上无语音、无短信、无流量话单的电话卡。

“静默卡”，是指处于开通状态，但没有电话和流量记录的电话卡。

“境外诈骗高发地卡”，是指归属地非中国大陆而是境外一些针对我国电信网络诈骗违法犯罪高发地区，如缅甸北部等东南亚地区的电话卡。境外诈骗高发地不是一成不变的，而是动态的，可能随着电信网络诈骗的打击治理和发展形势发生变化。

“虚拟运营商存量卡”，是指已经从虚拟运营商处办理的在用电话卡。虚拟运营商，是指自身没有基础网络，依靠租用传统运营商的通信资源来经营电信基础业务或增值业务的厂商。虚拟运营商是中国移动、中国联通、中国电信的转售企业，目前国内有 42 家虚拟运营商。随着多年的发展，虚拟运营商在电信领域发展迅速，但在发展的同时，一些不法分子也借助虚拟运营商移动转售业务，通过批量多次开卡、开设网络交互账户、将卡邮寄转移至境外等形式进行违法犯罪活动，主要领域是电信诈骗、网络赌博等。2016 年《工业和信息化部关于加强规范管理促进移动通信转售业务健康发展的通知》中就指出，移动转售号码实名登记工作落实不到位，垃圾短信、骚扰电话和通讯信息诈骗等问题突出。

“频繁触发预警模型”，是指频繁触发电信业务经营者基于呼叫频次、通话时长、漫游地区等因素建立的涉诈骗电话监测大数据模型。比如，浙江移动通过大数据分析研究电话诈骗特征，构建基于号卡开户、地理位置、话务行为、终端类型等多维度反诈模型，对疑似拨打诈骗电话号码及时预警并处置。

上述情形的电话卡，具有一些正常使用的电话卡通常所不具有的特征，更有可能是被用来实施电信网络诈骗的电话卡，可以视为涉诈异常电话卡。中国移动、中国联通、中国电信三家运营商主要采用大数据监测分析手段识别疑似涉诈号码及风险用户。比如，湖南电信依托反诈管理系统，优化技术手段，不断完善大数据分析模型，对漫游云南等涉诈重点地区号码，通过系统数据，对重点号码进行快速研判和处置，对风险号码开展二次实名核验。湖南移动针对高风险存量用户识别、高风险人群、高危地漫游、终端换卡异动等特征开展精准建模，及时调整完善策略，不断完善技防手段，形成大数据模型对涉诈高风险号码的快速识别、稽核、关停能力。云南移动针对实名非实人的涉案样本号码，采用时空错位分析手段进行特征提取，结合深度残差网络收缩算法，对离散的时空特征进行抽取和智能分类，2021 年输出不同风险等级的异常电话卡 6.2 万个，并进行了实名核验处置。

第二，电信业务经营者对涉诈异常电话卡用户应当重新进行实名核验。

对监测识别出的涉诈异常电话卡用户，电信业务经营者应当根据风险等级采取有区别的、相应的，而非“一刀切”的、单一的实名核验措施。

根据 2021 年《工业和信息化部、公安部关于依法清理整治涉诈电话卡、物联网卡以及关联互联网账号的通告》规定，电信企业应建立电话卡“二次实人认证”工作机制，针对涉诈电话卡、“一证（身份证）多卡”、“睡眠卡”、“静默卡”、境外诈骗高发地卡、频繁触发预警模型等高风险电话卡，提醒用户在24小时内通过电信企业营业厅或线上方式进行实名核验，通过电信企业营业厅认证的，电信企业应要求用户现场签署涉诈风险告知书；采用线上方式认证的，电信企业应要求用户阅读勾选涉诈风险告知书，录制留存用户朗读知晓涉诈法律责任的认证视频。

电话卡“二次实人认证”就是再次认证的意思。实践中，实人认证主要有线上和线下两种模式。线下渠道，主要是通过电信运营商的营业网点，或通过营业员的现场审核与身份证验证系统完成；在线上渠道，主要通过身份证号码验证系统、人脸识别系统以及手持身份证拍照等方式完成。比如，联通手机卡用户可以通过中国联通APP进行二次实人认证，也可前往联通营业厅进行认证。在中国联通APP办理，登录APP后，填写个人信息、上传本人身份证件进行二次实人认证，将由人工进行审核，审核完成后通过短信告知认证结果。在营业厅办理，需要携带本人有效身份证件和手机卡。湖南电信还上线了便捷的线上核验功能，用户在通过线上视频认证，对涉诈法律风险内容进行确认签名后，便能快速完成二次实人认证。

第三，电信业务经营者对未按规定核验或者核验未通过的，可以限制、暂停有关电话卡功能。

根据2021年《工业和信息化部、公安部关于依法清理整治涉诈电话卡、物联网卡以及关联互联网账号的通告》规定，高风险电话卡在规定期限内未核验或未通过核验的，暂停电话卡功能。

电话卡主要有语音、短信、流量等功能。对于未按规定核验或者核验未通过的电话卡，电信运营商有权采取限制、暂停一项或者几项电话卡功能的措施，以督促用户进行二次核验，防范电信网络诈骗等违法犯罪活动。实践中，限制、暂停有关电话卡功能主要有单停、双停两种措施，单停是只能接听不能拨打，双停是既不能接听又不能拨打。对可疑用户的电话卡采取二次核验、限制、暂停有关电话卡功能等手段，虽然一定程度上影响客户体验，但对于防范和打击电信网络诈骗是有意义的。

在该条的理解适用中，需要注意以下几个方面的问题：

第一，本条规范的对象是涉诈异常电话卡，与涉诈电话卡已经确定是用来实施电信网络诈骗不同，涉诈异常电话卡是因为具有一些异常情况而被监测识别出来，法律要求对其重新进行实名核验，数据模型无法做到百分之百精准研判，因此可能会“误伤”到一些电话卡用户。对此，本法第三十二条第三款规定了救济措施，即被处置对象可以向作出决定或者采取措施的有关部门、单位提出申诉。有关部门、单位应当按照谁决定、谁负责的原则建立完善申诉渠道，对提出的申诉及时核查，核查通过的，应当即时解除有关措施。2021 年《工业和信息化部、公安部关于依法清理整治涉诈电话卡、物联网卡以及关联互联网账号的通告》中也规定，涉诈高风险电话卡用户在规定期限内未核验或未通过核验的，暂停电话卡功能，有异议的可进行投诉反映，经核验通过的恢复功能。

第二，电信业务经营者应当根据电信网络诈骗发展变化的情况、特点，不断改进完善、更新升级监测识别涉诈异常电话卡的模型、系统，提高识别的准确性，避免“误伤”给用户工作生活带来不便、造成损失。

◆ 典型案例

原告史某某与被告中国移动及其分公司电信服务合同纠纷一案，一审法院认定事实：原告在被告处实名入网办理移动号码134XXXXXXXX，该号码具有充足话费余额。2021年4月21日，被告向市打击治理电信网络新型违法犯罪工作联席会议办公室对存量无效卡识别模型进行备案，存量卡用户存在："当月及近两个月无通话、无流量和无短信的存量号码情况的（可读取模型建立前的数据），通过短信提醒用户在24小时内必须通过人证二次实名核验，用户未在规定期限内核验或未通过核验的，对该卡用户实行限制主动呼出、短信发送和流量使用的措施，如用户需继续使用通信功能的，必须通过人证二次实名核验后才能恢复其正常通信服务的存量无效卡识别模型及具体规则。"2021年5月1日，原告在移动营业厅办理业务过程中，与被告签署了《中国移动通信客户服务协议》，协议第7条第7点约定："为保护不特定公众利益，治理违法、骚扰信息、电话，公司可通过大数据技术分析、第三方信息采集、客户举报等手段，对疑似违法、骚扰号码采取预防或制止措施（包括但不限于标记、拦截、暂停服务、终止提供服务等）"。2021年6月3日，被告通过系统检测发现案涉134XXXXXXXX移动号码符合存量无效卡识别模型，通过系统下发短信，要求客户在24小时内通过点击链接进行身份认证，并载明"若认证不通过或超过24小时不认证，将暂停本号码通信功能"。2021年6月4日，移动公司通过系统再次向134XXXXXXXX号码发送停机提醒，并将案涉号码进行停机处理。

一审法院审理认为：原告与被告之间存在合法有效的电信服务合同关系。原告作为电信服务合同的一方当事人，有权在法律规定和合同约定的范围内行使民事权利，但是不得滥用民事权利损害国家利益、社会公共利益或者他人合法权益。被告依照工业和信息化部、公安部《关于依法清理整治涉诈电话卡、物联网卡以及关联互联网账号的通告》，为遏制电信网络诈骗犯罪高发多发态势，切实维护广大人民群众合法权益，建立并向市打击治理电信网络新型违法犯罪工作联系会议办公室备案存量无效卡识别模型及具体规则，并依据模型识别结果结合《中国移动通信客户服务协议》之约定对案涉134XXXXXXXX号码采取暂停服务措施，符合原、被告之间签订的《中国移动通信客户服务协议》的约定，本院予以支持。另外，《中华人民共和国反恐怖主义法》第二十一条规定："电信、互联网、金融、住宿、长途客运、机动车租赁等业务经营者、服务提供者，应当对客户身份进行查验。对身份不明或者拒绝身份查验的，不得提供服务。"被告基于遵守工业和信息化部、公安部的通知要求和保护不特定公众利益，对134XXXXXXXX号码采取暂停服务措施，在原告可依规在电信企业营业厅或线上实名核验后恢复其通信服务的情况下，拒绝进行实名核验，而提起本次诉讼要求被告恢复其通信服务，于法无据，本院不予支持。判决驳回原告的诉讼请求。

一审后，原告不服提起上诉，提出：一审法院认定了被上诉人的证据中明确在规定期限内未核验或未通过核验的，实行限制主叫呼出、短信发送和流量使用，被上诉人违反相关法律法规用"停机"的方式限制上诉人号码接听（呼入）电话、接收短信，完全没有法律依据，上诉人要求被上诉人恢复部分通信服务合情合理，也没有违背《中华人民共和国民法典》第一百三十二条之规定。如果上诉人号码要主叫呼出、短信发送、流量使用必须进行核验，核验通过后方可恢复，此核验上诉人在开庭期间才知晓，并通过线上进行核验，在线上核验当中发现要求签署的相关协议是案外人的公司，故未进行核验确定，此行为在一审法院当场测试过也做了笔录，一审法院认为上诉人拒绝进行实名核验，而提起本次诉讼要求被上诉人恢复其通信服务于法无据是错误的。

二审中，各方当事人均未提交新的证据。二审法院经审理查明的案件事实与一审法院认定的事实一致。二审法院认为：为了有力打击治理电信网络新型违法犯罪活动，被上诉人依据工业和信息化部、公安部《关于依法清理整治涉诈电话卡、物联网卡以及关联互联网账号的通告》，以及被上诉人制作的存量无效卡识别模型，对上诉人持有的符合存量无效卡识别模型的134XXXXXXXX号码采取暂停服务措施，符合部门规章的规定，且符合上诉人与被上诉人签订的《中国移动通信客户服务协议》。上诉人只要通过实名核验的方式，即可恢复134XXXXXXXX号码的通信服务，上诉人主张因线上实名核验要求签署的相关协议显示是案外人公司，故未进行核验，经查明，提供线上实名核验服务的系中国移动某分公司，由该公司负责该区域的线上核验，并不影响上诉人恢复案涉号码的通信服务，现上诉人拒绝通过线上或线下实名核验，却诉请法院判决恢复134XXXXXXXX号码的通信服务，本院不予支持。判决驳回上诉，维持原判。

◆ **相关规定**

《工业和信息化部、公安部关于依法清理整治涉诈电话卡、物联网卡以及关联互联网账号的通告》四

第十二条　电信业务经营者建立物联网卡用户风险评估制度，评估未通过的，不得向其销售物联网卡；严格登记物联网卡用户身份信息；采取有效技术措施限定物联网卡开通功能、使用场景和适用设备。

单位用户从电信业务经营者购买物联网卡再将载有物联网卡的设备销售给其他用户的，应当核验和登记用户身份信息，并将销量、存量及用户实名信息传送给号码归属的电信业务经营者。

电信业务经营者对物联网卡的使用建立监测预警机制。对存在异常使用情形的，应当采取暂停服务、重新核验身份和使用场景或者其他合同约定的处置措施。

◆ 条文主旨

本条是关于物联网卡管理的规定。

◆ 立法背景

（一）起草背景

物联网是以感知技术和网络通信技术为主要手段，实现人、机、物的泛在连接，提供信息感知、信息传输、信息处理等服务的基础设施。随着经济社会数字化转型和智能升级步伐加快，物联网已经成为新型基础设施的重要组成部分。

物联网卡是基于蜂窝移动通信网络，采用物联网专用号码作为终端业务号码，承载于物联网移动核心网专用网元上，用于物与物、物与人通信的用户识别卡。物联网卡与手机的 SIM 卡外形一样，可以将所有能连的设备连接到网络上，为设备提供上网的芯片，提供移动通信接入业务。物联网卡是中国移动、中国电信、中国联通运营商为物联网客户提供的通信服务，采用专属号段。基于运营商系统结构不同，物联网卡从功能角度来说，主要是用来上网，因此也被叫流量卡，用来购买流量非常便宜，通常十几元就能买到几十 G 流量，或几百 G 流量。通过技术处理和开通功能，可以实现短信、语音等功能，一般情况下应关闭物联网卡语音和短信功能。物联网卡对于普及智能生活发挥着重要作用，如广泛应用于移动支付（POS 机、无人售货机、税控机、信息采集终端等）、安防监控（联网报警、安防监控、智慧门磁、物流货运监控、广告屏等）、智慧农业（畜牧物联网、环境监测、大棚监控、智能节水灌溉等）、车联网（行车记录仪、车载 Wi-Fi、GPS 等）、可穿戴设备（智能手表、智能血压计等）、智能交通（共享单车、智能汽车等）、智能家庭（智能家电等）、智慧城市（远程抄表、路灯监测等）、共享设备（共享充电桩、共享充电宝等）、医疗（远程医疗、医联信息平台、智能医药物流、智能护理系统等）和能源（水质监测等）等诸多领域，特别是有线网络以及无线 Wi-Fi 网络不能够覆盖的区域，就需要物联网卡来发挥作用。

实践中，物联网卡有可能从合法渠道流入“黑市”，如物联网卡生产商将 1000 个物联网卡销售给汽车生产商，汽车生产商可能实际使用 500 个，其余的去向不明，有的可能流入“黑市”或被违法犯罪分子使用。目前，可以通过技术实现对物联网卡由单纯的流量使用变成上网、语音拨打电话等功能于一体，实质上相当于电话卡功能。电诈分子用改变功能后的物联网卡可以切换移动、电信、联通“蹭网”实现拨打电话、注册互联网账号等，这些卡没有通过基础电信运营商提供固定号段服务，因此难以发现和溯源。随着全国通信行业防范打击通讯信息诈骗工作的纵深推进和手机实名制的全面实施，电信网络诈骗不断向物联网等新兴领域延伸。部分移动转售企业存在物联网卡发卡管理不规范、违规销售和使用等安全问题。一些企业未能严格落实物联网卡业务功能限制和使用监测要求；有的企业未能严格审核行业用户资质、评估行业卡（行业卡是物联网卡在各种行业中的应用）实际用途。物联网卡的上述性质、特点和情况，使其成为电信网络诈骗的新型工具，为市场经济秩序、社会安全、公民财产安全带来极大危害。

（二）审议中各方面的意见

1. 反电信网络诈骗法（草案）第十条规定："电信业务经营者建立物联网卡用户风险评估制度，评估未通过的，不得向其销售物联网卡；严格登记物联网卡用户身份信息，采取有效技术措施限定物联网卡开通功能、使用场景和适用设备。

单位用户从电信业务经营者购买物联网卡再销售给其他用户的，应当核验和登记购卡用户身份信息，并将销量、存量及用户实名信息传送给号码归属的基础电信企业。

电信业务经营者对物联网卡的使用建立监测预警机制。对存在异常使用情形的，应当采取暂停服务、重新核验身份和使用场景或者其他合同约定的处置措施。"

在审议和征求意见过程中，有的代表建议，将第三款第二句修改为"对存在异常使用情形的，应当主动采取暂停服务、重新核验是否实人实操和使用场景或者其他合同约定的处置措施"。

有的地方建议将电信业务经营者建立物联网卡用户风险评估制度"修改为，"电信业务经营者应当建立并实行物联网卡用户风险评估制度"，与草案第三十二条涉及的物联网管理法律责任条款相衔接。

有的院校建议删去第二款"并将销量、存量及用户实名信息传送给号码归属的基础电信企业"的规定。有的地方建议第二款"核验和登记购卡用户身份信息"后增加"登记物联网卡使用用途，并备案电信业务经营者"；增加对单位用户登记再出售信息的倒查制度和"二道贩子"对下级销售的信息登记责任规定。

有的提出，草案规定的"单位用户从电信业务经营者购买物联网卡再销售给其他用户"，本意是指生产经营企业从电信业务经营者处购买物联网卡后，将物联网卡安装在自己的产品上，如智能汽车、智能家居等，再销售给消费者的行为。

2. 草案二次审议稿第十二条规定：“电信业务经营者建立物联网卡用户风险评估制度，评估未通过的，不得向其销售物联网卡；严格登记物联网卡用户身份信息；采取有效技术措施限定物联网卡开通功能、使用场景和适用设备。

单位用户从电信业务经营者购买物联网卡再将载有物联网卡的设备销售给其他用户的，应当核验和登记用户身份信息，并将销量、存量及用户实名信息传送给号码归属的电信业务经营者。

电信业务经营者对物联网卡的使用建立监测预警机制。对存在异常使用情形的，应当采取暂停服务、重新核验身份和使用场景或者其他合同约定的处置措施。”

根据各方面的意见，草案二次审议稿对草案作了以下修改：一是，为表述准确，避免引起歧义，将“单位用户从电信业务经营者购买物联网卡再销售给其他用户的，应当核验和登记购卡用户身份信息”修改为“单位用户从电信业务经营者购买物联网卡再将载有物联网卡的设备销售给其他用户的，应当核验和登记用户身份信息”。二是，实践中，除基础电信企业销售物联网卡外，移动通信转售企业也存在销售物联网卡的情况。因此，将这里的“基础电信企业”修改为“电信业务经营者”。

在征求意见过程中，有的部门提出，电信业务经营者掌握的资源似不足以得出准确的风险评估结论；同时，电信业务经营者为了规避风险，有可能实行过于严苛的风险评估，进而损害物联网卡用户的合法权益。建议进一步斟酌草案第十二条第一款关于“电信业务经营者建立物联网卡用户风险评估制度，评估未通过的，不得向其销售物联网卡”规定的可行性与合理性。

3. 草案三次审议稿对草案二次审议稿未作修改。

◆ **条文解读**

本条共分三款。

第一款是关于电信业务经营者销售物联网卡时应当履行的义务的规定。本款包含以下几个方面的内容：

第一，电信业务经营者建立物联网卡用户风险评估制度。

目前，电信业务经营者只面向单位用户销售物联网卡，主要是企业，也有国家机关、事业单位、社会团体等单位，不直接面向个人销售。因此，这里规定的物联网卡用户主要是指直接从电信业务经营者购买物联网卡的单位用户。通常企业用户在购买物联网卡后，会将物联网卡安装在自己生产、销售的商品上再出售给消费者，也就是物联网卡最终的实际使用人。

第二，电信业务经营者严格登记物联网卡用户身份信息。

在公民维护其个人信息安全、有关主管部门查处侵害公民个人信息安全等违法犯罪活动的过程中，存在的一个突出问题是，实施侵害的行为人的个人和网站身份信息没有登记或者登记的信息虚假，导致违法活动成本低，取证、查处难，有必要加强网络用户身份管理。实行网络身份管理，是许多国家的通行做法。许多国家都通过立法要求固定电话、手机等电信用户在办理入网手续时须提供身份证明。2012 年 12 月通过的《全国人民代表大会常务委员会关于加强网络信息保护的决定》第六条规定，网络服务提供者为用户办理网站接入服务，办理固定电话、移动电话等入网手续，或者为用户提供信息发布服务，应当在与用户签订协议或者确认提供服务时，要求用户提供真实身份信息。本款规定的“用户”，主要是指从电信业务经营者购买物联网卡的单位用户。对单位购买物联网卡进行实名登记，有利于从源头上遏制利用物联网卡实施电信网络诈骗活动。此外，2015 年通过的《中华人民共和国反恐怖主义法》第二十一条规定，电信、互联网、金融、住宿、长途客运、机动车租赁等业务经营者、服务提供者，应当对客户身份进行查验。对身份不明或者拒绝身份查验的，不得提供服务。2016 年通过的《中华人民共和国网络安全法》第二十四条中规定，网络运营者为用户办理网络接入、域名注册服务，办理固定电话、移动电话等入网手续，或者为用户提供信息发布、即时通讯等服务，在与用户签订协议或者确认提供服务时，应当要求用户提供真实身份信息。用户不提供真实身份信息的，网络运营者不得为其提供相关服务。上述规定为物联网卡实名制提供了法律基础和依据。

根据 2016 年《工业和信息化部关于进一步防范和打击通讯信息诈骗工作的实施意见》规定，各基础电信企业和移动转售企业要对已经在网使用的行业卡实名登记情况进行重新核实，对未登记或登记信息错误的用户进行补登记。电信企业在办理物联网卡业务时要按要求规范登记用户信息。以车联网卡为例，车联网卡是指装载于道路机动车辆，用于实现车辆联网、数据传输、状态监测、应急处置等通信服务功能的专用物联网卡。根据 2021 年《工业和信息化部关于加强车联网卡实名登记管理的通知》规定，车辆销售前，电信企业向道路机动车辆生产企业或其授权企业销售车联网卡，应登记购卡单位信息和责任人信息。

实践中，中国联通对企业物联网客户办理入网都须通过自有实体渠道或有人员上门服务方式，利用二代身份证阅读器，完成企业现场实名登记。在物联网卡办理时，中国移动需要登记行业用户的责任人和经办人信息，按要求进行证件查验并对经办人进行人像比对。

第三，电信业务经营者采取技术措施限定物联网卡开通功能、使用场景和适用设备。

物联网卡开通功能包括语音功能、短信功能、流量功能。语音功能包括定向语音和非定向语音。定向语音是指使用物联网卡只能与特定号码进行语音通话，包括呼入和呼出方向。非定向语音是指使用物联网卡可进行语音通话的对象不受限制，包括呼入和呼出。短信功能包括定向短信和非定向短信。定向短信是指使用物联网卡仅能与短信管理平台号码进行收发短信，不允许物联网卡与物联网卡之间、物联网卡与公众移动网电话号码之间收发短信。非定向短信是指使用物联网卡发送或接收短信的对象不受限制。流量功能根据是否受限，可分为定向流量和非定向流量。按照物联网卡使用流量额度，可以分为大流量和小流量。结合安全风险，物联网卡流量功能可分为定向流量、非定向小流量和非定向大流量。定向流量是指可通过技术措施限定物联网卡仅能访问特定的 IP 或 URL 地址。非定向小流量是指使用物联网卡可访问公网 IP 或 URL 地址不受限制，月均使用流量不超过 100MB。非定向大流量是指使用物联网卡可访问公网 IP 或 URL 地址不受限制，且月均使用流量大于 100MB。

根据物联网卡功能开通语音、短信、流量的情况以及位置是否固定可以分为六类场景：定向大流量，定向小流量，使用位置固定的非定向大流量，使用位置不固定的非定向大流量，使用位置固定的非定向小流量，使用位置不固定的非定向小流量。对于终端设备位置固定的物联网场景，如水表、电表、市政监控设备、环境监测设备等，应严格限定物联网卡使用位置地点。对于终端设备限定在一定地理范围内使用的物联网场景，电信企业应通过技术手段严格限定其使用区域。

物联网卡适用设备是指物联网卡使用的终端设备，如汽车、共享单车、POS 机、自动贩卖机、快递柜、智能家居、智能穿戴设备、行车记录仪等等设备。限定物联网卡适用设备的方式有卡片限定、机卡绑定等。卡片限定是指通过嵌入、焊接、非标等方式，实现物联网卡与终端物理绑定的技术手段，从而有效防止物联网卡被挪用。机卡绑定是针对可插拔的普通 SIM 卡，通过在相应的系统平台配置机卡绑定参数实现物联网卡与终端的软绑定。

根据本款规定，电信业务经营者应当根据单位用户购买物联网卡的用途等实际情况，采取技术措施对物联网卡的开通功能、使用场景和适用设备作出一定的限制，以防止物联网卡被用来进行电信网络诈骗。

根据 2016 年《工业和信息化部关于进一步防范和打击通讯信息诈骗工作的实施意见》规定，对新办理使用行业卡的，要从严审核行业用户单位资质、所需行业卡功能、数量及业务量，按照“功能最小化”原则，屏蔽语音、短信功能，并充分利用技术手段对行业卡使用范围（包括可访问 IP 地址、端口、通话及短信号码等）、使用场景（如设备 IMEI 与号卡 IMSI 一一对应）等进行严格限制和绑定。根据 2021 年《工业和信息化部关于加强车联网卡实名登记管理的通知》规定，电信企业应按照最小必要原则为符合实名登记要求的车联网卡开通用户所需的语音、短信、流量功能。对用户身份不明、拒绝身份查验或者未按要求提供真实身份信息的，道路机动车辆生产企业应通知电信企业关闭除紧急呼叫、应急救援等影响生命安全以外的车联网卡功能。

实践中，中国移动严格落实“功能最小化”原则，对物联网卡开通的通信功能进行审核，确保开通功能与协议约定的使用场景所需功能保持一致。中国联通在物联网卡技术管控方面，采取机卡绑定、数据访问管控、短信管控、定向语音、区域限制等手段。

第二款是关于单位用户将载有物联网卡的设备销售给其他用户时应当履行的义务的规定。本款包含以下几个方面的内容：

第一，单位用户将载有物联网卡的设备销售给其他用户的，应当核验和登记用户身份信息。

单位用户通常是生产销售载有物联网卡的设备的企业，在将载有物联网卡的设备销售给最终的实际使用人时，应当按照本款规定核验和登记用户身份信息，实现最终使用人的实名登记。

根据2016年《工业和信息化部关于进一步防范和打击通讯信息诈骗工作的实施意见》规定，原则上新增的行业卡必须使用13位专用号段，并通过专用网络承载相关业务，特殊情况下需使用11位号段且开通无限制的语音功能的，必须按照公众移动电话用户进行实名登记。根据2021年《工业和信息化部关于加强车联网卡实名登记管理的通知》规定，车辆销售时，道路机动车辆生产企业应参照电话用户真实身份信息登记相关标准规范，组织实施车联网卡实名登记，认真核验和登记车辆所有者（含单位用户）真实身份信息。道路机动车辆生产企业应在车辆销售合同中，明确告知车辆所有者在办理车辆过户时，应同步办理车联网卡实名过户手续，并提示相关法律责任风险。实践中，有的《物联网采购协议》中约定，(1）根据国家及运营商相关规定，甲方（单位用户）负责本协议范围内流量卡的实名制登记管理工作，并无条件配合国家有关部门及运营商或乙方（电信业务经营者）的实名制登记管理检查。(2）甲方办理业务开通、变更、过户和退订时，应按乙方要求提交相关信息（包括实际使用人的身份信息）。(3）乙方有权根据国家相关部门要求检查甲方进行实名制登记管理情况，如甲方实名制登记管理不符合国家相关部门和运营商的规定，乙方有权立即终止不符合实名制登记管理要求的流量卡的通信服务，并由甲方承担违约责任并赔偿因此给乙方造成的一切损失。

实践中，中国联通原则上对使用11位物联网专用号段的物联网卡都须登记到实际使用人。对个人使用场景的物联网卡进入特定阶段时，需在物联网实名认证小程序（服务运营平台）进入个人在线视频实名认证，未实名号卡仅能使用默认受限的通信计划(无法使用或仅能使用定向流量)。使用数量上，限制在个人用户名下物联网卡数量不得超过10张。中国移动对于需要登记到实际使用人的场景，需按个人移动号码实名制要求对使用人进行证件查验和人像比对。

第二，单位用户将载有物联网卡的设备销售给其他用户的，应当将销量、存量及用户实名信息传送给号码归属的电信业务经营者。

根据本款规定，单位用户将载有物联网卡的设备销售给其他用户，除核验和登记用户身份信息外，还应当将销售载有物联网卡的设备的数量、尚未销售的载有物联网卡的设备的数量以及用户实名信息传送给号码归属的电信业务经营者，即物联网卡所属的中国移动、中国联通、中国电信等基础电信企业。如根据2021年《工业和信息化部关于加强车联网卡实名登记管理的通知》规定，车辆销售后，道路机动车辆生产企业应将用户登记信息、车联网卡号码或识别码等基础信息及时传送至电信企业。实践中，有的《物联网采购协议》中约定，甲方（单位用户）应按月向乙方（电信业务经营者）报备最终实际使用物联网卡的客户资料，由乙方进行登记备案。后续乙方提供支持手段供甲方实时进行备案。

第三款是关于物联网卡使用监测预警机制的规定。本款包含以下几个方面的内容：

第一，电信业务经营者对物联网卡的使用建立监测预警机制。

2021年9月《工业和信息化部等八部门关于印发〈物联网新型基础设施建设三年行动计划（2021-2023年）〉的通知》中提出，加强物联网卡安全管理，推动形成售前风险评估、售时分类登记、售后使用监测的物联网卡全生命周期管理制度。对物联网卡的使用进行监测预警，能够即时掌握物联网卡的使用情况，是防止物联网卡被用于电信网络诈骗的有效手段。

2016 年《工业和信息化部关于进一步防范和打击通讯信息诈骗工作的实施意见》要求，按照“谁发卡、谁负责”原则，各基础电信企业和移动转售企业要加强对行业卡使用情况的监测和管控，严禁二次销售和违规使用行业卡。对未采取有效监测和管控措施，致使行业卡被倒卖或被用于非行业用户的，从严追究相关企业和负责人的责任。

业务合规监测包括下列监测模型：（1）机卡分离监测。机卡分离是指物联网卡被从一个物联网终端中拔出，在另一个终端设备中使用的行为。电信企业应按照前置规范管理要求对物联网卡与物联网终端进行机卡绑定，当物联网卡与终端的绑定关系发生变化或用在非设备唯一标识库中的终端上时，电信企业应能及时发现，并输出相关的机卡分离记录。（2）跨区域使用监测。跨区域使用是指某些可以固定在某个位置或区域使用、通常不会发生位置移动的物联网设备发生通信位置变化的行为。电信企业应针对此类物联网卡进行跨区域使用监测，通过分析物联网话单数据中使用所在地的小区标识，对物联网卡使用区域进行精细化监测。如超出物联网卡使用区域，电信企业应输出相关的跨区域使用记录。（3）超阈值使用监测。超阈值使用是指物联网卡每个月的短信、流量实际使用量超过开户时选择的使用量阈值的行为。电信企业应对物联网卡超阈值使用的行为进行监测，且在发现物联网卡超阈值使用后，输出相关的超阈值使用记录。（4）超白名单使用监测。超白名单使用是指物联网卡的语音主被叫号码超出开户时设定的语音白名单号码、短信收发号码超出开户时设定的短信白名单号码，访问的 IP 或 URL 地址超出定向访问白名单号码的通信行为。电信企业应对物联网卡超白名单使用的情况进行监测，且在发现物联网卡超白名单使用后，输出相关的超白名单使用记录。

异常使用监测包括下列监测模型：（1）手机终端使用监测。手机终端使用是指物联网卡被放置在手机终端上使用的行为。电信企业应基于各企业内部的手机终端设备唯一标识库，对物联网卡所使用的终端设备唯一标识号进行监测。当发现物联网卡被使用在手机终端上时，应输出相关的手机终端使用记录。（2）异常使用行为监测。异常使用行为是指对于特定物联网场景使用的物联网卡发生典型人联网应用访问的行为。电信企业应通过分析物联网卡实际访问的 URL 地址，查看其是否访问了典型人联网应用。当发现物联网卡发生不合理访问行为时，应输出相关的不合理使用记录，并将人联网应用的 URL 同步至黑名单限制列表中。电信企业可在此基础上，进一步增加其他人联网应用监测。典型人联网应用场景包括但不限于社交类网站、视频类网站、购物类网站、游戏类网站。电信企业可在此基础上，进一步增加其他人联网应用监测。（3）异常流量使用监测。异常流量使用是指物联网卡当月流量使用量大于前三个月月均流量使用量二倍以上的行为。电信企业应对物联网卡异常流量使用的行为进行监测，且在发现物联网卡流量使用异常后，输出相关的异常流量使用记录。（4）异常短信使用监测。异常短信使用是指物联网卡当月短信使用量大于前三个月月均短信发送量二倍以上的行为。电信企业应对物联网卡短信异常使用的行为进行监测，且在发现物联网卡短信使用异常后，输出相关的异常短信使用记录。

重点场景监测包括下列监测模型：（1）漫游至诈骗高发区使用监测。漫游至诈骗高发区使用是指物联网卡漫游至诈骗高发区使用的行为。电信企业应针对物联网卡的使用地点进行监测，当发现物联网卡漫游至诈骗高发区使用时，应输出相关的漫游至诈骗高发区使用记录。（2）对于超出以上监测模型的，企业可自行定义。

第二，电信业务经营者对存在异常使用物联网卡情形的，应当采取暂停服务、重新核验身份和使用场景或者其他合同约定的处置措施。

异常使用物联网卡情形，主要是指上述监测预警中提到的机卡分离、跨区域使用、超阈值使用、超白名单使用、手机终端使用、异常使用行为、异常流量使用、异常短信使用监测、漫游至诈骗高发区使用等。监测或发现存在异常使用物联网卡情形的，电信业务经营者应当采取暂停服务、重新核验身份和使用场景或者其他合同约定的处置措施。比如，实践中有的《物联网业务服务协议》中约定，甲方（单位用户）不得利用乙方（电信业务经营者）提供的服务从事违法犯罪、妨碍社会治安活动、发布违法信息、违反公序良俗内容的信息，或未经接收客户同意大量发布商业广告等其他骚扰信息、拨打骚扰电话等，否则乙方有权依据行业主管部门、有关行政司法机关指令、客户等第三方举报或投诉以及乙方指定的为保障公众利益的规范，关闭甲方信息发送功能，或暂停、终止服务。有的《物联网采购协议》中约定，（1）甲方（单位用户）需向乙方（电信业务经营者）提交使用本业务的全部设备 IMEI 号清单，由运营商对卡片及设备进行配对登记，非 IMEI 号清单范围内的设备不能使用本业务。若在要求的时间范围内，甲方无法提供全部设备清单，乙方有权对没有配对设备的卡片进行停卡处理。（2）如甲方违法违规使用物联网卡业务，或使用此业务侵犯他人合法权益的，由甲方自行承担责任，且乙方有权暂停直至终止向甲方提供通信服务并有权解除本协议，由甲方承担违约责任。（3）甲方在约定的范围内合理合法地使用乙方提供的通信业务，不得利用本业务从事任何违反国家法律规定的活动；甲方不得向约定的使用场景之外的任何单位及个人转售本协议所涉及的物联网卡；如有违反，则乙方有权取消给予甲方的所有优惠。乙方有权暂停直至终止向甲方提供通信服务、解除本协议。由此引发的纠纷由甲方负责解决，同时由甲方承担违约责任。(4) 若甲方申请的物联网流量卡激活后办理停机连续一年未使用的，乙方有权收回该号码。

实践中，中国移动建设物联网卡安全管控平台，根据用户行为和使用场景，设置十五类风险防控模型，将物联网卡用户分为极高风险、高风险、中风险、低风险用户，有针对性地分类管理。利用技术手段对物联网卡使用情况进行监测和管控，建设物联网卡风险防控系统，按照卡物理形态、开通功能、漫游使用情况、机卡分离、在个人手机使用、异常使用等多个维度，将物联网卡划分为“高、中、低、相对安全”等四类，一旦发现违反协议约定使用的，立即限制用户的通信能力。中国联通对办理物联网卡要做严格的售前评估，包括资质审核与风险评估，如从单位资质、使用场景、开通功能、管控能力等方面严格评估，评定客户初始风险等级，现场考察确认等。中国联网强化合同管理，在协议中重点明确不得二次转售、改变用途或者挪作他用、专网专号等内容。

在该条的理解适用中，需要注意以下问题：

对存在异常使用物联网卡情形的，电信业务经营者可以采取暂停服务、重新核验身份和使用场景或者其他合同约定的处置措施。具体采用何种处置措施，应当根据异常使用物联网卡的情形来决定，总的原则是处置措施的严厉程度要与异常使用及可能造成危害后果的严重程度相适应。对于法律法规有明确规定的，应当按照规定采取处置措施；对于法律法规没有规定的，可以按照合同约定采取相应的处置措施。因此，电信业务经营者在与用户签订合同时，应当尽可能明确、详细、具体地对出现什么情形时采取何种处置措施作出约定，避免合同履行过程中发生争议。

◆ **典型案例**

原告中国联通某分公司与被告某公司合同纠纷一案中，原告诉称，2016 年 4 月 20 日，原告与被告签订服务协议，被告不得利用原告提供的服务从事违法犯罪、妨碍社会治安的活动，并且被告不得以任何名义和方式将其使用的原告业务以任何名义和方式（包括赠与、转租、转借、转售）提供给第三方。协议签定后，原告向被告出售了 30 万张物联卡，后原告多次接到被告转售的 600 名左右物联卡用户的投诉，原告与被告沟通，被告并未停止其转售行为，尽管期间被告也采取了一些补救措施，但是仍不能弥补给原告造成的损失，特别是大量的投诉严重影响企业的形象，导致原告的企业形象受损，原告遂诉至法院，要求判决：（1）判令被告赔偿原告经济损失 72000 元；（2）被告立即停止赠与、转租、转借、转售物联卡等违约行为；（3）对转售物联卡停销、回收、销毁并消除影响（回收物联卡并予以销毁）；（4）要求被告进行登报道歉。

被告辩称：（1）与原告之间存在网络服务关系是事实，其公司从原告处购得物联卡 30 万张，并预支付一年的流量费，该批物联卡是其公司销售 POS 机所使用；（2）其公司将 POS 机交由 A 公司代理销售，并交付了该批物联卡，后 A 公司又与 B 公司合作，B 的法人刘某某将物联卡作为具备短信等功能的流量卡转卖给单某，单某发现流量卡为 13 位且不具备功能，遂向工信部投诉，A 公司转售流量卡的行为系无权代理，其公司不予追认；（3）其公司已经履行预付一年流量套餐费，其已经履行合同约定的支付义务，原告损失无事实依据；（4）原告要求立即停止赠与、转租、转借、转售物联卡等违约行为，对转售物联卡停销、回收、销毁、消除影响并进行登报道歉的诉讼请求，不是违约行为的责任形式，且其公司不存在赠与、转租、转借、转售物联卡的行为。

法院认为，本案争议焦点如下：(1) 被告是否将原告提供的网络服务提供给第三方，如存在上述行为，被告是否应当承担违约责任。原告认为，原告根据被告要求为其定制被告所销售 POS 机的网络服务，被告未申请开通语音及短信功能，该服务为被告销售的 POS 机专属使用，现被告将网络服务提供给非 POS 机使用人，属违约行为，应当承担违约责任。被告认为，其公司不存在上述行为，合同中关于禁止转售、赠与、转租、转借的约定系格式条款，排除其主要权利，应为无效条款，被告不应当承担违约责任。本院认为，原、被告签订的协议不违反法律规定，应认定为合法有效。双方当事人均应按合同约定履行各自的义务。本案中，被告作为原告的客户，根据自身销售 POS 机的需求，向原告购买仅能使用数据流量的定制物联网服务，专属提供给被告销售的 POS 机使用。双方在合同中约定不得以任何形式将原告提供服务提供给第三方，系双方当事人真实意思表示，亦不违反法律规定，双方当事人均应受其约束。被告在接收到原告的网络服务载体物联卡后，出现非被告的 POS 机用户大量持有被告定制的物联卡，故本院认为，被告将原告服务提供给第三方的行为，违反双方的约定，属违约行为，应当承担相应的违约责任。对于被告提出双方约定的该条款系无效条款的抗辩意见，本院认为，(1) 被告以 POS 机使用为由向原告定制物联网络服务，该网络服务具有专属性，双方约定不得以任何形式将原告提供的服务提供给第三方的约定并未排除被告的主要权利，故对被告的该项抗辩，本院不予采纳。(2) 原告要求被告赔偿损失 72000 元是否有事实依据。原告认为，被告违反约定将服务提供给第三方，原告主张仅为物联卡制作的成本，尚不包括流量服务费及后期预期可得利益的损失。被告认为，已经按照约定向原告方支付全部合同价款，原告的合同目的已经实现，原告诉称的工信部投诉并没有给原告造成损失，对原告提出的损失，对其中的5000元予以认可。本院认为，当事人对自己提出的主张有责任提供证据予以证明。本案中，原告减免了被告所购物联卡的制作费用，被告认可原告损失5000元，故对原告要求被告赔偿损失5000元的诉讼请求，本院予以支持，对超出部分，本院不予支持。（3）原告要求被告立即停止赠与、转租、转借、转售物联卡的行为，对转售物联卡停销、回收、销毁以消除影响并进行登报道歉是否为违约责任的承担方式。原告认为，被告的违约行为导致原告遭受大量的无理投诉，造成原告企业形象和信誉严重受损，原告的诉请应当得到支持。被告认为，原告的上述诉请不属于违约责任的承担形式。本院认为，根据法律规定，当事人一方不履行合同义务或者履行合同义务不符合约定的，应当承担继续履行、采取补救措施或赔偿损失的违约责任。本案中，原告基于双方之间的合同关系要求被告承担违约责任，原告可以要求被告承担继续履行、采取补救措施或赔偿损失的责任。原告要求停止赠与、转租、转借、转售行为，消除影响并赔礼道歉的主张不属于承担违约责任的方式，故对原告的该部分诉请，本院不予支持。综上，判决如下：（1）被告于本判决生效后10日内向原告赔偿损失5000元；（2）驳回原告的其他诉讼请求。

◆ **相关规定**

《全国人民代表大会常务委员会关于加强网络信息保护的决定》第6条；《中华人民共和国反恐怖主义法》第21条；《中华人民共和国网络安全法》第24条；《关于进一步防范和打击通讯

信息诈骗工作的实施意见》；《工业和信息化部关于加强车联网卡实名登记管理的通知》第4条、第5条、第7条、第9条

第十三条 电信业务经营者应当规范真实主叫号码传送和电信线路出租，对改号电话进行封堵拦截和溯源核查。

电信业务经营者应当严格规范国际通信业务出入口局主叫号码传送，真实、准确向用户提示来电号码所属国家或者地区，对网内和网间虚假主叫、不规范主叫进行识别、拦截。

◆ **条文主旨**

本条是关于改号电话、虚假和不规范主叫防治的规定。

◆ **立法背景**

（一）起草背景

近年来，随着信息技术的不断发展，我国电信网络诈骗案件日益增多，诈骗手段和方式层出不穷，不法分子利用改号电话冒充公安、司法、通信、银行等部门工作人员实施诈骗的案件时有发生，严重影响社会稳定和人民财产安全。犯罪分子在境内外利用改号软件改变显示的主叫号码，使被害人的来电显示是亲朋好友、银行（如95588）、购物平台、公检法（如110）等的电话，实际上是诈骗分子冒充的，这类诈骗欺骗性强，令人防不胜防，不仅给受害人带来巨大财产损失，还会影响政府公信力，对运营商的业务运营和企业形象造成危害。改号电话是电信诈骗持久猖獗、屡屡得逞、难以根治的重要因素，尤其是在严格执行电话、

银行账户等实名制后，改号电话如得不到有效治理，很可能成为电信诈骗的主要犯罪工具。

（二）审议中各方面的意见

1. 反电信网络诈骗法（草案）第十一条规定："电信业务经营者应当规范真实主叫号码传送和电信线路出租，对改号电话进行封堵拦截和溯源核查。

电信业务经营者应当严格规范国际通信业务出入口局主叫号码传送，对网内和网间虚假主叫及不规范主叫进行识别、拦截。"

在征求意见过程中，有的意见提出，增加对来电所属国家的提示，有助于用户防范诈骗，建议将第二款修改为"电信业务经营者应当严格规范国际通信业务出入口局主叫号码传送，真实、准确向用户提示来电号码所属国家，加强对网内和网间虚假主叫、不规范主叫进行识别、拦截"。有的院校建议在"电信业务经营者"后，增加法律责任主体"互联网服务提供者"或将"电信业务经营者"修改为"基础电信业务经营者"。有的地方建议将第一款中的"改号电话"修改为"未经批准的改号电话"。

有的地方建议在第二款最后增加"及时向公安机关和相关行业主管部门提供虚假及不规范主叫信号范围"；明确第二款中"规范"含义。

有的地方提出，考虑到目前电信业务经营者不能完全通过技术手段识别网间虚假主叫号码，建议将第二款修改为"电信业务经营者应当严格规范主叫号码传送，对不规范主叫和虚假主叫进行识别、拦截"。

有的企业提出，电信业务经营者分为基础电信业务经营者和增值电信业务经营者，前者对码号、电信线路等有着绝对的管理权限，后者无法参与电信线路的管理，建议在"电信业务经营者"前加"基础"二字。

2. 草案二次审议稿第十三条规定："电信业务经营者应当规范真实主叫号码传送和电信线路出租，对改号电话进行封堵拦截和溯源核查。

电信业务经营者应当严格规范国际通信业务出入口局主叫号码传送，真实、准确向用户提示来电号码所属国家或者地区，对网内和网间虚假主叫、不规范主叫进行识别、拦截。"

根据各方面的意见，草案二次审议稿对草案作了以下修改：一是，考虑到增加对来电所属国家及我国香港、澳门、台湾地区的提示，有助于用户防范诈骗，在第二款中增加"真实、准确向用户提示来电号码所属国家或者地区"的规定。二是，将"对网内和网间虚假主叫及不规范主叫进行识别、拦截"修改为"对网内和网间虚假主叫、不规范主叫进行识别、拦截"。

在征求意见过程中有的部门提出，国家安全等相关专门机关为开展工作，需要进行电话号码改号。建议将第一款的"改号电话"、第二款的"虚假主叫、不规范主叫"修改为"非法改号电话"、"虚假、不规范等非法主叫"。

3. 草案三次审议稿对草案二次审议稿未作修改。

（三）有关国家、地区的规定

关于主叫身份真实性，很多国家都作出了相关规定。

1. 美国。2010 年，美国为治理非法使用虚假来电显示信息以及电话诈骗，颁布了《主叫真实身份法》。该法规定，任何来电显示服务故意传输误导性或不准确的来电显示信息以欺诈、欺骗或错误地获取有价值信息均为违法，适用于传统的电话和互联网协议语音（VOIP）服务。该法规定，对违法者每次违法行为最高处以一万美元的罚款，或对持续违规者每天的违法行为处以三万美元罚款。但该处罚不会取代其他相关立法中有关监禁或罚款的规定。

2019 年 8 月，美国联邦通信委员会（FCC）批准了一项禁止欺诈性短信及国际自动语音电话的新规则，明确允许追踪、监控、惩处身处境外的欺诈性短信及国际自动语音电话背后的操控者，进一步扩大了《主叫真实身份法》的适用范围。

2. 韩国。禁止伪造或使用虚假电话号码牟利的服务，只在被特别允许（TBAArt. 84-2）的情况下可以使用，如对政府号码的标识、增加对来自国外电话呼叫识别的国家代码等。

韩国《电信事业法》详细规定了禁止虚假短信息、主叫号码显示、禁止虚假呼叫等保证主叫身份真实性的相关要求。第二十二条规定，对于将文字短信发送系统与电信业务经营企业所属电信设备直接或间接地相互连接，提供短信发送业务的增值电信业务运营商，应当杜绝发送人使用伪造电话号码。违反规定的企业或者个人可能被处以二年以下有期徒刑或者一亿韩元以下罚款。第八十四条要求电信运营企业应当提供主叫号码显示服务。此外，还要求不得以盈利或欺诈等为目的显示虚假来电号码，电信运营企业应对虚假来电等采取切断服务等举措，监管部门可据此对电信运营企业适当提供经费扶持。

3. 加拿大。加拿大电信和广播行业的主要监管机构是加拿大广播电视和电信委员（CRTC），加拿大的电话号码由 CRTC 建立的加拿大编号管理员根据要求分配。CRTC 一直致力于减少使用误导性呼叫线路标识的垃圾邮件电信数量。CRTC 现在要求所有提供语音电信的电信服务提供商在呼叫者识别线路不符合既定编号计划时，实施通用网络级呼叫阻止系统。CRTC 还决定，到 2021 年 6 月，所有电信服务提供商将被要求实施 STIR/SHAKEN 框架，这是一种来电者身份验证和验证措施，用于证明来电者身份可信程度。

4. 新加坡。目前，新加坡还没有专门关于动态呼叫线标识表示的特殊规则。尽管如此，为了减轻和保护公众免受欺骗电话的伤害，新加坡通信媒体发展管理局（IMDA）要求电信运营商在所有国际来电的电话屏幕上显示“+”符号前缀，国内呼叫将不会显示“+”符号前缀。这项措施对于不期望接打国外电话的用户在接听显示“+”前缀的电话时，更容易识别，并可以提高警惕。

5. 德国。德国《2004 年电信法》规定，电信服务提供商应当提供呼叫号码显示服务，被呼叫方可以拒听未显示号码的呼叫。

◆ **条文解读**

本条共分两款。

第一款是关于电信业务经营者应当规范真实主叫号码传送和电信线路出租的规定。本款包含以下几个方面的内容：

第一，电信业务经营者应当规范真实主叫号码传送和电信线路出租。

1. 真实主叫号码传送，是指在被叫用户终端设备上显示主叫号码、呼叫日期、时间等主叫识别信息并进行存储，以供用户查阅，通俗的理解就是来电显示。与此相对应的是不规范主叫，不规范主叫通常表现形式是号码显示不规范、不标准，如固定座机号码区号前缺 0，即将 010-88888888 显示为 10-88888888；移动号码前显示“60”；境外电话号码显示异常等。虚假主叫通常是隐藏真实的身份，呼叫中的主叫号码为非真实用户号码或伪装成他人号码。如冒用其他运营商、银行等客服号码，或者公检法等固定电话；使用“+86”开头的虚假号码境外来电。网间虚假主叫主要是在移动、联通、电信等不同运营商之间实现跨网虚假主叫。

2016 年工业和信息化部《关于进一步防范和打击通讯信息诈骗工作的实施意见》要求，严格规范主叫号码传送。落实号码传送行业规定和有关行业标准。禁止违规传送主叫号码为空号或设置主叫号码禁显的呼叫。

为规范网间主叫号码传送，我国陆续制定发布了一系列标准规范，主要有:《网间主叫号码的传送》（YD/T 1157-2001）于2001年12月11日正式发布实施，它规定了不同运营者经营的电话网之间传送主叫用户电话号码的方式和格式。《网间主叫号码的传送》（补充件1，YD/T 1157.1-2002）于2002年5月31日正式发布实施，该标准是对YD/T 1157-2001（网间主叫号码的传送）的补充，对国际主动性叫号码传送的要求和国际局标识码的结构，包括电路交换的国际电话和IP国际电话以及国内IP电话主叫号码传送作了规定。主要适用于各电信运营公司在开局设置数据和日常维护中使用。《网间主叫号码的传送》（补充件2，YD/T 1157.2-2003）于2003年7月28日正式发布实施，是YD/T 1157-2001《网间主叫号码的传送》的系列标准之二。本规定是对《网间主叫号码的传送》和《网间主叫号码的传送》（补充件1）的补充。在原有标准的基础上，增加了对网间传送的主叫用户号码的地址性质表示语、国际来转话呼叫的主叫号码传送方式和格式、交换设备的处理能力的说明，并对在专网和PABX（或支局）与PSTN之间传送的主叫号码进行了明确。适用于在用的国内交换局、国际交换局和网关交换局。《网间主叫号码的传送》（补充件3，YD/T 1157.3-2005）于2005年11月1日正式发布实施，是《网间主叫号码的传送》的系列标准之三。该标准是对客户服务中心、政府公务类呼叫业务、紧急呼叫业务以及由政府主管部门批准允许使用与私人号码相同的号码进行呼出的业务台、集团电话外呼时的主叫号码传送的规定。《网间主叫号码的传送》（补充件4，YD/T 1157.4-2016）于2016年7月11日发布并于同日开始实施，专门规定了400/800和95/96等短号码业务平台外呼、国际漫入用户和特定用户发起的呼叫以及带有分级方式的主叫号码传送的要求，该标准适用于上述多种业务在公用电信网间运营商网间的互通与鉴权。

2. 电信线路出租，是指电信业务经营者将电信业务租给用户专用的服务。该业务可将国内长途电路、国际电路和农村、市内电路租给用户专用，如政府部门、公安、检察系统等可通过政府采购租用本系统的专用线路。用户租用的使用方式包括：（1）利用租用线路组成专用通信网，传递本业务系统各单位之间的信息。（2）经电信部门同意，可在租用的电话电路上使用自备的复用设备分割成电报电路使用。（3）经电信部门同意，可装设分路设备，供本业务系统多个用户共同使用。用户租用的电路，只能用于与该用户业务有关的通信，不得经营电信业务，为其他单位传递信息；不得擅自转租，改变线路的使用范围等。

电话骚扰、诈骗等问题发生的一个重要原因是出租管理混乱，为此，工信部要求强化业务出租合同的责任约束，合同中必须明示允许传送的真实有效主叫号码或号段。

第二，电信业务经营者对改号电话进行封堵拦截和溯源核查。

改号电话就是使用改号软件将原始电话号码改成指定号码。改号软件实质是一种非法经营的 VOIP（网络电话）软件，这些软件通过修改 IP 数据包的主叫信息实现主叫号码的篡改。改号电话进入电话网的渠道主要有两种，一种是通过 VOIP 媒体网关利用语音专线接入运营商交换机，将改号 IP 电话送入电话网；另一种是从境外运营商的网络通过国际出入口局进入境内电话网。根据改号电话接入点的差异，可以将其分为国际改号、网间改号、内部改号等方式。

2016 年工业和信息化部《关于进一步防范和打击通讯信息诈骗工作的实施意见》要求，各基础电信企业在网间关口局对不符合号码管理、网间互联规定和标准的违规呼叫、违规号码一律进行拦截。各基础电信企业要会同国家计算机网络与信息安全管理中心等单位，开展网络改号电话检测技术研究，进一步提升对网络改号电话的监测、发现、拦截、处置能力。建立网络改号呼叫源头倒查和打击机制。严禁违法网络改号电话的运行、经营。对用户举报以及公安机关通报的网络改号电话等，通信管理部门组织基础电信企业联动倒查其话务落地源头，对为改号呼叫落地提供电信线路等资源的单位或个人，立即清理停止相关电信线路接入；涉及电信企业的，依法予以处理，并严肃追究相关部门和人员的管理责任；涉嫌违法犯罪的通报公安机关。各基础电信企业要建立健全内部快速倒查机制，设立专人负责工作对接，并按照通信管理部门规定时限要求留存信令数据。基础电信企业因规定的信令留存时限不满足等自身原因致使倒查工作无法开展的，作为改号电话呼叫来源责任方。坚决清理网上改号软件。各基础电信企业要按照《关于进一步做好防范打击通讯信息诈骗相关工作的通知》（工信部网安函〔2015〕601 号）以及《基础电信企业防范打击通讯信息诈骗不良呼叫号码处置技术能力要求》（工信厅网安〔2016〕143 号）相关要求，在 2016 年底前全面建成防范打击通讯信息诈骗业务管理系统和用户终端侧安全提示服务两类技术手段，2017 年 3 月底前全面建成网内和网间不良呼叫号码监测处置系统，综合运用多种技术手段持续提升企业侧技术防范打击能力。

第二款是关于国际通信中虚假和不规范主叫防治的规定。随着境内打击电信网络诈骗力度加大，违法犯罪分子纷纷转向境外，利用境外成本低廉的网络电话，通过改号对境内进行诈骗。本款包含以下几个方面的内容：

第一，电信业务经营者应当严格规范国际通信业务出入口局主叫号码传送，真实、准确向用户提示来电号码所属国家或者地区。

国际通信业务出入口局，是指国内电信运营商的通信网络与我国港澳台地区及国外运营商的通信网络之间的互联节点局，主要用于实现双方业务的互联互通和数据交换。国际通信出入口局实际上是一个国家的通信边境，不仅关系数亿用户能否顺利使用国际长途、上互联网等通信业务，还事关国家的信息安全。我国已批准设立北京、上海、昆明、南宁、乌鲁木齐、福州、哈尔滨、广州、深圳、珠海等国际通信业务出入口局，青岛等城市目前正在申建。

早在 2008 年，工业和信息化部就发文要求各基础电信业务经营者加大对网间传送虚假主叫号码的整治和监督。电信业务经营者应当按照《网间主叫号码的传送》等技术标准以严格规范国际主叫号码传送。根据工信部有关规定，境外电话进入我国通信网络时，必须在主叫号码前添加国际冠字“00”（部分手机将“00”翻译为“+”），且严禁在传送过程中删除该冠字。因此，如果收到的电话号码以“00”（部分手机会在号码显示时将“00”翻译为“+”）开头，说明此电话来自境外，用户接到此类电话要小心不法分子用改号手段进行诈骗。

第二，电信业务经营者应当对网内和网间虚假主叫、不规范主叫进行识别、拦截。

改号电话在境外落地，送入我国国际通信业务出入口局时，与正常的电话没有区别，识别打击难度大。2016 年工业和信息化部《关于进一步防范和打击通讯信息诈骗工作的实施意见》要求，严格防范国际改号呼叫。各基础电信企业要对从境外诈骗电话来话高发区输入的国际来话进行重点管理甄别，对“+86”等不规范国际来话，以及公安机关核实通报的伪造国内公检法和党政部门便民电话的虚假主叫号码，在国际通信业务出入口局一律进行拦截。对携带“通用号码”的来话，在国际通信业务出入口局和国内网间互联互通关口局将其“通用号码”信息一律予以删除。针对境外改号电话，2018 年工信部建立虚假“+86”境外改号电话拦截系统以及高风险号码比对库，对境外改号电话进行拦截。另外，还进一步优化完善境外改号电话防范拦截系统，完善境外来源电话提醒技术体系，加强对仿冒公检法等高风险号码的重点监测和拦截。

在该条的理解适用中，需要注意以下问题：

本条主要是遏制和打击利用改号电话进行电信网络诈骗的行为。实践中，存在因国家安全等需要进行改号的情况，在一些行业和领域，如交通出行领域的各类网约车平台、物流快递领域的各项物流平台、房产交易领域的各类房产中介平台、婚恋交友领域的各种婚恋交友网站以及应用等，有通过电话号码隐藏来进行通话的功能，也就是隐私保护通话。2016 年，交通运输部发布《网络预约出租汽车运营服务规范》，明文要求电话信息要具有加密功能，以实现对约车人或乘客个人电话号码等信息的保护。中国移动依托全网移动号码资源，面向商户和用户双方提供中间安全号码，实现临时号码的跟随订单状态的捆绑使用功能，保障交易双方号码隐私。目前已在出行、快递、中介服务、招聘、电商、售后维修行业等领域广泛使用。通过平台拨打电话时，系统会为通话双方随机分配虚拟手机号作为中间号，双方的手机上只显示虚拟中间号，不会暴露双方真实手机号码。交易结束前双方都可以通过拨打通话记录里的中间号找到对方，交易结束确认后，中间号即刻与两边的号码解除绑定，确保了双方顺利联系及各自号码隐私安全。以上场景中虽然存在不显示真实主叫号码的情况，但是这类不显示真实主叫号码的情况具有正当用途、经过批准，不属于本条规范、打击的对象。

◆ 典型案例

冒充公检法诈骗案件犯罪分子通过犯罪链条上游非法获取个人信息，利用改号软件伪装成公检法单位的号码和人员，以涉嫌诈骗、洗钱、信用卡透支、邮件包裹藏毒等方式欺骗恐吓被害人，再以帮助被害人洗脱罪名为由，要求对方将钱款转移至由犯罪分子提供的所谓“安全账户”，从而达到诈骗目的。

在吴某龙等人利用医保卡虚假信息诈骗案中，我国台湾地区人员“阿水”组织被告人吴某龙等人前往老挝万象进行电信诈骗活动。该团伙在万象设置窝点，将事先编辑好的诈骗语音包通过网络电话向各省市固定电话用户群发送语音信息，谎称被害人“医保卡出现异常，有疑问则回拨电话”。待被害人回拨时，电话转到冒充医保中心工作人员的团伙一线人员处，谎称被害人的医保卡涉嫌盗刷违禁药品，要求被害人向公安机关“报案”，并引导被害人同意由其转接公安机关的报案电话，后一线人员将电话转接给冒充公安人员的团伙二线人员接听。期间，二线人员以预先更改好来电显示号码的“公安局号码”与被害人通话以取得被害人信任，后套取被害人个人信息，谎称被害人银行账户存在安全问题，并将电话转至冒充检察院工作人员的团伙三线人员，要求被害人将银行卡内的存款转到指定账户，进行所谓的“资金清查比对”，以此手段骗取被害人钱财。吴某龙等人诈骗金额共计 1019 万元。

◆ 相关规定

《工业和信息化部关于进一步防范和打击通讯信息诈骗工作的实施意见》

第十四条 任何单位和个人不得非法制造、买卖、提供或者使用下列设备、软件：

（一）电话卡批量插入设备；

（二）具有改变主叫号码、虚拟拨号、互联网电话违规接入公用电信网络等功能的设备、软件；

（三）批量账号、网络地址自动切换系统，批量接收提供短信验证、语音验证的平台；

（四）其他用于实施电信网络诈骗等违法犯罪的设备、软件。

电信业务经营者、互联网服务提供者应当采取技术措施，及时识别、阻断前款规定的非法设备、软件接入网络，并向公安机关和相关行业主管部门报告。

◆ 条文主旨

本条是关于涉诈非法设备、软件防治的规定。

◆ 立法背景

（一）起草背景

实践中不少电诈违法犯罪分子非法利用一些设备、软件，通过新科技提升对抗性，逃避侦查和调查，并由此催生网络“黑灰产业链”。电信网络诈骗之所以屡打不绝，其中很重要的一个原因就是其背后有庞大的“黑灰产业链”，包括直接触犯法律的“黑产”和游走在法律边缘的“灰产”，各个环节勾结，上下游联手，成为作案的温床。为电信网络诈骗提供各类设备、软件等技术支持和作案工具的“黑灰产”的存在，降低了犯罪门槛、扩大了犯罪规模、提高了犯罪效率、加大了打击治理难度，导致诈骗招数防不胜防。比如，近年来，由于 GOIP 设备（实践中也出现了通过软件实现的新型 GOIP）具有人机分离、远程操控、异地拨号通话、群发短信和支持多张电话卡等特点，大量藏匿在境外的电信网络诈骗团伙通过远程操控的方式，使用搭建在境内的 GOIP 设备向受害人拨打电话，从而实施诈骗，危害十分严重。随着打击治理电信网络诈骗工作深入开展和信息网络技术日新月异，诈骗分子不断更新、升级手段、工具，专业化、智能化程度不断提高，诈骗行为的迷惑性、隐蔽性越来越强。整治电信网络诈骗，必须铲除其背后的“黑灰产业链”。本条基于电信网络诈骗案件的情况，将实践中使用较多、造成被害人损失较大的设备、软件以明确列举的方式作出禁止性规定，同时设置兜底项，以不断适应信息网络技术的发展和电信网络诈骗手段的变化。

（二）审议中各方面的意见

1. 反电信网络诈骗法（草案）第十二条规定：“任何单位和个人不得非法制造、销售、提供或者使用可以实现下列功能的设备、软件：

（一）移动电话卡批量插入设备；

（二）改变主叫号码、虚拟拨号、互联网电话违规接入公用电信网络等功能的软件或者设备；

（三）批量账号、网络地址自动切换系统；

（四）其他专门或者主要用于实施电信网络诈骗等违法犯罪的设备、软件。

电信业务经营者、互联网服务提供者应当采取技术措施，及时识别、阻断前款规定的非法设备、软件接入网络，并向公安机关和相关行业主管部门报告。”

在全国人大常委会审议和征求意见过程中，有的委员建议，将第一款第一项修改为“电话卡批量插入设备”。有的代表提出，当前电话、短信骚扰也是电信网络诈骗的主软件或者设备重要引流方式之一，建议将第二项修改为“改变主叫号码、虚拟拨号、互联网电话违规接入公用电信网络、实现通信骚扰（电话、短信）等功能的”。有的委员建议，将第二款采取技术反制措施的主体增加“电信主管部门”；将“及时识别、阻断前款规定的非法设备”修改为“即时识别、阻断前款规定的非法设备”，对非法设备软件接入网络，应该第一时间阻断，防止人民群众上当受骗。

有的地方建议第二款“并向公安机关和相关主管部门报告”增加“及时”二字。有的院校建议增加一款规定，相关主管部门应当制定并完善非法软件硬件的清单，供企业监测、拦截和处置。有的社会公众建议增加，公安机关建立非法制造、销售、提供或者使用不法设备、软件的公众举报平台。

2. 草案二次审议稿第十四条第一款规定：“任何单位和个人不得非法制造、销售、提供或者使用下列设备、软件：

（一）电话卡批量插入设备；

（二）具有改变主叫号码、虚拟拨号、互联网电话违规接入公用电信网络等功能的设备、软件；

（三）批量账号、网络地址自动切换系统，批量接收提供短信验证、语音验证的平台；

（四）其他专门或者主要用于实施电信网络诈骗等违法犯罪的设备、软件。”

根据各方面的意见，草案二次审议稿对草案作了以下修改：一是，将第一款规定的“可以实现下列功能的设备、软件”修改为“下列设备、软件”，表述更加简化、准确。二是，将第一项“移动电话卡”修改为“电话卡”。三是，将第二项“改变主叫号码、虚拟拨号、互联网电话违规接入公用电信网络等功能的软件或者设备”修改为“具有改变主叫号码、虚拟拨号、互联网电话违规接入公用电信网络等功能的设备、软件”，修改后表述更加准确。四是，在第三项中增加规定“批量接收提供短信验证、语音验证的平台”。“批量接收提供短信验证、语音验证的平台”是隐藏在电信网络诈骗等网络违法犯罪活动背后的上游技术平台，以为不法分子提供帮助和便利牟利，很多电信网络诈骗案件中都有这类平台的“影子”。根据有关方面的意见，在本条中增加了相应规定。

在审议过程中，有的委员建议删去第四项中的“专门或者主要”，因为本款已经明确规定“任何单位和个人不得非法制造、销售、提供或者使用可以实现下列功能的设备、软件”，是禁止行为，“专门或者主要”不应成为前置条件。

有的委员提出，有不少电信网络诈骗分子涉及冒充国家机构工作人员、企业员工，包括利用“虚拟实境”技术（也有真实）搭建相应场境，高度仿真，建议增加规定“禁止任何单位、个人开发、提供、贩卖相关仿真虚拟实境”；有的建议将“销售”修改为“买卖”。有的常委会组成人员建议，增加一款作为第二款，规定“相关生产单位、行业主管部门和市场监管部门要加强对制造、销售、提供上述设备软件的许可、备案和管理，严格市场准入，保证合法使用。”

3. 草案三次审议稿第十四条第一款规定：“任何单位和个人不得非法制造、买卖、提供或者使用下列设备、软件：

（一）电话卡批量插入设备；

（二）具有改变主叫号码、虚拟拨号、互联网电话违规接入公用电信网络等功能的设备、软件；

（三）批量账号、网络地址自动切换系统，批量接收提供短信验证、语音验证的平台；

（四）其他用于实施电信网络诈骗等违法犯罪的设备、软件。”

根据各方面的意见，草案三次审议稿对草案二次审议稿作了以下修改：一是，考虑到非法销售与非法购买电信网络诈骗设备、软件的行为都应该禁止和处罚，将第一款中的“销售”修改为“买卖”。二是，考虑到第一款已经明确规定“任何单位和个人不得非法制造、销售、提供或者使用”有关设备、软件，是禁止行为，“专门或者主要”不应成为前置条件，删去第一款第四项中的“专门或者主要”。

◆ 条文解读

本条共分两款。

第一款是关于不得非法制造、买卖、提供或者使用的设备、软件的规定。本款分四项规定了不得非法制造、买卖、提供或者使用的设备、软件，其中前三项列举规定了实践中常见的用于实施电信网络诈骗的设备、软件，第四项作为兜底项规定，避免对有关设备、软件的列举挂一漏万。具体包括以下四项规定的设备、软件：

第一项，电话卡批量插入设备。电话卡批量插入设备是基于电话的一种扩充装备，可以插入上百张电话卡，同时与多个对象进行通讯联系的硬件设备，并在电脑软件操作下实现模拟手机批量拨打电话、收发短信和上网。可以被电信网络诈骗分子用来实施电信网络诈骗的前端引流及直接拨打电话等环节，如利用电话卡批量插入设备支持群发短信的特点，同步发出大量含有钓鱼网站链接的诈骗短信；或者利用电话卡批量插入设备支持群收短信的特点，形成验证码接收平台后将验证码售卖给电信网络诈骗分子用于完成账号注册；或者为电信网络诈骗分子注册微信、APP账号、互联网账号等提供海量手机号码；或者用于“养号”，为防止被监测识别为异常电话卡或者异常账号；或者为了将诈骗的号码伪装成被正常使用的号码从而骗取对方信任。通过电话卡批量插入设备频繁收发短信等功能实现上述目的。

第二项，具有改变主叫号码、虚拟拨号、互联网电话违规接入公用电信网络等功能的设备、软件。主要包括：

1. 具有改变主叫号码功能的设备、软件。主叫号码是指发起呼叫的号码。开通主叫号码显示即来电显示业务的用户在被呼叫时，系统会提供并显示主叫方电话号码。大多数套餐都会默认开通这一功能。所谓“改变主叫号码”，就是通过改号软件等修改主叫号码，使得被叫方显示的来电号码并非真实的来电号码。

2. 具有虚拟拨号功能的设备、软件。所谓“虚拟拨号”是运用网络电话将真实主叫号码隐藏，显示其他号码。传统的虚拟拨号通过软件即可实现，虚拟拨号可以实现躲避侦查和取得潜在被害人的信任的双重目的。近些年虚拟拨号被电信网络诈骗分子广泛应用，特别是占比较高的境外电信网络诈骗分子。目前被用于实施电信网络诈骗的虚拟拨号设备主要有 VOIP（Voice Over Internet Protocol）和 GOIP（Gsm Over Internet Protocol），两者的共性是可以实现“人卡分离”，不同的是前者是通过透传改号的方式在被叫端显示任意号码；后者只能通过终端的手机卡呼叫，在被叫端显示为终端手机卡所在地的号码，比如电信网络诈骗分子在缅甸，GOIP 设备在北京，则电信网络诈骗分子在缅甸拨打电话号显示为北京的电话号码。从现有的案例来看，为躲避侦查，电信网络诈骗分子通常将 GOIP 设备置于车内穿梭在城市中，随机接受不同地方的基站信号，操作时很难被发现。利用 GOIP 实施诈骗多为购物退款诈骗、冒充公检法诈骗、注销贷款账户诈骗、代办信用卡诈骗等等类型。

3. 具有互联网电话违规接入公用电信网络功能的设备、软件。所谓“互联网电话违规接入公用电信网络”，主要是指 VOIP 语音设备（互联网协议电话）。VOIP 是互联网语音通话技术的一种，使用 VOIP 协议，不管是因特网、企业内部互联网还是局域网都可以实现语音通信。VOIP 技术使用户可以通过互联网实现语音通话，包括与通信系统之间互通语音。互联网与通信系统之间通过VOIP网关互联，VOIP网关具有通信系统的信令功能，理论上VOIP网关可以显示任意号码。按照工信部的规定，VOIP电话属于增值电信业务中的信息服务业务，应持有相关的增值电信业务经营许可证，未持有相关许可开展业务，属于非法经营行为。目前我国对接入公用电信网络使用的设备实行进网许可制度，电信网络诈骗分子可以利用VOIP设备非法进入公网实现拨打语音电话的目的。

除上述设备、软件外，其他具有类似功能的设备、软件都不得非法制造、买卖、提供、使用。

第三项，批量账号、网络地址自动切换系统，批量接收提供短信验证、语音验证的平台。主要包括：

1. 批量账号、网络地址自动切换系统。电诈分子通过账号自动切换可以在短时间内达到“广撒网”的目的。后者如网络地址（IP）代理，或者在不同网段中进行网络调试，需要将机器在几个不同的IP地址中转换；通过宽带拨号上网时，每次拨号的IP都不同，每断开一次网重播一次IP就会实现IP地址的切换。通过专门设备可以实现高频率的网络地址切换，最直接的目的是实现电诈分子掩饰真实IP，为电诈犯罪提供低成本的虚假身份隐蔽上网服务，使平台服务器误认为行为人的请求由不同或其他客户端发起，从而绕过平台对IP的监测防控。

2. 批量接收提供短信验证、语音验证的平台。短信验证和语音验证可用于用户注册、身份验证、重要资料修改或寻回、网上支付、账户认证及相关通知等场景。短信验证码是通过短信平台发送的随机数字或字母验证码到用户手机的验证码系统，是由验证码接入服务商提供的短信验证服务，平台经过接口发送请求到接入服务商的服务器，服务器发送随机数字或字母到用户手机，由接入服务商的服务器做统一验证码的验证。语音验证码一般是通过语音电话直接呼到用户手机，验证码内容用语音告知用户，完成验证。各大平台推出验证码来区分操作指令是计算机还是真人做出的。批量接收提供短信验证、语音验证的平台被应用于互联网、银行等各类平台的安全核验，如 12306 购票网站、购物平台、注册新的账号验证等。电诈分子利用批量接收提供短信验证、语音验证的平台实现各类账号的注册、登录等核验，从而利用这些账号实施电诈。非法接码、非法注册养号的黑产链条在互联网犯罪生态中承担重要角色，主要是为电信网络诈骗等犯罪提供互联网账号等作案工具。

第四项，其他用于实施电信网络诈骗等违法犯罪的设备、软件。从实践来看，这类设备、软件主要还有：

1. “一键新机”。一键新机改串系统软件提供“一键改机”“设置定位”等功能，能够“一键”改变手机的 IMEI 等设备参数、随机切换手机定位地址等，为各类网络违法犯罪活动提供虚假设备环境，导致手机 APP 将一台设备误认为是多台设备，无法获取用户的真实设备参数。

2. 伪基站。伪基站设备多是用于电信诈骗案件的黑灰产类型。一般是行为人私自组装生产的一种违法高科技仪器，能够强制连接用户手机信号，摄取一定半径范围内的手机信息，可以任意冒用手机或公用服务号码强行向用户手机发送短信。伪基站设备实施违法犯罪是一种新型犯罪，涉及地域广、社会危害大，严重危害国家通讯安全，扰乱社会公共秩序，影响人民群众安全感。

第二款是关于及时识别、阻断非法设备、软件接入网络并向公安机关和相关行业主管部门报告的规定。本款规定包括以下几个方面的内容：

第一，电信业务经营者、互联网服务提供者应当采取技术措施，及时识别、阻断第一款规定的非法设备、软件接入网络。

阻断非法设备、软件接入网络，能够从根源上避免有关设备、软件被电诈分子利用来实施电诈犯罪，从而减少电诈犯罪的发生。阻断的前提是识别。信息网络技术发展日新月异，用于实施电信网络诈骗等违法犯罪的设备、软件不断翻新、层出不穷，仅靠人工难以及时、有效识别。电信业务经营者、互联网服务提供者应当根据非法设备、软件运行的原理、发挥作用的特征等，不断开发完善技术对抗手段，通过技术措施进行监测分析，及时识别、阻断有关设备、软件接入网络。比如，作为网络通信的一种硬件设备，GOIP 由于涉电诈案件多，工信部已不发放新入网许可。又比如，对于改号软件，2016 年工业和信息化部办公厅《关于进一步清理整治网上改号软件的通知》要求，各基础电信企业和互联网企业要切实采取有效措施，在网站页面、搜索引擎、手机应用软件商店、电商平台、社交平台等空间，通过关键词屏蔽、软件下架、信息删除、账号封停等手段，对网上改号软件及其衍生和变形工具进行全面、彻底、深入地清理，坚决阻断改号软件网上发布、搜索、传播、销售渠道，让非法改号软件“发不出、看不见、搜不到、下载不了”，在各类网络空间无迹可寻。搜索引擎服务企业要加强对网上改号软件的搜索屏蔽，建立完善改号软件关键词屏蔽库并对其各种变形衍生词汇及时进行更新补充；对提供改号软件下载、售卖和使用信息的搜索结果予以删除，禁止改号软件通过搜索引擎在网上传播。手机应用软件商店服务企业要建立健全软件上架审核机制，严禁改号软件上架。同时，加强对既有应用软件的排查，对发现的改号软件应立即下架，并将该款软件应用及其开发者列入黑名单。对列入黑名单的改号软件开发者，应向公安机关报告，并将其所有应用软件下架三个月进行整改。各电商平台、社交平台、软件下载网站和即时通信服务企业要加强对改号软件信息的监控和违规主体的处置，及时删除改号软件的各种推广、售卖信息和下载链接，对累计违规次数达到三次的电商商户、信息网站、账号和公众号等立即予以关停，并将相关商户和账号信息报告公安机关处理。对于其他非法设备、软件，电信业务经营者、互联网服务提供者也应当根据有关设备、软件的性质、特点等，采取相应的具体措施阻断其接入网络。

第二，电信业务经营者、互联网服务提供者应当将识别、阻断非法设备、软件接入网络的情况向公安机关和相关行业主管部门报告。

公安机关负责电信网络诈骗违法犯罪案件的受理调查和立案侦查。这里所说的“行业主管部门”，主要是指工业和信息化部门，该部门负责接入电信网、互联网的监督管理。电信业务经营者、互联网服务提供者数量众多，规模大小、具体业务等方面情况差别也比较大，某个电信业务经营者、互联网服务提供者发现、阻断非法设备、软件后，将有关情况报告公安机关和相关行业主管部门，有利于有关部门及时组织力量采取措施阻止违法犯罪发生，深挖违法犯罪线索并依法予以打击，在全国范围内和全行业领域内采取相应措施，掌握涉诈黑灰产的情况及发展趋势以研究制定防范应对措施等。

在该条的理解适用中，需要注意以下问题：

本条规定的设备、软件在实践中主要是用于实施电信网络诈骗，但也存在一些正当、合法使用的情形，比如电话卡批量插入设备最初应用于各类信息呼叫中心；过去 GOIP 设备主要用于通信运营商和大型跨国公司的集中呼叫系统，现已被替代；游戏账户或者需要登录多账户处理信息的平台可能会用到批量账号自动切换系统等。设备、软件本身是中性的，只要在法律允许的范围内，或者有相关部门的授权或者批准，就可以合法使用。本条禁止和规范的是非法制造、买卖、提供或者使用有关设备、软件的行为。

◆ **典型案例**

2021 年 4 月初，被告人杨某通过某软件认识某名称为“西子”（未核实）的人，后在与“西子”沟通的过程中，得知可以通过摆 GOIP 设备来赚钱（为境外从事电信诈骗人员提供帮助，境外诈骗人员通过插在 GOIP 设备上的手机卡拨打被害人电话，而查询的电话基站位置为 GOIP 所处的位置，从而逃避公安打击），便想通过摆 GOIP 设备来赚钱，并联系被告人张某为其提供手机卡，同时承诺赚得钱后给张某分红。杨某在与“西子”联系后，于 2021 年 4 月 22 日与外号叫“小白白”（身份未核实）的男子在某市将该 GOIP 设备带回。后杨某邀约被告人张某某、田某某参与摆设备，张某某邀约被告人付某某参与摆设备。杨某、张某某通过某软件负责联系手机卡，其中，杨某邀约张某为其提供手机卡。2021 年 5 月 24 日，张某某、付某某两人驾车在县周边摆 GOIP 设备，杨某和田某某因事留在县城内，后 4 人被公安民警抓获归案，同时对涉案 GOIP 设备 1 台、移动电源 1 台、移动光猫 1 台予以扣押。被告人张某在明知杨某等人是为境外诈骗人员提供帮助的情况下，同意为杨某提供手机卡，后张某联系被告人田某等人买手机卡，并承诺每张手机卡给其 200 元好处费。2021 年 6 月 7 日，张某被抓获归案，2021 年 6 月 9 日，田某被抓获归案。

一审法院认为：被告人杨某与他人共谋，明知他人实施电信网络诈骗犯罪，仍为他人提供服务器托管、通讯传输等技术支持，骗取他人财物；被告人张某某、田某某、付某某明知他人实施电信网络诈骗犯罪，仍为其提供通讯传输等技术支持，骗取他人财物，数额巨大（其中被告人杨某摆放 GOIP 设备帮助他人进行诈骗活动，致使被害人被骗 345573.12 元，被告人张某某、田某某、付某某摆放 GOIP 设备帮助他人进行诈骗活动，致使被害人被骗

33464.68 元），其行为已构成诈骗罪。被告人张某明知被告人杨某帮助他人实施电信网络诈骗犯罪，为其提供手机卡，致使被害人被骗取 312108.44 元，数额巨大，其行为构成诈骗罪。被告人田某明知他人利用信息网络实施违法犯罪活动，仍为其提供手机卡，情节严重，其行为已构成帮助信息网络犯罪活动罪。判决：一、被告人杨某犯诈骗罪，判处有期徒刑五年，并处罚金人民币 15000 元。二、被告人张某某犯诈骗罪，判处有期徒刑 2 年 6 个月，并处罚金人民币 8000 元。三、被告人田某某犯诈骗罪，判处有期徒刑 2 年 6 个月，并处罚金人民币 8000 元。四、被告人付某某犯诈骗罪，判处有期徒刑 2 年 6 个月，并处罚金人民币 8000 元。五、被告人张某犯诈骗罪，判处有期徒刑 2 年 6 个月，并处罚金人民币 5000 元。六、被告人田某犯帮助信息网络犯罪活动罪，判处有期徒刑 7 个月，并处罚金人民币 5000 元。七、追缴被告人杨某的违法所得 2100 元，追缴被告人张某某的违法所得 900 元，追缴被告人田某某的违法所得 900 元，追缴被告人付某某的违法所得 900 元，追缴被告人田某违法所得 550 元，上缴国库。八、扣押在案的作案工具 GOIP 设备 1 台、移动电源 1 台、移动光猫 1 台，予以没收，由扣押机关依法处理。

一审判决后，张某某、张某提起上诉。二审法院认为：原判认定上诉人张某、张某某及原审被告人杨某、田某某、付某某、田某的犯罪事实清楚，证据充分，适用法律正确，量刑适当，审判程序合法。裁定驳回上诉，维持原判。

◆ 相关规定

《工业和信息化部办公厅关于进一步清理整治网上改号软件的通知》第 2—5 条

第三章　金融治理

第十五条　银行业金融机构、非银行支付机构为客户开立银行账户、支付账户及提供支付结算服务，和与客户业务关系存续期间，应当建立客户尽职调查制度，依法识别受益所有人，采取相应风险管理措施，防范银行账户、支付账户等被用于电信网络诈骗活动。

◆ 条文主旨

本条是关于银行业金融机构、非银行支付机构提供金融业务进行尽职调查、依法识别受益所有人的规定。

◆ 立法背景

（一）起草背景

电信网络诈骗，是以非法占有为目的，利用电信网络技术手段，骗取公私财物的行为。这些犯罪行为的得逞，财物的获得，最终大部分要依靠银行账户、支付账户间转账和支付结算等金融服务来实现。当前电信网络诈骗犯罪转移资金手法多样，资金流转途径众多，如从早期的背包客取款，到现在的第三方支付、第四方支付、跑分平台、国际贸易对冲等方式。现阶段比较典型的有以下四种方式：一是，通过银行账户转移给第三方支付公司，利用第三方支付公司办理的账户搭建第四方支付、跑分平台进行资金流转；二是，将电信网络诈骗资金转入信用卡，再用 POS 刷卡消费方式将赃款流向物理隔断进行洗钱；三是，将电信网络诈骗资金购买成虚拟币，再将虚拟币充值到犯罪团伙指定钱包；四是，通过地下钱庄贸易对冲洗钱。这些转移资金的活动都离不开银行账户、支付账户等支付工具。现阶段电信网络诈骗持续高发的原因之一，就是大量银行账户、支付账户被出租、出卖、出借给违法犯罪分子，被用于转移涉诈资金，为犯罪提供作案工具和转账通道，给追查案件、惩处违法犯罪行为增加了很多困难。在一些案件中，查获的银行卡、电话卡有数百万张，数量巨大，且绝大多数并非违法犯罪分子本人的银行账户、支付账户，反映出银行账户、支付账户管理中存在的薄弱环节。银行业金融机构、非银行支付机构应切实履行反电信网络诈骗的职责，银行账户、支付账户的开立阶段以及提供支付结算服务，和与客户业务关系存续期间，建立健全客户尽职调查制度，依法识别交易的受益所有人，并采取相应风险管理措施，切实加强反电信网络诈骗金融领域等关键环节的治理，才能有效截断电信网络诈骗的“资金流”，起到打击电信网络诈骗违法犯罪行为的良好效果。

本条规定目的是，要求银行业金融机构、非银行支付机构加强开户环节治理，杜绝各类虚假账户；在提供金融服务时，要做好客户尽职调查，准确掌握客户姓名、住所、出生日期和客户的身份资料、交易的目的等；并做到要依法识别受益所有人，明确转移资金的最终去向、最终受益人，减少诈骗案件发生和在案件发生后，能准确查明资金流向，最大程度减少人民群众的财产损失。

（二）审议中各方面的意见

1. 反电信网络诈骗法（草案）第十三条规定：“银行业金融机构、非银行支付机构为客户开立银行账户、支付账户，应当建立客户尽职调查制度，识别并核实客户身份，了解开户目的和风险状况，采取相应风险管理措施，防止银行账户、支付账户被用于电信网络诈骗活动。”

与客户业务关系存续期间，银行业金融机构、非银行支付机构应当持续关注并审查客户状况及交易情况，了解客户利用账户洗钱的风险，根据风险状况及时采取相应的尽职调查和风险管理措施，依法识别受益所有人。”

在审议过程中，有的意见提出，防范利用金融系统非法转移资金是反电信网络诈骗工作的重要环节，建议进一步拓展涉电信网络诈骗“资金链”治理，将涉诈监测治理对象由银行账户、支付账户扩展到数字人民币钱包、收款条码等支付工具和支付服务，全链条治理“资金链”。

审议中争议的问题主要有：一是，有的意见提出，“受益所有人”表述容易引起歧义，建议修改为“受益人”。考虑到受益所有人是指最终拥有或者实际控制公司、企业等市场主体，或者享有市场主体最终收益的所有人，是反洗钱、反逃税和反腐败等领域的专门术语，2017 年中国人民银行《关于加强反洗钱客户身份识别有关工作的通知》、2018 年中国人民银行《关于进一步做好受益所有人身份识别工作有关问题的通知》和 2021 年 6 月中国人民银行向社会公开征求意见的《反洗钱法（修订草案）》等已采用了受益所有人的表述，故本条采用受益所有人的表述。

二是，有的意见提出，建议在第一款中或新增加一款规定，明确任何单位和个人应当依法配合银行业金融机构、非银行支付机构开展客户尽职调查和风险管理。考虑到银行业金融机构、非银行支付机构在提供相关业务的过程中对拒不配合的客户，可按照本法第十六条的规定，加强开户核查或者拒绝开户。在反电信网络诈骗工作中不宜增加社会公众义务，故未采纳上述意见。在工作中，银行业金融机构、非银行支付机构银行加强开户等审核，对不配合开展客户尽职调查和风险管理的客户，可以拒绝开户，有相应应对措施，未采纳上述意见。

2. 草案二次审议稿第十五条规定：“银行业金融机构、非银行支付机构为客户开立银行账户、支付账户等支付工具及提供支付服务，和与客户业务关系存续期间，应当建立客户尽职调查制度，依法识别受益所有人，采取相应风险管理措施，防范银行账户、支付账户等被用于电信网络诈骗活动。”

根据各方面的意见，草案二次审议稿对草案作了以下修改：一是，将两款合并为一款，表述更加简洁、精炼。二是，考虑到实践中银行业金融机构、非银行支付机构还可能会为客户提供其他的支付服务，增加“等支付工具及提供支付服务”的内容。三是，删去第一款中规定的“识别并核实客户身份，了解开户目的和风险状况”及第二款中规定的“持续关注并审查客户状况及交易情况，了解客户利用账户洗钱的风险”，这些内容都属于客户尽职调查范畴。四是，考虑到采取相应的风险管理措施涵盖了应当根据风险状况的内容，删去了“根据风险状况”的表述。五是，将“防止”修改为“防范”，表述更准确。

审议过程中，有的意见建议增加“金融机构应当及时针对电信网络诈骗案件的新型诈骗模式和特点定期向客户发送短信提醒服务”。考虑到，对于具体操作的内容，可在相应配套的行政法规、规章和银行业金融机构、非银行支付机构管理规范等文件中作进一步细化，在法律中可不作具体规定。

3. 草案三次审议稿第十五条规定：“银行业金融机构、非银行支付机构为客户开立银行账户、支付账户等支付工具及提供支付结算服务，和与客户业务关系存续期间，应当建立客户尽职调查制度，依法识别受益所有人，采取相应风险管理措施，防范银行账户、支付账户等被用于电信网络诈骗活动。”

草案三次审议稿对草案二次审议稿作了修改，将“提供支付服务”修改为“提供支付结算服务”，拓展了尽职调查、识别受益所有人及采取相应风险管理措施的范围。审议过程中，有的部门提出，银行账户、支付账户的表述能包括所有支付工具，建议删除“等支付工具”，以更加准确，审议通过的法律案采纳上述意见。

（三）有关国家、地区的规定

1. 关于客户尽职调查制度

从其他国家和地区立法实践来看，普遍要求金融账户进行实名登记管理，并规定对超过一定数额的现金交易提供交易报告。

（1）日本。1997年《日本银行法》、《本人确认法》、《日本银行关于活期存款账户交易或贷款交易对象选定标准》等法律法规，将客户身份尽职调查作为监管的核心内容。机构和个人对客户和商业伙伴进行以下方面的尽职调查：①客户的身份资料，例如姓名、住所和出生日期文件；②交易的目的；③职业（自然人）和业务内容（法人）；④通过要求客户出示身份证明文件等验证方式获取有关受益所有人的信息。如果交易涉及价值超过二百万日元的财产转让，涉及的机构和个人还应核实财产和收入状况。

（2）新加坡。新加坡规定客户尽职调查的措施包括：识别和验证客户（或与客户有关的任何受益所有人）的身份、了解与客户建立业务关系的目的、预期性质和持续监控与客户的业务关系。采用基于风险的方法，对政治公众人物及其家庭成员和亲密伙伴加强客户尽职调查措施。同时，如果客户或受益所有人来自或位于被金融行动特别工作组确定为高风险或反洗钱措施不足的国家地区，也需要加强客户尽职调查措施。

（3）韩国。1982 年韩国起草了《实名金融交易法》，1993 年金融实名制出台，禁止借名金融交易。金融机构根据《实名金融交易法》、《金融交易报告法》进行客户尽职调查，禁止开立、维护匿名账户或假名账户，并要求金融机构对客户的真实姓名进行核查，防范电信网络诈骗行为的发生。

（4）欧盟。1980 年欧洲理事会为防止转移和保存来源于犯罪资金，强调对客户真实身份的识别，打击对犯罪所得的洗白行为，建立严格的识别制度，包括客户身份的识别和交易情况的识别，要求所有账户必须实名认证，对于交易双方身份的识别一般要在交易开始前完成，可以根据交易风险的大小采取不同程度的识别措施。

2. 关于支付账户的管理

（1）美国。美国联邦、州政府依据《银行保密法》、《爱国者法案》等，对支付账户使用人执行严格的客户身份识别和交易报告制度，确保客户信息的真实性。同时规定，支付机构代表客户进行的交易和个人携带货币类支付工具出入境，金额超过一万美元的均需提交相应交易报告。

（2）澳大利亚。2018 年《金融交易报告法》规定，网络支付服务商有义务在为客户开户前，核实客户身份，并向澳大利亚交易报告分析中心报告所有一万澳元以上的支付交易。除了月充值额小于一千澳元的，其余支付账户必须与银行账户挂钩。

（3）欧盟。欧盟对支付机构的监管重点与美国不一样，欧盟实行的是机构监管，更注重对整个支付机构的监管。对银行开立的银行账户和支付机构开立的支付账户，进行区别管理，并随着支付账户体系的不断深化，对支付机构进行动态监管，从功能和行为特征上不断细化支付账户的分类标准。欧盟加强了对支付账户的身份验证工作，制定强客户认证和安全通信的监管技术标准，加强消费者保护、促进创新和提高整个欧盟支付服务的安全性。

3. 关于识别受益所有人

识别受益所有人是客户尽职调查的重要部分和最新发展要求。为了防范自然人利用特殊制度安排从事洗钱违法犯罪行为，需要通过识别受益所有人制度确定并验证金融交易活动背后的自然人。2003 年金融行动特别工作组成为第一个为受益所有人设定国际标准的国际组织。2012 年版金融行动特别工作组《四十项建议》第二十四项建议提出，各国应当采取措施防止法人被洗钱和恐怖融资活动滥用，应当确保主管部门可以及时掌握或获取法人受益所有人和控制权的完整准确信息。

（1）金融行动特别工作组的规定。2012 年版金融行动特别工作组《四十项建议》规定，允许各国通过登记注册部门登记、公司自身保存、利用反洗钱义务机构尽职调查信息等多种方式获取法人和法律安排的受益所有人信息，要求各国采取措施防止洗钱和恐怖融资对法人和法律安排的侵蚀，确保主管部门能及时获取完整准确的受益所有人信息。在具体措施上：第一步，确认对法人有最终控制权的自然人；第二步，不能确认对法人有最终控制权的自然人时，应采取合理措施核实高管身份。在上述方式均无法确认受益所有人时，可以通过其他途径确认对法人实施控制的自然人，比如虽无所有权，但经严格核验其确实参与企业财务活动；虽未实施控制权，但使用、享有或从公司资产中受益等来推定控制权。

（2）英国。2006 年《公司法》、2016 年《重要控制人登记条例》和 2017 年《苏格兰有限合伙条例》要求，公司和合伙企业要获取并掌握关于“重要控制人”最新信息。《公司法》禁止了对公司的循环持股，便于更好识别重要控制人。在受益所有人登记和保存制度方面，2016 年 4 月，英国在公司登记处现行的登记制度上增加了重要控制人的公共登记册，重要控制人登记册是高度公开且透明的，金融机构和特定非金融机构在进行客户尽职调查时，可以通过该登记册获取并核实公司重要控制人信息。

（3）日本。2018年《日本公证法实施条例》规定，在设立股份公司、一般社团法人和一般财团法人时，当公证人对公司章程进行认证时，公司发起人应当向其报告最终所有人或者控制人的身份信息。设立法人实体必须由公证人对公司章程进行认证。公证委托人还需要向公证人报告最终所有人或者控制人是否为有组织犯罪集团成员或国际恐怖分子。公证数据以中心化和系统的方式保存。反洗钱主管部门可以通过公证人获取数据库中的信息。

◆ 条文解读

本条规定了以下四个方面的内容：

一、履行反电信网络诈骗职责的主体是银行业金融机构、非银行支付机构。

银行业金融机构①，是指在我国境内设立的商业银行、农村合作银行、农村信用合作社等吸收公众存款的金融机构以及政策性银行和国家开发银行，包括国有大型银行，如中国工商银行、中国银行、中国建设银行、中国农业银行；全国性股份商业银行，如招商银行；城市商业银行，如北京银行、昆仑银行；农村合作银行，如上海农商银行；政策性银行，如中国进出口银行；开发性金融机构，如国家开发银行等。非银行支付机构②，是指在我国依法设立并取得支付业务许可证，从事储值账户运营、支付交易处理的部分或者全部支付业务的有限责任公司或者股份有限公司，包括办理互联网支付、移动电话支付、固定电话支付、数字电视

---

① 2019年中国银保监会《银行业金融机构反洗钱和反恐怖融资管理办法》第三条。

② 2021年中国人民银行《非银行支付机构条例（征求意见稿）》第二条。

支付等网络支付服务的非银行机构。我国现有二百家非银行支付机构，包括，如支付宝（中国）网络技术有限公司、银联商务有限公司、财付通支付科技有限公司、易宝支付有限公司、快钱支付清算信息有限公司等。

需要注意的是，本法第四十条规定了银行业金融机构、非银行支付机构未履行尽职调查义务、未履行对异常账户、可疑交易的风险监测和相关处置义务等违反规定职责的法律责任，情节严重的，有关主管部门可以责令停止新增业务、缩减业务类型或者业务范围、暂停相关业务、停业整顿、吊销相关业务许可证或者吊销营业执照，处罚比较严厉。银行业金融机构、非银行金融机构应当严格遵守本法规定，切实担负起反电信网络诈骗的职责，避免违反本条规定被处罚。有关主管部门也应该严格按照相关规定执法，监督银行业金融机构、非银行支付机构遵守本条规定。

二、在开立银行账户、支付账户及提供支付结算服务，和与客户业务关系存续期间履行反电信网络诈骗职责。

根据本条规定，银行业金融机构、非银行支付机构应当注重在以下三个环节履行相关职责，防范电信网络诈骗活动。

第一，为客户开立银行账户、支付账户时。银行账户，是指客户在银行开立的存款账户、贷款账户、往来账户等各类账户的总称。我国银行账户类型，根据2003年4月中国人民银行《人民币银行结算账户管理办法》规定，按申请主体可以分为两类：（一）存款人以单位名称开立的银行结算账户为单位银行结算账户。单位银行结算账户按用途分为基本存款账户、一般存款账户、专用存款账户、临时存款账户。个体工商户凭营业执照以字号或经营者姓名开立的银行结算账户纳入单位银行结算账户管理。（二）存款人凭个人身份证件以自然人名称开立的银行结算账户为个人银行结算账户。邮政储蓄机构办理银行卡业务开立的账户纳入个人银行结算账户管理。支付账户①，是指获得互联网支付业务许可的支付机构，根据客户的真实意愿为其开立的，用于记录预付交易资金余额、客户凭以发起支付指令、反映交易明细信息的电子簿记，如支付宝账户、银行账户和手机银行账户等。

第二，为客户提供支付结算服务时。依照 1997 年中国人民银行《支付结算办法》规定，支付结算是指单位、个人在社会经济活动中使用票据、信用卡和汇兑、托收承付、委托收款等结算方式进行货币给付及其资金清算的行为，主要功能是完成资金从一方当事人向另一方当事人的转移。

第三，与客户业务关系存续期间。与客户关系存续期间，是指提供金融服务的整个过程，是从开立账户到最后注销的整个阶段。

银行业金融机构、非银行支付机构是堵截电信网络诈骗资金的“最后防线”。银行业金融机构、非银行支付机构在开立银行账户、支付账户和提供支付结算服务时，和与客户业务存续期间等提供金融服务的全过程中，应当充分履行反电信网络诈骗职责，建立客户尽职调查制度、依法识别受益所有人并采取相应风险管理措施，充分发挥审查审核职能，认真重视客户身份审核，严格执行反洗钱制度，大额可疑交易、存款实名制，强化内部控制，规范操作行为，杜绝各类虚假账户，防范银行账户、支付账户等被用于电信网络诈骗。

三、采取的管理措施主要有建立客户尽职调查制度、依法识别受益所有人及其他相应风险管理措施。

（一）建立客户尽职调查制度

这是我国法律中首次规定客户尽职调查制度。在此之前，我

① 2015 年 12 月中国人民银行《非银行支付机构网络支付业务管理办法》。

国反洗钱法规定了客户身份识别制度，《中华人民共和国反洗钱法》第十六条规定，金融机构应当按照规定建立客户身份识别制度。客户身份识别制度是金融机构在与客户建立业务关系或与其进行交易时，使用可靠的、独立来源的文件数据和信息识别核实客户身份，登记客户身份基本信息的制度。客户身份识别是金融机构打击洗钱活动的基础，没有有效的客户身份识别，识别和报告可疑交易无从谈起。2006 年中国人民银行《金融机构反洗钱规定》、2022 年中国人民银行、中国银行保险监督管理委员会、中国证券监督管理委员会联合公布的《金融机构客户尽职调查和客户身份资料及交易记录保存管理办法》、2018 年中国人民银行《金融机构大额交易和可疑交易报告管理办法》、2017 年中国人民银行《关于加强反洗钱客户身份识别有关工作的通知》，这些规范性文件对加强客户身份识别进行细化，要求加强客户、对特定自然人客户和特定业务关系中客户的身份识别等作出规定。2021 年 6 月中国人民银行关于《反洗钱法（修订草案）》向社会公开征求意见稿中将客户身份识别制度修改完善为客户尽职调查措施，要求金融机构根据风险不同采用不同程度的客户尽职调查措施，对于一般客户，可以采用标准化的客户尽职调查措施，对于高风险的客户，需要进行强化的客户尽职调查措施，除了执行标准措施外，还规定了进一步了解客户财产和资金来源，核实交易动机、交易目的，扩大识别对象等，确立了以风险为基础的客户尽职调查内容，这些规定构成我国客户尽职调查制度的基本内容。

关于客户尽职调查的具体内容，2012 年版金融行动特别工作组《四十项建议》第九项规定“金融机构的客户尽职调查”内容：一是确定客户身份，并利用可靠的、独立来源的文件、数据或信息核实客户身份；二是确定受益所有人身份，并采取合理措施核实受益所有人身份，以使金融机构确信了解其受益所有人。

对于法人和法律安排，金融机构应当了解其所有权和控制权结构；三是了解并在适当情形下获取关于业务关系目的和意图的信息；四是对业务关系采取持续的尽职调查，对整个业务关系存续期间发生的交易进行详细审查，以确保进行的交易符合金融机构对客户及其业务、风险状况（必要时，包括资金来源）等方面的认识。实践中如何判断具体客户风险、采用何种程度的客户尽职调查措施需要进一步总结实践经验，在相关法律法规、规章和银行业金融机构、非银行支付机构规范等配套规范性文件作出细化规定。

关于在账户开立阶段采取的风险管理措施。《中华人民共和国反洗钱法》第十六条作出规定，金融机构不得为身份不明的客户提供服务或者与其进行交易，不得为客户开立匿名账户或者假名账户。金融机构对先前获得的客户身份资料的真实性、有效性或者完整性有疑问的，应当重新识别客户身份。同时，本法第十六条规定，对经识别存在异常开户情形的，银行业金融机构、非银行支付机构有权加强核查或者拒绝开户。总的来看，就是要严格执行开户和与客户业务存续期间的客户尽职调查，对异常情形的，可不予开户、不提供金融服务。

（二）依法识别受益所有人

随着客户身份识别制度的广泛实施，利用自然人身份洗钱较容易被发现和查处，违法犯罪分子转而利用法人和法律安排掩饰或隐瞒真实身份从事洗钱。这种作法可以掩藏最终受益自然人或最终控制自然人，对客户身份识别制度提出了挑战。金融机构识别受益人的身份，有利于加深其对客户关系的了解，佐证其对客户身份识别的结果，调整其对客户信用的评级和分类，及时发现可能涉及违法犯罪资金的交易，防止违法犯罪分子利用“法人面纱”掩饰、隐瞒资金的非法来源和性质。

在此之前，《中华人民共和国反洗钱法》在客户身份识别中规定了核对和登记受益人，第十六条中规定“与客户建立人身保险、信托等业务关系，合同的受益人不是客户本人的，金融机构还应当对受益人的身份证件或者其他身份证明文件进行核对并登记”。反洗钱法规定的识别受益所有人，限定在人身保险、信托等行业。中国人民银行等主管部门颁布的一系列规范性文件对依法识别受益所有人制度作出规定，如2017年中国人民银行《关于加强反洗钱客户身份识别有关工作的通知》明确了非自然人客户的受益所有人判定标准以及反洗钱义务机构（主要是金融机构）的识别义务；2018年中国人民银行《关于进一步做好受益所有人身份识别工作有关问题的通知》，明确了非自然人客户的不同法律形态，以及相应受益所有人的判定标准。上述规范性文件初步建立了受益所有人识别制度。

依照上述规定，受益所有人是指最终掌握非自然人客户控制权或者获取最终受益的一个或者几个自然人，并进一步对公司、合伙企业、信托产品、基金产品、个体工商户、个人独资企业、不具备法人资格的专业服务机构、经营农林渔牧产业的非公司制农民专业合作组织、受政府控制的企事业单位等主体受益所有人的判断标准作出具体规定。如公司，对公司实施最终控制不限于直接或间接拥有超过百分之二十五（含，下同）公司股权或者表决权，还包括其他可以对公司的决策、经营、管理形成有效控制或者实际影响的任何形式；合伙企业，拥有超过百分之二十五合伙权益的自然人是判定合伙企业受益所有人的基本方法。不存在拥有超过百分之二十五合伙权益的自然人的，义务机构可以参照公司受益所有人标准判定合伙企业的受益所有人。采取上述措施仍无法判定合伙企业受益所有人的，义务机构至少应当将合伙企业的普通合伙人或者合伙事务执行人判定为受益所有人等。银行业金融机构、非银行支付机构等应当正确识别客户，认定合作对象是否值得信任，了解最终受益人，并保持实时关注。

对反电信网络诈骗领域受益所有人的识别标准，可参照上述相关规定予以细化，银行业金融机构、非银行支付机构要严格执行。需要注意的是，公司、企业股权结构复杂，需要穿透关联关系，才能准确掌握受益所有人。公司、企业因发生股权变动或者破产、金融欺诈、失信被执行等情形，受益所有人可能随时发生变更，银行业金融机构、非银行支付机构应当进行监控和关注，才能有效防范电信网络诈骗分子利用复杂的股权、控制权等关系掩饰、隐瞒真实身份、资金性质或者交易目的、性质，有效遏制电信网络诈骗高发多发态势。

关于对单位客户的风险管理措施。《中国人民银行关于进一步加强支付结算管理防范电信网络新型违法犯罪有关事项的通知》规定，支付机构应当健全单位客户风险评级管理制度，根据单位客户风险评级，合理设置并动态调整同一单位所有支付账户余额付款总限额。支付机构发现单位支付账户存在可疑交易特征的，应当采取面对面、视频等方式重新核实客户身份，甄别可疑交易行为，确属可疑的，应当按照反洗钱有关规定采取相关措施，无法核实的，应当中止该支付账户所有业务；对公安机关移送涉案账户的开户单位法定代表人或负责人、经办人员开立的其他单位支付账户，应当重点核实。

（三）其他相应风险管理措施

除建立客户尽职调查、依法识别受益所有人外，实践中还有一些其他风险管理措施，包括但不限于清理长期不用的“静默卡”、核实清理一个名下开立多个银行账户、频繁开销户、频繁挂失补办和建立内部与风险管理模型等风险管控措施等。

关于清理长期不用的“静默卡”、核实清理一个名下开立多个银行账户、频繁开销户、频繁挂失补办等情况。这些账户的存在一方面造成了资源的浪费，形成以开户数量作为考核指标的不良导向，另一方面使得闲置账户有可能被出售、出租、出让，成为犯罪分子实施电信网络诈骗的工具。银行业金融机构、非银行支付机构和清算机构应当按照有关主管机关要求，核实清理一人名下开立多个银行账户、频繁开销户、频繁挂失补办等相关异常账户情形，排查清理长期不发生收付款的异常账户情形，倒查涉案账户并关联涉案人名下其他账户，主动向公安部门移送与涉案特征高度吻合的可疑账户。同时，有关主管部门应当加强对可疑交易监测不到位、收单商户不实名、非法汇兑等涉诈违规行为的处理，加大对银行业金融机构、非银行支付机构的监督力度。

关于建立内部与风险管理模型。涉电信网络诈骗资金的交易环节复杂、交易层级较多，从开立账户接受诈骗资金，到转移赃款直至清洗完毕，其间涉及众多账户。在每个交易环节，所涉账户均存在诸多不同的可疑特征，银行业金融机构、非银行支付机构应当结合多种可疑特征，制定涉电信网络诈骗的开户环节、转账交易环节、取现交易等环节的电信网络诈骗风险管理措施。银行业金融机构、非银行支付机构应当建立健全企业银行结算账户业务管理办法和操作规程，包括开户资料要求、开户审核要求、向法定代表人或单位负责人核实意愿方式、开户审核工作记录留存要求、账户资金和信息安全保护机制等内容。在企业银行账户存续期间，银行应当对企业开户资格和实名制符合性进行动态复核，并根据复核情况作相应处理。

四、目的是防范银行账户、支付账户等被用于电信网络诈骗活动

上述措施的落实，需要银行业金融机构、非银行支付机构不

只考虑经济利益，要从维护人民群众财产安全和社会稳定出发，切实提高履行反电信网络诈骗和反洗钱的职责意识，统筹平衡好风险防控与优化服务工作，加大开户等阶段核查力度，提高进行电信网络诈骗犯罪成本，加大对违法行为的震慑力度，斩断电信网络诈骗“资金链”，从金融领域遏制电信网络诈骗高发多发态势。

此外，银行业金融机构、非银行支付机构还应当结合自身业务特点和优势，采取但不限于以下加强管理措施，防范监管漏洞，加强与其他有关主管部门协作，提高管控风险能力和防范电信网络诈骗水平。

（一）提高技术防范能力

技术防范是防范电信网络诈骗的重要组成部分，技术安全才能保障客户资金安全。银行业金融机构、非银行支付机构应当严格技术安全流程，保障应用系统安全检测、防火墙、入侵监控等技术保障系统安全。如采用新型身份认证技术、生物识别技术等认证方式，确定资金操作者是客户本人的行为；银行为客户提供多种识别渠道，做好事中劝阻，完善短信通知、页面提示等多渠道转账提示功能，并对转账时间、限额、笔数等进行限制，推广非柜台办理业务的安全介质的使用；银行应该与时俱进地根据作案手段变化改变防范措施，加大对新防范技术的投入，不断更新完善防范系统等。

（二）强化内部风险防范

银行业金融机构应适应当前电子银行业务规模大的管理形式，结合银行业务管理流程，重视以内部员工业务水平能力为主的内部控制措施，措施包括完善客户开户、业务变更申请表设计，尤其对关键客户信息进行准确登记，对手机号码、紧急联系人等信息准确填写，方便风险发生时及时提示，进一步处理。

(三) 加强与其他有关主管部门协作

商业银行加大与银保监会、电信、公安和第三方支付清算等外部机构的合作力度，便于侦破电信网络诈骗犯罪案件，加大对违法活动的打击力度和强度。

在该条的理解适用中，需要注意以下几个方面的问题：

一是，在开立账户环节，要加强对利用虚假护照、港澳通行证开立账户情形的发现。目前存在个人结算账户代理或者冒名开户情形。在客户身份识别中，银行柜台人员除了通过联网核查公民身份信息系统外，其他信息无法验证，尤其是持护照、港澳通行证等证件办理开户的，其证件和信息的真伪无法核实。银行工作人员只能通过身份证件确认客户的身份。银行业金融机构、非银行支付机构应当加强对持有这些身份证明客户开立账户情形的核查，确保不发生借用、冒用他人身份开立账户的情形。

二是，金融机构应当注重加强反诈骗宣传。反洗钱工作是相对专业性的工作，银行等要加强对柜面工作人员防骗专业培训，增强识别能力，充分做好窗口柜台的防诈骗劝阻工作。同时，金融机构要充分发挥同人民群众联系密切的优势，利用网点、自助机具、手机短信等多种渠道，开展形式多样的宣传教育活动，切实提高客户的安全意识，最大限度地防范电信诈骗案件的发生。

三是，加强对非实人使用银行卡行为的管理和对非法买卖、出租、出借银行卡行为的惩治。在案件查办中，电信诈骗案件侦破难，主要难在查到的信息流和资金流卡号，都是非本人使用，很难明确真实的作案人员，又无法直接追究账号实名使用者的犯罪行为。一是相关人员为了自身的利益，用自身的身份证、手机卡等实名开设银行卡、手机卡、互联网账号等，并于开通后私自出售给不法分子使用，即通常所说的实名不实人。二是在招工和企业人事管理或银行、电信企业办理号卡业务过程中，相关工作人员在不告知员工真实情况的情景下，给员工进行人脸采集，签字确认等操作，冒名开设银行卡、手机卡、互联网账户、域名等。在银行业金融机构、非银行金融机构在加强开户等核查的同时，相关部门也要加强对非法买卖、出租、出借、假冒他人身份或者虚构代理关系开立账户行为的惩治，形成金融领域反电信网络诈骗合力，依法治理好涉诈银行卡等提供电信网络诈骗工具的违法行为。

四是，根据本条规定，银行业金融机构、非银行支付机构在为客户开立银行账户、支付账户及提供支付结算服务，和与客户业务关系存续期间，应当采取相应风险管理措施。需要注意的是，无论对客户采取尽职调查还是其他风险管理措施，都应当遵循风险为本的原则，客观评估客户的风险等级，并采取适当的、合理的尽职调查或其他风险管理措施，如对高风险客户可以强化尽职调查或其他风险管理措施，而对低风险客户则应简化尽职调查或其他风险管理措施，不宜一刀切一律采取过度的风险管理措施，影响人们正常生产经营活动和群众生活便利。

◆ **典型案例**

在不少案件中，银行账户、支付账户转移涉诈资金呈现快速拆分赃款、资金转移路径查询难、查获银行卡、电话卡数量巨大等特点，受害人损失难以挽回。进行专项打击治理贩卖银行卡、电话卡的行动成为打击治理电信网络诈骗的重要组成部分。自公安部门组织开展“断卡”行动以来，截至 2021 年 7 月，共查处非法开办贩卖“两卡”（银行卡、电话卡）犯罪团伙 1.7 万个，查获“两卡”违法犯罪嫌疑人 33 万名，惩戒开办“两卡”人员 18.2 万名，治理违规行业网点、机构共 2.2 万家，查处银行、运营商内部违法犯罪人员510名，缴获非法银行卡50万余张，电话卡389万余张。比较典型案例如下：

1. 贵州“12·29”特大电信诈骗案

2015年12月29日，黔南州都匀市公安局接到报警称，都匀市经济开发区建设局账户上的1.17亿元资金被转走，同时消失的还有该局财务主管杨某。经查，2015年12月20日，都匀市经济开发区建设局财务主管兼出纳杨某接到自称农业银行总行法务部人员的电话，称杨某在上海办理的信用卡存在问题，需要对杨某掌握的账号进行清查。杨某表示，自己从未在上海办过银行卡。对方称，如果确实没有办，那需要立即向当地公安机关报案说明。一位自称“上海松江公安分局何群警官”的人联系了杨某，并向其发送了一份电子传真《协查通报》。随后，一位姓孙的“检察官”，一位姓杨的“检察长”频繁联系杨某。让杨某找一家酒店，入住带电脑的房间，首先卸载电脑上的所有杀毒软件，随后登录“最高人民检察院”网站。经过一系列操作，电脑上弹出一张杨某的“电子通缉令”。对方称，为了表明杨某的清白，必须按照对方的指令点击下载相关软件，插入杨某持有的单位资金U盾，配合对方执行所谓的“清查”程序。最后，单位账户上的1.17亿元资金被全部转走。在该案中，受害单位2个对公账户资金共被转出至涉案一级账户67个，二级账户204个，三级账户6573个，四级账户2163个，五级账户127个，并迅速拆分至若干银行卡，在我国台湾地区取现。

2. 广西“3·26”特大贩卖银行卡案

广西公安机关查获一个从全国各地收购银行卡和企业对公账户并寄到中越边境再走私到境外的犯罪网络。2019年3月26日，广西公安机关成功抓获蒋某杰等5名犯罪嫌疑人，缴获银行卡、手机卡等27箱、共220余公斤，涉及全国27个省区市。4月28

日，公安部指挥全国27个省区市公安机关开展统一收网行动，共抓获涉案犯罪嫌疑人631名，缴获银行卡11220张、企业对公账户1886个，查扣一大批手机卡、U盾、公章等涉案物品。经调查，自2018年以来，数个藏匿在菲律宾的犯罪团伙通过互联网发布广告，大肆招募在校学生、城市务工人员等卖卡人到各银行开办银行卡和企业对公账户。其中，银行卡“四件套”包括身份证件、银行卡、手机卡、U盾，一般每套500至1000元，经层层转卖加价，最高可以卖到每套3000元。企业对公账户“八件套”相关材料包括对公银行卡、U盾、法人身份证、公司营业执照、对公账户银行申请表、公司公章、法人印章、公司章程等，每套8000至15000元。这些银行卡和企业对公账户大多来自中国在校学生、城市务工人员等社会群体，他们前往银行开办银行卡和对公账户后卖给他人，有些是自己直接卖，也有人专门组织办卡、收购，再进行转卖。

◆ **相关规定**

《中华人民共和国反洗钱法》第16条；《中华人民共和国反电信网络诈骗法》第29条、第41条；《中国人民银行关于加强反洗钱客户身份识别有关工作的通知》；《中国人民银行关于进一步做好受益所有人身份识别工作有关问题的通知》；《银行业金融机构反洗钱和反恐怖融资管理办法》

第十六条 开立银行账户、支付账户不得超出国家有关规定限制的数量。

对经识别存在异常开户情形的，银行业金融机构、非银行支付机构有权加强核查或者拒绝开户。

中国人民银行、国务院银行业监督管理机构组织有关清算机构建立跨机构开户数量核验机制和风险信息共享机制，并为客户提供查询名下银行账户、支付账户的便捷渠道。银行业金融机构、非银行支付机构应当按照国家有关规定提供开户情况和有关风险信息。相关信息不得用于反电信网络诈骗以外的其他用途。

◆ 条文主旨

本条是关于银行账户、支付账户开户数量和风险管理措施的规定。

◆ 立法背景

（一）起草背景

银行账户、支付账户被大量开办、买卖，为电信网络诈骗提供重要工具。为进一步加强对账户管理，2016 年 9 月 30 日中国人民银行发布《关于加强支付结算管理防范电信网络新型违法犯罪有关事项的通知》明确了个人账户分类管理，明确在同一家银行只能开立一个 I 类户，非银行支付机构为个人开立支付账户的，同一个人在同一家支付机构只能开立一个Ⅲ类账户。在满足资金往来需要的同时，规范银行账户、支付账户的管理。针对上述问题，本条第一款对开立银行账户、支付账户的数量作了限制性规定。同时，赋予银行业金融机构、非银行支付机构本条第二款的职权，对于发现客户开立银行账户、支付账户存在异常情形的，如频繁开立注销银行卡，异地频繁开卡，在不同银行大量开卡，有权加强核查或者拒绝开户。本条第三款规定，中国人民银行、国务院银行业监督管理机构组织有关清算机构建立跨机构开户数量核验机制和风险信息共享机制，并为客户提供查询名下银行账户、支付账户的便捷渠道，便于客户准确掌握自己名下开立的银行账户、支付账户的全部信息。

（二）审议中各方面的意见

1. 反电信网络诈骗法（草案）第十四条规定：“开立银行账户、支付账户一般不得超出国家有关规定限制的数量。对经识别存在异常开户情形的，银行业金融机构、非银行支付机构有权延长办理期限或者拒绝开户。

中国人民银行、国务院银行业监督管理机构会同有关部门建立跨机构开户核验机制和风险共享机制。”

审议过程中，有的意见提出，全国共有四千多家金融机构，按照规定，每家可办理四张银行卡，总计一万六千张，完全可以满足需要，建议删除第一款中的“一般”。有的意见提出，国家金融主管部门组织建立银行账户开户情况信息共享机制和管理平台，并为用户提供查询名下银行和账户的便捷渠道。有的意见提出，个人信息保护法要求除法律、行政法规规定外，信息处理应当征得客户同意。建议明确银行业金融机构、非银行支付机构提供风险信息时，免除其征得客户同意的义务。有的意见提出，目前中国银联作为银行卡清算机构牵头组织建设跨机构开户核验机制和风险共享机制，建议明确由清算机构建设跨机构开户核验机制和风险共享机制。

2. 草案二次审议稿第十六条规定：“开立银行账户、支付账户不得超出国家有关规定限制的数量。

对经识别存在异常开户情形的，银行业金融机构、非银行支付机构有权加强核查或者拒绝开户。

中国人民银行、国务院银行业监督管理机构组织有关清算机构建立跨机构开户数量核验机制和风险信息共享机制，并为客户提供查询名下银行账户、支付账户的便捷渠道。银行业金融机构、非银行支付机构应当按照国家有关规定提供开户情况和有关风险信息。相关信息不得用于风险防控以外的其他用途。”

草案二次审议稿对草案作了以下修改：一是，将二款分拆为三款规定，逻辑更加清晰。二是，删去第一款中的“一般”，不再有例外的情形。三是，将“会同有关部门”修改为“组织有关清算机构”，更加清楚、明确。四是，考虑到实践中存在有的人开立账户较多，或者有的人冒用他人身份信息开立账户等情形，增加“并为客户提供查询名下银行账户、支付账户的便捷渠道”的规定。五是，为了便于核验客户的开户数量，有必要建立共享机制，这就要求银行业金融机构、非银行支付机构提供开户情况和相关风险信息，同时，为防止有关主管部门滥用客户信息，本条也作了限制性规定，增加“银行业金融机构、非银行支付机构应当按照国家有关规定提供开户情况和有关风险信息。相关信息不得用于风险防控以外的其他用途”的规定。

审议过程中，有的意见建议将第三款中“建立跨机构开户数量核验机制和风险信息共享机制”修改为“建立跨机构开户核验和风险信息共享机制”，并删去有关提供名下银行卡查询便捷渠道的规定；将第十六条、第十八条、第二十九条中“银行账户、支付账户”的表述修改为“银行账户、支付账户、数字钱包”；建议第二款明确规定“异常开户情形”的几种常见情形，以便操作。

3. 草案三次审议稿未作修改。

（三）有关国家、地区的规定

1. 英国。英国银行账户主要分为六种：一是现金卡，主要是帮助持卡人在银行或 ATM 机上存取现金；二是支票保证卡，在使用支票时出示，以作为支付保证，支票保证卡上会被注明担保的金额，即持卡人每次可以开具支票的最高额；三是借记卡，主要作用是帮助持卡人在商场里刷卡消费，费用通过银行结算系统直接从相应银行账户上扣除；四是信用卡，主要用于透支消费；五是现金账户，用于存取日常开支的活期现金账户，账户利息很低或没有利息；六是存款账户，用来存款，利息较高可以支付支票。由于英国尚未对公民个人实行户籍制，不强制公民办理身份证，因此个人如需在银行开户，须提交警察局提供的银行开户确认函。如为外籍人员，除了提供护照和签证外，还需要受访单位或部门出具包括受访目的、停留期间、住所等内容的确认函。更为严格的是，英国法律规定，一家银行只能接受一份（套）有效证明，且只能开立一个银行账户。如果开户人要开立新账户，前提是将老账户销户后方可办理。

在开户环节上与我国有很大的不同：在银行开立账户实行面谈制度。从面谈的流程看，开立账户时，除客户填写申请表，提供自身详细信息外，客户经理还要亲自询问开立账户的目的，资金收支情况等，尤其着重了解账户内是否有大额现金的划汇和支取，一旦日后监控发现异常资金流动，将视同客户违反开户合同。银行的客户经理有责任了解和记录开户目的，资金的来源和支出方向以及账户持有人的风险偏好。开户人一般要提前与银行进行预约方能开立账户，且必须由客户本人或单位法人代表或法人代表授权人亲自到银行进行办理，个人账户不允许委托人代为开立。最后，面谈结束前，银行的客户经理会对开户人的风险偏好进行简单测试并予以记录。关于开户实行审查制度。英国开立账户并不是立即可取，一般需要一至二周时间。在此期间，银行会向英国政府相关行政部门提交核实申请，主要涉及客户在其他银行的违约纪录、税收不良记录、在警察局是否存在不良案底、外汇资金使用情况等，如果符合开户条件，银行将迅速为开户人邮寄一份开户成功的确认函，告知银行账户和银行检索代码等办理现金汇入等业务必须的账户要素，方便客户提前进行账户操作。

2. 法国。银行账户主要分为二种：传统账户与储蓄账户。传统账户称为活期账户，是日常生活中最常用到的账户，平时刷卡，取款或绑定的自动扣款都是直接通过活期账户进行。活期账户主要可分为三类：(1) 个人账户。此类账户开户者只有一人，且仅有账户持有者能进行账户使用、管理等各项操作。对于已婚女士，在个人账户开户时，可以任意选择本姓或随夫姓，但需提供相关证明信息，大多以身份证上的姓名为准。对于未成年人，个人账户开户则需在监护人的陪同下进行，且会加上监护人信息，由监护人在一定条件下协助监管。(2) 共同账户。双人共同账户需要至少两人联名开户，多数为家庭成员间或情侣间，账户由双方共同管理，且联名双方都有连带责任，如出现问题，银行可向任一方追究责任。共同账户也可转为个人账户或多人联名账户，但转换手续需由开户双方签字确认后才可生效。共同账户所有附带文件等都会有双方名字。(3) 多人联名账户。多人联名账户多用于企业或投资/创业者间，由多人共同管理，任何操作都需所有持有人授权后才能进行。持有者之间相互不存在连带责任，但开户时需签署较多复杂的法律文件。如发生支票跳票等情况，则由操作者单方负责，其他持有人无需负担连带责任。

3. 澳大利亚。银行账户主要分三种：一是结算户，存款人可以使用票据、信用卡、贷记卡、借记卡等支付信用工具办理各种结算业务；二是投资户，存款人的定期存款；三是存折户，存款人不能自行签发支票，只能到开户银行的柜台办理转账结算和支取现金。金融账户种类和数量不受限制。澳大利亚对银行账户的种类和性质不作特殊的规定，对存款人开立银行账户的数量也不作特别限制，完全由商业银行自我规范。

澳大利亚规定，开立银行账户时，银行除要认真核对申请人提交的护照、出生证、驾驶执照、教育经历记录、社会保障卡、有长期业务往来的第三方金融实体或客户的签字证明等有效证件或记录外，还实行“百分检查”制度，遏制伪造身份证明、提供虚假证明文件的现象。在澳大利亚，开户时如果提供的身份证明文件未达到百分，商业银行也可开户，但款项只收不付，属于“可存不可取”的限制性账户。存款人在 12 个月内仍未达到百分时，银行应按规定向交易报告中心报告，对银行账户依法进行处理。

关于开户信息建立数据库及保存制度。法律规定银行必须建立存款人开户信息的数据库，供系统内外机构共享，对存款人的开户信息在账户撤销后至少保存 7 年，对打击借用账户、洗钱等违法行为提供有力保障。澳大利亚除对银行账户的种类、性质、数量不作人为规定外，对银行账户一般也不限制其使用方式，银行账户都可以办理转账和现金收支业务，对银行账户的使用管理主要体现在交易报告制度上。

4. 美国。银行账户主要分支票账户和储蓄账户两种。储蓄账户可以与支票账户做连接，当支票账户发生透支时连接账户可以自动划款。个人开立银行账户，一般应向银行出具至少两种带照片的个人身份证件。另外，一般银行还会有定期存款账户，利息相对较高。

在对存款客户开立银行账户上，各家商业银行还是秉着“充分了解客户”的原则制定了严格的要求。如美联银行要求其存款客户开户时必须填报职业、所服务的公司名称、地址、家庭电话、办公电话、邮政编码等 30 多项数据和材料，这些要素只要缺一项，在电脑上都无法通过，开不了户。与此同时，银行客户在使用银行账户时，当该账户一天的收付发生金额达到或超过 1 万美元时，商业银行必须在 15 个日历日内写出该账户的现金转移报告递交给财政部的货币监理官以备检查监督。

5. 德国。个人在银行开户时，不仅要实名登记，还要接受严格的身份检验，包括身份证、家庭住址、固定电话、工作单位等信息都要进行存档备案。开户者还要和银行签订“信用合同”。个人签订手机、网络等合同时，也有类似的开户流程。另外，个人是否能在德国银行顺利开户，还取决于德国信用保障机构。德国的银行、电信、网络和租房等公司会定期将客户的个人信用信息向信用机构报告。

◆ **条文解读**

本条共分三款。

第一款是关于开户数量限制的规定。

根据本款规定，开立银行账户、支付账户不得超出国家有关规定限制的数量，以规范银行账户、支付账户的管理。

2015 年 11 月 13 日原中国银监会发布《关于银行业打击治理电信网络新型违法犯罪有关工作事项的通知》，明确开卡数量和超过规定数量卡的管理方法。分为以下 3 种情形的数量规定：

1. 正常客户开户。同一客户在同一商业银行开立借记卡原则上不得超过 4 张。如果已持有同一商业银行全国范围内 4 张（含）以上借记卡的，商业银行不得为其开立或激活新的借记卡，社会保障卡、医疗保险卡、军人保障卡、已销户的借记卡除外。同一代理人在同一商业银行代理开卡原则上不得超过 3 张。确有正当理由，需要超出上述开卡数量限制的，由商业银行核实后酌情办理。对已办理 4 张以上借记卡的客户，银行业金融机构要主动与开卡客户进行联系，开展核查工作，发现非本人意愿办理的，应当中止服务。

2. 参与出租、出借、出售行为的客户。对于公安机关或司法机关正式提供的文件显示客户（持卡人、申请人、代理人等）曾参与出租、出借、出售本人或他人借记卡账户以及相关各类验证工具的，同一商业银行在全国范围内对该客户（持卡人、申请人、代理人）等开立的借记卡账户数量不得超过 2 个。如该客户（持卡人、申请人、代理人等）之前已持有同一商业银行全国范围内 2 个（含）以上借记卡账户的，商业银行不得为其开立或激活新的借记卡账户。限制时间自收到公安机关或司法机关正式文件之日起至少 5 年。社会保障卡、医疗保险卡、军人保障卡、已销户的借记卡账户除外。

3. 代理开立的借记卡。对于代理开立的借记卡，需被代理人持本人有效身份证件在柜面办理卡片启用后方可正常使用，在启用前应只支持存款转入等贷方交易，不支持取款、转出、消费、理财投资等借方交易。

为进一步加强对账户管理，中国人民银行 2016 年 9 月发布《关于加强支付结算管理防范电信网络新型违法犯罪有关事项的通知》明确全面推进个人账户分类管理，规范完善资金转移和网络支付：

1. 个人银行结算账户。自 2016 年 12 月 1 日起，银行业金融机构为个人开立银行结算账户的，同一个人在同一家银行只能开立一个Ⅰ类户，已开立Ⅰ类户，再新开户的，应当开立Ⅱ类户或Ⅲ类户。银行对本银行行内异地存取现金、转账等业务，收取异地手续费的，应当自本通知发布之日起三个月内实现免费。个人于 2016 年 11 月 30 日前在同一家银行开立多个Ⅰ类户的，银行应当对同一存款人开户数量较多的情况进行摸排清理，要求存款人作出说明，核实其开户的合理性。对于无法核实开户合理性的，银行应当引导存款人撤销或归并账户，或者采取降低账户类别等措施，使存款人运用账户分类机制，合理存放资金，保护资金安全。

2. 个人支付账户。自2016年12月1日起，非银行支付机构为个人开立支付账户的，同一个人在同一家支付机构只能开立一个Ⅲ类账户。支付机构应当于2016年11月30日前完成存量支付账户清理工作，联系开户人确认需保留的账户，其余账户降低类别管理或予以撤并；开户人未按规定时间确认的，支付机构应当保留其使用频率较高和金额较大的账户，后续可根据其申请进行变更。

实践中，国家有关主管部门可总结在账户管理方面的经验，从生产、生活的实际需要出发，由国家有关规定确定合理数量。这里的国家有关规定，可以是法律、行政法规，也可以是部门规章。

第二款是关于加强核查或者拒绝开户的规定。本款规定包含两层意思：

一是，明确需要核查或拒绝开户的情形，即经识别存在异常开户情形的。这里所说的“异常开户情形”，是指银行业金融机构、非银行支付机构在开立银行账户、支付账户过程中发现客户有违反实名制规定或者有合理事由怀疑其有从事电信网络诈骗活动的情形，具体情形有：不出示身份证件或者不使用身份证件上的姓名的；对单位和个人身份信息存在疑义，要求出示辅助证件，单位和个人拒绝出示的，或者有其他不配合客户身份识别行为的；单位和个人组织他人同时或者分批开立账户的；开立金融账户的数量超出规定数量限制的；在公安机关失效居民身份证信息系统有丢失身份证记录的；有明显理由怀疑开立账户从事电信网络诈骗违法犯罪活动等。

二是，赋予银行业金融机构、非银行支付机构加强核查或者拒绝开户的权力。对于经识别发现有上述情形的，银行业金融机构、非银行支付机构有权对身份证件和开户原因等情形予以加强核查。对于核查后，仍然不能符合相关规定或者排除怀疑的，可以拒绝开户；对于存在电信网络诈骗违法犯罪风险较高的客户，也可以直接拒绝开户。

2016年9月中国人民银行《关于加强支付结算管理防范电信网络新型违法犯罪有关事项的通知》进一步加强对异常开户情形的处置，其第六项规定：加强对异常开户行为的审核。有下列情形之一的，银行和支付机构有权拒绝开户：1. 对单位和个人身份信息存在疑义，要求出示辅助证件，单位和个人拒绝出示的。2. 单位和个人组织他人同时或者分批开立账户的。3. 有明显理由怀疑开立账户从事违法犯罪活动的。银行和支付机构应当加强账户交易活动监测，对开户之日起6个月内无交易记录的账户，银行应当暂停其非柜面业务，支付机构应当暂停其所有业务，银行和支付机构向单位和个人重新核实身份后，可以恢复其业务。

2019年3月中国人民银行《关于进一步加强支付结算管理防范电信网络新型违法犯罪有关事项的通知》规定加强账户管理：1. 加强单位支付账户开户审核。支付机构为单位开立支付账户应当严格审核单位开户证明文件的真实性、完整性和合规性，开户申请人与开户证明文件所属人的一致性，并向单位法定代表人或负责人核实开户意愿，留存相关工作记录。支付机构可采取面对面、视频等方式向单位法定代表人或负责人核实开户意愿，具体方式由支付机构根据客户风险评级情况确定。对经识别存在异常开户情形的，支付机构应当按照反洗钱等规定采取延长开户审核期限、强化客户尽职调查等措施，必要时应当拒绝开户。2. 对存量单位支付账户进行进一步核实。支付机构应当按照本通知第三项规定的开户审核要求，开展全部存量单位支付账户实名制落实情况核实工作。核实中发现单位支付账户未落实实名制要求或者无法核实实名制落实情况的，应当中止其支付账户所有业务，且不得为其新开立支付账户。

对于异常开户的情形，银行业金融机构、非银行支付机构需要进一步总结金融领域治理经验，发现管理工作中存在的不足，完善账户管理措施，提升从开户环节打击治理电信网络犯罪的能力。

第三款是关于建立核验和风险信息共享机制的规定。主要有三个方面的内容：

第一，建立开户数量核验机制和风险信息共享机制。现阶段，我国共有4000多家银行业金融机构、200多家非银行支付机构，各自有自己的开户信息、数据等，有些属于商业信息、秘密，相互之间沟通较少，缺少核验和风险信息共享机制，这一情形给违法犯罪分子开办多个账户用于出售、代理开户和冒名开户等行为提供了可乘之机。本款规定中国人民银行、国务院银行业监督管理机构组织有关清算机构建立跨机构开户数量核验机制和风险信息共享机制。建立开户数量和风险信息共享机制的主体是有关清算机构，而不是银行业金融机构、非银行支付机构，这一规定有利于在保障各自商业信息安全的前提下，建立跨机构开户数量核验机制和风险信息共享机制。现阶段，在中国人民银行的指导下，中国银联已经联合商业银行基于云闪付APP向客户提供“一键查卡”服务，支持持卡人查询多家银行名下银行卡及开立使用状况等信息。

第二，为客户提供查询名下银行账户、支付账户的便捷渠道。在日常的生产、生活中，如购物消费、旅游出行、生意结算以及就医就学就业等，为了方便，客户会在不同银行办理不同账户，时间长了忘记具体开卡行和开卡数量，在一定情形下不能全部掌握自己开卡信息。为了准确掌握本人开卡信息，有必要建立为客户查询名下银行账户、支付账户提供便捷通道，也有助于及时发现被冒用办卡的情形。

第三，银行业金融机构、非银行支付机构应当按照国家有关规定提供开户情况和有关风险信息。相关信息不得用于反电信网络诈骗以外的其他用途。此项内容规定了银行业金融机构、非银行支付机构的配合义务。由于客户的账户是在银行业金融机构、非银行支付机构开立的，建立跨机构开户数量核验机制和风险信息共享机制，离不开银行业金融机构、非银行支付机构的配合，本条要求应当按照规定提供开户情况和有关风险信息。这样规定有利于金融领域打击治理电信网络诈骗行动的展开。实践中，银行业金融机构、非银行支付机构应当按照相关规定提供开户情况和风险信息，履行相应职责。这里所说的“开户信息”，是指客户在开户时提供的相关信息。“有关风险信息”，主要是指相关机构认为可能存在电信诈骗风险的相关信息。同时，为了防止有关部门和机构过度收集、使用客户的相关信息，本款明确规定，相关信息不得用于反电信网络诈骗以外的其他用途。

在该条的理解适用中，需要注意以下几个方面的问题：

一是，实践中，要正确处理打击治理电信网络诈骗和优化营商环境促进经济发展之间的关系，做到统筹发展和安全。银行业金融机构、非银行支付机构对经识别存在异常开户情形的，要加强核查或者拒绝开户，这不仅是银行业金融机构、非银行支付机构享有的权利，也是其应当履行的反电信网络诈骗的职责。这些行为不会影响优化营商环境，而是为优化营商环境促进经济发展提供社会秩序基础。

二是，中国人民银行、国务院银行业监督管理机构组织有关清算机构建立跨机构开户数量核验机制和风险信息共享机制时需要统筹考虑几个问题：一是，共享机制的信息安全问题。将银行业金融机构、非银行支付机构客户的信息汇总，虽然有利于打击电信网络诈骗活动，但也存在客户大量信息泄露的风险，因此保障客户信息的安全十分重要。二是，共享机制的信息内容的限制。考虑到客户留存在银行业金融机构、非银行支付机构信息庞大，不仅涉及客户的开户信息，还有交易信息等，如果全面共享可能存在更大的金融风险等情况，本条明确规定，银行业金融机构、非银行支付机构只提供开户情况和有关风险信息，对于客户的交易信息等其他与开户情况和电信网络诈骗无关的信息不能共享。三是，共享机制的信息不得用于反电信网络诈骗以外的其他用途。共享机制的建立必然汇集大量的客户信息，这些信息的价值十分重要，一旦被滥用，必然造成严重的后果。本条对此作了限制性规定，即不得用于反电信网络诈骗以外的其他用途，也就是说，主管部门和清算机构只能将共享信息用于防范电信网络诈骗活动。

◆ **相关规定**

《中国人民银行关于银行业打击治理电信网络新型违法犯罪有关工作事项的通知》；《非银行支付机构网络支付业务管理办法》；《中国人民银行关于加强支付结算管理防范电信网络新型违法犯罪有关事项的通知》

第十七条 银行业金融机构、非银行支付机构应当建立开立企业账户异常情形的风险防控机制。金融、电信、市场监管、税务等有关部门建立开立企业账户相关信息共享查询系统，提供联网核查服务。

市场主体登记机关应当依法对企业实名登记履行身份信息核验职责；依照规定对登记事项进行监督检查，对可能存在虚假登记、涉诈异常的企业重点监督检查，依法撤销登记的，依照前款的规定及时共享信息；为银行业金融机构、非银行支付机构进行客户尽职调查和依法识别受益所有人提供便利。

◆ 条文主旨

本条是关于企业账户管理措施的规定。

◆ 立法背景

（一）起草背景

涉及企业账户洗钱转账的案件主要体现在“杀猪盘”与投资类诈骗案件、冒充企业主 QQ 诈骗财物等案件。有些电信网络诈骗违法犯罪分子在同一地址注册多个空壳公司或者利用国家进行“放管服”改革等优化营商环境，放宽注册成立企业、公司要求，简化审批手续的条件，有计划地组织成立不以经营为目的公司、企业，出售企业证件用于电信网络诈骗等情形。银行业金融机构、非银行支付机构一定程度存在对企业账户监管不力、部分银行审核不严、大量空壳公司账户被诈骗分子用来实施犯罪的情况。加强对公账户的开户管控和事中风控依然是反电信网络诈骗工作的重点。本条对上述行为进行规制，以加强对企业账户管理，堵塞漏洞。

（二）审议中各方面的意见

1. 反电信网络诈骗法（草案）第十五条规定：“银行业金融机构、非银行支付机构应当建立开立企业账户异常情形的风险防控机制。金融、通信、市场监管、税务等有关主管部门建立开立企业账户相关信息共享查询系统，提供联网核查服务。

市场监管部门应当对企业实名登记履行身份核验职责，依照规定对登记事项进行监督检查，为银行业金融机构、非银行支付机构进行客户尽职调查提供便利。”

审议过程中，有的意见建议，将第一款中的“金融、通信、市场监管、税务等有关主管部门建立开立企业账户相关信息共享查询系统”修改为，“金融、电信、市场监管、税务等有关主管部门组织建立开立个人账户、企业账户，办理电信入网等相关信息共享查询系统”；将第二款修改为，“市场监管部门应当依法实行市场主体实名登记，并对登记事项进行监督检查”；将“进行监督检查”后内容修改为“及时发现和注销空壳公司等虚假经营企业的商事登记，并及时将相关信息共享给银行业金融机构、非银行支付机构”；将第二款中“身份核验职责”修改为“身份信息核验职责”，与《市场主体登记管理条例》第十五条的规定一致；建议在第二款中“为银行业金融机构、非银行支付机构进行客户尽职调查提供便利”增加“司法机关”；建议在第十五条、第十六条中增加建立警银协作机制，将异常交易人员和可疑交易信息报送国家反诈中心，公安机关快速排查，同时公安机关协同银行建立监测模型等相关内容。

2. 草案二次审议稿第十七条规定：“银行业金融机构、非银行支付机构应当建立开立企业账户异常情形的风险防控机制。金融、电信、市场监管、税务等有关主管部门建立开立企业账户相关信息共享查询系统，提供联网核查服务。

市场监管部门应当对企业实名登记履行身份信息核验职责；依照规定对登记事项进行监督检查，对可能存在虚假登记、涉诈异常的企业重点监督检查，依法撤销登记的，依照前款的规定及时共享信息；为银行业金融机构、非银行支付机构进行客户尽职调查和依法识别受益所有人提供便利。”

草案二次审议稿对草案作出以下修改：一是，将“通信”修改为“电信”，与相关条文表述一致。二是，将“身份”修改为“身份信息”，与《市场主体登记管理条例》表述一致。三是，根据《市场主体登记管理条例》有关规定，市场主体登记采取形式审查，登记后进行“双随机一公开”监督管理。为防范企业账户被用于诈骗，增加对可能存在虚假登记、涉诈异常情形的企业重点监督检查的内容。四是，考虑到市场监管部门负责登记受益所有人信息，为便于准确登记受益所有人信息，增加银行业金融机构、非银行支付机构为“依法识别受益所有人”提供便利的规定。

审议过程中，有的意见提出，有的省开展行政审批改革实践，承担登记职能的部门在省级层面是市场监管部门，市县层面是行政审批部门，建议将第二款中的“市场监管部门”修改为“登记机关”或者“承担市场主体登记工作的部门”；新增建立个人信息核验机制，将第一款修改为“银行业金融机构、非银行支付机构应当建立开立账户异常情形的风险防控机制，金融、电信、市场监管、税务等有关主管部门建立企业信息共享查询系统，提供联网核查服务，建立电话卡和银行卡实名信息交叉核验工作机制”。

3. 草案三次审议稿第十七条规定：“银行业金融机构、非银行支付机构应当建立开立企业账户异常情形的风险防控机制。金融、电信、市场监管、税务等有关部门建立开立企业账户相关信息共享查询系统，提供联网核查服务。

市场主体登记机关应当依法对企业实名登记履行身份信息核验职责；依照规定对登记事项进行监督检查，对可能存在虚假登记、涉诈异常情形的企业重点监督检查，依法撤销登记的，依照前款的规定及时共享信息；为银行业金融机构、非银行支付机构进行客户尽职调查和依法识别受益所有人提供便利。”

草案三次审议稿对草案二次审议稿作了两处修改：一是，将第一款中的“有关主管部门”修改为“有关部门”，表述更加准确。二是，将第二款规定的“市场监管部门”修改为“市场主体登记机关”。这样修改主要是考虑到，国务院市场监督管理部门主管全国市场主体登记管理工作。县级地方人民政府市场监督管理部门主管本辖区的市场主体登记管理工作。县级以上地方人民政府承担市场主体登记工作的部门成为登记机关。采用承担具体职责部门的表述方式更加准确，且在一定程度上保持法律条文的稳定性。

（三）有关国家、地区的规定

1. 英国。英国《公司法》规定，任何单位开立银行账户时，必须提供单位有效证明。由于英国不实行工商登记审批制度（仅金融、能源等少数行业实行行业许可），英国企业并无开户所需的工商执照等有效证件。该法规明确，企业开立银行账户，提供由英国工商局出具的身份确认函。

2. 韩国。韩国《金融交易报告法修正案》规定，客户尽职调查要求的范围包括需要满足客户尽职调查要求的金融交易种类和需要验证的客户身份信息。金融机构需要核对的客户身份信息包括：（一）营利性法律实体。工商登记真实姓名、工商登记号、业务类型、总部及办事处所在地、联系方式、代表真实姓名；（二）非营利法人实体。设立目的、主要办公地点、联系方式、代表真实姓名；（三）外国人和外国组织。

◆ **条文解读**

本条共分两款。

第一款是关于建立风险防控机制及履行身份信息核验职责的规定。本款规定包含两个方面的内容：

第一，建立开立企业账户异常情形的风险防控机制。本法第十五条规定了银行业金融机构、非银行支付机构开立银行账户、支付账户，采取相应风险管理措施。本款内容是对该条规定在开立企业账户阶段的具体细化。“企业账户”，依照《人民币银行结算账户管理办法》，分为基本存款账户、一般存款账户、专用存款账户和临时存款账户等。企业只能在银行开立一个基本账户，不得开立两个（含）以上基本存款账户。具体要求有：银行应当向企业法定代表人或者单位负责人核实企业开户意愿，并留存相关工作记录；企业开立一般存款账户、专用存款账户的，银行应当遵守《人民币银行结算账户管理办法》等规定，对企业应当出具的开户证明文件进行严格要求和审查，并判断企业开户合理性，防止企业违规开立或随意开立银行账户。

2019 年 2 月中国人民银行《企业银行结算账户管理办法》规定，企业申请开立银行结算账户，应当按照规定提交开户申请书，并出具营业执照；法定代表人或单位负责人有效身份证件；法定代表人或单位负责人授权他人办理的，还应出具法定代表人或单位负责人的授权书以及被授权人的有效身份证件等证明文件。在开立企业账户时，一方面，企业应当对开户申请书所列事项及相关开户证明文件的真实、有效性负责；另一方面，在开立账户时，银行业金融机构、非银行支付机构应当审核企业开户证明文件的真实性、完整性和合规性，以确保开户申请人和开户证明文件所属人的一致性以及企业开户意愿的真实性。

对于存在异常开户情形的，银行可以按照反洗钱等规定采取延长开户审查期限、强化客户尽职调查等措施，必要时应当拒绝开户。银行业金融机构、非银行支付机构重点对以下情形加强单位开户审慎核实：一是，对于被全国企业信用信息公示系统列入“严重违法失信企业名单”，以及经银行和支付机构核实单位注册地址不存在或者虚构经营场所的单位，银行和支付机构不得为其开户。银行和支付机构应当至少每季度排查企业是否属于严重违法企业，情况属实的，应当在 3 个月内暂停其业务，逐步清理。二是，对存在法定代表人或者负责人对单位经营规模及业务背景等情况不清楚，注册地和经营地均在异地等异常情况的单位，银行和支付机构应当加强对单位开户意愿的核查。银行应当对法定代表人或者负责人面签并留存视频、音频资料等，开户初期原则上不开通非柜面业务，待后续了解后再审慎开通。支付机构应当留存单位法定代表人或者负责人开户时的视频、音频资料等。三是，同经办人、同法定代表人、同财务人员、同电话地址的“四同”企业。四是，短期内开立多个账户。五是，企业名称随意，明显与常理相悖，注册资金金额较高但实缴资本为零。六是，注册地址为集群、托管地址，但要求开通较高网银支付额度。七是，首次开户企业法定代表人年纪偏大或者偏小（集中在25岁以下或60岁以上）。八是，网银限额要求较高与经营范围、注册资金明显不符等情形。

第二，建立开立企业账户相关信息共享查询系统，提供联网核查服务。企业在开立账户时要求提供证明文件，涉及市场监督管理部门的监管职责，如核查营业执照的真实性、法定代表人或单位负责人身份证件的真实性和联系方式的有效性等问题，需要有关主管部门参与、验证。本款规定了金融、电信、市场监管、税务等有关部门建立开立企业账户相关信息共享查询系统，提供联网核查服务。有关主管部门要从自身职责出发，准备好核查所需的各项材料、数据，便于及时开展相关信息的查询。金融、电信、市场监管、税务等有关部门应当作好协同配合，尤其是电信、市场监管、税务部门等要坚持系统观念、落实好打击治理电信网络诈骗相关措施，为金融部门在账户开立阶段验证相关信息的真伪提供支持、帮助，切实履行好反电信网络诈骗职责。

第二款是关于市场主体登记机关对企业实名登记履行身份信息核验职责的规定。主要包含以下四个方面内容：

第一，依法对企业实名登记履行身份信息核验职责。《市场主体登记管理条例》规定，国务院市场监督管理部门主管全国市场主体登记管理工作。县级以上地方人民政府市场监督管理部门主管本辖区市场主体登记管理工作。该条例规定，市场主体实行实名登记。申请办理市场主体登记，申请人应当提交申请书、自然人身份证明等文件，并对提交材料的真实性、合法性和有效性负责。登记机关应当对申请材料进行形式审查。本款规定市场主体登记机关履行身份信息核验职责，要求在进行主体登记时，市场主体登记机关要进一步加强审查，确保登记信息真实，防范利用虚假地址信息、个人信息等注册公司、企业后，出售给违法犯罪分子用于电信网络诈骗，增加查办案件的工作难度。在市场登记过程中，发现登记主体不符合法律、行政法规规定，或者可能危害国家安全、社会公共利益的，登记机关不予登记并说明理由。对于在身份信息核验中，登记机关发现可能成立公司、企业用于电信网络诈骗的，可依照上述规定，不予登记。现阶段，市场主体登记机关依托国家政务服务平台统一身份认证系统和公安部门提供的识别技术，推进“全国企业登记身份管理实名验证系统”建设，提升了企业实名验证技术手段。

第二，依照规定对登记事项进行监督检查，重点检查可能存在虚假登记、涉诈异常的企业。《市场主体登记管理条例》规定，登记机关应当根据市场主体的信用风险状况实施分级分类监管。登记机关应当采取随机抽取检查对象、随机选派执法检查人员的方式，对市场主体登记事项进行监督检查。市场主体登记机关应当加强事中事后监管，从经营方式、经营形式等入手，了解并掌握市场主体的经营状态，加强敏感行业主体如互联网、投资理财平台、网络工作室、快递等的监管。对可能存在虚假登记、涉诈异常的企业，包括一人注册多个企业、一个地址注册多个企业和注册企业后长期不开展经营、一人联系电话对应多个单位法人客户法定代表、财务负责人等特殊情形，市场主体登记机关可总结对市场主体的管理经验，与金融、电信等主管部门做好沟通，对重点监督检查的市场主体和情形作进一步明确。

第三，及时共享依法撤销登记企业的相关信息。按照法律规定，提交虚假材料或者采取其他欺诈手段隐瞒重要事实取得市场主体登记的，受虚假市场登记影响的自然人、法人和其他组织可以向登记机关提出撤销市场主体登记的申请。登记机关受理申请后，应当及时开展调查。经调查认定存在虚假市场主体登记情形的，登记机关应当撤销主体登记。实践中，存在企业被撤销登记后，相关银行账户未注销、通讯方式仍有效的情况，这些企业账户信息可能被出售用于电信网络诈骗。企业登记被依法撤销后，市场主体登记机关应当及时与金融、电信、税务等有关部门共享相关信息，防范将已被撤销企业账户用于电信网络诈骗情况的发生。

第四，为银行业金融机构、非银行支付机构进行客户尽职调查和依法识别受益所有人提供便利。本法第十五条规定，银行业金融机构、非银行支付机构为客户开立银行账户、支付账户和提供支付结算服务，和与客户业务关系存续期间，应当建立客户尽职调查制度，依法识别受益所有人。客户尽职调查和依法识别受益人都需要对相关证明文件进行查验核实，尤其是识别受益人需要确定法定代表人或单位负责人有效身份，这些具体情况由市场主体登记机关掌握。市场主体登记机关有义务在银行业金融机构、非银行支付机构履行反电信网络诈骗职责时予以协助，提供便利条件。

实践中需要注意的是，银行业金融机构、非银行支付机构在提升防控策略的同时，不法分子也在调整手段，如开户环节，出现将办公地点专门租用给违法犯罪分子临时应对调查的情况；使用环节，为规避银行对新开户的严格调查，收购存量账户；资金链环节，将单笔限额以上交易进行拆分，在交易中混入企业日常经营活动，增加监管难度。企业管理涉及市场监督、金融、电信、税务等多个部门协作时，有关主管部门之间要坚持系统观念，从协同打击治理电信网络诈骗行为出发，共享相关信息，才能真正形成治理合力。有关主管部门也应当总结涉诈企业类型，强化重点工作监督检查，防范企业账户用于电信网络诈骗。

◆ **相关规定**

《中华人民共和国公司法》第198条；《市场主体登记管理条例》；《人民币银行结算账户管理办法》；《企业银行结算账户管理办法》

第十八条　银行业金融机构、非银行支付机构应当对银行账户、支付账户及支付结算服务加强监测，建立完善符合电信网络诈骗活动特征的异常账户和可疑交易监测机制。

中国人民银行统筹建立跨银行业金融机构、非银行支付机构的反洗钱统一监测系统，会同国务院公安部门完善与电信网络诈骗犯罪资金流转特点相适应的反洗钱可疑交易报告制度。

对监测识别的异常账户和可疑交易，银行业金融机构、非银行支付机构应当根据风险情况，采取核实交易情况、重新核验身份、延迟支付结算、限制或者中止有关业务等必要的防范措施。

银行业金融机构、非银行支付机构依照第一款规定开展异常账户和可疑交易监测时，可以收集异常客户互联网协议地址、网卡地址、支付受理终端信息等必要的交易信息、设备位置信息。上述信息未经客户授权，不得用于反电信网络诈骗以外的其他用途。

◆ 条文主旨

本条是关于反电信网络诈骗工作监测识别处置涉诈异常账户和可疑交易的规定。

◆ 立法背景

（一）起草背景

当前电信网络诈骗案件多发频发，严重影响了人民群众的生命财产安全、社会和谐稳定和国家经济安全。从目前发案的情况看，电信网络诈骗已成为各种发案中频率最高、损失也最大、群众反映最为强烈的突出犯罪。电信网络诈骗手段多样，且花样不断翻新，很容易使人上当受骗，且境内境外串通合伙，侦破打击难度都比较大。而电信网络诈骗从管理和治理，从防范的角度来说，又涉及众多部门，如电信、互联网、金融、公安、信息产业等多个部门，不但跨境跨地区，而且还跨部门，任何一个方面有薄弱环节，或配合不力都难以有效打击电信网络诈骗犯罪。

电信网络诈骗一般分为三个环节：第一阶段，虚构场景、骗局环节，通过各类骗术引导群众落入圈套；第二阶段，受害人资金支付环节，受害人向诈骗团伙控制的账户付款，如银行账户、支付账户、收款码、电话卡充值、兑换虚拟货币等；第三阶段，洗钱环节，通过各类支付工具转移资金，将资金洗白，如通过多账户转账、虚构交易背景结算、代发佣金等形式洗钱。跨境洗钱，一般包括提取现金出境、地下钱庄、虚构跨境贸易、虚拟货币等方式。资金转移、洗钱是其中关键的环节。

诸多非法资金隐匿在普通群众的资金转账交易之中。不法分子以高额利益为诱饵，吸引大量群众实名开立银行卡并连同证件、手机卡成套出租出售，在跑分平台由群众使用其本人账号、收款码与客户点对点转移资金，配合转移非法资金、应对银行问询等，具有涉及人数多，识别难度大，管控措施波及范围广的特点。在金融领域，大量空壳公司账户被诈骗分子用来实施犯罪；第三方支付公司成为洗钱团伙重要通道，涉诈资金经第三方机构洗钱占比达30%至40%，专案中某第三方机构每天为诈骗集团洗钱就达1亿元；涉诈资金拦截机制不健全，在某地的一起案件中，3400万被骗资金在不到两个小时内被迅速拆分至200多张银行卡。因此明确金融、通信、互联网等领域涉诈骗异常情况的监测识别和处置等对于打击电信网络诈骗至关重要。

（二）审议中各方面的意见

1. 反电信网络诈骗法（草案）第十六条规定："银行业金融机构、非银行支付机构应当对银行账户、支付账户的使用加强监测，建立完善涉电信网络诈骗特征的异常账户监测模型；中国人民银行统筹建立跨银行业金融机构和非银行支付机构的反洗钱统一交易监测系统，会同国务院公安部门完善与电信网络诈骗犯罪资金流转特点相适应的反洗钱可疑交易报告制度。

对监测识别的异常账户、可疑交易，银行业金融机构、非银行支付机构应当根据风险情况，采取核实交易情况、延迟支付结算、重新核验身份、限制或者中止有关业务等必要的防范措施。"

审议过程中，有的提出在反诈骗、防诈骗中也要有保护正常用户权益的意识和相应的规定，具体而言：一方面要精准，尽可能提高被限制服务对象的精准度，实行"限制服务"要有严格的内部审批程序，做到慎重使用限制服务；另一方面，要对限制服务对象履行告知义务，尽可能减少相应的损失和负面效应。

有的提出，对"异常"的标准是否需要进一步地明确，以便在全国范围内进行统一规范，建议斟酌。

有的提出，银行业金融机构在监控到异常账户或交易额度较大时必须承担提醒、中止交易等义务。

2. 草案二次审议稿第十八条规定："银行业金融机构、非银行支付机构应当对银行账户、支付账户等支付工具及支付服务加强监测，建立完善涉电信网络诈骗特征的异常账户监测模型；中国人民银行统筹建立跨银行业金融机构、非银行支付机构的反洗钱统一监测系统，会同国务院公安部门完善与电信网络诈骗犯罪资金流转特点相适应的反洗钱可疑交易报告制度。

对监测识别的异常账户、可疑交易，银行业金融机构、非银行支付机构应当根据风险情况，采取核实交易情况、延迟支付结算、重新核验身份、限制或者终止有关业务等必要的防范措施。

银行业金融机构、非银行支付机构依照第一款规定开展异常账户和可疑交易监测时，可以依法收集异常客户互联网协议地址、网卡地址、支付受理终端信息等必要的交易信息、设备位置信息。上述信息未经客户授权，不得用于风险防控以外的其他用途。"

根据各方面的意见，草案二次审议稿对草案作了以下修改：一是将涉诈监测治理对象由银行账户、支付账户扩展到数字人民币钱包、收款条码等支付工具和支付服务；二是增加了第三款"银行业金融机构、非银行支付机构依照第一款规定开展异常账户和可疑交易监测时，可以依法收集异常客户互联网协议地址、网卡地址、支付受理终端信息等必要的交易信息、设备位置信息。上述信息未经客户授权，不得用于风险防控以外的其他用途。"即为保障监测识别异常账户、可疑交易的有效性，明确金融机构可依法收集必要的交易和设备位置信息，提供了法律依据。此外，还作了一些文字修改。

关于第一款。审议过程中，有的建议将第一款中"银行业金融机构、非银行支付机构应当对银行账户、支付账户等支付工具及支付服务加强监测，建立完善涉电信网络诈骗特征的异常账户监测模型"修改为"银行业金融机构、非银行支付机构应当建立完善涉电信网络诈骗特征的异常账户和可疑交易监测模型”，建议表述与反洗钱法衔接，将第一款中“中国人民银行统筹建立跨银行业金融机构、非银行支付机构的反洗钱统一监测系统，会同国务院公安部门完善与电信网络诈骗犯罪资金流转特点相适应的反洗钱可疑交易报告制度”修改为“银行业金融机构、非银行支付机构加强涉电信网络诈骗特征的可疑交易监测”。

有的提出，金融机构无法实时掌握新出现的新型电诈方式，建议第一款明确规定由公安机关协助银行金融机构、非银行支付机构建立完善涉诈电信网络诈骗特征的异常账户监测模型。建议将草案第一款分号后部分修改为“银行业金融机构、非银行支付机构加强设电信网络诈骗特征的可疑交易监测”；有的意见建议，补充完善警银协作机制，明确公安机关协助核查并反馈核查认定结果。

有的建议在“建立完善涉电信网络诈骗特征的异常账户监测模型”后增加“按照相关规定向主管部门报告可疑交易”的规定；有的建议增加规定监测的手段，将第一款中“银行业金融机构、非银行支付机构应当对银行账户、支付账户的使用加强监测”修改为“银行业金融机构、非银行支付机构为防控账户风险，可以通过人脸识别、收集账户交易位置等信息对银行账户、支付账户的使用加强监测”；有的提出，本法中的反洗钱应当紧贴电信网络诈骗，建议删除“反洗钱可疑交易报告制度”，新增“反电信网络诈骗监测系统”及“反电信网络诈骗可疑交易报告制度”。

关于第二款。有的建议将第二款修改为“对监测识别的异常账户、可疑交易，银行业金融机构、非银行支付机构应当根据风险情况，采取加强关注、核实交易情况、重新核验身份、延迟支付结算、限制或者终止有关业务等必要的防范措施。”有的建议将第二款“限制或者终止有关业务”中的“终止”修改为“暂停”，以与草案第三十条第三款表述相一致。

有的建议在第二款“监测识别”后增加“和公安机关通报的”的表述，可以根据公安机关指令进行处置；有的建议进一步扩充可以采取的措施，规定为“采取核实交易情况、延时支付结算、重新核验身份、取款生物特征比对识别、限制或者中止有关业务等必要的防范措施。国务院国家移民管理、海关部门应当会同属地公安机关建立工作机制，加强非法携带大额现金、银行卡以及网络转款工具的出境查缉工作”。

有的提出，对监测识别异常的账户或可疑的交易，有必要规定由“实人”操作，防止电信网络诈骗犯罪分子使用他人账号接收并转移资金，从而导致公安机关难以根据转账信息追查嫌疑人身份。因此，建议将第二款“应当根据风险情况”修改为“应当要求交易双方通过人脸识别、其他生物特征认证或委托等方式进行实人操作，并根据风险情况”。有的建议将第二款中可采取的防范措施部分修改为“采取加强关注、核实交易情况、重新核验身份、延迟支付结算、限制或者中止有关业务等必要的防范措施”。有的提出第二款增加“银行业金融机构、非银行支付机构采取防范措施的用户申诉机制由中国人民银行会同公安机关另行制定”。

有的建议立法赋予市场机构主动管控涉诈交易的权利。目前市场机构主动阻断可疑交易缺少法律依据。人民银行规范性文件要求商业银行、支付机构对可疑交易采取暂停非柜面业务、延迟结算等阻断措施，但相关措施源于行政监管要求而非法律授权，市场机构在执行过程中面临投诉和法律纠纷风险。

有的建议增加规定，“银行业金融机构、非银行支付机构应统筹做好风险防控与优化服务，在加强风险管理的同时为客户提供便捷的金融服务。开展支付业务时要评估相关服务被用于转移非法资金的风险，业务处理要便于资金监控和追溯，及时阻断非法资金转移链条。对创新业务要做好充分的客户保护措施，降低客户因遭受电信网络诈骗等造成资金损失的风险”。

关于第三款。有的建议在第三款中增加使用生物识别技术核验身份，修改为“可以依法使用生物识别技术进行实人认证，收集客户……等必要信息”。有的建议将第三款中的“可以依法收集异常客户……支付受理终端信息等必要的交易信息、设备位置信息”修改为“可以收集处理客户……支付受理终端信息、生物识别信息等必要的交易信息、设备位置信息”。

有的建议，明确针对“异常客户”依本法自主或者通过第三方收集相关交易信息、设备位置信息为银行业金融机构、非银行支付机构的法定义务。将第三款中“异常客户”修改为“客户”，将“支付受理终端”修改为“支付终端”。

有的意见建议，增加规定因打击治理电信网络诈骗等风险防控、风险共享之必要，银行业金融机构、非银行支付机构及其他相关组织或个人可收集、使用交易主体、交易位置等信息。

3. 草案三次审议稿第十八条规定：“银行业金融机构、非银行支付机构应当对银行账户、支付账户等支付工具及支付结算服务加强监测，建立完善符合电信网络诈骗活动特征的异常账户和可疑交易监测机制。

中国人民银行统筹建立跨银行业金融机构、非银行支付机构的反洗钱统一监测系统，会同国务院公安部门完善与电信网络诈骗犯罪资金流转特点相适应的反洗钱可疑交易报告制度。

对监测识别的异常账户和可疑交易，银行业金融机构、非银行支付机构应当根据风险情况，采取核实交易情况、重新核验身份、延迟支付结算、限制或者中止有关业务等必要的防范措施。

银行业金融机构、非银行支付机构依照第一款规定开展异常账户和可疑交易监测时，可以收集异常客户互联网协议地址、网卡地址、支付受理终端信息等必要的交易信息、设备位置信息。上述信息未经客户授权，不得用于反电信网络诈骗以外的其他用途。”

根据各方面的意见，草案三次审议稿对草案二次审议稿作了以下修改：一是将三款修改为四款。二是将第一款规定的“支付服务”修改为“支付结算服务”。增加结算服务扩大了银行业金融机构、非银行支付机构的监测范围。三是将第一款规定的“建立完善涉电信网络诈骗特征的异常账户监测模型”修改为“建立完善符合电信网络诈骗活动特征的异常账户和可疑交易监测机制”。监测机制相较于监测模型可以更加全面的涵盖未来的各类监测异常账户的手段方式。四是将“不得用于风险防控以外的其他用途”修改为“不得用于反电信网络诈骗以外的其他用途”。考虑到风险防控的范围更广，为了限制收集信息的使用范围，明确规定仅限于反电信网络诈骗。此外，还作了一些文字修改。

在审议过程中有的建议在第一款中增加“对转账、提取现金等支付行为应进行操作者和账户持有人的一致性核实，同时为账户持有人提供客户端快速支付等救济功能”的规定。

根据常委会组成人员的审议意见，本条又作了以下修改：删去第一款中的“等支付工具”。

（三）有关国家、地区的规定

1. 美国。从监管层级来看，美国对移动支付的监管主要分为联邦和州政府两个方面。联邦政府主要负责整体法律框架体系的顶层设计；各州政府结合联邦层面的法律法规，充分考虑当地移动支付的发展现状和实际经济情况，制定并贯彻执行差异化的监管细则，监管方式更为灵活、具体。此外，电子交易协会、移动支付行业工作组等行业自律组织在移动支付监管体系中也承担重要的职责。

美国联邦和地方州政府针对银行账户和支付机构的不同功能的理解，对银行账户和支付机构账户制定不同的监管标准，对支付账户进行差异化监管。如：美国联邦将支付机构定义为货币服务商，仅具有支付功能，不具有储蓄功能，而在地方州政府层面，大部分州将其定义为“金融机构”，主要从事支付结算服务，不能吸储和放贷。少部分州则从其实质业务出发，认为支付机构正在从事“非法”的银行业务，需要遵照对“银行”的监管要求进行监管。美国联邦和州政府依据《银行保密法》《爱国者法案》等，对支付账户使用人执行严格的客户身份识别和交易报告制度，确保客户信息的真实性，并规定，支付机构代表客户进行的交易和个人携带货币类支付工具出入境，金额超过 1 万美元的均需提交相应交易报告。

2019 年，美国成立了网络安全局，专门向其合作伙伴提供关于大规模网络诈骗的相关线索。美国政府为打击电信网络诈骗、防范电话骚扰，先后发布《电话消费者保护法案》《控制非自愿色情和推销侵扰法》《主叫真实身份法》等多项法规政策。2019 年 8 月初，美国联邦通信委员会批准了一项禁止欺诈性短信及国际自动语音电话的新规则，明确允许追踪、监控、惩处身处境外的欺诈性短信及国际自动语音电话背后的操控者，进一步弥补了《主叫真实身份法》的有关漏洞。

2. 欧盟。欧盟对移动支付的监管机构主要有欧洲委员会、欧盟理事会和欧洲央行，且执行统一的移动支付监管体系和法律法规标准。2002 年，欧盟成立移动支付行业自律组织——欧洲支付理事会，负责移动支付核心业务规范和技术平台标准的制定。各成员国监管部门也按照合作自愿的原则，逐渐统一制定在欧盟范围内的支付安全技术标准。

欧盟对支付机构的监管重点与美国不一样，欧盟实行的是机构监管，相对于交易过程，更注重对整个支付机构的监管。在具体监管措施方面，对银行开立的银行账户和支付机构开立的支付账户，进行区别管理，并随着支付账户体系的不断深化，对支付机构进行动态监管，从功能和行为特征上不断细化支付账户的分类标准，实施灵活、完善、动态的新型支付账户监管。以 PayPal（贝宝）公司为例，英国在 2004 年向 PayPal 公司颁发了“电子货币机构许可”，卢森堡在 2007 年根据动态监管机制，依据 PayPal 公司的申请，结合其实质业务开展，向其颁发了银行牌照。自 2011 年 4 月 30 日，欧盟正式废止《电子货币机构指令》，曾经的网络类支付机构在这以后被认定成“信贷机构”，并依据信贷机构的监管标准接受严格监管。欧盟还加强了对支付账户的身份验证工作，制定客户认证和安全通信的监管技术标准，加强消费者保护、促进创新和提高整个欧盟支付服务的安全性。自 2019 年 9 月 14 日起，修订后的支付服务指令的强客户身份验证要求生效。

3. 澳大利亚。澳大利亚《1988 年金融交易报告法》（2018 年修订）规定，网络支付服务商有义务在为顾客开户前，核实顾客身份，并向澳大利亚交易报告分析中心报告所有 1 万澳元以上的支付交易。不得利用信用卡透支向支付账户充值。除了月充值额小于 1000 澳元的，其余支付账户必须与银行账户挂钩。

4. 英国。在英国的反洗钱刑事立法中，增加了第二类洗钱罪的罪名，即“安排犯罪财产罪”（Arrangements）。相对原先“帮助他人保持犯罪利益罪”，新罪名在行为手段范围上更广，既包括犯罪者自己处置犯罪财产的行为，也包括出于明知或怀疑而为他人处置犯罪财产的行为。这一立法目的是更多地约束投资机构、金融机构及相关中介机构等经营活动主体及其雇员的行为，迫使这些从业人员必须对洗钱犯罪拥有法律意识及防范意识，否则有可能被追究为洗钱犯罪而承担刑事责任。

随着洗钱犯罪行为从传统的金融领域扩展到非金融领域，英国的反洗钱立法也对防范洗钱犯罪主体业务范围进行了新的规定。可以说，目前几乎所有经营性活动均存在防范洗钱犯罪的要求。明确要求在英国境内从事“相关经营活动”的主体在相关业务活动中必须设定防范洗钱的机制，负有三项法律义务，即在内部建立“客户身份识别”“交易记录保存”和“可疑交易报告”的三大洗钱防范机制。防范洗钱不再仅仅是金融机构的责任，越来越成为整个社会的责任。

将不履行法定义务的行为予以刑事犯罪化。原有反洗钱法规针对不履行义务的行为，仅规定了“不披露洗钱行为罪”与“泄密罪”，但这两个罪名都是事后处罚机制。新规以施加刑事责任的方式来强制性地要求各“相关经营活动”主体确立“身份识别”“记录保存”和“内部报告”三大机制，有助于在全社会健全防范洗钱犯罪的机制。

2018 年，英国金融业协会与英国财政部、伦敦市警察局、大都会警察局联合成立专用卡和支付欺诈专案组，专职打击欺诈类犯罪。英国金融业协会通过金融欺诈反欺局和欺诈情报共享系统与警察局、金融从业机构之间建立欺诈情报共享机制，并根据共享情况定期生成可疑活动报告，供监管机构、司法机关、金融从业机构和消费者交流共享来提高英国金融业整体反欺诈水平。

5. 日本。在日本，在日本金融厅（FSA）宣布了新的反洗钱系统将在本财年的 2021 来实现对于更有效的风险管理与法规更好地遵守，日本新的反洗钱合规计划将建立在人工智能算法上。

日本正在采取一切必要措施打击金融犯罪。出于同样的原因，日本的 FSA 提出了一个新的反洗钱系统。该项目将使用人工智能模型，以提高准确性并更好地符合日本金融厅的要求。新方法需要尖端技术，能够在最短的时间内筛选所有业务前景，同时确保结果准确。然而，创建一个可以执行多个风险评估程序的解决方案是具有挑战性的。因此，使用数百个人工智能模型的连续AML（反洗钱）过程可能是有益的。洗钱分三个阶段进行，每一个阶段都增加了追查非法资金来源的难度。根据支持日本基于风险的方法的文件，银行和其他金融机构必须采取必要的程序来识别可疑的洗钱和恐怖主义融资活动。此外，金融机构必须采取有效行动来应对这些行动。

由于日本金融犯罪的增长，金融厅制定了用于识别、评估和减轻洗钱和恐怖主义融资风险的结构化标准。已强制执行特定步骤，并建议采取其他措施以确保该行业的公司安全。基于风险的方法下，所有金融机构都必须检查其客户的身份，如果发现任何威胁，必须采取适当的风险缓解措施。客户尽职调查（CDD）是不可跳过的必做程序。高风险客户、银行或金融机构必须进行增强型尽职调查（EDD）检查。同时，如果客户认识到轻微风险，则简化尽职调查（SDD）可能就足够了。

6. 韩国。韩国反洗钱/打击资助恐怖主义系统的历史始于韩国金融情报机构（KoFIU）的成立以及2001年11月《金融交易报告法》和《犯罪收益法》的颁布。《金融交易报告法》于2001年11月颁布，KoFIU是根据《金融交易报告法》（FTRA）第3条第1款和FTRA执行法令第5条设立的，目的是有效实施AML/CFT系统。它规定了KoFIU的设立和运营，以及KoFIU收集、分析和传播金融交易信息的权力，金融机构和赌场（如CDD、STR和CTR）将采取的预防措施，以及设立和内部控制系统的运行。

KoFIU最初隶属于财政和经济部（MOFE），但由于2008年2月的政府重组，它被转移到金融服务委员会（FSC）。KoFIU配备了来自FSC、司法部（MOJ）、国家警察厅（NPA）、国家税务局（NTS）、韩国海关总署（KCS）、金融监管局（FSS）和其他相关执法机构。法律保障 KoFIU 的独立性和自主性。KoFIU 通过接收来自报告实体的可疑交易报告（STR）、分析可疑交易报告并将其分发给执法机构以采取进一步行动，从而充当金融机构和执法机构之间的机构纽带。KoFIU 还是负责 AML/CFT 政策制定和实施、AML/CFT 监管和报告实体教育的主要组织。

在韩国，金融机构必须根据《实名金融交易和保密法》（“实名金融交易法”）和《金融交易报告法》（FTRA）进行客户尽职调查（CDD）。1993 年颁布的《实名金融交易法》建立了基本 CDD 措施的框架。有效禁止开立或维护匿名账户或假名账户，并要求金融机构核对客户的真实姓名。2005 年 1 月颁布并于 2006 年 1 月生效的 FTRA 修正案，扩大了 CDD 要求的范围包括需要满足 CDD 要求的金融交易种类和需要验证的客户身份信息。

在韩国，可疑交易报告（STR）是打击洗钱和恐怖主义融资的核心措施之一。金融机构和赌场根据其专业知识和主观判断有合理理由怀疑其收到的资金是犯罪所得或客户从事洗钱或恐怖主义融资时，需要提交 ST。当金融机构和娱乐场有“合理理由”怀疑他们收到的与金融交易有关的资金是非法资产，或客户从事洗钱或资助公共犯罪活动时，它们必须向 KoFIU 报告。

◆ **条文解读**

本条共分四款。第一款是关于银行业金融机构、非银行支付机构应当对银行账户、支付账户等支付工具及支付结算服务加强监测，建立完善符合电信网络诈骗活动特征的异常账户和可疑交易监测机制。

本款规定包含以下几个方面的内容：

第一，关于涉诈监测对象的规定。根据本款规定，涉诈监测对象包括银行账户、支付账户等支付工具及支付结算服务。这里所说的“银行账户、支付账户等支付工具及支付结算服务”，本法第十五条中已作解释，这里不再赘述。实践中，电信诈骗涉案账户的前两级中个人银行卡账户占95%以上，对公账户占5%以下；诈骗资金进入第三级之后出现财付通、支付宝账户，财付通、支付宝账户占下游涉案账户的50%以上，而目前财付通、支付宝账户风险管控力度明显不足。

涉及对公账户（单位结算账户、非银行支付机构商户账户）洗钱转账的案件主要体现在杀猪盘与投资类诈骗案件、冒充企业主QQ诈骗财物等案件，虽对公账户占全量电信诈骗案件涉案账户不足5%，但由于对公账户迷惑性大、风控策略宽松、查询止付冻结困难，故造成的损失的金额非常大，造成损失占整个电诈损失的30%以上，加强对公账户的开户管控和事中风控依然是反诈工作的重点。

第二，银行业金融机构、非银行支付机构应当对银行账户、支付账户等支付工具及支付结算服务加强监测。银行业金融机构、非银行支付机构应当切实履行反电信网络诈骗的职责，从银行账户、支付账户等支付工具的开立阶段，提供支付结算服务阶段，以及与客户业务关系存续期间，通过客户尽职调查、受益所有人的识别等多种方式，加强对账户的监测，及时发现账户的异常情况，防止电诈分子利用支付工具和支付结算服务实施电信网络诈骗活动。实践中，有些银行开展联系电话与身份证对应管理，通过提取一个联系电话对应多个个人客户以及一个联系电话对应多个单位法人客户法定代表、财务负责人等的清单，主动联系客户，开展摸排清理工作。有的银行针对涉案账户风险特征隐蔽、变化快、传统手段不易识别等问题，围绕开户异常、交易偏离等特征研发上线智能模型；有的银行对涉案上下游资金交易对手进行延伸和关联监控，实现对可疑交易的事中监测管控。

第三，银行业金融机构、非银行支付机构应当建立完善符合电信网络诈骗活动特征的异常账户和可疑交易监测机制。银行业金融机构、非银行支付机构应当制定本机构的可疑交易监测标准，并对其有效性负责。可疑交易监测标准包括并不限于客户的身份、行为，交易的资金来源、金额、频率、流向、性质等存在异常的情形，并应当参考以下因素：（一）中国人民银行及其分支机构发布的反洗钱、反恐怖融资规定及指引、风险提示、洗钱类型分析报告和风险评估报告。（二）公安机关、司法机关发布的犯罪形势分析、风险提示、犯罪类型报告和工作报告。（三）本机构的资产规模、地域分布、业务特点、客户群体、交易特征，洗钱和恐怖融资风险评估结论。（四）中国人民银行及其分支机构出具的反洗钱监管意见。（五）中国人民银行要求关注的其他因素。

第二款是关于统筹建立跨银行业金融机构、非银行支付机构的反洗钱统一监测系统，完善反洗钱可疑交易报告制度的规定。

本款规定包含以下两个方面的内容：

第一，统筹建立反洗钱统一监测系统。根据本款规定，中国人民银行统筹建立跨银行金融机构、非银行支付机构的反洗钱统一监测系统。

本款的责任主体是中国人民银行，目前中国人民银行指导、部署金融业反洗钱工作，负责反洗钱资金监测。中国反洗钱监测分析中心是中国政府根据联合国有关公约的原则和 FATF 建议以及中国国情建立的行政型国家金融情报机构（FIU），隶属于中央银行（中国人民银行），负责接收、分析和移送金融情报。2006年《中华人民共和国反洗钱法》第十条的规定确立了反洗钱信息中心的法律地位："国务院反洗钱行政主管部门设立反洗钱信息中心，负责大额交易和可疑交易报告的接收、分析，并按照规定向国务院反洗钱行政主管部门报告分析结果，履行国务院反洗钱行政主管部门规定的其他职责。”反洗钱信息中心由此成为中国反洗钱框架中的一个重要法律实体。自成立以来，反洗钱信息中心在反洗钱方面发挥了重要作用，为执法机关打击洗钱及相关犯罪提供了有力金融情报支持。其主要职责包括：收集、整理并保存大额和可疑资金交易信息及相关调查、案件信息；与有关部门研判和会商可疑资金交易线索，配合有关部门进行可疑资金交易线索协查；国家反洗钱数据库建设和管理，研究、开发反洗钱信息接收及监测分析系统，负责系统的运行和维护等。

目前，中国人民银行建立的反洗钱监测分析中心，主要监测的是金融机构存在的可疑交易。考虑到非银行支付机构是电信网络诈骗重要资金转移渠道，有必要由中国人民银行统筹建立跨银行的反洗钱监测系统，有助于高效的实现反电信网络诈骗犯罪活动中各类数据的协查监测、主动监测、战略监测，实现机构间的信息共享，可以使得反洗钱数据时效性显著增强、覆盖面持续扩展、数据来源日趋稳定，数据识别标准逐步统一，数据挖掘能力显著提升。

第二，完善反洗钱可疑交易报告制度。根据本款规定，中国人民银行应当会同国务院公安部门完善与电信网络诈骗犯罪资金流转特点相适应的反洗钱可疑交易报告制度。在此制度中，金融机构发现或者有合理理由怀疑客户、客户的资金或者其他资产、客户的交易或者试图进行的交易与电信网络诈骗、洗钱等犯罪活动相关的，不论所涉资金金额或者资产价值大小，应当提交可疑交易报告。中国人民银行应当会同国务院公安部门及时发布电信网络诈骗犯罪相关风险提示、洗钱类型分析报告和风险评估报告，对与电信网络诈骗犯罪资金流转特点相适应的反洗钱可疑交易报告制度进行完善。

第三款是关于对监测识别的异常账户、可疑交易，应当采取的防范措施的规定。

本款规定包含以下几个方面的内容：

第一，银行业金融机构、非银行支付机构采取防范措施的对象是监测识别异常账户和可疑交易。其中客户的身份、行为，交易的资金来源、金额、频率、流向、性质等存在异常的情形往往是需要考虑的主要因素。

第二，对异常账户和可疑交易应当采取必要的防范措施。根据本款规定，银行业金融机构、非银行支付机构需要采取核实交易情况、重新核验身份、延迟支付结算、限制或者中止有关业务等必要的防范措施。

对于通过可疑监测标准筛选出的异常交易，各金融机构和支付机构应当注重挖掘客户身份资料和交易记录的价值，发挥客户尽职调查的重要作用，采取有效措施进行人工分析、识别。这些措施包括但不限于：重新识别、调查客户身份，包括客户的职业、年龄、收入等信息；采取合理措施核实客户实际控制人或交易实际受益人，了解法人客户的股权或控制权结构；调查分析客户交易背景、交易目的及其合理性，包括客户经营状况和收入来源，关联客户基本信息和交易情况、开户或交易动机等；整体分析与客户的业务关系，对客户全部开户及交易情况进行详细审查，判断客户交易与客户及其业务、风险状况、资金来源等是否相符；涉嫌利用他人账户实施犯罪活动的，与账户所有人核实交易情况。

各金融机构和支付机构应当遵循“风险为本”和“审慎均衡”原则，合理评估可疑交易的可疑程度和风险状况，审慎处理账户（或资金）管控与金融消费者权益保护之间的关系，在报送可疑交易报告后，对可疑交易报告所涉客户，账户（或资金）和金融业务及时采取适当的后续控制措施，充分减轻本机构被洗钱、恐怖融资及其他违法犯罪活动利用的风险。

第四款是关于收集异常客户必要的交易信息、设备位置信息的规定。

本款规定包含以下几个方面的内容：

第一，收集异常客户交易信息、设备位置信息的条件。银行业金融机构、非银行支付机构只有在依照第一款规定，即对银行账户、支付账户等支付工具及支付结算服务开展监测，发现存在异常账户和可疑交易的时候，才能收集该异常客户的信息。

第二，收集异常客户必要的交易信息、设备位置信息。根据本款规定，银行业金融机构、非银行支付机构可以收集异常客户互联网协议地址、网卡地址、支付受理终端信息等必要的交易信息、设备位置信息。

具体来讲，互联网协议地址又称 IP 地址，是 IP 协议提供的一种统一的地址格式，它为互联网上的每一个网络和每一台主机分配一个逻辑地址，由此来屏蔽物理地址的差异，它相当于现实生活中的某一个目的地地址。

网卡地址，又叫 MAC 地址，由 12 个 16 进制组成，是上网设备在网络中的唯一标识，是用来确认网络设备位置的地址。

支付受理终端涉及支付信息的读取、采集和支付指令的生成，其安全性和合规性对保障支付信息与资金安全具有重要意义。支付受理终端及相关业务管理也面临一些新问题、新挑战。例如，部分市场主体变造交易的手段不断翻新，通过擅自更改终端交易路由、商户编码、商户名称、交易地址等方式隐藏违规交易，导致交易信息难以还原真实消费场景，不仅侵犯消费者合法权益、引发投诉纠纷，还为不法分子借道转移违法犯罪资金带来可乘之机。还有一些不法分子利用收款条码转移赌资，为跨境赌博活动提供支付通道。对此，中国人民银行发布了《中国人民银行关于加强支付受理终端及相关业务管理的通知》，加强支付受理终端及相关业务管理，维护支付市场秩序，保护消费者合法权益。

客户交易信息，是指记载交易双方与交易信息的电子数据、业务凭证、账簿和其他资料及其载体，在现代支付中，支付过程中的登录验证措施、支付验证措施以及交易的地址信息（如IP地址）、位置信息（如GPS信息）、设备信息等都有助于判断客户的身份，分析交易的性质，在非面对面完成的支付交易中，有不可替代的价值。

第三，对相关信息使用进行限定。根据本款规定，上述信息未经客户授权，不得用于反电信网络诈骗以外的其他用途。这里所说的“上述信息”是指银行业金融机构、非银行支付机构收集的客户互联网协议地址、网卡地址、支付受理终端信息等交易信息、设备位置信息。银行业金融机构、非银行支付机构在对客户进行监测时不可避免获取大量的客户信息，这些信息必然具有一定商业价值，为保护个人和组织的合法权益，避免发生侵权行为，法律明确规定，不经客户授权，这些信息不得用于反电信网络诈骗以外的其他用途。这里规定的“其他用途”是指反电信网络诈骗违法犯罪的调查、侦查、起诉和审判等之外的用途，如民事纠纷的调解、商业用途等。

在该条的理解适用中，应当需要注意的是，客户身份资料和交易记录涉及客户的个人信息、财产信息等完整信息，一旦泄露易导致对客户隐私权的侵害。客户身份资料和交易记录保存需要将保护个人信息与维护公共利益、履行反洗钱职责、保护客户的财产安全有效地结合在一起。

值得注意的是，一般而言，客户身份资料和交易记录保密的范围是金融机构等在业务过程中获取的客户身份资料和交易记录的全部信息。但是，有些非自然人的身份信息依据有关规定需要公示，或者是任何人都有权查询的公开信息，属于公示项目且已经公示过的身份信息，金融机构再予以保密是不必要的，如登记机关公示的信息、经客户本人同意向他人提供的信息等。《中华人民共和国反洗钱法》第五条规定："对依法履行反洗钱职责或者义务获得的客户身份资料和交易信息，应当予以保密；非依法律规定，不得向任何单位和个人提供。反洗钱行政主管部门和其他依法负有反洗钱监督管理职责的部门、机构履行反洗钱职责获得的客户身份资料和交易信息，只能用于反洗钱行政调查。司法机关依照本法获得的客户身份资料和交易信息，只能用于反洗钱刑事诉讼。"个人信息保护法第五条规定处理个人信息应当遵循合法、正当、必要和诚信原则；第九条规定个人信息处理者应当对其个人信息处理活动负责，并采取必要措施保障所处理的个人信息的安全。商业银行法也规定了"商业银行有为存款人保密的义务"。

◆ **典型案例**

1. 邵某等人为电信网络诈骗洗钱案

2020年12月初至2021年1月底，蔡某秋团伙在明知上线提供的资金为网络犯罪资金的情况下，通过境外聊天软件Telegram（俗称：电报或纸飞机）与境外上线诈骗团伙和国内下线洗钱团伙勾连，层层代理发展下线，底层洗钱团伙通过本地网络兼职平台网罗供卡人，并指使供卡人携带个人银行卡和手机在指定地点（工作室或者宾馆）注册火币APP等虚拟货币交易平台账号，再使用微信支付在虚拟货币交易平台购买"USDT"（泰达币）为电信诈骗团伙洗钱。蔡某秋团伙收取上线洗钱数额的5%作为报酬并支付给下线团伙3%作为佣金，下线团伙层层转包，每一层级收取洗钱数额2%至3%不等的佣金，底层供卡人每天转账5万元收取200元至500元不等佣金。

案件破获后，巢湖市公安局立足现有证据深挖扩线侦查发现：蔡某秋团伙在发展安徽合肥下线的同时，在重庆、湖北恩施、湖南郴州、福建三明等地发展下线洗钱团伙，另外据嫌疑人供述其上线境外诈骗团伙同时在全国各地发展多个洗钱团伙，都是利用微信购买USDT的方式洗钱。根据已抓获的犯罪嫌疑人涉案卡交易明细，发现19个资金量较大的一级卡，进行分析，发现一张户名为张某平的中国建设银行卡，通过该卡反查出已在公安部电信诈骗案件侦办平台录入的138个一级卡账户，1025个对端二级卡账户，在部平台串并案件1654起，涉案资金1.44亿元，梳理出涉案供卡人471名。

2. 跨境虚拟洗钱专案

2020年11月以来，浙江省杭州市局刑侦支队根据涉案银行卡线索展开深挖，抓获卡农郑某泽，继而循线打掉了其上层的以孙某为首的贩卡及洗钱团伙，共计抓获嫌疑人8名。该团伙系以孙某为首的贩卡、洗钱团伙，洗钱集团称之为一个兑币点，孙某为兑币点负责人，洪某秋等四人为币农。孙某团伙起初系贩卖两卡业务，后因断卡行动推进，贩卡风险增大，利润降低，导致该团伙转型，向虚拟币洗钱方向发展。

根据孙某案线索，杭州市公安局进一步深挖，通过资金流、网络流开展深挖扩线，发现一招揽大量“币农”（利用银行卡收赃款后购买虚拟币洗钱人员）从事跨境虚拟币洗钱业务的地下洗钱网络，进一步研判发现涉及全国14省、自治区、直辖市24个洗钱团伙，涉案人员296名，其中涉案银行卡214张，关联案件360起，涉案金额2000余万。

团伙各层级之间使用Telegram等境外聊天软件进行单线联系，老板赵某接到境外犯罪团伙需洗钱走账的“业务”后，管理层调度指令下线各个“兑币点”开始操作；因购买虚拟币需实名认证，“兑币点”则会聚集同城“币农”开始洗钱流程：上游境外犯罪团伙将钱打入“币农”银行卡，“币农”在火币网等网站购买等额虚拟币，扣除相应比例佣金后，将剩余虚拟币打入境外团伙指定的虚拟币钱包地址，由此完成“上游犯罪团伙支付人民币→境内‘币农’购买虚拟币→上游犯罪团伙虚拟币钱包地址”的跨境洗钱流程。

◆ 相关规定

《国务院办公厅关于完善反洗钱、反恐怖融资、反逃税监管体制机制的意见》；《金融机构大额交易和可疑交易报告管理办法》第11—18条、第23条；《中国人民银行关于加强开户管理及可疑交易报告后续控制措施的通知》

第十九条 银行业金融机构、非银行支付机构应当按照国家有关规定，完整、准确传输直接提供商品或者服务的商户名称、收付款客户名称及账号等交易信息，保证交易信息的真实、完整和支付全流程中的一致性。

◆ 条文主旨

本条是关于完整、准确传输交易信息的规定。

◆ 立法背景

（一）起草背景

目前实践中存在着大量支付机构交易数据报送准确性、完整性不足的问题。在支付账户认证及签约环节，存在大量不按规定报送的情况，大量支付机构对支付账户信息未如实填报，对通过支付账户收集转移资金行为的监控力度大大削弱，无法从全行业角度对支付账户进行监控；在交易内容上普遍未如实填报交易背景，如商户信息、行业、交易类型等，使得涉诈资金链追溯、匹配困难，涉诈交易的识别效果受到严重影响。有的平台企业实施封闭策略，资金信息闭环透明度差，上报交易信息不完整、不规范，未满足电子支付指令性、完整性、一致性、可追踪性的要求。因此，本条明确规定支付机构应当依照规定完整、准确传输有关交易信息，防范电信网络诈骗分子借此洗钱。

（二）审议中各方面的意见

1. 反电信网络诈骗法（草案）对本条未作规定。

2. 草案二次审议稿增加了本条规定，草案二次审议稿第十九条规定："银行业金融机构、非银行支付机构应当按照国家有关规定，完整、准确传输直接提供商品或者服务的商户名称、收付款客户名称及账号等交易信息，保证交易信息的真实、完整和支付全流程中的一致性。"在审议过程中有的提出，本条的核心目的应是确保进入金融体系的交易信息真实、确定，交易信息的源头来自商家，本条的约束目的应包含两点：（1）提供商品或服务的商户应向银行业金融机构、非银行业支付机构传输交易完整信息、商品或服务信息；（2）提供商品或服务的商户不得篡改、隐瞒、漏传上述信息，确保提交的信息真实、完整、一致。

有的建议将"银行业金融机构、非银行支付机构"修改为"银行业金融机构、非银行支付机构、清算机构"，将"保证交易信息的真实、完整和支付全流程中的一致性"修改为"保证交易信息的完整性、一致性和不可抵赖性"。有的建议删去"支付全流程的一致性"。

有的建议增加金融机构完整报送交易信息的规定，将本条修改为"银行业金融机构、非银行支付机构应当按照监管要求和清算机构业务规则，完整、准确透传直接提供商品或服务的商户名称、收付款客户名称及账号等交易信息，确保交易信息的真实性、完整性、可追溯性和支付全流程中的一致性，不得截留、漏送必要信息，不得伪造、变造、篡改或隐匿交易信息，不得对交易信息作模糊处理”。

3. 草案三次审议稿对本条未作修改。

◆ **条文解读**

本条包含以下几个方面的内容：

第一，完整、准确传输交易信息。这一规定包含以下几层意思：一是本条规定的责任主体是银行业金融机构、非银行支付机构。二是按照国家有关规定。这里所说的“按照国家有关规定”，既包括法律、行政法规的规定，也包括部门规章和规范性文件的规定。三是完整、准确传输直接提供商品或者服务的商户名称、收付款客户名称及账号等交易信息。银行业金融机构、非银行支付机构应当确保交易信息的真实性、完整性、可追溯性以及在支付全流程中的一致性，不得篡改或者隐匿交易信息。所谓“交易信息”，根据2017年《条码支付业务规范（试行）》规定，交易信息至少应包括：直接提供商品或服务的特约商户名称、类别和代码，受理终端（网络支付接口）类型和代码，交易时间和地点(网络特约商户的网络地址)，交易金额，交易类型和渠道，交易发起方式等。网络特约商户的交易信息还应当包括订单号和网络交易平台名称。实践中，交易信息包括但不限于下列内容：（1）交易渠道、交易终端或接口类型、交易类型、交易金额、交易时间，以及直接向客户提供商品或者服务的特约商户名称、编码和按照国家与金融行业标准设置的商户类别码；（2）收付款客户名称，收付款支付账户或者银行账户的开户银行名称及账号；（3）付款客户的身份验证和交易授权信息；（4）有效追溯交易的标识；（5）单位客户单笔超过 5 万元的转账业务的付款用途和事由。

2017 年《条码支付业务规范（试行）》进一步规定，银行、支付机构应根据条码支付的真实场景，按规定正确选用交易类型，准确标识交易信息并完整发送，确保交易信息的完整性、真实性和可追溯性。2019 年《中国人民银行关于进一步加强支付结算管理防范电信网络新型违法犯罪有关事项的通知》要求，银行、支付机构应当按照清算机构报文规范要求准确、完整报送实际交易的特约商户信息和收款方、付款方信息，并向客户准确展示商户名称或收款方、付款方名称。

第二，完整、准确传输交易信息的目的是保证交易信息的真实、完整和支付全流程中的一致性。完整、准确传输交易信息在实践中也称为交易信息透传，也就是使交易信息传输透明，交易信息透传制度在反洗钱工作中起着十分重要的作用，随着电子支付行业的快速发展，银行卡业务面临的洗钱风险日益加剧。与传统现金和柜台交易不同，新型互联网和移动支付具有资金快速流转、线上远程操作、信息验证交易等特点，大量洗钱交易转移到了线上新型支付渠道，使得洗钱资金的监测和追查越发困难。由于支付行业涉及发卡银行、收单机构、转接清算机构、商户等众多参与方，消费、取现、转账、缴费、代收付等支付交易类型繁多、交易信息要素各异，加之发卡银行和支付机构通常“重欺诈、轻洗钱”风险管理，特别是非金融支付机构起步较晚，洗钱风险管理普遍较为薄弱，容易成为洗钱的温床。数据“黑产”与洗钱团伙联合，申请欺诈、交易欺诈和洗钱交易交织并存，交易变造、虚假商户、跑分平台等恶性违规行为层出不穷，进一步加剧了洗钱行为在电子支付网络的泛滥和蔓延。因此要加强支付领域数据透传监管，做到支付交易信息的完整准确标识、传递和处理，确保支付交易信息在支付全流程可穿透关联，保障支付消费者的公平交易权。完整、准确传输提供商品或服务的相关交易信息，从而能够保证交易信息的真实性、完整性以及支付全流程中的一致性。

实践中需要注意的是：金融机构之间的交易信息如不能有效贯通，交易在不同机构间就会割裂，无法对应识别。部分支付机构使用自身账户标识替代账户信息，部分机构出于逐利目的，甚至会违规变造交易，造成交易被系统化分拆至不同商户甚至虚假商户，交易信息失真无法反应真实交易场景，会导致洗钱分子利用支付体系的弱点将资金通过电子交易在机构间流转，各机构间的交易信息通常不能透传，无法展现完整的资金链条，给洗钱资金的还原造成了很大的困难。即使各家机构分别报送了同一笔资金流向的可疑交易报告，反洗钱监测分析中心可能也难以通过唯一的身份或账户信息将各机构上报的交易进行有效串联，还原其在支付业务参与主体间资金流转的完整链路。目前尽管监管机构下发了上送交易唯一标识的要求，但由于缺乏明确的技术标准和报文规范，难以在报告中有效执行落地。由于支付宝和微信支付的条码交易在不同支付环节可能通过银联或网联不同渠道转接，单个清算机构也无法掌握全部环节交易，使洗钱分子有机可乘，通过不同的支付和转接渠道分散交易。因此，有关方面要明确交易唯一标识和交易对手方账户等信息上送要求，实现交易信息从客户身份或账户层面的唯一性识别和参与机构间的透传，规范上送交易对手方信息，打通不同机构间的资金链条；同时，不断加强对义务机构的监管力度，通过现场检查等方式，有效震慑交易变造等恶性违规行为，督促相关机构按照行业规范，真实、准确、完整上送交易信息。

◆ **相关规定**

《非银行支付机构网络支付业务管理办法》第 14 条；《中国

人民银行关于进一步加强支付结算管理防范电信网络新型违法犯罪有关事项的通知》第17条；《银行卡收单业务管理办法》第25条；《条码支付业务规范（试行）》第20条；《关于加强支付受理终端及相关业务管理的通知》三（一）

第二十条 国务院公安部门会同有关部门建立完善电信网络诈骗涉案资金即时查询、紧急止付、快速冻结、及时解冻和资金返还制度，明确有关条件、程序和救济措施。

公安机关依法决定采取上述措施的，银行业金融机构、非银行支付机构应当予以配合。

◆ 条文主旨

本条是关于涉诈资金即时查询、紧急止付、快速冻结、及时解冻和资金返还制度的规定。

◆ 立法背景

（一）起草背景

目前，电信网络行业进行失信管理或者实施失信惩戒效力弱，电信、金融部门配合公安机关打击“电诈”活动，采取关停、拦截、二次核验、资金止付冻结方面等，虽然实践中按照此类方式在做，依靠政策协调国有企业执行，但尚没有明确的法律依据。特别是修改后的行政处罚法规定暂停、限制有关市场主体业务等措施属于行政处罚的种类，必须由法律、行政法规明确规定，有关规章、政策文件无权设定。因此一些实践做法、政策规定面临质疑，还需要进一步上升为法律规定。

此外，快速止付冻结机制的相关依据层级较低。2016 年，中国人民银行、工业和信息化部、公安部和原国家工商行政管理总局颁布《关于建立电信网络新型违法犯罪涉案账户紧急止付和快速冻结机制的通知》作出规定，对涉案账户及关联账户，特别是资金接收的下游账户建立快速止付冻结机制。紧急止付实际上是对账户进行期限为 48 小时的“冻结”，该通知要求与商业银行法有关冻结应由法律作出的规定不一致，且在执行中缺乏统一法律文书，以立法的形式予以规范存在必要性。本条规定为金融机构采取紧急止付、快速冻结等处置措施，提供了必要的法律依据。

（二）审议中各方面的意见

1. 反电信网络诈骗法（草案）第十七条规定：“国务院公安部门会同有关部门建立完善电信网络诈骗涉案资金紧急止付、快速冻结和资金返还制度，明确有关条件、程序和救济措施。紧急止付、快速冻结、资金返还由公安机关决定，银行业金融机构、非银行支付机构应当予以配合。”

审议过程中有的常委会组成人员、地方和部门提出，从司法实践看，被冻结的涉案账户中，有被害人的被骗资金和企业贸易往来合法资金，在能够甄别资金来源的前提下，应当及时解冻，并及时返还给被害人和企业，建议在“快速冻结”后增加“及时解冻”制度。有的部门提出，在建立完善电信网络诈骗涉案资金后增加“即时查询”。有的建议将“快速冻结”修改为“网络冻结”。有的提出，紧急止付、快速冻结、资金返还是否只能由公安机关决定，在特殊情况下，银行是不是也可以直接决定采取措施。有的部门建议增加规定，中国人民银行建设涉案账户资金查控平台，为公安机关查询、冻结、止付银行账户和支付账户提供便捷通道。公安机关作出紧急止付的决定，向配合止付的银行业金融机构、非银行止付机构出具协助紧急止付财产通知书。

有的建议增加规定：归属不明确的久冻（冻结满1年或以上）涉案账户，由公安机关会同有关部门制定相关规定，优先返还受害人。有的全国人大代表提出，对于公安机关决定紧急止付、快速冻结、资金返还的界定过于原则与笼统，因各级公安机关对案件把控及案情认知不同，易造成紧急止付、快速冻结、资金返还等措施的滥用，建议明确由市级以上公安机关决定。

2. 草案二次审议稿第二十条规定："国务院公安部门会同有关部门建立完善电信网络诈骗涉案资金即时查询、紧急止付、快速冻结、及时解冻和资金返还制度，明确有关条件、程序和救济措施。紧急止付、快速冻结、资金返还由公安机关决定，银行业金融机构、非银行支付机构应当予以配合。"

根据各方面的意见，草案二次审议稿对草案作了以下修改：一是，考虑到采取紧急止付、快速冻结等措施前必须对有关账户进行查询，在"紧急止付"前增加"即时查询"的规定。二是，从司法实践看，被冻结的涉案账户中，既有涉及诈骗等违法犯罪资金，也有很多正常交易资金，其中有许多是被害人被骗资金和企业贸易往来合法资金，在能够甄别资金来源的前提下，应当及时解冻，及时返还给被害人和企业，如果长期冻结，不仅严重影响被害人获得感和幸福感，也影响相关企业的正常运营，容易产生社会不稳定因素，因此，在"快速冻结"后增加"及时解冻"的规定。

审议过程中有的委员提出资金返还既是刑事诉讼活动中的一项重要工作，也是案件审查办理的一项重要内容。除由公安机关决定外，根据刑事诉讼法等法律规定，在法庭审理阶段也可以由人民法院通过判决来决定资金返还。规定仅由公安机关决定返还，在诉讼环节有时会产生问题。建议研究增加"人民法院"作为资金返还决定主体。

有的建议完善公安机关查冻程序，将第二十条修改为“国务院公安部门会同有关部门建立完善电信网络诈骗涉案资金查询、止付、冻结、解冻和资金返还制度，明确有关条件、程序和救济措施。查询、止付、冻结、解冻和资金返还由公安机关决定”。

有的建议将本条中“国务院公安部门会同有关部门”修改为“司法机关会同有关部门”。

有的建议在“快速解冻”后增加“提前解冻”。将“即时查询、紧急止付、快速解冻、及时解冻和资金返还制度”修改为“查询、冻结、解冻和资金返还制度”。

有的建议明确申诉流程、证据标准和救济时间，降低对企业经营的影响。

3. 草案三次审议稿第二十条规定：“国务院公安部门会同有关部门建立完善电信网络诈骗涉案资金即时查询、紧急止付、快速冻结、及时解冻和资金返还制度，明确有关条件、程序和救济措施。

公安机关依法决定采取上述措施的，银行业金融机构、非银行支付机构应当予以配合。”

根据各方面的意见，草案三次审议稿对草案二次审议稿作了以下修改：一是将一款修改为两款，逻辑更加清晰。二是为避免重复，将“紧急止付、快速冻结、资金返还由公安机关决定”的表述修改为“公安机关依法决定采取上述措施”。

（三）有关国家、地区的规定

日本公司开发出一款装有人工智能的 ATM 机，如果 ATM 摄像头捕捉到操作者正在用手机通话、或是戴着口罩、墨镜的画面，该 ATM 机就会在屏幕上发布警告，要求操作者摘下口罩和墨镜。它还会要求对方回答与诈骗相关的问题，并根据操作者的回答选择是否强行中止交易。日本的许多银行都会组织员工进行训练，教工作人员分辨出哪些老人正遭到诈骗，学习如何提醒老人谨防诈骗，达到在转账环节终止诈骗行为的目的。

英国金融协会和英国零售支付服务提供商联合开发了钱骡账户追踪方案，一方面能够跟踪可疑交易，发现支付链条上的“钱骡”账户和收款人信息，打击为网络诈骗者充当洗钱中介牟取利益的“钱骡”。另一方面能够在交易确认前检查收款账户背景信息的真伪，防止授权支付欺诈。

澳大利亚建立公民身份识别和金融交易监管系统，帮助受害者跟踪交易记录，尽可能挽回用户因电信网络诈骗导致的经济损失。

◆ **条文解读**

本条共分两款。第一款是关于涉诈资金即时查询、紧急止付、快速冻结、及时解冻和资金返还制度的规定。

本款包含以下几个方面的内容：

第一，本款规定的职责主体是国务院公安部门。这里所说的“国务院公安部门”是指公安部。“有关部门”主要包括中国人民银行、中国银保监会、中国证监会等与处置电诈涉案资金相关的主管部门。国务院公安部门有职责会同有关部门完善电信网络诈骗涉案资金即时处置措施，减少被害人的财产损失。

第二，建立电信网络诈骗涉案资金的即时处置措施。为了有效打击电信网络诈骗活动，使被害人的财产及时止损，本款规定了以下处置措施：

1. “即时查询”制度。所谓“即时查询”，是指及时、快速地查询涉诈资金的去向。了解涉诈资金的去向和流转方式才能有效对涉诈资金进行追查及止付冻结，即时查询资金的去向十分重要。当前电信网络诈骗犯罪洗钱手法多样，资金流转途径众多，追查资金去向非常困难。已经从前期的背包客取款，转向第三方、第四方支付、跑分平台、国际贸易对冲等方式洗钱。目前洗钱手法主要有以下几种：一是通过地下钱庄贸易对冲洗钱；二是通过银行账户转第三方支付公司，利用第三方支付公司办理的账户搭建第四方支付、跑分平台进行资金流转；三是将赃款转入信用卡（贷记卡），再用 POS 刷卡消费方式将赃款流向物理隔断进行洗钱；四是将电信网络诈骗资金或网赌资金购买成虚拟币 USDT，再将 USDT 充值到犯罪团伙指定钱包。

电信网络诈骗犯罪涉案资金转移境外方式，目前主要有四种：一是通过外贸走地下钱庄资金对敲（对冲），由境内外贸商户收取地下钱庄代收的电信诈骗被骗资金，境外地下钱庄通过对敲方式给诈骗团伙支付美元或等额外币。二是由境内 USDT 虚拟币承兑商通过虚拟币交易平台将赃款转手购买成 USDT 虚拟币，再将 USDT 充值到上游犯罪团伙指定钱包地址。三是通过珠海澳门的“换钱党”将电诈资金取成现金，走私出境；或通过中缅边境的背包客将电诈资金以现金方式偷运出境。四是通过跨境电商，在境外购物网站购买虚拟商品比如韩国游戏装备或游戏币等，再通过电商平台将其售出获取外币。目前最主要的方式是 USDT 承兑商将电诈资金洗出境外，其次是贸易对冲（对敲）洗钱。

值得借鉴的是，义乌市成立了全省首个县级反诈中心，凡是涉及诈骗的银行卡、电话卡立即开展止付工作，实现接警后第一时间冻结，2021 年 1-10 月通过反诈中心平台累计电话劝阻 620 多起，止付银行卡 2400 多张，止付金额 2500 余万元，冻结嫌疑银行卡 5300 多张。

2. “紧急止付”制度。紧急止付这一措施最早被用在电信网络犯罪案件的办理之中，在该类案件中，被害人若完成了支付，财产经常被专业犯罪集团迅速转移，常常在 1 分钟内就被转移至多级账户，被害人的财产很难追回来。为提高公安机关止付、冻结诈骗资金效率，切实保护社会公众财产安全，2016 年，中国人民银行、工业和信息化部、公安部、工商总局决定建立电信网络新型违法犯罪涉案账户紧急止付和快速冻结机制。通过该机制，受害人在遇到电信诈骗后第一时间报警，民警核实情况后，立即启动紧急止付程序，大大缩短了处理的时间，提高了止付冻结的成功率。该机制至今已经运行了五年多的时间，成功挽回了大量的诈骗款，取得了很好的社会效果。

实践中，紧急止付制度与资金止付的挽损紧密相关。一是，电信网络诈骗犯罪的挽损率与被害人报案时间关系密切。当前，电信网络诈骗犯罪的专业洗钱速度以分钟来计算，受害人汇款汇出时间在半个小时之内报案的，挽损拦截率可以达到 85%以上；2 小时之内报案的，挽损拦截率可以达到 70%以上；4 小时之内报案的，挽损拦截率可以达到 60%以上；24 小时之内报案的，挽损拦截率可以达到 35%以上；超过 24 小时报案的，止付挽损率相对较低，平均不足 20%。二是，采用紧急止付方式挽损率较低。公安部门会同金融监管部门建立了资金紧急止付系统平台，在立案前对涉诈资金实行紧急拦截、止付。目前，采用紧急止付方式挽损率一般不超过本账户涉案总量的 15%，原因主要有四点：(1) 紧急止付的完成时间和诈骗窝点电子转账时间不成正比。目前我国境内各家银行的电子转账均为即时到达，而紧急止付发起后通过多个网关路由和定时报文交换，银行最快在 15 分钟能收到止付指令进行管控。(2) 紧急止付到的资金往往并非本案涉案资金。诈骗账户一般不留余额，公安机关对涉案账户进行紧急止付时，本案的诈骗资金早已经被转移至下游洗钱账户，而止付后汇入的资金往往来自于另外的受害人的被骗资金，诈骗分子一旦发现账户被止付则会立即启动备用账户继续诈骗。(3) 诈骗团伙通过多种方式混合洗钱并做多层物理隔断后，所冻结资金无法清晰划分资金归属。资金经过多级转账混合后，无法区分具体归属，导致资金返还难；通过向社会发布公告，按涉案资金比例返还，受流程、核案、资金返还比例的划分等条件限制，难以全面开展。（4）受害人报案不及时，严重影响挽损拦截率。当前，比较高发的电信诈骗案件种类主要有刷单、贷款、杀猪盘、冒充客服等，都有一定的案发周期，当受害人发现自己上当受骗，资金早已不知所踪。

3. “快速冻结”制度。根据 2016 年 8 月，中国银监会、公安部《电信网络新型违法犯罪案件冻结资金返还若干规定》，冻结资金，是指公安机关依照法律规定对特定银行账户实施冻结措施，并由银行业金融机构协助执行的资金。2016 年 12 月，中国银监会办公厅、公安部办公厅印发了《关于电信网络新型违法犯罪案件冻结资金返还若干规定实施细则的通知》，规定外国通过有关国际条约、协议、规定的联系途径、外交途径，提出刑事司法协助请求的，由银监会和公安部批准后，可参照该《电信网络新型违法犯罪案件冻结资金返还若干规定》执行。

采取冻结措施具有严格的限制条件，2016 年中共中央、国务院《关于完善产权保护制度依法保护产权的意见》第五条细化了涉嫌违法的企业和人员财产处置规则，依法慎重决定是否采取相关强制措施。确需采取查封、扣押、冻结等措施的，要严格按照法定程序进行，除依法需责令关闭企业的情形外，在条件允许情况下可以为企业预留必要的流动资金和往来账户，最大限度降低对企业正常生产经营活动的不利影响。采取查封、扣押、冻结措施和处置涉案财物时，要依法严格区分个人财产和企业法人财产。对股东、企业经营管理者等自然人违法，在处置其个人财产时不任意牵连企业法人财产；对企业违法，在处置企业法人财产时不任意牵连股东、企业经营管理者个人合法财产。严格区分违法所得和合法财产，区分涉案人员个人财产和家庭成员财产，在处置违法所得时不牵连合法财产。完善涉案财物保管、鉴定、估价、拍卖、变卖制度，做到公开公正和规范高效，充分尊重和依法保护当事人及其近亲属、股东、债权人等相关方的合法权益。

4. “及时解冻”制度。根据《银行业金融机构协助人民检察院公安机关国家安全机关查询冻结工作规定》，经查明冻结财产确实与案件无关的，人民检察院、公安机关、国家安全机关应当在三日以内按照本规定第十九条的规定及时解除冻结，并书面通知被冻结财产的所有人；因此对被冻结财产的单位或者个人造成损失的，银行业金融机构不承担法律责任，但因银行业金融机构自身操作失误或设备故障造成被冻结财产的单位或者个人损失的除外。上级人民检察院、公安机关、国家安全机关认为应当解除冻结措施的，应当责令作出冻结决定的下级人民检察院、公安机关、国家安全机关解除冻结。

5. “资金返还”制度。2015 年中共中央办公厅、国务院办公厅印发的《关于进一步规范刑事诉讼涉案财物处置工作的意见》第二条规定，规范涉案财物查封、扣押、冻结程序，查封、扣押、冻结涉案财物，应当严格依照法定条件和程序进行。严禁在立案之前查封、扣押、冻结财物。不得查封、扣押、冻结与案件无关的财物。凡查封、扣押、冻结的财物，都应当及时进行审查；经查明确实与案件无关的，应当在三日内予以解除、退还，并通知有关当事人。查封、扣押、冻结涉案财物，应当为犯罪嫌疑人、被告人及其所扶养的亲属保留必需的生活费用和物品，减少对涉案单位正常办公、生产、经营等活动的影响。公安机关、国家安全机关决定撤销案件或者终止侦查、人民检察院决定撤销案件或者不起诉、人民法院作出无罪判决的，涉案财物除依法另行处理外，应当解除查封、扣押、冻结措施，需要返还当事人的应当及时返还。

实践中，冻结资金一般以溯源返还为原则，由公安机关区分不同情况按以下方式返还：(1) 冻结账户内仅有单笔汇（存）款记录，可直接溯源被害人的，直接返还被害人；(2) 冻结账户内有多笔汇（存）款记录，按照时间戳记载可以直接溯源被害人的，直接返还被害人；(3) 冻结账户内有多笔汇（存）款记录，按照时间戳记载无法直接溯源被害人的，按照被害人被骗（盗）金额占冻结在案资金总额的比例返还；(4) 按比例返还的，公安机关应当发出公告，公告期为30日，公告期间内被害人、其他利害关系人可就返还冻结提出异议，公安机关依法进行审核。冻结账户返还后剩余资金在原冻结期内继续冻结；公安机关根据办案需要可以在冻结期满前依法办理续冻手续。

实际执行中，查封、扣押财物、文件、邮件、电报或者冻结存款、汇款、债券、股票、基金份额后，必须及时调查核实，弄清被查封、扣押物与电信网络犯罪案件及犯罪嫌疑人的关系，不能扣而不查；其中，经查明确实与案件无关的查封、扣押物，应当及时退回，对被冻结的存款、汇款、债券、股票、基金份额要尽快解冻，不得以任何借口留置或者拖延退还、解冻。

第三，明确有关条件、程序和救济措施。国务院公安部门会同有关部门对电信网络诈骗涉案资金适用即时处置措施时，必须明确有关措施适用的条件、程序和救济措施，对涉案资金采取即时处置等措施是非常必要的，但在反诈骗、防诈骗中也要有保护正常用户权益的意识和相应的规定，具体而言，一方面要精准施策，明确适用的具体条件，还要有严格的内部审批程序，做到慎重使用，这里的所说的“涉案资金处置的法定条件和程序”，既包括刑事诉讼法等有关法律规定的条件和程序，也包括部门规章和规范性文件规定的条件和程序，其中，有的制度对条件和程序已作了规定，而有的制度对此只作了原则性规定，或未作规定，这就需要国务院公安部门及时会同有关部门对适用的相关条件和程序作出明确规定。如《中华人民共和国刑事诉讼法》第一百四十四条规定，人民检察院、公安机关根据侦查犯罪的需要，可以依照规定查询、冻结犯罪嫌疑人的存款、汇款、债券、股票、基金份额等财产。有关单位和个人应当配合。犯罪嫌疑人的存款、汇款、债券、股票、基金份额等财产已被冻结的，不得重复冻结。《最高人民法院、最高人民检察院、公安部、司法部关于办理黑恶势力刑事案件中财产处置若干问题的意见》也规定，严禁在立案之前查封、扣押、冻结财物；凡查封、扣押、冻结的财物，都应当及时进行审查，防止因程序违法、工作瑕疵等影响案件审理以及涉案财产处置。

另一方面，要给予涉案当事人或者善意第三人等救济措施，尽可能减少相应的损失和负面效应。财产权益是公民和组织重要的民事权利，直接关系到公民个人及相对人的切身利益，也是法律重点保护的对象。处置涉案资金要依法保护公民和组织的合法财产权益，要严格区分违法所得与合法财产、本人财产与其家属的财产，减少不利影响。国务院公安部门应当及时会同有关部门明确本条规定的相关制度的救济措施，给予涉案当事人或者善意第三人等必要的申诉渠道，同时对提出的申诉及时核查，经核查与案件无关的财产，应当即时解除有关措施，从而保障公民和组织的合法权益。

第二款是关于公安机关依法决定相关措施，有关机构予以配合的规定。

根据本款规定，公安机关依法决定采取即时查询、紧急止付、快速冻结、及时解冻和资金返还措施的，银行业金融机构、非银行支付机构应当予以配合。这里所说的“予以配合”，就是要求银行业金融机构、非银行支付机构依照本法和其他有关规定协助公安机关对单位或个人在本机构涉案的存款、汇款等财产采取即时查询、紧急止付、快速冻结、及时解冻和资金返还措施。

实践中，各有关方面在资金返还制度中存在不同分工：(1) 公安机关。公安机关负责查清被害人资金流向，及时通知被害人，并作出资金返还决定，实施返还。(2) 银行业监督管理机构。银行业监督管理机构负责督促、检查辖区内银行业金融机构协助查询、冻结、返还工作，并就执行中的问题与公安机关进行协调。银行业金融机构依法协助公安机关查清被害人资金流向，将所涉资金返还至公安机关指定的被害人账户。(3) 银行业金融机构、非银行支付机构。银行业金融机构、非银行支付机构具有协助查询、冻结的配合义务。为了及时追回被害人的财产，如有的地方规定，对于公安机关通过管理平台发起的涉案账户查询、止付和冻结业务，符合法律法规和相关规定的，银行和支付机构应当立即办理并及时反馈。银行和支付机构应当建立涉案账户查询、止付、冻结 7×24 小时紧急联系人机制，设置 AB 角，并将紧急联系人姓名、联系方式等信息报送法人所在地公安机关。紧急联系人发生变更的，应当于变更之日起 1 个工作日内重新报送。

实践中需要注意的是：对于涉案资金链中的账户予以止付、冻结，理论上可行，但电诈犯罪案件的特殊性在于涉案账户处置过程中，存在一些现有条件下难以解决的问题，有的还需要进一步研究和明确：一是某些外贸商户，利用地下钱庄进行境内外货款结算，如何平衡善意取得和涉案资金追索，需要进一步研究。二是网上虚拟币交易中，关于涉案的合理交易资金流处置问题，近日中国互联网金融协会、中国银行业协会、中国支付清算协会联合发布公告，明确虚拟币交易不受法律保护，为此类情况的妥善处置提供了很好的理论基础。但对于虚拟币流转去向、账号查扣等问题，需要进一步研究。三是由于客观原因，一部分电诈案件无法破案，冻结的涉案资金难以查清归属，涉及对此涉案资金，特别是涉及虚拟币时如何处置的问题。四是在公安机关办案过程中发现为电诈洗钱的专业团伙，对于公安机关的支付和冻结情况十分清楚，其有发起恶意投诉的流程和话术剧本，此类情况也易造成误判。五是从司法实践看，当前被冻结的涉案账户中，既有涉及诈骗等违法犯罪资金，也有不少其他正常资金，不乏众多被害人的被骗资金和企业贸易往来合法资金。对于后者，在能够甄别资金来源的前提下，应当及时解冻，并及时返还给被害人和企业。如长期冻结，不仅严重影响被害人获得感和幸福感，也影响相关企业的正常运营，容易产生社会不稳定因素。

◆ **典型案例**

山东某信息科技有限公司提供电话黑卡案

2019 年 3 月，云南昆明警方接报一起案值 30 万元的电信网络诈骗案。破获此案后，围绕诈骗嫌疑人使用的虚拟身份和银行账户，昆明警方继续深挖。调查发现诈骗团伙实施诈骗时使用的微信号，都来自昆明市某工作室。进一步深挖，发现中游的盗号、贩号窝点——昆明某工作室从山东某信息科技有限公司大量购买手机“黑卡”。该公司是某家电信运营商的一级代理商，其主要业务是帮助电信运营商销售各类电话卡。为获取高额回报，该公司与电信运营商内部人员勾结，获取了大量电话卡，为全国 300 余个犯罪团伙提供大量电话“黑卡”，用于盗取微信号和从事电信网络诈骗活动，仅 2018 年就非法提供电话“黑卡”1000 万余张。

2019 年 5 月，专案组赴山东，在当地警方的配合下抓获以任某、苏某为首的犯罪团伙成员 130 余人，仅从其中一个窝点就缴获非法电话卡 277 万张，重约 11 吨，查获“猫池”“卡池”等作案工具3500余台、冻结涉案资金1100余万元。

2019年8月，云南公安机关将涉及26个省（区、市）的手机“黑卡”线索向全国进行了通报，公安部发起了“净网2019”1号集群战役，在全国范围内共抓获各类犯罪嫌疑人4000余人，缴获手机“黑卡”、物联网卡1800余万张（重约70吨），收缴电脑、手机等作案设备3万余台，涉及公民个人信息6723万条。

◆ **相关规定**

《银行业金融机构协助人民检察院公安机关国家安全机关查询冻结工作规定》；《电信网络新型违法犯罪案件冻结资金返还若干规定》；《电信网络新型违法犯罪案件冻结资金返还若干规定实施细则》；《中国人民银行关于进一步加强支付结算管理防范电信网络新型违法犯罪有关事项的通知》第2条

第四章　互联网治理

第二十一条　电信业务经营者、互联网服务提供者为用户提供下列服务，在与用户签订协议或者确认提供服务时，应当依法要求用户提供真实身份信息，用户不提供真实身份信息的，不得提供服务：

（一）提供互联网接入服务；

（二）提供网络代理等网络地址转换服务；

（三）提供互联网域名注册、服务器托管、空间租用、云服务、内容分发服务；

（四）提供信息、软件发布服务，或者提供即时通讯、网络交易、网络游戏、网络直播发布、广告推广服务。

◆ 条文主旨

本条是关于互联网实名制的有关规定。

◆ 立法背景

（一）起草背景

2015 年 2 月国家互联网信息办公室公布的《互联网用户账号名称管理规定》等法律法规对互联网账号实名制作了规定。根据规定，互联网信息服务提供者按照“后台实名、前台自愿”的原则，要求互联网信息服务使用者通过真实身份信息认证后注册账号。如微信公众号实施注册认证机制，注册用户需采用实名认证并进行信息登记，对资料的真实性、合法性、准确性和有效性承担责任。2021 年 1 月公布的《互联网用户公众账号信息服务管理规定》对申请注册互联网账号的用户落实实名制作出规定，明确了公众账号信息服务平台、公众账号生产运营者在维护互联网安全、预防互联网违法犯罪等方面的监管职责和义务。

随着互联网技术的快速发展和在经济社会生活各领域的广泛应用，信息网络已经成为信息传递交流的主要方式和社会经济生活的重要平台。与信息网络快速发展相伴随，一些犯罪分子利用信息网络实施犯罪的情况也日益严重。由于网络自身的特性，网络犯罪与传统犯罪相比，也呈现出很多不同特点，这些不同特点对犯罪追诉模式也带来了一定挑战。这种以互联网为纽带，分工配合实施犯罪的方式，大大降低了网络犯罪的门槛和成本。以钓鱼网站诈骗为例，从域名注册和服务器的租用、网站的制作与推广、盗取他人帐户信息、销售盗取的信息、实施诈骗、冒名办理银行卡、赃款提取等，每个环节都是不同群体的人员实施，之间往往互不相识。这种情况给依法打击犯罪带来很大困难。一些搜索引擎公司、支付结算平台、互联网接入服务商等，常常以不知道他人实施犯罪为由逃避法律追究，因此明确电信业务经营者、互联网服务提供者的互联网实名制责任尤为关键。

（二）审议中各方面的意见

1. 反电信网络诈骗法（草案）第十八条规定："互联网服务提供者在与用户签订协议或者确认提供服务时，应当依法要求用户提供真实身份信息，用户不提供真实身份信息的，不得提供下列相关服务：

（一）提供互联网接入服务；

（二）提供虚拟专用网络、网络代理等网络地址转换服务；

（三）提供互联网域名注册、主机托管、空间租用、云服务、内容分发服务；

（四）提供信息、应用和软件发布服务，或者提供即时通信、网络支付、网络交易、网络游戏、网络直播、广告推广服务。”

审议过程中，有的建议，将第三项修改为“提供互联网域名注册、云服务”，删除“主机托管”、“空间租用”、“内容分发服务”的规定，这些活动没有必要都实名制管理，耗费资源、收效小，对于非云服务内容下的主机托管、空间租用、内容分发网络可按是否接入网络来判断是否应当实名。

有些部门和单位提出，对“真实身份信息”的内容作出列举；增加“依照用户所在国法律无需提供真实身份的除外”的规定；增加规定“用户使用手机号码进行实名认证的，还应当核验用户手机号码实名信息与其本人身份信息是否一致”；增加“核验动态人脸识别信息”的内容，规定“互联网服务提供者在提供服务时可以进行人脸识别等核实身份行为，发现身份信息与注册信息不符，关闭互联网服务，要求重新提供身份证明”。

有的提出，重视解决“实名不实人”的突出问题，防范实践中违法犯罪分子可能通过技术对抗，突破电话卡实名制，进而突破网络实名制的严重问题，建议增加一款作为第二款，规定“互联网服务提供者应当在以电话卡实名制为基础的身份验证机制上，进一步加强技术手段建设和防范性制度建设”。有的部门提出，部分互联网企业基于多方面原因不愿共享涉诈数据，不愿配合开展线索核查和涉诈账号快速处置。需要从法律上明确互联网企业责任，督促其做好网上诈骗信息监测、处置。有的部门提出，搜索引擎企业没有有效过滤违法信息，诈骗团伙可轻易搜索到公民个人信息、买卖银行卡、电话卡等信息。服务器和域名管理缺失，骗子可随意租赁境外服务器，批量购买涉诈域名网址。APP 开发使用混乱，通过虚假 APP 实施的案件已占全量案件的 60%。

有的提出，实名制是一把“双刃剑”，有利于完善管理制度、加强监管，但随着电信网络诈骗不断“转型”，利用实名信息实施的精准诈骗成为打击治理电信网络诈骗的难点。如果实名制范围进一步扩大，方式进一步严格，要求使用人脸等进行验证，将可能带来新的数据安全问题和诈骗进一步精准的问题，特别是数据安全维护的成本较高，一些小的企业难以投入，全面要求实名制会造成较大数据安全风险，在推行实名制的同时必须进一步强化保护实名制信息。

有的企业提出，落实实名制若全部采取“姓名+身份证号”的验证方式实施难度较大，建议对部分互联网服务采用“手机号+验证码”方式验证，并在立法中明确实名认证时将用户个人信息提供给第三方的合法性。

有的提出，要加强对各类短信平台的管控，强化注册服务实名机制工作，建议不允许以个人名义注册、使用短信平台，通过审核企业资质、对公账号校验等措施严格核验用网企业注册资料；对未落实资格审核、内容监测对网络营运商开展倒查追责，压缩诈骗团伙基础资源的生存空间。

有的建议，增加一款开展身份核验的规定，互联网服务提供者应当在以电话卡实名制为基础的身份验证机制上，积极运用与当前经济技术条件相称的新型验证手段与方式，以避免实践中违法犯罪分子通过突破电话卡实名制，进而突破网络实名制的问题；或者在“应当依法要求用户提供真实身份信息”后增加“并进行身份核验”。

2. 草案二次审议稿第二十一条规定：“电信业务经营者、互联网服务提供者在与用户签订协议或者确认提供服务时，应当依法要求用户提供真实身份信息，用户不提供真实身份信息的，不得提供下列服务：

（一）提供互联网接入服务；

（二）提供虚拟专用网络、网络代理等网络地址转换服务；

（三）提供互联网域名注册、服务器托管、空间租用、云服务、内容分发服务；

（四）提供信息、应用和软件发布服务，或者提供即时通讯、网络交易、网络游戏、网络直播发布、广告推广服务。”

根据各方面的意见，草案二次审议稿对草案作了以下修改：一是考虑到本条规定的相关业务同样适用于电信业务，增加了“电信业务经营者”作为本条的职责主体。二是将第三项规定的“主机托管”修改为“服务器托管”，表述更准确。三是考虑到第四项规定“通信”范围十分广泛，还包括邮寄信件，而本项所规定的主要是指网络通讯，将“即时通信”修改为“即时通讯”。四是考虑到第四项规定的“网络交易”已经涵盖“网络支付”的内容，因此，删去了“网络支付”的规定。此外，还作了一些文字修改。

审议过程中有的委员建议，将第一款中的“不得提供以下服务”修改为“不得提供下列产品及相关服务”。

有的建议，增加第五项“其他可能导致电信网络诈骗违法犯罪的服务”作为“兜底条款”。

有的建议在本条中增加一款作为第二款，“电信业务经营者、互联网服务提供者应当在以电话卡实名制为基础的身份验证机制上，积极运用与当前经济技术条件相称的新型验证手段与方式”。

有的提出，本条过度规定互联网经营者需承担的责任，不能一概以规模较大的互联网经营者作为主体来设定责任，应当兼顾到各种规模，尤其中小规模的互联网经营者、中小企业的实际情况。

有的建议，明确“真实身份信息”包括哪些内容，可以是通用的几条，也可以根据不同行业细化规范相应的内容，避免遵守本法后触犯《中华人民共和国个人信息保护法》、《常见类型移动互联网应用程序必要个人信息范围规定》等法律或规则。

3. 草案三次审议稿第二十一条规定：“电信业务经营者、互联网服务提供者为用户提供下列服务，在与用户签订协议或者确认提供服务时，应当依法要求用户提供真实身份信息，用户不提供真实身份信息的，不得提供服务：

（一）提供互联网接入服务；

（二）提供网络代理等网络地址转换服务；

（三）提供互联网域名注册、服务器托管、空间租用、云服务、内容分发服务；

（四）提供信息、软件发布服务，或者提供即时通讯、网络交易、网络游戏、网络直播发布、广告推广服务。”

根据各方面的意见，草案三次审议稿对草案二次审议稿作了以下修改：一是将“电信业务经营者、互联网服务提供者在与用户签订协议或者确认提供服务时，应当依法要求用户提供真实身份信息，用户不提供真实身份信息的，不得提供下列服务”修改为“电信业务经营者、互联网服务提供者为用户提供下列服务，在与用户签订协议或者确认提供服务时，应当依法要求用户提供真实身份信息，用户不提供真实身份信息的，不得提供服务”，表述更准确。二是删去第二项“虚拟专用网络”的规定，主要是考虑到虚拟专用网络不属于网络地址转换服务，虚拟专用网络用户的实名已通过第一项互联网接入服务实现。三是，考虑到网络上的“应用”服务也属于“软件”服务的一种，因此，将第四项规定的“应用和软件发布服务”修改为“软件发布服务”。

在审议过程中有的建议增加对用户身份信息严格保密的规定。

（三）有关国家、地区的规定

美国互联网实名制。美国尚无制度层面的网络实名要求，但作为大型国际性互联网企业的集中地，美国众多互联网巨头通过用户协议等方式推行各自平台上的网络账号实名制政策。

脸书（Facebook）网站是美国较早推行账号实名制的社交网络平台，其实名制政策要求用户名称应为其“日常生活中的名字”。为落实该要求，Facebook 网站还采取多项配套措施，包括对网络账号命名方式作出限定（如命名不能包括符号、数字、不寻常的大写、重复字符或标点符号、来自多种语言的字符等）；要求用户提交政府颁发的身份证件、杂志订阅和水电费账单、信用卡对账单等材料以证明其身份；主动提起身份认证要求等。数年来，该政策虽然受到用户批判，但仍执行至今。

领英（LinkedIn）网站是美国具有全球影响力的求职平台，该平台现行用户协议第 2.1 条服务资格要求“您将只有一个领英账号，且必须是您的真实姓名”，以及第 8.1 条要求“在您的个人资料中使用您的真实姓名”。同时，在用户帮助页面中也强调“LinkedIn 不允许会员使用不反映您真实或首选专业名称的假名、企业名称、协会、群组、电子邮件地址或特殊字符”。

从执行上看，上述由企业主导的实名政策并不与权威机关对用户的实名认证挂钩。用户及互联网信息服务提供者在执行上仍存在规避空间，且对实名政策的违反并不产生公法上的责任。从政策的基础上看，实名制的推进动力一般源于互联网企业的盈利策略，例如试图掌握用户最真实的信息以最大精准度地推送广告、快速形成用户规模、培养用户粘性等。

◆ **条文解读**

根据本条规定，电信业务经营者、互联网服务提供者为用户提供服务，在与用户签订协议或者确认提供服务时，应当依法要求用户提供真实身份信息，用户不提供真实身份信息的，不得提供服务。在我国，网络运营者为用户办理网络接入、域名注册服务，办理固定电话、移动电话等入网手续，或者为用户提供信息发布、即时通讯等服务，在与用户签订协议或者确认提供服务时，应当要求用户提供真实身份信息。用户不提供真实身份信息的，网络运营者不得为其提供相关服务。

一、关于责任主体

1. 电信业务经营者

根据《中华人民共和国电信条例》，电信业务分为基础电信业务和增值电信业务。基础电信业务，是指提供公共网络基础设施、公共数据传送和基本话音通信服务的业务。增值电信业务，是指利用公共网络基础设施提供的电信与信息服务的业务。

2. 互联网服务提供者

《最高人民法院、最高人民检察院关于办理非法利用信息网络、帮助信息网络犯罪活动等刑事案件适用法律若干问题的解释》对如何认定网络服务提供者作了明确规定，即第一条规定，提供下列服务的单位和个人，应当认定为“网络服务提供者”：(1) 网络接入、域名注册解析等信息网络接入、计算、存储、传输服务；(2) 信息发布、搜索引擎、即时通讯、网络支付、网络预约、网络购物、网络游戏、网络直播、网站建设、安全防护、广告推广、应用商店等信息网络应用服务；(3) 利用信息网络提供的电子政务、通信、能源、交通、水利、金融、教育、医疗等公共服务。

二、关于用户个人信息

所谓用户“真实身份信息”，主要是指电信业务经营者和互联网信息服务提供者在提供服务的过程中收集的用户姓名、出生日期、身份证件号码、住址、电话号码、账号和密码等能够单独或者与其他信息结合识别用户的信息以及用户使用服务的时间、地点等信息。

电信业务经营者、互联网信息服务提供者及其工作人员对在提供服务过程中收集、使用的用户个人信息应当严格保密，不得泄露、篡改或者毁损，不得出售或者非法向他人提供。根据《中华人民共和国个人信息保护法》第十三条的规定，符合下列情形之一的，个人信息处理者方可处理个人信息：（一）取得个人的同意；（二）为订立、履行个人作为一方当事人的合同所必需，或者按照依法制定的劳动规章制度和依法签订的集体合同实施人力资源管理所必需；（三）为履行法定职责或者法定义务所必需；（四）为应对突发公共卫生事件，或者紧急情况下为保护自然人的生命健康和财产安全所必需；（五）为公共利益实施新闻报道、舆论监督等行为，在合理的范围内处理个人信息；（六）依照本法规定在合理的范围内处理个人自行公开或者其他已经合法公开的个人信息；（七）法律、行政法规规定的其他情形。

三、关于具体服务的解释与规定

本条对要求用户提供真实身份信息的服务具体规定了四项：

（一）互联网接入服务

互联网接入是指为他人提供访问互联网或者在互联网发布信息的通路。目前常用的互联网接入服务有电话线拨号接入、ADSL接入、光纤宽带接入、无线网络等方式。用户只有通过这些特定的通信线路连接到互联网服务提供商，享受其提供的互联网入网连接和信息服务，才能连接使用互联网或者建立服务器发布消息。这一规定主要是针对电信业务经营者、互联网服务提供者在与用户签订协议或者确认提供服务时，应当依法要求用户提供真实身份信息，用户不提供真实身份信息的，不得提供互联网接入服务。

（二）网络代理等网络地址转换服务

网络代理是代理网络用户去取得网络信息，是网络信息的中转站。网络代理是一种特殊的网络服务，允许一个网络终端（一般为客户端）通过代理服务与另一个网络终端（一般为服务器）进行非直接的连接。在新型网络诈骗中，有的诈骗分子通过网页劫持技术和木马软件，窃取受害人的个人银行账户信息，并在境外设置网络代理服务器，隐藏IP地址，这些诈骗手法融合了网络技术，诈骗过程隐蔽。

（三）互联网域名注册、服务器托管、空间租用、云服务、内容分发服务

1. 互联网域名注册服务。互联网域名注册服务，是指从事域名根服务器运行和管理、顶级域名运行和管理、域名注册、域名解析等活动。“.CN”和“.中国”是中国的国家顶级域名。中文域名是中国互联网域名体系的重要组成部分。国家鼓励和支持中文域名系统的技术研究和推广应用。提供域名服务，应当遵守国家相关法律法规，符合相关技术规范和标准。域名根服务器运行机构、域名注册管理机构和域名注册服务机构应当向用户提供安全、方便、稳定的服务。

域名注册服务机构提供域名注册服务，应当要求域名注册申请者提供域名持有者真实、准确、完整的身份信息等域名注册信息。域名注册管理机构和域名注册服务机构应当对域名注册信息的真实性、完整性进行核验。域名注册申请者提供的域名注册信息不准确、不完整的，域名注册服务机构应当要求其予以补正。申请者不补正或者提供不真实的域名注册信息的，域名注册服务机构不得为其提供域名注册服务。

根据《中华人民共和国网络安全法》第二十四条，网络运营者为用户办理网络接入、域名注册服务，办理固定电话、移动电

话等入网手续，或者为用户提供信息发布、即时通讯等服务，在与用户签订协议或者确认提供服务时，应当要求用户提供真实身份信息。用户不提供真实身份信息的，网络运营者不得为其提供相关服务。国家实施网络可信身份战略，支持研究开发安全、方便的电子身份认证技术，推动不同电子身份认证之间的互认。

2. 服务器托管服务。服务器托管是指将服务器及相关设备托管到具有专门数据中心的机房。托管的服务器一般由客户通过远程方式自行维护，由机房负责提供稳定的电源、带宽、温湿度等物理环境。

3. 空间租用、云服务。所谓空间租用、云服务的实质是计算能力与资源的分享，是一种计算服务，而非物理设施出租。承租方所建网站中的所有信息资源，都存储在出租方的服务器上，并通过服务器的软硬件系统向网络用户进行传播，这个过程实际上集信息处理、存储及传输于一体。

4. 内容分发服务。内容分发是通过实现用户对网站的就近访问及网络流量的智能分析，将本节点流媒体库中的指定内容，根据业务运营商定义的内容分发策略向下层节点推送。下层节点控制系统通过下层内容管理系统登记接收，该节点以内容注入的方式接收分发的内容。这项服务可以从技术上解决网络带宽小、用户访问量大、网点分布不均等对用户访问效果的影响，大大提高了网络的响应速度。

（四）信息、软件发布服务，或者即时通讯、网络交易、网络游戏、网络直播发布、广告推广服务

1. 提供信息、软件发布服务。互联网信息服务，是指通过互联网向上网用户提供信息的服务活动。从事新闻、出版以及电子公告等服务项目的互联网信息服务提供者，应当记录提供的信息内容及其发布时间、互联网地址或者域名；互联网接入服务提供

者应当记录上网用户的上网时间、用户账号、互联网地址或者域名、主叫电话号码等信息。

软件发布服务属于应用程序服务，是指通过应用软件程序向用户提供文字、图片、语音、视频等信息制作、复制、发布、传播等服务的活动，包括即时通讯、新闻资讯、知识问答、论坛社区、网络直播、电子商务、网络音视频、生活服务等类型。根据《移动互联网应用程序信息服务管理规定》，应用程序提供者为用户提供信息发布、即时通讯等服务的，应当对申请注册的用户进行基于移动电话号码、身份证件号码或者统一社会信用代码等方式的真实身份信息认证。用户不提供真实身份信息，或者冒用组织机构、他人身份信息进行虚假注册的，不得为其提供相关服务。应用程序提供者处理个人信息应当遵循合法、正当、必要和诚信原则，具有明确、合理的目的并公开处理规则，遵守必要个人信息范围的有关规定，规范个人信息处理活动，采取必要措施保障个人信息安全，不得以任何理由强制要求用户同意个人信息处理行为，不得因用户不同意提供非必要个人信息，而拒绝用户使用其基本功能服务。

2. 即时通讯。通讯传输是指用户之间传输信息的通路。一种常用的通讯传输是 VOIP 电话，这种技术能将语音信号经技术处理后通过互联网传输出去。另一种常用的通讯传输通道是 VPN（虚拟专用网络），该技术能在公用网络上建立专用网络，进行加密通讯。目前很多网络犯罪嫌疑人使用 VPN 技术隐藏其真实位置。此外，除上述明确列举的几种技术支持外，常见的为他人实施网络犯罪提供技术支持的行为方式还有销售赌博网站代码，为病毒、木马程序提供免杀服务，为网络盗窃、QQ 视频诈骗制作专用木马程序，为设立钓鱼网站等提供技术支持等行为。根据《即时通信工具公众信息服务发展管理暂行规定》第六条，即时通信工具服务提供者应当按照“后台实名、前台自愿”的原则，要求即时通信工具服务使用者通过真实身份信息认证后注册账号。即时通信工具服务使用者注册账号时，应当与即时通信工具服务提供者签订协议，承诺遵守法律法规、社会主义制度、国家利益、公民合法权益、公共秩序、社会道德风尚和信息真实性等“七条底线”。

3. 网络交易。网络交易是指互联网等信息网络销售商品或者提供服务的经营活动。《网络交易监督管理办法》第十三条规定，网络交易经营者收集、使用消费者个人信息，应当遵循合法、正当、必要的原则，明示收集、使用信息的目的、方式和范围，并经消费者同意。网络交易经营者收集、使用消费者个人信息，应当公开其收集、使用规则，不得违反法律、法规的规定和双方的约定收集、使用信息。网络交易经营者不得采用一次概括授权、默认授权、与其他授权捆绑、停止安装使用等方式，强迫或者变相强迫消费者同意收集、使用与经营活动无直接关系的信息。收集、使用个人生物特征、医疗健康、金融账户、个人行踪等敏感信息的，应当逐项取得消费者同意。网络交易经营者及其工作人员应当对收集的个人信息严格保密，除依法配合监管执法活动外，未经被收集者授权同意，不得向包括关联方在内的任何第三方提供。

4. 网络游戏。网络游戏是指由软件程序和信息数据构成，通过互联网、移动通信网等信息网络提供的游戏产品和服务。

5. 网络直播。网络直播是指基于互联网，以视频、音频、图文等形式向公众持续发布实时信息的活动。互联网直播服务提供者是指提供互联网直播平台服务的主体。互联网直播服务使用者包括互联网直播发布者和用户。根据《互联网直播服务管理规定》第十二条，互联网直播服务提供者应当按照“后台实名、前台自愿”的原则，对互联网直播用户进行基于移动电话号码等方式的真实身份信息认证，对互联网直播发布者进行基于身份证件、营业执照、组织机构代码证等的认证登记。互联网直播服务提供者应当对互联网直播发布者的真实身份信息进行审核，向所在地省、自治区、直辖市互联网信息办公室分类备案，并在相关执法部门依法查询时予以提供。互联网直播服务提供者应当保护互联网直播服务使用者身份信息和隐私，不得泄露、篡改、毁损，不得出售或者非法向他人提供。

6. 广告推广。广告是指商品经营者或者服务提供者承担费用，通过一定媒介和形式直接或者间接地介绍自己所推销的商品或者所提供的服务的商业广告。根据《中华人民共和国广告法》的规定，广告应当真实、合法，以健康的表现形式表达广告内容，符合社会主义精神文明建设和弘扬中华民族优秀传统文化的要求。广告不得含有虚假或者引人误解的内容，不得欺骗、误导消费者。广告推广一般是指新闻媒介等各种媒介为推销广告版面、广告时间、树立品牌形象等进行的活动。实践中，广告推广极有可能被不法分子利用实施电信网络诈骗活动，因此，明确电信业务经营者和互联网服务提供者在广告推广领域的用户实名义务，也有助于阻断电信网络诈骗犯罪。

在该条的理解适用中，需要注意以下几个方面的问题：

第一，我国电信基础资源和设备的监管依旧薄弱。诈骗分子更多采用“钻空子”“打短板”的方式实施诈骗，一些互联网企业片面追求经济利益，不落实安全管理社会责任，致使各种网络账号和网络技术被违法犯罪分子大量利用。手机卡、电话卡和网络账号“实名不实人”的问题是滋生电信网络诈骗违法犯罪的根源性问题，但多年来一直没有得到有效解决。目前情况下，不法分子仅通过一张丢失的身份证或复印件进行申请手机卡、银行卡、网络账户等，已经无法实现。电信诈骗案件的侦破难，主要难在查到的信息流和资金流卡号，都是非实人使用，很难明确真实的作案人员，又无法直接追究账号实名使用者的犯罪行为。因此，通过各种方式获取他人身份证信息进行实名认证，在电诈及关联犯罪过程中广泛使用：一是相关人员为了自身的利益，用自身的身份证、手机卡等实名开设银行卡、手机卡、互联网账号等，并于开通后私自出售给不法分子使用，即通常所说的实名不实人。二是在招工和企业人事管理或银行、电信企业办理号卡业务过程中，相关工作人员在不告知员工真实情况的情况下，给员工进行人脸采集、签字确认等操作，冒名开设银行卡、手机卡、互联网账户、域名等。

第二，互联网账号等实名制落实方式有待改进。身份证作为实名制的基础，对于实名制落实具有重要作用。办理银行卡需要使用身份证实名验证，目前的问题是身份证丢失、补办后，原身份证仍然可以有效使用，一些人出售、出租本人身份证后可以继续补办，造成身份证被冒用的情况，目前对于丢失身份证信息的全系统联网、识别系统正在珠海等地进行试点。目前互联网账号等实名制落实主要是通过短信验证等方式，电话号码注销后，通过电话号码注册的互联网账号仍可继续使用。如不加强对电话卡使用环节的核验，明确核验标准，定期处置与注销的电话号码关联的互联网账号，互联网账号等实名制就难以真正落实。

第三，平衡企业反诈工作信息采集与公民个人信息保护之间的关系。在反诈模型建设过程中，企业对于公民个人信息、手机卡、银行卡相关使用信息获取的越精确，监测预警就越精确及时，但如何处理与个人信息保护的关系，在没有明确法律规定的情况下，企业获取个人信息和采取处置措施有与个人信息保护法的规定相冲突的担忧。因此对平台企业采集公民信息的范围和权限作出明确：明确规定互联网服务提供者按照监管要求配合上报涉诈关联账号用户个人信息的义务，银行、非银行支付机构的用户个人信息报送、核验义务等；对银行、非银行支付机构接入跨机构开户核验机制、风险共享平台，履行个人信息报送等义务提供法律依据尤为关键。

第四，未经用户同意，电信业务经营者、互联网信息服务提供者不得收集、使用用户个人信息。电信业务经营者、互联网信息服务提供者收集、使用用户个人信息的，应当明确告知用户收集、使用信息的目的、方式和范围，查询、更正信息的渠道以及拒绝提供信息的后果等事项。电信业务经营者、互联网信息服务提供者不得收集其提供服务所必需以外的用户个人信息或者将信息用于提供服务之外的目的，不得以欺骗、误导或者强迫等方式或者违反法律、行政法规以及双方的约定收集、使用信息。电信业务经营者、互联网信息服务提供者在用户终止使用电信服务或者互联网信息服务后，应当停止对用户个人信息的收集和使用，并为用户提供注销号码或者账号的服务。网络运营者收集、使用个人信息，应当遵循合法、正当、必要的原则，公开收集、使用规则，明示收集、使用信息的目的、方式和范围，并经被收集者同意。

◆ **典型案例**

1. 云南楚雄涉电诈黑灰产案

2020年9月，云南省楚雄州公安局在研判中发现一个以楚雄姚安籍人员梅某为主的“杀猪盘”电诈团伙，该团伙成员多次从西双版纳州、普洱市偷渡到境外从事电信网络诈骗犯罪活动。通过对梅某团伙的深挖彻查，发现背后隐藏着一批涉及全国28个省区市的贩卖微信、QQ、手机卡的黑灰产犯罪网络。专案组先后在河南、江西、山东、新疆维吾尔自治区、四川等地打掉11个贩卖“两卡”、“两号”窝点，缴获电脑37台、手机254部、手机卡21万张，查获用于诈骗的微信号、QQ号357个。经公安机关初步查明，该团伙共贩卖手机卡117万张，微信号、QQ号51万个，非法获利500余万元。

2. 郭某凯等人帮助信息网络犯罪活动案

郭某凯，1997年10月出生，初中文化，无固定职业；刘某学，1999年5月出生，系某学院在校学生；耿某云，2000年6月出生，高中文化，无固定职业。2020年8月，刘某学办理休学手续后到河北省石家庄市打工，在网上看到收购手机卡的信息后，办理多张手机卡出售给郭某凯所在的贩卡团伙。为尽快挣钱，刘某学主动加入该团伙成为“收卡人”。该团伙长期在北京、石家庄等地收购手机卡，贩卖给电信网络诈骗等违法犯罪团伙使用。经统计，郭某凯通过自己及其下线收购、贩卖手机卡3700张，获利人民币5.7万余元；刘某学收购、贩卖手机卡871张，获利人民币1.5万余元。

2020年8月23日，耿某云在微信兼职群内看到郭某凯团伙发布的收购手机卡信息后，用自己身份证办理9张手机卡并按照郭某凯要求交给刘某学，由刘某学验卡、拍照后通过快递寄出，耿某云获利人民币450元。其中一张手机卡被用于实施电信网络诈骗犯罪，导致河北省井陉县一名被害人被骗人民币35万余元。

◆ 相关规定

《中华人民共和国网络安全法》第24条、第40条、第42条；《中华人民共和国个人信息保护法》第13条；《网络直播营销管理办法（试行）》第8条；《互联网域名管理办法》第30条；《电信和互联网用户个人信息保护规定》第4条；《国务院办公厅

关于进一步完善失信约束制度构建诚信建设长效机制的指导意见》第14条；《互联网直播服务管理规定》第12条

第二十二条 互联网服务提供者对监测识别的涉诈异常账号应当重新核验，根据国家有关规定采取限制功能、暂停服务等处置措施。

互联网服务提供者应当根据公安机关、电信主管部门要求，对涉案电话卡、涉诈异常电话卡所关联注册的有关互联网账号进行核验，根据风险情况，采取限期改正、限制功能、暂停使用、关闭账号、禁止重新注册等处置措施。

◆ 条文主旨

本条是关于互联网服务提供者监测识别、处置涉诈异常互联网账号的规定。

◆ 立法背景

（一）起草背景

当前，随着互联网行业的飞速发展，电信网络诈骗中，利用网络实施诈骗是主流，占比达到85%以上。互联网成为诈骗分子的主要作案平台，电话诈骗向网络诈骗转移，从传统的拨打电话、发送短信向网络发展。实践中，利用短信和电话独立完成诈骗的案件很少，短信和电话主要发挥引流作用，如通过电话联系、冒充客服发送验证短信、发送诈骗链接、引诱刷单广告等，将用户引到网络上进行诈骗。

互联网服务提供者特别是大型的互联网企业，对互联网账号涉诈信息有着最直接的接触，负有相应的管理职责，应当担负起相应的社会责任。实践中，部分互联网企业基于商业利益不愿共享涉诈数据资源，不愿开展涉诈账号快速处置。也有的互联网企业高度重视电信网络诈骗防治，加大投入，根据业务场景和领域，有针对性研究设立反制技术模型，及时监测处置涉诈信息、活动，取得较好的效果。与其他领域相比，在电信网络诈骗监测处置方面，互联网企业具备技术、信息、人才等多方面优势，可以通过主动的监测发现异常情况，针对不同业务场景采取相应处置措施，如及时删帖或者封号等。在调研过程中，有的互联网企业提出，对涉诈异常账号主动进行监测识别后采取相应处置措施，目前主要依据的是政策文件的规定，建议在立法中予以明确。

从国外情况来看，各国普遍都有相关规定，要求互联网服务提供者承担一定的社会责任。有的最初期待互联网企业通过自律行为治理各自平台上的违法犯罪内容，但见效甚微，后来也开始通过立法赋予互联网服务提供者一定的强制性义务。从我国的法律制度规范来看，目前关于互联网账号的管理，主要有：《互联网用户公众账号信息服务管理规定》第十九条，公众账号信息服务平台应当加强对本平台公众账号信息服务活动的监督管理，及时发现和处置违法违规信息或者行为。公众账号信息服务平台应当对违反本规定及相关法律法规的公众账号，依法依约采取警示提醒、限制账号功能、暂停信息更新、停止广告发布、关闭注销账号、列入黑名单、禁止重新注册等处置措施，保存有关记录，并及时向网信等有关主管部门报告。《互联网用户账号名称管理规定》第七条，互联网信息服务使用者以虚假信息骗取账号名称注册，或其账号头像、简介等注册信息存在违法和不良信息的，互联网信息服务提供者应当采取通知限期改正、暂停使用、注销登记等措施。

此外，2021年6月，工业和信息化部、公安部出台了《关于依法清理整治涉诈电话卡、物联网卡以及关联互联网账号的通告》，要求持续深入推进“断卡行动”，以零容忍态度，依法严厉打击非法办理、出租、出售、购买和囤积电话卡、物联网卡以及关联互联网账号的行为，全力清理涉诈号卡资源。提出电信企业、互联网企业应按照“谁开卡、谁负责，谁接入、谁负责，谁运营、谁负责”的原则，严格落实网络信息安全主体责任，加强电话卡、物联网卡、互联网账号的实名制管理，加强涉诈网络信息监测处置，强化风险防控。据此，互联网企业应根据公安机关、电信主管部门有关要求，对涉案电话卡、涉诈高风险电话卡所关联注册的微信、QQ、支付宝、淘宝等互联网账号依法依规进行实名核验，对违法违规账号及时采取关停等处置措施。

互联网服务提供者是电信网络诈骗治理中的重要环节，为了切实加强对互联网账号的管理，本条对互联网服务提供者主动监测识别涉诈异常账号后进行核验，根据国家有关规定，采取相应的处置措施，以及根据公安机关、电信主管部门的要求，对涉案电话卡、涉诈异常电话卡所关联注册的有关互联网账号进行核验，并根据风险情况采取相应的处置措施作出了明确规定。

（二）审议中各方面的意见

1. 反电信网络诈骗法（草案）第十九条规定：“互联网服务提供者对监测识别的异常账号应当采取重新核验、限制功能、暂停服务等处置措施。

互联网服务提供者应当根据公安机关、电信主管部门要求，对涉案电话卡、涉诈高风险电话卡所关联注册的有关互联网账号采取关停等处置措施。”

在审议和征求意见过程中，有的常委委员建议对“异常”的标准进行进一步明确，以便在全国范围内进行统一规范。有的全国人大代表提出，当前涉诈最突出的问题不是不实名登记，而是实名不实人操作，建议将第一款中的“重新核验”修改为“重新进行实人实操核验”。

有的常委委员建议增加一款规定，用户对关停其互联网账号存在异议的，可以向有关部门提出证据证明其与涉案电话卡、涉诈高风险电话卡不存在实质关联，互联网服务提供者应当根据有关部门的认定结果，采取取消关停等措施。实践中存在误伤的情况，应当规定救济措施。有的科研单位建议本条明确列举异常账号的情形，避免过度限制公民权利，并明确无辜用户遭误伤时的救济渠道。

有的企业建议将第一款中监测识别的对象限定在“涉诈”异常账号，而非所有异常账号；有的企业建议删除第二款中“涉诈高风险电话卡”，实践中采取关停措施的多数为“涉案电话卡”，对于“涉诈高风险电话卡”认定标准不够明确，易造成误伤。

有的地方建议第一款增加“依法注销”。有的部门建议在第二款中增加对非实名及违规办理的电话卡、涉诈用户身份信息所关联注册的互联网账号采取重新核验身份信息、关停等处置措施的要求。有的企业和社会公众提出，对涉诈电话卡、涉诈高风险电话卡所关联注册的有关互联网账号应当依法依规进行核验，视情节轻重，对违法违规账号采取警示提醒、限期改正、限制账号功能、暂停使用、关闭账号、禁止重新注册等处置措施。根据实际情况进行分级处置，采取不同级别，多种类、分层次的处置措施，可以减少误伤。

2. 草案二次审议稿第二十二条规定：“互联网服务提供者对监测识别的涉诈异常账号应当采取重新核验、限制功能、暂停服务等处置措施。

互联网服务提供者应当根据公安机关、电信主管部门要求，对涉案电话卡、涉诈异常电话卡所关联注册的有关互联网账号进行核验，根据风险情况，采取限期改正、限制功能、暂停使用、关闭账号、禁止重新注册等处置措施。”

根据各方面的意见，草案二次审议稿对草案作了以下修改：一是，将“异常账号”修改为“涉诈异常账号”。二是，参照工业和信息化部、公安部《关于依法清理整治涉诈电话卡、物联网卡以及关联互联网账号的通告》第四条、第五条规定，根据有关方面要求，根据情节轻重，对关联互联网账号采取不同等级处置措施的意见作出修改，增加了互联网服务提供者对有关互联网账号进行核验的规定，并将处置措施修改为“限期改正、限制功能、暂停使用、关闭账号、禁止重新注册”。

在审议、征求意见过程中，有的常委委员建议对被限制功能、暂停服务的互联网账号通过何种途径可以恢复功能、服务作出明确规定。有的企业建议对互联网服务提供者根据主管机关的要求采取的措施，增加相应的免责内容。有的企业建议将第二款中对涉案电话卡、涉诈高风险电话卡“所关联注册的有关互联网账号进行核验”修改为“进行互联网关联账号注册核验”。有的企业建议在“有关互联网账号”后增加“涉诈互联网账号”，同时增加规定“互联网服务提供者应当提供涉诈异常账号的举报核查机制”。

3. 草案三次审议稿第二十二条规定：“互联网服务提供者对监测识别的涉诈异常账号应当重新核验，根据国家有关规定采取限制功能、暂停服务等处置措施。

互联网服务提供者应当根据公安机关、电信主管部门要求，对涉案电话卡、涉诈异常电话卡所关联注册的有关互联网账号进行核验，根据风险情况，采取限期改正、限制功能、暂停使用、关闭账号、禁止重新注册等处置措施。”

根据各方面的意见，草案三次审议稿对草案二次审议稿作了以下修改：一是，将第一款中“重新核验”之后的“、”修改成“，”，明确互联网服务提供者对监测识别的涉诈账号首先应当重新核验。二是，在第一款中增加了“根据国家有关规定”的要求，明确采取限制功能、暂停服务等处置措施，应当根据国家法律法规和部门规章等国家有关规定进行。

◆ **条文解读**

本条共分两款。

第一款是关于互联网服务提供者对监测识别的涉诈异常账号，依照国家有关规定采取相应处置措施的规定。

这一款主要包括以下几个方面的内容：第一，互联网服务提供者应当监测识别涉诈异常账号。这里的互联网服务提供者是指互联网内容提供者，向用户提供新闻、信息、资料、音视频、建立通讯群组的平台等内容服务，如腾讯、抖音、字节跳动、淘宝、新浪、搜狐等就是典型的互联网服务提供者。此外，按照服务对象和提供信息的不同，还可以进一步分为网上媒体运营商、数据库运营商、信息咨询商和信息发布代理商等。

互联网服务提供者监测识别涉诈异常账号，主要包括：一是，在提供网络账号注册服务时，应当采取相应技术防范措施，及时监测、发现涉诈异常账号。对同一身份信息短期内频繁注册账号、使用他人身份信息注册账号、反复注销后又重新注册账号或者使用物联网卡注册账号等规避真实身份核验要求的，可以确定为异常账号。若通过综合其他信息，判断账号可能涉嫌电信网络诈骗的，可以确定为涉诈异常账号。二是，在为已经注册成功的互联网账号提供服务的过程中，通过主动监测识别电信网络诈骗有关信息，发现涉嫌电信网络诈骗的异常账号。这些账号可能存在传播涉诈非法内容、发布虚假招聘信息、发布诈骗引流信息、公布博彩网站链接、频繁触动反诈技术模型预警等情形。互联网服务提供者应当加大常态化排查和技术管控力度，提升对诈骗信息的甄别能力，及时发现、处置涉诈异常账号。

第二，互联网服务提供者对监测识别的涉诈异常账号应当重新核验，根据国家有关规定采取限制功能、暂停服务等处置措施。

对于涉诈异常账号，互联网服务提供者应当首先重新核验。“重新核验”是指重新进行实名认证。我国当前对互联网账号实行实名制管理，根据2015年国家互联网信息办公室公布的《互联网用户账号名称管理规定》第五条，互联网信息服务提供者应当按照“后台实名、前台自愿”的原则，要求互联网信息服务使用者通过真实身份信息认证后注册账号。本法第二十一条对需要用户提供真实身份信息的互联网服务作了明确规定。互联网服务提供者要求的重新核验，主要是通过线上方式进行。重新核验时，可以要求用户阅读涉诈风险告知书，告知其不得非法买卖、出租、出借互联网账号，不得为非法买卖、出租、出借互联网账号提供实名核验帮助，提醒用户从事相关违法行为需承担相应的法律责任。

实践中，通过各种方式获取他人身份信息进行实名认证，导致实名不实人的情况，在电信网络诈骗中大量存在。一是有的用自己的身份证、手机卡等实名开设银行卡、手机卡、互联网账号等，开通后出售给不法分子使用。二是在企业招工和管理过程中，工作人员在不告知员工真实情况，给员工进行人脸采集、签字确认，冒名开设手机卡、互联网账号等。此外，还有大量使用虚假个人信息、手机黑卡恶意注册的互联网账号，形成黑色产业，专门供下游网络犯罪使用。为了防止这种实名不实人，冒用他人互联网账号实施电信网络诈骗的行为，以及使用虚假个人信息、手机黑卡恶意注册互联网账号后实施电信网络诈骗行为的发生，对于涉诈的异常账号应当进行重新核验。

根据本法第三十三条的规定，互联网服务提供者对存在涉诈异常的互联网账号，可以通过国家网络身份认证公共服务对用户身份重新进行核验。当前，国家正在积极推进网络身份认证公共服务建设，互联网服务提供者可以借用这种方式对涉诈的异常账号进行重新核验，执行中应当注意“坚持个人、企业自愿使用”的原则。在实际操作中，多数互联网服务提供者是通过手机号核验验证码进行验证的，这也对手机号的实名制落实提出了更高的要求。

重新核验之后，互联网服务提供者应当根据法律法规、部门规章等国家有关规定，区分情形，采取限制功能、暂停服务等处置措施。“限制功能”是指根据所提供的服务类型，限制对其提供部分服务，如停止更新、停止广告发布等。“暂停服务”是指暂停为用户提供新的服务，待涉电信网络诈骗的风险解除后，再恢复服务。具体采取何种处置措施，应当根据国家有关规定，根据互联网账号涉诈异常的具体情况决定。在确保账号不能被用于电信网络诈骗的同时，也要注意保障用户的合法权益，做到处置措施与风险程度相当。

第二款是关于互联网服务提供者根据公安机关、电信主管部门的要求，对涉案电话卡、涉诈异常电话卡所关联注册的互联网账号进行核验，并根据风险情况，采取有关处置措施的规定。

2021 年 6 月 2 日，工业和信息化部、公安部出台了《关于依法清理整治涉诈电话卡、物联网卡以及关联互联网账号的通告》，其中第五条规定，互联网企业应根据公安机关、电信主管部门有关要求，对涉案电话卡、涉诈高风险电话卡所关联注册的微信、QQ、支付宝、淘宝等互联网账号依法依规进行实名核验，对违法违规账号及时采取关停等处置措施。在互联网实名制的背景下，互联网账号一般是与用户的电话号码绑定的。若电话卡涉案或者属于涉诈高风险电话卡，相应地，与之相关联注册的互联网账号涉案、涉诈就存在很高的可能性。公安机关、电信主管部门在工作中发现电话卡涉案或者属于涉诈异常电话卡的，可以以适当方式将信息提供给互联网服务提供者，由互联网服务提供者根据主管部门的要求，对关联注册的有关互联网账号进行核验，并根据风险情况，采取相应的处置措施。此外，本法第三十二条规定，国家支持互联网服务提供者研究开发有关电信网络诈骗反制技术，主管部门统筹本行业领域反制技术措施建设，以提高防范处置的精准性。

这里的“核验”和第一款中规定的核验一样，也是指实名核验，以确保该互联网账号处于正常状态，用于正常用途。核验之后，互联网服务提供者再根据风险情况，采取相应的处置措施，具体包括限期改正、限制功能、暂停使用、关闭账号、禁止重新注册等。“限期改正”是指限定用户在一定期限内改变现有的错误做法，以及不恰当的操作和使用方式。“限制功能”是指只向其提供部分服务，开放部分功能，如禁言，停止广告发布、打赏等功能。“暂停使用”是指暂停为用户提供新的服务。“关闭账号”是指不再为该账号提供服务，并清除有关内容。“禁止重新注册”是指禁止用该电话号码再行注册新的账号。具体采取何种处置措施由互联网服务提供者进行核验后，根据公安机关、电信主管部门的要求，以及风险情况决定。实践中，应当注意，采取的处置措施应当与关联账号的风险程度相当，在确保账号不能被用于电信网络诈骗的同时，也应当注意保障用户的合法权益。

在该条的理解适用中，需要注意以下几个方面的问题：

第一，对于被采取有关处置措施的单位、个人，本法第三十二条规定了相应的救济渠道。根据第三十二条第三款的规定，对于依照本法相关规定，对涉诈异常情形采取限制、暂停服务等处置措施的，应当告知处置原因、救济渠道及需要提交的资料等事项，被处置对象可以向作出决定或者采取措施的部门、单位提出申诉。作出决定的部门、单位应当建立完善申诉渠道，及时受理申诉并核查，核查通过的，应当即时解除有关措施。互联网服务企业由于自身监测处置能力、技术水平等因素的局限可能导致漏防，同时在监测识别、采取阻断措施过程中也难免引发误伤。实践中，误伤的情形还包括因恶意投诉致无辜人员账号被采取措施，未成年人被诱骗出售、出租、出借自己家人的网络账号导致被封号，被通报或者投诉举报的电话号码、账号不准确等情形。规定申诉的救济渠道，是为了保护公民、组织的合法权益，避免给用户的正常使用带来不便，同时，这也有利于互联网企业自身的健康发展。

第二，根据本法规定，互联网服务提供者有建立机制及监测识别涉诈异常账号并依法予以处置的义务，对于未建立相关机制的，本法第四十一条规定了相应的法律责任。根据第四十一条第二项和第五项的规定，未对涉案、涉诈电话卡关联注册互联网账号进行核验的，未履行对涉诈互联网账号监测识别和处置义务的，由有关主管部门责令改正，情节较轻的，给予警告、通报批评，或者处五万元以上五十万元以下罚款；情节严重的，处五十万元以上五百万元以下罚款，并可以由有关主管部门责令暂停相关业务、停业整顿、关闭网站或者应用程序、吊销相关业务许可证或者吊销营业执照，对其直接负责的主管人员和其他直接责任人员，处一万元以上二十万元以下罚款。

此外，根据《中华人民共和国刑法》第二百八十六条之一的规定，网络服务提供者不履行本条规定的义务，经监管部门责令改正而拒不改正，存在致使违法信息大量传播；致使用户信息泄露，造成严重后果；致使刑事案件证据灭失，情节严重；以及其他严重情节等情形，构成犯罪的，应当以拒不履行信息网络安全管理义务罪追究行为人的刑事责任，依法处三年以下有期徒刑、拘役或者管制，并处或者单处罚金。

第三，互联网服务提供者应当根据自身能力和条件建立相应的监测识别和处置机制，不宜对互联网服务提供者提出过高的要求。本法第三十二条规定，国家支持互联网服务提供者研究开发有关电信网络诈骗反制技术，用于监测识别、动态封堵和处置涉诈异常信息、活动。有关部门应当统筹负责本行业领域反制技术措施建设。实践中，大型互联网服务平台应当承担更多的社会责任，通过建立电信网络诈骗反制技术模型，快速监测识别涉诈异常账号，并根据不同的场景和领域采取处置措施。同时，也应当注意统筹好安全和企业自身发展的关系，实践中不宜对互联网服务提供者特别是小型互联网企业提出超出自身能力的过高的要求，互联网服务平台由于自身监测处置能力、技术水平等客观因素的限制导致涉诈异常账号监测识别有遗漏，有时是无法避免的。不能以结果为导向，仅因为没有识别到涉诈账号，就对互联网服务提供者予以处罚。

第四，互联网服务提供者在对监测识别的涉诈异常账号采取重新核验、限制功能、暂停服务等处置措施的同时，发现有可疑犯罪线索、风险信息的，根据本法第二十六条的规定，应当依照国家有关规定，根据涉诈风险类型、程度情况移送公安、金融、电信、网信等部门。实践中，互联网服务提供者监测到的信息是海量的，若都移送有关部门，会增加企业和主管部门负担，这里赋予了互联网服务提供者一定的自主权，由企业根据监测情况进行判断，将其中风险较高的涉诈线索和信息，按照规定移交。对有涉电信网络诈骗犯罪嫌疑的，应当将有关线索移送公安机关，其他违法线索和信息应当移交相应的主管部门，由公安机关或者相应的主管部门依法进行处理。

◆ **典型案例**

2020年9月，云南省某地公安局在研判中发现一个以梅某为主的“杀猪盘”电诈团伙，该团伙成员多次从西双版纳州、普洱市偷渡到境外从事电信网络诈骗犯罪活动。通过对梅某团伙的深挖彻查，发现背后隐藏着一批涉及全国28个省区市的贩卖微信、QQ、手机卡的黑灰产犯罪网。专案组先后在河南、江西、山东、新疆维吾尔自治区、四川等地打掉11个贩卖“两卡”、“两号”窝点，缴获电脑37台、手机254部、手机卡21万张，查获用于诈骗的微信号、QQ号357个。经公安机关初步查明，该团伙共贩卖手机卡117万张，微信号、QQ号51万个，非法获利500余万元。

对于这类涉诈异常账号，或者涉案电话卡、涉诈异常电话卡所关联注册的有关互联网账号，互联网服务提供者应当根据规定，采取相应的处置措施。首先，应当根据公安机关、电信主管部门的要求，对涉案的117万张手机卡所关联的互联网账号进行核验，并根据风险情况，采取相应的处置措施。其次，对于涉诈异常的51万个微信号、QQ号，应当重新核验，并根据核验情况，根据国家法律法规、部门规章的有关规定，采取限制功能、暂停服务等处置措施。

◆ **相关规定**

《中华人民共和国刑法》第286条之一；《工业和信息化部 公安部关于依法清理整治涉诈电话卡、物联网卡以及关联互联网账号的通告》；《互联网用户公众账号信息服务管理规定》第19条；《互联网用户账号名称管理规定》第7条

第二十三条 设立移动互联网应用程序应当按照国家有关规定向电信主管部门办理许可或者备案手续。

为应用程序提供封装、分发服务的，应当登记并核验应用程序开发运营者的真实身份信息，核验应用程序的功能、用途。

公安、电信、网信等部门和电信业务经营者、互联网服务提供者应当加强对分发平台以外途径下载传播的涉诈应用程序重点监测、及时处置。

◆ 条文主旨

本条是关于移动互联网应用程序治理的规定。

◆ 立法背景

（一）起草背景

随着移动互联网信息技术的快速发展，我国移动互联网应用程序 APP 在架数量和用户规模持续扩大。据有关部门、地方、互联网企业反映，APP 研发技术门槛低、用来实施犯罪成本低，涉诈 APP 治理总体上存在排查难、发现难等问题。在 APP 设立申请方面，一般实行备案制，管理相对宽松，缺乏对使用环节的有力监管。实践中有很多散而小的非法 APP，提供给特定人群或者针对特定诈骗目标，主要功能就是犯罪工具。有的诈骗分子自行开发 APP，通过租赁境外服务器、供境内被害人下载安装来实施诈骗，难以发现、防范和打击。这其中，部分非法 APP 是在正规应用商店下载，但多数非法 APP 通过应用商店以外的渠道下载、使用，包括通过社交工具点对点发送安装包或提供下载二维码，监督管理难度较大。实践中，主管部门对正规渠道的应用程序管理相对严格，对其他渠道应用程序的监管存在困难。为 APP 提供封装、分发服务的平台审核时一般是抽检，覆盖面小，个别的 APP 分发平台在未经严格审核就上架提供服务。

为加强对移动互联网应用程序的管理，有关部门不断出台有关文件和相关制度对其予以规范。2014 年 8 月，工业和信息化部出台的《关于加强电信和互联网行业网络安全工作的指导意见》，要求加强移动应用商店和应用程序安全管理。2016 年 12 月，工业和信息化部出台的《移动智能终端应用软件预置和分发管理暂行规定》，对从事应用商店等移动应用分发平台服务的互联网信息服务提供者，以及在移动智能终端中预置了移动应用分发平台的生产企业，对所提供的应用软件的相应的管理职责，以及通信主管部门的管理职责作了规定。国家网信办 2016 年 8 月出台、2022 年修订的《移动互联网应用程序信息服务管理规定》规定，移动互联网应用程序提供者应当严格落实信息安全管理责任，互联网应用商店服务提供者应当对应用程序提供者落实管理责任。应用程序提供者通过应用程序提供互联网新闻信息服务的，应当取得互联网新闻信息服务许可，禁止未经许可或者超越许可范围开展互联网新闻信息服务活动。应用程序提供者提供其他互联网信息服务，依法须经有关主管部门审核同意或者取得相关许可的，经有关主管部门审核同意或者取得相关许可后方可提供服务。

此外，2020 年 7 月，工业和信息化部发布了《关于开展纵深推进 APP 侵害用户权益专项整治行动的通知》，要求深入推进技管结合，加强监督检查，督促相关企业强化 APP 个人信息保护，及时整改消除违规收集、使用用户个人信息和骚扰用户、欺骗误导用户、应用分发平台管理责任落实不到位等突出问题，净化 APP 应用空间。

这些规定和举措，为移动互联网应用程序 APP 的管理积累了有益经验。为进一步规范 APP 的上市和管理工作，本条对设立应用程序的程序要求、应用程序封装和分发服务的提供者以及有关部门、电信业务经营者、互联网服务提供者的管理义务和职责作了明确规定。

（二）审议中各方面的意见

1. 反电信网络诈骗法（草案）第二十条规定：“网信、工信、公安等部门应当建立健全移动互联网应用程序备案机制。

为应用程序提供封装、分发服务的，应当登记并核验应用程序开发运营者的真实身份信息，核验应用程序的功能、用途，支持实现对封装、分发的全程溯源。

网信、工信、公安等部门和电信业务经营者、互联网服务提供者应当加强对分发平台以外途径下载传播的涉诈应用程序重点监测、及时处置。”

在起草阶段、审议、征求意见过程中，有的常委委员建议将“工信”表述修改为“电信”，有的常委委员、地方建议对“网信、工信部门”使用全称，便于普通百姓理解。有的常委委员提出，按照个人信息保护法的规定，应用程序的提供者应严格遵守个人信息保护的要求，实践中完成了相应服务之后，不能够随意追踪个人信息，无权开展全程追溯，建议删除第二款中的“支持实现对封装、分发的全程溯源”。有的互联网企业提出，应用分发平台对运行中发生问题的应用程序是否和登记一致等情况不易判断，难以实现“全程溯源”，建议将第二款修改为：“为应用程序提供分发服务的，应当登记并核验应用程序开发运营者或委托分发者的真实身份信息，核验应用程序的功能、用途。”有的全国人大代表建议将第二款修改为“为应用程序提供封装、分发服务的，应当登记并核验应用程序开发运营者的真实身份信息，严格落实实人实操核验机制，核验应用程序的功能”。

有的部门提出，目前对 APP 的管理区分类型实行备案和许可管理，建议将第一款修改为“设立移动互联网应用程序，应当依法向电信主管部门办理电信许可或者备案手续”。有的互联网企业建议删除第三款中的“互联网服务提供者”，实践中除特定的应用程序分发平台外，其他平台均难以实现对涉诈应用程序的监测和处置，民法典等基本法律规定的互联网平台的主体责任，是以“通知-删除”规则为基础的，建议规定平台接到相关通知后应谨慎审查，并采取相关措施。

2. 草案二次审议稿第二十三条规定：“设立移动互联网应用程序应当按照国家有关规定向电信主管部门办理许可或者备案手续。

为应用程序提供封装、分发服务的，应当登记并核验应用程序开发运营者的真实身份信息，核验应用程序的功能、用途。

电信、网信、公安等部门和电信业务经营者、互联网服务提供者应当加强对分发平台以外途径下载传播的涉诈应用程序重点监测、及时处置。”

根据各方面的意见，草案二次审议稿对草案作了以下修改：一是，根据实践情况和有关部门的意见，将第一款中“备案机制”修改为“许可或者备案机制”。二是，根据有关部门和互联网企业的意见，删去了第二款中全程溯源的规定。三是，考虑到“电信主管部门”在中央层面是国家工业和信息化部，在地方层面是各地的通信管理局，根据常委委员的意见，统一将“工信”部门修改为“电信”部门。

在审议、征求意见过程中，有的部门建议将第一款中的“备案”修改为“核准”；有的部门建议将第一款修改为“网信、电信部门应当建立健全移动互联网应用程序许可或者备案机制”。有的地方建议明确第一款中的“互联网应用程序”包括微信小程序、公众号等；有的地方建议在第二款的“核验应用程序的功能、用途”后增加“和存在的安全风险”。

有的互联网企业建议明确不同行业主体履行真实身份核验义务的标准和边界，避免措施过度或与行业不相适应，影响了行业发展。有的互联网企业建议删除第二款的“封装”，将“核验应用程序的功能、用途”修改为“对上架的应用程序实施分类管理”。

3. 草案三次审议稿根据各方面的意见，将二次审议稿第三款中的“电信、网信、公安”等部门修改为“公安、电信、网信”等部门，以与本法中其他条文的部门排序保持一致。

◆ **条文解读**

本条共分三款。

第一款是关于设立移动互联网应用程序应当办理许可或者备案手续的规定。

移动互联网应用程序设立环节的管理是涉诈 APP 治理的源头，需要通过履行特定的手续来保证 APP 上架时的合法性。根据本款规定，设立移动互联网应用程序应当按照国家有关规定向电信主管部门办理许可或者备案手续。这里的“国家有关规定”包括法律法规和部门规章，“电信主管部门”在中央层面是国家工业和信息化部，在地方层面是各地的通信管理局。具体如何履行许可、备案手续需要根据相关规定执行。如《互联网信息服务管理办法》第四条规定，国家对经营性互联网信息服务实行许可制度；对非经营性互联网信息服务实行备案制度。未取得许可或者未履行备案手续的，不得从事互联网信息服务。

目前，国家正在积极推进 APP 备案管理，工业和信息化部正在推进建立完善 APP 运营者备案管理制度，国家网信办依托国家计算机网络与信息安全管理中心的技术支撑，通过对接各大应用商店，开展了 APP 上架备案相关工作。当前根据 APP 的种类和涉及的业务不同情况，对 APP 上架主要是采取“资质许可+一般备案+特殊备案”的模式：资质许可是 APP 在上架前，必须取得法律所规定的许可资质；一般备案是在 APP 上架、分发过程中，不同的主体需履行法律备案义务；特殊备案是特殊领域主管机构对本领域内的 APP 设定的备案义务。如北京移动公司内部的 APP（绝大部分是自用）采用报备制管理，按照流程进行安全评估、线上报备后可以正常使用，这属于一般备案。具体适用何种模式，需要根据应用程序所从事的具体服务的类型和内容进行确定。

此外，根据规定，某些特定类型的应用程序上市，需要报经相关主管部门许可。《移动互联网应用程序信息服务管理规定》第七条规定，应用程序提供者通过应用程序提供互联网新闻信息服务的，应当取得互联网新闻信息服务许可，禁止未经许可或者超越许可范围开展互联网新闻信息服务活动。应用程序提供者提供其他互联网信息服务，依法须经有关主管部门审核同意或者取得相关许可的，经有关主管部门审核同意或者取得相关许可后方可提供服务。《互联网信息服务管理办法》第五条规定，从事新闻、出版、教育、医疗保健、药品和医疗器械等互联网信息服务，依照法律、行政法规以及国家有关规定须经有关主管部门审核同意的，在申请经营许可或者履行备案手续前，应当依法经有关主管部门审核同意。

第二款是关于为应用程序提供封装、分发服务的，应当登记并核验开发运营者的真实身份信息，并核验应用程序的功能、用途的规定。

对于应用程序的治理，关键在于落实实名制，以及在应用商店上架前的功能、用途审查以及上架后的巡查。为此，本款明确了为应用程序提供封装、分发服务的平台的义务，要求封装、分发平台在 APP 上架前对其严格进行实名登记，并核验应用程序的功能、用途。封装、分发平台可以对通过特性比对过滤、关键词过滤等措施对应用程序进行核查，审查合格后才允许上架。

应用程序封装服务，是指应用程序的制作服务，将网站、网页及其内容转换为应用程序。如将新浪网转换为新浪应用程序。应用程序分发服务，是指提供应用程序发布、下载、动态加载等服务的活动，有关平台包括应用商店、快应用中心、互联网小程序平台、浏览器插件平台等类型。根据本款的规定，为应用程序提供封装、分发服务的平台，应当对应用程序的开发运营者进行实名登记，并核验应用程序的功能和用途。

《移动智能终端应用软件预置和分发管理暂行规定》第八条和《移动互联网应用程序信息服务管理规定》第十四条、第二十条等条文对为应用程序提供分发服务的企业，以及在移动智能终端中预置了移动应用分发平台的生产企业的相关管理责任作了明确规定，具体包括：（1）登记应用软件提供者、运营者、开发者的真实身份、联系方式等信息；（2）建立应用软件管理机制，对应用软件进行审核及安全、服务等相关检测，对审核和检测中发现的恶意应用软件等违法违规软件，不得向用户提供；对所提供应用软件进行跟踪监测，及时处理违法违规软件，建立完善用户举报投诉处置措施等；（3）要求应用软件提供者在提交应用软件时声明其获取的用户终端权限及用途，并将上述信息向软件下载用户明示；（4）留存所提供应用软件，以及该软件有关版本、上线时间、功能简介、用途、MD5（消息摘要算法5）等校验值、服务器接入等信息以备追溯检测等；（5）应用程序提供的信息服务属于互联网新闻信息服务范围的，应当取得互联网新闻信息服务许可；（6）应用程序提供者上线具有舆论属性或者社会动员能力的新技术、新应用、新功能，应当按照国家有关规定进行安全评估。对经审核发现应用程序名称、图标、简介存在违法和不良信息，与注册主体真实身份信息不相符，业务类型存在违法违规等情况的，不得为其提供服务。

第三款是关于公安、电信、网信等部门和电信业务经营者、互联网服务提供者应当加强对分发平台以外途径下载传播的涉诈应用程序重点监测、及时处置的规定。

实践中，多数违法 APP 通过应用商店以外的其他传播渠道如扫描二维码、点击网站链接和社交软件在线分享方式直接下载、使用。无论苹果的应用商店 App Store，还是安卓 Android 的应用市场上架管理，都存在被绕过进行安装的漏洞，如苹果可以通过企业签、超级签进行单独安装，Android 也可以通过 apk 文件直接传输安装，甚至一些手机厂商在出厂前已经在收集植入非应用商店的 APP。这类 APP 目前主要是抽样监测，难以全面覆盖，不易识别。对涉诈 APP 进行治理，需要电信、网信、公安等有关部门和电信业务经营提供者、互联网服务提供者形成合力，共同加大对 APP，特别是分发平台以外途径下载的 APP 的监测力度，以及时处置、关停非法的 APP。本款对有关部门和电信业务经营提供者、互联网服务提供者加强对分发平台以外途径下载传播的涉诈应用程序重点监测、及时处置作了明确规定。

这里的电信业务经营者指的是网络运营商（NO，即 Network Opcrator）和接入服务商（AP，即 Access Provider）。网络运营商是指基础电信运营商，即电信基础设施的运营者，如中国移动、中国联通、中国电信等运营商。接入服务商是向网络用户提供从用户终端到网络接入服务的主体，如各宽带业务经营者。这里的互联网服务提供者是指互联网内容提供者，向用户提供新闻、信息、资料、音视频、建立通讯群组的平台等内容服务，如腾讯、抖音、字节跳动、淘宝、新浪、搜狐等。

在监测和处置涉诈应用程序的过程中，公安、电信、网信等部门应当负总责，统筹本行业领域技术反制措施，推进信息数据共享，建立有关涉诈应用程序的监测识别和处置机制，对分发平台以外途径下载传播的应用程序重点检测，发现涉诈的，及时处置，不断提高监测识别和处置能力。电信业务经营者和互联网服务提供者特别是大型互联网企业应当履行信息内容管理市场主体责任，在主管部门的统一部署下，承担社会责任，建立涉诈应用程序的监测识别和处置机制，发挥自身资源优势，加强相关工作，共同构建维护合规应用程序正常运转的良好环境。

在该条的理解适用中，需要注意以下几个方面的问题：

第一，电信业务经营者、互联网服务提供者在对应用程序进行监测的过程中，发现有恶意应用程序的，或者应用程序中含有法律、行政法规中禁止发布或者传输的信息的，根据《中华人民共和国网络安全法》第四十八条的规定，应当停止提供服务，采取消除等处置措施，保存有关记录，并向有关主管部门报告。根据《网络安全法》第六十条的规定，设置恶意程序的，由有关主管部门责令改正，给予警告；拒不改正的，处五万元以上五十万元以下罚款，对直接负责的主管人员处一万元以上十万元以下罚款。

第二，为使本条的规定落到实处，本法在法律责任一章中规定了电信业务经营者、互联网服务提供者不履行本条义务需要承担的法律责任。根据本法第四十一条第四项、第五项的规定，未登记核验移动互联网应用程序开发运营者的真实身份信息或者未核验应用程序的功能、用途，为其提供应用程序封装、分发服务的；未履行涉诈应用程序的监测识别和处置义务的，由有关主管部门责令改正，情节较轻的，给予警告、通报批评，或者处五万元以上五十万元以下罚款；情节严重的，处五十万元以上五百万元以下罚款，并可以由有关主管部门责令暂停相关业务、停业整顿、关闭网站或者应用程序、吊销相关业务许可证或者吊销营业执照，对其直接负责的主管人员和其他直接责任人员，处一万元以上二十万元以下罚款。

此外，根据《中华人民共和国刑法》第二百八十六条之一的规定，网络服务提供者不履行本条规定的义务，经监管部门责令改正而拒不改正，存在致使违法信息大量传播；致使用户信息泄露，造成严重后果；致使刑事案件证据灭失，情节严重；以及其他严重情节等情形，构成犯罪的，应当以拒不履行信息网络安全管理义务罪追究行为人的刑事责任，依法处三年以下有期徒刑、拘役或者管制，并处或者单处罚金。

第三，互联网服务提供者在对涉诈应用程序监测中发现可疑犯罪线索、风险信息的，根据本法第二十六条的规定，应当依照国家有关规定，根据涉诈风险类型、程度情况移送公安、金融、电信、网信等部门。实践中，互联网服务提供者监测到的信息是海量的，若都移送有关部门，会增加企业和有关部门负担，这里赋予了互联网服务提供者一定的自主权，由企业根据监测情况进行判断，将其中风险较高的涉诈线索和信息，按照规定移交。对有涉电信网络诈骗犯罪嫌疑的，应当将有关线索移送公安机关，其他违法线索和信息应当移交相应的主管部门，由公安机关或者相应的主管部门依法进行处理。

◆ **典型案例**

1. 利用虚假投资平台跨境诈骗案。

2019年初以来，赵某、张某等在柬埔寨西哈努克港、金边等地设立窝点，从境内高薪拉拢引诱人员到柬埔寨，组建作案团队，分工负责，针对中国公民实施诈骗。诈骗人员先拨打受害人电话，以股票投资名义引诱加入荐股群骗取信任，以股票投资平台高额收益为诱饵，引导下载其APP转账投资，骗取大量资金后关闭平台。已查明的作案平台等6个，每个作案平台活跃期约2至3个月，初步核实的涉案资金达1.57亿元。这是一起利用虚假投资虚拟币APP针对中国公民实施诈骗的典型案件。

2. 利用虚假赌博平台跨境诈骗案。

2019年3月至2020年5月，“宏盛国际”犯罪集团租用成都某网络科技有限公司的客服软件，在菲律宾马尼拉某电力大厦组织设立虚假赌博平台，设计“北京28”、“加拿大28”等项目，实施电信网络诈骗犯罪。该犯罪集团通过交友软件，设置个人虚假信息资料、虚拟定位，以交朋友“谈感情”等方式物色中国境内被害人，编排“话术”与被害人聊天，取得被害人信任后，以“高额回报”为诱饵，诱骗被害人参与上述虚假赌博平台。先期让被害人少量获利提现，待被害人产生信任后继续诱骗被害人大额充值，之后以信息错误、金额不足、账户被冻结等为由拒绝提现，非法占有被害人钱财。本案被害人超过1500名，涉案金额约10亿元。

◆ **相关规定**

《中华人民共和国刑法》第286条之一；《中华人民共和国网络安全法》第48条、第60条；《互联网信息服务管理办法》第4条、第5条；《移动互联网应用程序信息服务管理规定》；《移动智能终端应用软件预置和分发管理暂行规定》第8条

第二十四条 提供域名解析、域名跳转、网址链接转换服务的，应当按照国家有关规定，核验域名注册、解析信息和互联网协议地址的真实性、准确性，规范域名跳转，记录并留存所提供相应服务的日志信息，支持实现对解析、跳转、转换记录的溯源。

◆ 条文主旨

本条是关于域名解析、域名跳转和网址链接转换服务管理的规定。

◆ 立法背景

（一）起草背景

域名是网络用户找到特定网站的门户，每个网站都有固定的互联网协议 IP 地址，但现实生活中极少有人记住复杂、枯燥的 IP 地址，网站管理是将域名和 IP 地址绑定的，当用户访问某个域名时，就会通过域名解析服务，将域名指向所绑定的网站。网址链接转换则实现了网址与文字、二维码、应用程序之间的相互转换，让用户访问网站更加便捷。

实践中，利用域名、网址链接进行电信网络诈骗的行为主要包括：一是，犯罪分子先根据现有的域名，注册用户可能错误输入的近似域名，设置与目标网站类似的网页。当用户不小心输错域名时，就会将域名解析到其预设的网站，对用户进行钓鱼诈骗。由于域名是用户主动输入的，用户在输入账户密码或者银行卡等敏感信息时警惕心很低，很容易上当受骗。二是，通过干扰用户上网时的域名解析过程，将用户的访问跳转至其他伪装类似网站，设置非法代码，窃取用户身份、银行账户、验证码信息等，进行诈骗活动。三是，在网址链接转换过程中，将用户指引到预设的网站，开展诈骗活动。

对于上述行为，有关主管部门应当加强监督和管理，让域名解析、跳转和网址链接服务依法依规运转，切实保护用户的合法权益。《互联网域名管理办法》对域名的注册、解析等活动进行了规范，要求实名注册，进行核验，记录并留存域名解析日志、维护日志和变更记录，不得恶意将域名解析指向他人的 IP 地址。

实践中，域名注册、服务器租用等存在层层转包、登记备案信息不全和“实名不实人”问题，域名跳转存在次数太多，难以追根溯源的问题，这都增加了侦查和打击难度。据此，有必要在法律中明确域名解析、跳转和网址链接转换服务提供者，核验注册信息、解析信息和互联网协议地址的真实性、准确性等义务，以防范和减少利用这一环节开展电信网络诈骗行为的发生。同时，在出现相关诈骗行为时，也有利于进行溯源，追究行为人的法律责任。

（二）审议中各方面的意见

1. 反电信网络诈骗法（草案）第二十一条规定：“提供域名解析、域名跳转、网址链接转换服务的，应当核验域名注册、解析信息和互联网协议地址的真实性、准确性，记录并留存所提供相应服务的日志信息，支持实现对跳转、解析、转换记录的溯源。”

在草案起草、审议、征求意见过程中，有的部门建议增加“按照国务院电信主管部门要求”的表述，并增加限制域名跳转次数措施的规定；有的地方、高等院校建议明确日志信息留存的期限不少于六个月，与网络安全法保持一致。有的地方、高等院校建议明确“核验域名注册、解析信息和互联网协议地址真实性、准确性”的职责主体以及“真实性和准确性”的判断标准；有的高校建议明确“溯源”的内容、范围等，有的互联网企业建议将支持实现对跳转、解析、转换记录的“溯源”修改为“查询”。

有的地方提出，电信网络诈骗犯罪分子为了增加公安机关侦查打击的难度，往往利用境内外代理服务器（VPN）反复、多级进行跳转，建议增加“提供代理服务器，应当核验网络接入身份真实性”的内容。

2. 草案二次审议稿第二十四条规定：“提供域名解析、域名跳转、网址链接转换服务的，应当按照国家有关规定，核验域名注册、解析信息和互联网协议地址的真实性、准确性，限制域名跳转次数，记录并留存所提供相应服务的日志信息，支持实现对跳转、解析、转换记录的溯源。”

根据各方面的意见，草案二次审议稿对草案作了以下修改：一是，增加了“应当按照国家有关规定”的规定，明确按照法律法规和部门规章的有关规定进行管理。二是，增加了限制域名跳转次数的规定。

在审议、征求意见过程中，有的互联网企业建议增加规定域名解析、域名跳转的定义。有的互联网企业提出，无法通过域名跳转次数来划分正常业务和违法业务，限制域名跳转次数，有可能会使有些业务无法正常开展，建议删除“限制域名跳转次数”的规定。有的互联网企业建议增加一款规定：“国家网络基础资源的运行管理和服务机构应当按照国家有关规定，限制域名跳转次数。”

3. 草案三次审议稿根据各方面意见，将“限制域名跳转次数”修改为“规范域名跳转”。

◆ 条文解读

本条是关于对提供域名解析、域名跳转和网址链接转换服务的互联网服务提供者的义务的规定。

域名是指互联网上识别和定位计算机的层次结构式的字符标识，与该计算机的 IP 地址相对应。域名解析是指从域名到 IP 地址的转换过程，IP 地址是网络上标识站点的数字地址，为了方便操作，采用域名来替代 IP 地址标识站点地址，域名解析就是把网站的域名指向 IP 地址，让访客通过注册的域名访问网站。域名的解析工作由域名系统（DNS）服务器完成。域名跳转是指访问某一域名时，跳转到该域名绑定或者指向的其他域名、IP 地址或者网络信息服务等，这主要是通过服务器的技术设置得到实现的。域名跳转有合法的，也有非法的。网址链接转换是指通过网址链接转换软件，将网址转换为文字、二维码、应用程序等，通过网址链接转换，电信网络诈骗分子可以将潜在被害人引诱到诈骗网站。

根据本条规定，提供域名解析、域名跳转和网址链接转换服务的，应当按照法律法规、部门规章等国家有关规定，履行下列义务：

一是，核验域名注册、解析信息和互联网协议地址的真实性和准确性。根据《中华人民共和国网络安全法》第二十四条、本法第二十一条，提供互联网域名注册、互联网接入、网络代理等网络地址转换服务的，都应当依法要求用户提供真实身份信息，用户不提供真实身份信息的，不得提供相关服务。网络用户的身份实名管理制度包括基础环节，也包括应用环节。《互联网域名管理办法》规定，域名注册申请者应当提供域名持有者真实、准确、完整的身份信息等域名注册信息，域名注册管理机构和域名注册服务机构应当对域名注册信息的真实性、完整性进行核验。域名注册申请者提供的域名注册信息不准确、不完整的，域名注册服务机构应当要求其予以补正。申请者不补正或者提供不真实的域名注册信息的，域名注册服务机构不得为其提供域名注册服务。《互联网 IP 地址备案管理办法》规定，国家对 IP 地址的分配使用实行备案管理，各级 IP 地址分配机构应当如实、完整地报备 IP 地址信息，IP 地址分配机构同时是互联网接入服务提供者的，应当如实记录和保存由其提供接入服务的使用自带 IP 地址的用户的 IP 地址信息，填报 IP 地址备案信息，进行备案。提供域名解析、域名跳转和网址链接转换服务涉及互联网访问地址的变化，在提供相关服务时，有必要核验域名注册、解析信息和互联网协议地址的真实性和准确性，以准确掌握有关信息，实现事后的溯源。

二是，规范域名跳转。电信网络诈骗分子利用域名跳转主要实现两个目的：一是在潜在被害人上钩后，通过推送等方式引诱被害人直接到付款页面支付钱款，二是通过多次跳转实现隐藏真实互联网协议IP地址的作用。实践中，域名跳转次数过多，会导致无法追溯到最初的域名，不利于对电信网络诈骗行为的查处。此外，根据《互联网域名管理办法》第二十八条、第三十八条的规定，不得为含有法律、行政法规禁止的内容的域名提供跳转服务。互联网服务提供者应当按照国家有关规定，规范域名跳转，防止利用域名跳转进行电信网络诈骗行为的发生。

三是，记录并留存所提供相应服务的日志信息，支持实现对跳转、解析、转换记录的溯源。根据《中华人民共和国网络安全法》第二十一条的规定，网络运营者应当采取监测、记录网络运行状态、网络安全事件的技术措施，并按照规定留存相关的网络日志不少于六个月。根据《互联网域名管理办法》第三十六条、第三十七条的规定，提供域名解析服务，应当依法记录并留存域名解析日志、维护日志和变更记录，保障解析服务质量和解析系统安全；提供域名解析服务，不得擅自篡改解析信息。网络日志是对网络信息系统的用户访问、运行状态、系统维护等情况的记录，对于追溯非法操作、非法授权的访问，维护网络安全以及调查网络违法犯罪活动具有重要作用。记录并留存所提供相应服务的日志信息，有利于实现对跳转、解析、转换记录的溯源。

在该条的理解适用中，需要注意以下几个方面的问题：

根据本条规定，提供域名解析、域名跳转和网址链接转换服务的，具体应当履行哪些义务，应当根据国家法律法规和部门规章的有关规定执行。在实践中，提供域名解析、域名跳转、网址链接转换服务的，往往不是同一个主体，对其的具体要求也不尽相同。如域名解析服务提供者应当按照法律法规的要求，对服务过程进行完整的日志记录；域名跳转服务提供者应当按照规定规范域名跳转；提供网址链接转换服务的，应当核验域名注册、解析信息和互联网协议地址的真实性、准确性。各类市场主体具体应当履行哪些义务应当依照具体的规定执行。

为使本条的规定落到实处，本法在法律责任一章中规定了电信业务经营者、互联网服务提供者不履行本条义务需要承担的法律责任。根据本法第四十一条第三项的规定，未按照国家有关规定，核验域名注册、解析信息和互联网协议地址的真实性、准确性，规范域名跳转，或者记录并留存所提供相应服务的日志信息的，由有关主管部门责令改正，情节较轻的，给予警告、通报批评，或者处五万元以上五十万元以下罚款；情节严重的，处五十万元以上五百万元以下罚款，并可以由有关主管部门责令暂停相关业务、停业整顿、关闭网站或者应用程序、吊销相关业务许可证或者吊销营业执照，对其直接负责的主管人员和其他直接责任人员，处一万元以上二十万元以下罚款。

此外，根据《中华人民共和国刑法》第二百八十六条之一的规定，网络服务提供者不履行本条规定的义务，经监管部门责令改正而拒不改正，存在致使违法信息大量传播；致使用户信息泄露，造成严重后果；致使刑事案件证据灭失，情节严重；以及其他严重情节等情形，构成犯罪的，应当以拒不履行信息网络安全管理义务罪追究行为人的刑事责任，依法处三年以下有期徒刑、拘役或者管制，并处或者单处罚金。

◆ **相关规定**

《中华人民共和国刑法》第 286 条之一；《中华人民共和国网络安全法》第 21 条、第 24 条；《互联网域名管理办法》；《互联网 IP 地址备案管理办法》

第二十五条　任何单位和个人不得为他人实施电信网络诈骗活动提供下列支持或者帮助：

（一）出售、提供个人信息；

（二）帮助他人通过虚拟货币交易等方式洗钱；

（三）其他为电信网络诈骗活动提供支持或者帮助的行为。

电信业务经营者、互联网服务提供者应当依照国家有关规定，履行合理注意义务，对利用下列业务从事涉诈支持、帮助活动进行监测识别和处置：

（一）提供互联网接入、服务器托管、网络存储、通讯传输、线路出租、域名解析等网络资源服务；

（二）提供信息发布或者搜索、广告推广、引流推广等网络推广服务；

（三）提供应用程序、网站等网络技术、产品的制作、维护服务；

（四）提供支付结算服务。

◆ 条文主旨

本条是关于任何单位和个人不得为他人实施电信网络诈骗提供支持或者帮助，以及电信业务经营者、互联网服务提供者应当依照国家有关规定，履行合理注意义务，对涉诈支持、帮助活动进行监测识别和处置的规定。

◆ 立法背景

（一）起草背景

由于网络自身的特点，网络违法犯罪行为与传统违法犯罪行为相比，呈现出不同特点。电信网络诈骗违法犯罪活动以利益链为脉络，已经逐渐形成比较完整的产业链，上游主要为实施电信网络违法犯罪提供资源、技术等条件，中游实施电信网络违法犯罪活动，下游将违法犯罪所得及收益通过交易支付平台等方式变现或者进行洗钱。实践中，一些不法人员受巨大利益驱动，利用行业监管的漏洞钻空子，出现了假网站制作、买卖公民个人信息、第三方支付平台洗钱、地下钱庄洗钱、POS 机套现等一系列相对独立、互不相识的职业群体，他们以互联网为纽带，分工配合，持续地、成规模地为电信网络诈骗犯罪集团提供信息、技术或人员支撑，从中谋取非法利益，形成了电信网络诈骗黑灰产业。这类为电信网络诈骗活动提供支持或者帮助的行为大大降低了电信网络诈骗犯罪的门槛和成本，直接或间接地支持和推动了电信网络诈骗行为得以实现。支持或者帮助行为呈高度专业化、模式化发展，与电信网络诈骗犯罪分子互生共存，侵害群众利益，严重扰乱行业管理和社会管理秩序，社会危害巨大，需要在法律中作出禁止性规定，对有关行为依法予以惩处。

电信业务经营者包括中国移动、中国联通、中国电信等基础电信运营商，以及宽带业务经营者等接入服务商。电信业务经营者提供了网络接入等基础服务，应当利用自身优势资源，根据国家有关规定，对有关服务被用于涉诈支持、帮助活动进行监测识别，并采取限制功能、暂停服务等必要处置措施。实践中，有的地方的电信行业为加强对涉电信网络诈骗、疑似诈骗用户的电话、短信、域名、IP 等的处置工作，采取了关停、拦截、封堵、踢网等措施，但这些措施主要依靠有关政策文件的规定，尚缺乏明确的法律依据。

此外，互联网服务提供者直接接触用户，对用户合法合规使用网络负有一定的监督管理职责。互联网服务提供者在为用户提供服务时，一般会签订用户协议，协议中一般会明确用户在使用相关服务时，不得违反法律法规的规定，不得从事非法活动，如果有相关行为，会被采取关停账户、限制功能等措施，并移交主管部门或者公安机关处理。国外的互联网服务公司对用户也会有相应的要求，如 Twitter 公司通过对用户的使用进行监测，有理由相信用户有以下四种情形的：（1）违反了 Twitter 规则和政策，（2）为 Twitter 带来风险或者可能的法律风险，（3）所从事的行为非法，（4）提供的服务在商业上不可行，可以随时暂停或者中止用户账号，或者停止向用户提供全部或者部分服务。实践中，我国的部分互联网服务企业通过对相关行为的监测和处理，防范了电信网络诈骗行为的发生。

根据各方面的意见，为切实加强对有关业务被用于涉诈支持、帮助活动的监测和处理，让电信业务经营者、互联网服务提供者承担应有的社会责任，本条对互联网服务提供者应当建立监测防范制度，对涉诈支持、帮助活动进行监测识别和处置作出了专门规定。

（二）审议中各方面的意见

1. 反电信网络诈骗法（草案）第二十二条规定："任何单位和个人不得明知他人实施电信网络诈骗，为其提供以下支持或者帮助：

（一）出售、提供个人信息；

（二）提供互联网接入、服务器托管、网络存储、通讯传输、线路出租、域名解析等网络资源服务；

（三）提供内容分发、广告推广、引流推广、搜索引擎等网络推广服务；

（四）提供应用程序、网站等网络技术、产品的制作、维护服务；

（五）提供支付结算服务，或者帮助他人通过虚拟货币交易等方式洗钱；

（六）其他为电信网络诈骗提供各类支持或者帮助的行为。

互联网服务提供者应当建立监测防范制度，对前款规定的涉诈产业进行监测、拦截和处置。”

在起草、审议、征求意见过程中，有的常委会组成人员、部门、地方提出，删去“明知”，或者将“明知”修改为“知道或者应当知道”。有的全国人大代表提出出售企业信息也是当前比较突出的现象，建议将第一款第一项修改为“出售、提供企业、个人信息”，有的部门、地方建议将第一项修改为“出售、提供互联网登录账号、密码等个人信息”或者“非法获取、出售、提供个人信息”。有的部门建议将第五项“提供支付结算服务”修改为“提供现金和非现金支付服务”。

有的互联网企业提出，互联网服务提供者缺乏直接收集涉诈线索的能力，不同类型、不同规模企业识别风险的能力和能够支持的监测防范机制有所不同，建议将第二款“互联网服务提供者应当建立监测防范制度”修改为“鼓励互联网服务提供者根据服务类型与相关监管部门、行业共同建立监测防范机制，对前款规定的涉诈产业进行监测、拦截和处置”。此外，“涉诈产业”标准模糊，建议作出修改。

2. 草案二次审议稿第二十五条规定：“任何单位和个人不得为他人实施电信网络诈骗提供下列支持或者帮助：

（一）出售、提供个人信息；

（二）提供互联网接入、服务器托管、网络存储、通讯传输、线路出租、域名解析等网络资源服务；

（三）提供信息发布或者搜索、广告推广、引流推广等网络推广服务；

（四）提供应用程序、网站等网络技术、产品的制作、维护服务；

（五）提供支付结算服务，或者帮助他人通过虚拟货币交易等方式洗钱；

（六）其他为电信网络诈骗提供各类支持或者帮助的行为。

互联网服务提供者应当建立监测防范制度，对前款规定的涉诈支持、帮助活动进行监测、拦截和处置。”

根据各方面的意见，草案二次审议稿对草案作了以下修改：一是，根据各方面意见，删去了第一款中“明知”的规定；二是，将第一款第三项“内容分发”“搜索引擎”修改为“内容发布或者搜索”；三是，将第二款中的“涉诈产业”修改为“涉诈支持、帮助活动”。

在审议、征求意见过程中，有的常委委员提出，支持和帮助诈骗行为有的主观方面是故意，有的不是故意，在处罚上应有所区别。有的部门建议删除第一款第二项中的“通讯传输、线路出租”等表述，将其纳入电信治理章节。有的互联网企业提出，企业在判断用户是否从事电信网络诈骗以及其他违法犯罪行为方面具有局限性，涉及个人隐私、个人信息的聊天记录、资金往来的信息，不应当由企业主动监测，企业只能配合公安司法机关调取相关信息。有的互联网企业提出，对“出售、提供个人信息”的情况进行监测、拦截和处置，可能会对用户权益产生影响，建议删除第一款第一项或赋予平台一定的豁免，用户存在过错或者用户与第三方通过非公开渠道沟通（如私信）的，平台不承担责任。

3. 草案三次审议稿将第一款第六项“其他为电信网络诈骗提供各类支持或者帮助的行为”修改为“其他知道或者应当知道他人从事电信网络诈骗活动为其提供支持或者帮助的行为”，以明确支持或者帮助行为的主观恶意。

在审议过程中，有的常委委员提出，草案三次审议稿列举的为他人实施电信网络诈骗活动提供有关支持和帮助的行为中，有些与正常经营和业务活动有交叉，建议进一步明确法律界限。根据常委委员的意见，本条又作了如下修改，将所列行为作为两款分两类情形作出规定，第一款规定了任何单位和个人都不得提供的支持或者帮助行为，具体包括出售、提供个人信息，帮助他人通过虚拟货币交易等方式洗钱，以及其他提供支持或者帮助的行为三种情形；第二款规定电信业务经营者、互联网服务提供者应当履行合理注意义务，对有关业务被用于涉诈支持帮助活动进行检测识别和处置的四种情形，具体包括提供互联网接入、服务器托管、网络存储、通讯传输、线路出租、域名解析等网络资源服务，提供信息发布或者搜索、广告推广、引流推广等网络推广服务，提供应用程序、网站等网络技术、产品的制作、维护服务，提供支付结算服务等。

◆ 条文解读

本条共分二款。

第一款是关于任何单位和个人不得为他人实施电信网络诈骗提供支持或者帮助的规定。明知他人从事电信网络诈骗活动，还为其提供支持或者帮助，直接或者间接地支持电信网络诈骗活动得以实现，足以说明行为人的主观恶意，应当明确予以禁止。根据本款规定，这里规定的支持或者帮助行为主要包括以下几种具体形式：

出售、提供个人信息。根据《中华人民共和国个人信息保护法》第四条的规定，个人信息是以电子或者其他方式记录的与已识别或者可识别的自然人有关的各种信息，但不包括匿名化处理后的信息。收集、存储、使用、加工、传输、提供、公开、删除个人信息，应当遵守个人信息保护法的相关规定。电信网络诈骗犯罪泛滥的重要因素之一就是电信网络诈骗犯罪分子通过各种非法手段获得了大量受害人个人信息，包括手机号码、银行账号、身份证件信息等，这些信息大量流入黑灰产，为电信网络诈骗分子实施诈骗提供了基础，犯罪分子利用非法获取的个人信息数据进行精准诈骗，更有针对性，更容易取得被害人的信任，被害人更容易上当遭受损失。实践中，有的专门为电信网络诈骗分子提供个人银行卡“四件套”，包括身份证件、银行卡、手机卡、U盾，还有的专门提供企业对公账户“八件套”，包括银行卡、U盾、法人身份证、营业执照、对公账户等。其中，有的出卖自己个人信息，办好“四件套”“八件套”后自己直接卖，也有的专门组织办卡、收购，再进行转卖，成套出售，获取非法利益。这种出售、提供个人信息的行为为他人实施电信网络诈骗行为提供了极大的支持，应当予以打击。

帮助他人通过虚拟货币交易等方式洗钱。“通过虚拟货币交易等方式洗钱”是指利用虚拟货币转移洗白赃款。虚拟货币具有匿名性高、隐蔽性强、交易不受时间限制等特点，我国明确禁止代币发行融资和兑换活动，但由于各国监管政策存在差异，仍可通过境外虚拟货币服务商、交易所进行虚拟货币与法定货币的兑换，通过虚拟货币交易方式、地下钱庄洗钱已经成为洗钱最常见的方式。电信网络诈骗分子实施犯罪最终是为了获得经济利益，对洗钱环节加大打击力度，有利于防止诈骗分子铤而走险。

其他为电信网络诈骗活动提供支持或者帮助的行为。具体包括明知他人从事电信网络诈骗活动，仍为其提供销毁数据、使用虚假身份逃避监管的帮助，提供资金支持，提供“多卡合一”（银行卡、电话卡、支付宝账号、微信账号、身份证）服务，提供解冻被冻结的账户、协助进行实名核验等支持、帮助行为。

第二款是关于电信业务经营者、互联网服务提供者应当依照国家有关规定，履行合理注意义务，对有关业务被用于涉诈支持、帮助活动进行监测识别和处置的规定。

实践中，电信业务经营者、互联网企业为了加强对互联网使用的监督管理，高度重视电信网络诈骗防治，主动加大投入，根据业务场景和领域，有针对性研究设立电信网络诈骗反制技术模型，及时监测处置涉诈信息、活动，取得很好的效果。也有一些互联网企业保护防范措施流于形式，在一些短视频平台、社交平台上，存在大量电信诈骗信息。与其他领域相比，在电信网络诈骗监测处置方面，电信企业、互联网企业具备技术、信息、人才等多方面优势，能及时发现异常情况，针对不同业务场景采取相应的拦截处置措施，如限制服务、及时删帖或者封号等。电信业务经营者、互联网服务提供者应当承担相应的社会责任。

根据本款规定，电信业务经营者、互联网服务提供者应当依照国家有关规定，履行合理注意义务，对下列业务被用于涉诈支持、帮助活动进行监测识别和处置。具体包括：

1. 提供互联网接入、服务器托管、网络存储、通讯传输、线路出租、域名解析等网络资源服务。互联网接入是指为他人提供访问互联网或者在互联网发布信息的通路；服务器托管是指将服务器及相关设备托管到具有专门数据中心的机房，客户通过远程方式进行维护；网络存储是指通过网络存储、管理数据的载体空间，如网盘等；通讯传输是指用户之间传输信息的通路，如很多电信网络诈骗分子使用虚拟专用网络（VPN）技术隐藏其真实位置；线路出租是指将有关线路出租给用户专用的服务；域名解析是指从域名到 IP 地址的转换过程。这些都是为电信网络诈骗活动提供技术支持服务的具体行为。

2. 提供信息发布或者搜索、广告推广、引流推广等网络推广服务。信息发布或者搜索是指主动在各类互联网平台发布相关信息，或者设定搜索引擎，通过特定的关键词就能搜索到其想要推广的文章或者信息。广告推广是指为电信网络犯罪相关活动做宣传或者推广，帮助其扩大影响或者获得收入来源，包括为诈骗网站或者应用程序作广告推广。引流推广是指将用户由一个互联网平台引流到另一个平台或者群组。如利用相应内容平台，筛选潜在被害人，并引流至其他社交工具、平台上完成诈骗过程。为电信网络诈骗分子提供上述网络推广服务，会让用户接触诈骗信息，用户稍有不慎，就会陷入诈骗圈套。

3. 提供应用程序、网站等网络技术、产品的制作、维护服务。应用程序是指向用户提供信息服务的应用软件，网站是设立者或者维护者制作的用于展示特定内容的相关网页的集合，便于使用者发布、获取信息。实践中，有人专门研发、制作诈骗类应用程序、钓鱼网站等，专门供电信网络诈骗分子所用，这已经发展形成一个黑灰产业。60%以上的电信网络诈骗案件是通过应用程序实施的。有一些应用程序、网站专门用于电信网络诈骗活动，如虚假投资理财、赌博平台的APP，仿冒银行、执法部门网站制作的钓鱼网站等，这些应用程序、网站没有正常用途，危害巨大。对于为他人实施电信网络诈骗活动提供应用程序、网站等技术、产品的制作、维护服务的行为，应当明确予以禁止和打击。

4. 提供支付结算服务。支付结算是指提供收款、转账、取款、付款等服务，为行为人获得资金支持提供便利。行为人要最终获得犯罪收益，往往需要通过第三方支付等各种网络支付结算服务，完成收款、转账、取现等活动。支付结算方式包括转账、票据承兑和贴现等资金支付结算业务。

上述四类服务，都属于电信业务经营者、互联网服务提供者开展正常业务的范畴，但这些业务若被用于涉诈支持、帮助活动，则是非法的活动。电信业务经营者、互联网服务提供者应当根据法律法规和部门规章的规定，尽到自己应尽的义务，对有关业务被用于涉诈支持、帮助活动进行监测识别和处置。本法第四十三条规定了违反这一款规定的法律责任。根据这些规定，不论电信业务经营者、互联网服务提供者对于所提供的上述四类服务被用于涉诈支持、帮助活动是知道还是不知道，只要没有履行合理的注意义务，都应当承担相应的法律责任。合理注意义务的具体范围，需要根据国家有关规定，结合具体的服务领域、业务类型、操作标准、企业规模等情形予以确定。

在该条的理解适用中，需要注意以下几个方面的问题：

为确保本条的有关规定落到实处，本法法律责任一章中第四十二条和第四十三条规定了违反本条规定的法律责任。第四十二条规定，违反本条第一款的规定，没收违法所得，由公安机关或者有关主管部门处违法所得一倍以上十倍以下罚款，没有违法所得或者违法所得不足五万元的，处五十万元以下罚款；情节严重的，由公安机关并处十五日以下拘留。第四十三条规定，违反本条第二款的规定，由有关主管部门责令改正，情节较轻的，给予警告、通报批评，或者处五万元以上五十万元以下罚款；情节严重的，处五十万元以上五百万元以下罚款，并可以由有关主管部门责令暂停相关业务、停业整顿、关闭网站或者应用程序，对其直接负责的主管人员和其他直接责任人员，处一万元以上二十万元以下罚款。

根据本法第三十八条的规定，有本条第一款规定的行为，为电信网络诈骗活动提供支持或者帮助，构成犯罪的，应当依照刑法规定追究刑事责任。如《中华人民共和国刑法》第二百五十三条之一规定了侵犯公民个人信息罪，违反国家有关规定，向他人出售或者提供公民个人信息，情节严重的，处三年以下有期徒刑或者拘役，并处或者单处罚金；情节特别严重的，处三年以上七年以下有期徒刑，并处罚金。第二百八十七条之二规定了帮助信息网络犯罪活动罪，明知他人利用信息网络实施犯罪，为其犯罪提供互联网接入、服务器托管、网络存储、通讯传输等技术支持，或者提供广告推广、支付结算等帮助，情节严重的，处三年以下有期徒刑或者拘役，并处或者单处罚金。第三百一十二条规定了掩饰、隐瞒犯罪所得、犯罪所得收益罪，明知是电信网络诈骗所得及其产生的收益，通过地下钱庄、虚拟货币交易等方式予以转移、掩饰、隐瞒的，依法处三年以下有期徒刑、拘役或者管制，并处或者单处罚金；情节严重的，处三年以上七年以下有期徒刑，并处罚金。此外，若行为人与电信网络诈骗分子有共同犯意，同时构成诈骗罪等其他犯罪的，依照处罚较重的规定定罪处罚。

本条第一款规定的为电信网络诈骗活动提供支持或者帮助，主观上应当是明知，即知道或者应当知道。如果行为人对他人利用自己提供的产品、服务实施电信网络诈骗不知情的，不应当受到处罚。司法执法中，认定行为人主观方面，可以是行为人自己承认知道，也可以是根据主客观因素推定其“应当知道”。实践中，行为人可能会辩解其不知道他人实施电信网络诈骗，在这种情况下，不能仅听行为人本人的辩解，对其是否知道的认定，还需结合其对他人所实际从事活动的认知情况、之间往来和联络情况、交易价格等，综合判断其是否“应当知道”，如经监管部门告知后仍继续为其提供服务、接到举报后不履行法定管理职责、交易价格或者方式明显异常等情形，就是认定行为人“应当知道”的有力证据。若综合各方面因素判断，行为人确实不知道，只是疏于管理，不能以支持或者帮助行为追究其责任。

电信业务经营者、互联网服务提供者应当依照国家有关规定，履行合理的注意义务，不宜对小型互联网服务企业提出过高的要求。本法第三十二条规定，国家支持互联网服务提供者研究开发有关电信网络诈骗反制技术，用于监测识别、动态封堵和处置涉诈信息、活动。有关部门应当统筹负责本行业领域反制技术措施建设。实践中，大型互联网服务平台应当承担更多的社会责任，通过建立电信网络诈骗反制技术模型，快速监测识别有关业务被用于涉诈支持帮助行为，并根据不同的场景和领域采取相应的处置措施。同时，也应当注意统筹好安全和企业自身发展的关系，不宜对互联网服务提供者特别是小型互联网企业提出过高的要求，互联网服务企业由于自身能力、技术水平等客观因素的限制导致监测识别有遗漏，也是难以完全避免的。不能以结果为导向，仅因为没有成功识别，就对互联网服务企业进行处罚。

互联网服务提供者在对有关业务被用于涉诈支持、帮助活动的监测中发现可疑犯罪线索、风险信息的，根据本法第二十六条的规定，应当依照规定，根据涉诈风险类型、程度情况，移送公安、金融、电信、网信等部门。实践中，互联网服务提供者监测到的信息是海量的，若都移送有关部门，会增加企业和有关部门负担，这里赋予了互联网服务提供者一定的自主权，由企业根据监测情况进行判断，将其中风险较高的涉诈线索和信息，按照规定移交。对有涉电信网络诈骗犯罪嫌疑的，应当将有关线索移送公安机关，其他违法线索和信息应当移交相应的主管部门，由公安机关或者相应的主管部门依法进行处理。

◆ 典型案例

1. 利用他人提供的个人信息假冒官方机构进行精准诈骗案

2016 年 7 月初，陈某某通过 QQ 聊天群从杜某某处以每条 0.5 元的价格，购买了 1800 条当年高中毕业学生资料（杜某某通过植入木马程序的方式，非法侵入山东省 2016 年普通高等学校招生考试信息平台网站，取得该网站管理权，非法获取当年山东省高考考生个人信息 64 万余条），随后通过 QQ 从犯罪嫌疑人彭某某手中购买手机号码和手机。同时，雇佣他人冒充教育局工作人员拨打电话，以发放助学金名义对高考录取学生实施诈骗犯罪。先试探并确认徐某某为今年被录取的高考考生后，声称给其发放助学金，随后让其联系冒充财政局工作人员的陈某某，陈某某以财政局给高考录取生划拨助学金为名，诱骗其到 ATM 机上按照指令，操作输入“财政序列号”（嫌疑人账户）、“财政验证码”（汇款金额），划走了徐某某银行卡内 9900 元。随后，陈某某指使他人在当地取款。徐某某发现被骗后，即在父亲陪同下到当地派出所报案，报案后在回家路上昏厥，经抢救无效死亡。这是一起利用购买的个人信息假冒官方机构进行精准诈骗的典型案例。

2. 为电信网络诈骗提供洗钱帮助案

2020 年 12 月初至 2021 年 1 月底，蔡某某团伙在明知上线提供的资金为网络犯罪资金的情况下，通过境外聊天软件 Telegram（俗称：电报或纸飞机）与境外上线诈骗团伙和国内下线洗钱团伙勾连，层层代理发展下线，底层洗钱团伙通过本地网络兼职平台网罗供卡人，并指使供卡人携带个人银行卡和手机在指定地点（工作室或者宾馆）注册火币 APP 等虚拟货币交易平台账号，再使用微信支付在虚拟货币交易平台购买“USDT”泰达币为电信诈骗团伙洗钱。蔡某某团伙收取上线洗钱数额的 5%作为报酬并支付给下线团伙 3%作为佣金，下线团伙层层转包，每一层级收取洗钱数额 2%至 3%不等的佣金，底层供卡人每天转账 5 万元收取 200 元至 500 元不等佣金。后来，公安部门在查案过程中，串并案件 1654 起，梳理出涉案供卡人 471 名，涉案资金共 1.44 亿元。这是利用虚拟币为电信网络诈骗提供洗钱服务的典型案例。

◆ 相关规定

《中华人民共和国网络安全法》第 27 条；《计算机信息网络

国际联网安全保护管理办法》；《中华人民共和国个人信息保护法》第4条；《中华人民共和国刑法》第253条之一、第287条之二、第312条

第二十六条 公安机关办理电信网络诈骗案件依法调取证据的，互联网服务提供者应当及时提供技术支持和协助。

互联网服务提供者依照本法规定对有关涉诈信息、活动进行监测时，发现涉诈违法犯罪线索、风险信息的，应当依照国家有关规定，根据涉诈风险类型、程度情况移送公安、金融、电信、网信等部门。有关部门应当建立完善反馈机制，将相关情况及时告知移送单位。

◆ 条文主旨

本条是关于互联网企业依法协助办案、移送涉诈犯罪线索和风险信息的规定。

◆ 立法背景

（一）起草背景

互联网的飞速发展，在为人民群众生活带来更多便利，促进社会进步的同时，也容易被犯罪分子所利用，用来实施电信网络诈骗，或者为实施电信网络诈骗提供帮助。2021年4月，习近平总书记对于打击治理电信网络诈骗犯罪工作作出重要指示，强调要全面落实打防管控各项措施和金融、通信、互联网等行业监管主体责任，加强法律制度建设，加强社会宣传教育防范，推进国际执法合作，坚决遏制此类犯罪多发高发态势。

随着互联网经济的发展和互联网企业的不断壮大发展，在预防和惩治电信网络诈骗方面互联网服务提供者的作用日益凸显，因而，加强国家机关与互联网服务提供者的合作，对于预防和打击电信网络诈骗犯罪无疑是十分重要的。一方面，一些互联网企业的平台容易被犯罪分子利用从事电信网络诈骗犯罪，另一方面，互联网服务提供者具有及时发现、掌握电信网络诈骗信息的能力、技术优势，因而互联网服务提供者有能力也有义务积极提供电信网络诈骗相关线索，配合国家机关查获电信网络诈骗犯罪。

从实践情况看，反电信网络诈骗工作综合治理、源头治理方面的制度措施不够充分，金融、通信、互联网等行业治理存在薄弱环节，需要进一步建立完善各方面责任制度，形成协同打击治理合力。目前，互联网服务提供者配合国家机关反电信网络诈骗的机制已经建立起来，并取得一定的积极效果。但是，也存在一定的问题，主要表现在：一是，有的网络服务提供者配合公安机关调查电信网络诈骗案件的主动性、积极性还有待提高。有的企业不愿意配合公安机关侦查办理电信网络诈骗案件，有的人为设置各种障碍、关卡，有的不及时保存涉电信网络诈骗证据信息，有的将利用技术手段监测发现的有关犯罪线索提供给公安机关时收取费用，这些行为导致公安机关无法及时、顺畅调取证据材料，给反电信网络诈骗工作造成干扰。二是，有的网络服务提供者在完善犯罪防控方面责任意识不强、能力有待提高。有的互联网服务提供者缺少检测电信网络诈骗的主动性，有的企业互联网账号异常监测，涉诈支持、帮助活动监测能力不足，风险检测模型质量不高、监测准确度偏低等。针对上述情况，有必要在法律中对互联网服务提供者对依法协助办案、移送涉诈犯罪线索和风险信息的义务作出明确规定。根据国内外的经验以及国内执法的实际需要，本条在法律中明确互联网服务提供者为公安机关侦查电信网络诈骗犯罪提供技术支持和协助，同时对互联网服务提供者规定了移送涉诈违法犯罪线索、风险信息等的义务，并规定了反馈机制。

（二）审议中各方面的意见

1. 反电信网络诈骗法（草案）第二十三条规定：“司法机关办理电信网络诈骗案件依法调取证据的，互联网服务提供者应当及时提供数据查询、证据调取等支持。

互联网服务提供者在依照本法规定对互联网账号异常使用监测、涉诈产业监测、涉诈信息、活动监测中发现的可疑犯罪线索、风险信息等，应当依照规定移送公安、网信、工信等部门。”

在草案审议和征求意见过程中，有意见提出，将第一款中的“司法机关”修改为“公安机关”；将“提供数据查询、证据调取等支持”修改为“技术支持和协助”。有意见提出，所有监测的异常信息均移送，将是海量的，增加企业负担和主管部门负担，建议对其中情节严重、风险程度高的涉诈信息才移送，增加“根据涉诈风险程度情况”的表述。有意见提出，增加规定“相关监管部门接受企业移送的可疑线索和相关信息后应当及时审查，及时将审查结果反馈给移送企业”。

2. 草案二次审议稿第二十六条规定：“公安机关办理电信网络诈骗案件依法调取证据的，互联网服务提供者应当及时提供技术支持和协助。

互联网服务提供者在依照本法规定对互联网账号异常使用监测、涉诈支持、帮助活动监测和其他涉诈信息、活动监测中发现的可疑犯罪线索、风险信息等，应当依照规定，根据涉诈风险程度情况移送公安、网信、电信等部门。”

根据各方面的意见，草案二次审议稿对草案作了以下修改：一是将第一款中的“提供数据查询、证据调取等支持”修改为“提供技术支持和协助”。二是将第二款中的“涉诈产业监测、涉诈信息、活动监测”修改为“涉诈支持、帮助活动监测和其他涉诈信息、活动监测”；将“应当依照规定移送公安、网信、工信等部门”修改为“应当根据涉诈风险程度情况，依照规定移送公安、网信、电信等部门”。

在草案二次审议稿审议和征求意见过程中，有的建议明确规定互联网服务提供者提供支持时需要履行的程序性要求；规定企业有配合执法机关预防、治理电信诈骗义务，具体配合方式以行政命令的形式加以规定和约束。

3. 草案三次审议稿第二十六条规定：“公安机关办理电信网络诈骗案件依法调取证据的，互联网服务提供者应当及时提供技术支持和协助。

互联网服务提供者依照本法规定对有关涉诈信息、活动进行监测时，发现涉诈违法犯罪线索、风险信息的，应当依照国家有关规定，根据涉诈风险类型、程度情况移送公安、金融、电信、网信等部门。有关部门应当建立完善反馈机制，将相关情况及时告知移送单位。”

根据各方面的意见，草案三次审议稿对草案二次审议稿作了以下修改：一是，将“互联网服务提供者在依照本法规定对互联网账号异常使用监测、涉诈支持、帮助活动监测和其他涉诈信息、活动监测中发现的可疑犯罪线索、风险信息等”修改为“互联网服务提供者依照本法规定对有关涉诈信息、活动进行监测时，发现涉诈违法犯罪线索、风险信息的”；二是，将“应当依照规定”修改为“应当依照国家有关规定”；三是，在移送接收部门中增加了“金融”部门；四是，根据有关方面的意见，增加规定“有关部门应当建立完善反馈机制，将相关情况及时告知移送单位。”

（三）有关国家、地区的规定

通过立法确立网络运营者为有关执法机关维护国家安全和侦

查犯罪的活动提供技术和协助的义务，是维护国家安全和惩治犯罪所必需的，世界许多国家、地区也是这样做的。例如：美国《通信协助执法法》要求电信运营商根据法院命令或者其他的合法授权，采取必要措施对某类通信进行隔离，并保证有关执法机关能够对其实施监听及获取可用的呼叫识别信息、监听到的通信。欧盟 1995 年《合法拦截电信通信决议》规定，执法机关可以要求互联网企业提供技术接口，确保被拦截的信息可传输至执法监控设备。《网络犯罪公约》也规定，互联网服务提供者应基于其现有的技术能力，配合、协助主管机关收集或复制境内即时通信数据以及涉及严重犯罪的相关即时内容数据。德国《电信法》规定，提供电信服务的电信系统运营主体应当提供法律规定的技术设施来执行通信协助监控措施。新西兰《电信（监控能力）法》要求，公共电信网络或者电信服务运营商应当具备协助执法机关依法对电信或者服务进行监控的能力，能够以执法机关可以使用的格式发送有关呼叫数据及电信内容。日本《犯罪调查通信监听法》规定，检察官或者司法警察可以要求通信运营商为其实施窃听，提供连接窃听有关设备等必要协助。

◆ **条文解读**

本条共分两款。

第一款是关于互联网企业应当依法协助办案的规定。根据本款规定，公安机关办理电信网络诈骗案件依法调取证据的，互联网服务提供者应当及时提供技术支持和协助。

本款规定的责任主体是互联网服务提供者。“互联网服务提供者”，是指互联网内容提供者（ISP，Internet Service Provider），向用户提供新闻、信息、资料、音视频、建立通讯群组的平台等内容服务，如腾讯、百度、字节跳动等互联网企业就是典型的互联网服务提供者。按照服务对象和提供信息的不同，还可以进一步分为网上媒体运营商、数据库运营商、信息咨询商和信息发布代理商等，具体可以包括两类，一类是信息发布、搜索引擎、即时通信、网络支付、网络预约、网络购物、网络游戏、网络直播、网站建设、安全防护、广告推广、应用商店等信息网络应用服务；另一类是利用信息网络提供的电子政务、通信、能源、交通、水利、金融、教育、医疗等公共服务。

这里所说的“提供技术支持和协助”，主要是指互联网服务提供者应当根据公安机关侦查电信网络诈骗犯罪的需要，通过互联网技术手段，为公安机关提供必要的支持和协助，如为公安机关提供涉及电信网络诈骗犯罪团伙和个人的有关数据；为获取电信网络诈骗犯罪团伙和个人有关数据提供相关通道等技术支持。传统的刑事案件往往具有物理性质的案发现场，可以通过现场痕迹勘验、调查走访、摸底排查、辨认等传统侦查方式进行取证，但电信网络诈骗犯罪作为一种非接触性的新型犯罪，犯罪分子利用电信网络“虚拟空间”实施诈骗，传统的刑事侦查手段往往不再有效。因此侦查电诈案件需要通过“虚拟犯罪现场”，通过信息网络获取可以证明犯罪行为的电子数据等证据材料。电子数据等作为侦破电信网络诈骗案件的关键证据，其易被篡改，而且往往都有一定的存储期限，能否在第一时间查获电子数据，是侦查电信网络诈骗案件的关键所在。这就要求公安机关要迅速地发掘、固定证据，稍有耽搁，则容易贻误最佳取证时机，从而导致证据灭失。电子数据的侦查取证工作离不开互联网企业等的协作配合，实践中要加强公安机关与互联网企业的配合，充分利用企业数据资源，利用大数据分析等手段，智能化查明犯罪嫌疑人在电信网络中留下的数据信息，建立快速响应机制，迅速对涉电信网络诈骗的“信息流”“资金流”进行查询追踪和溯源处置，及时查询、冻结涉案互联网账户信息等电子数据，尽快查清资金流向。

第二款是关于互联网服务提供者在监测中发现的涉诈违法犯罪线索、风险信息等，应当依照规定，根据涉诈风险类型、程度情况移送公安、金融、电信、网信等部门，以及有关部门应当建立完善反馈机制的规定。

治理电信网络诈骗，加强互联网企业对有关国家机关的配合、支持是关键。互联网平台服务是数字经济区别于传统经济的显著特征，互联网平台为商品和服务的交易提供技术支持、交易场所、信息发布和交易撮合等服务。互联网平台对其平台内的交易活动具有较强的控制能力，互联网服务提供者是反电信网络诈骗系统上的关键环节之一，因此在反电信网络诈骗监测方面应当承担更多的法律义务。为了提高互联网服务提供者的反电信诈骗能力，本法规定了一系列制度措施，包括支持研发电信网络诈骗反制技术措施，统筹推进跨行业、企业统一监测系统建设，为利用大数据反诈提供制度支持；规定金融、通信、互联网等领域涉诈异常情形的监测、识别和处置，包括高风险电话卡、异常金融账户和可疑交易、异常互联网账号等；规定金融、通信、互联网行业主管部门统筹推进相关跨行业、企业的统一监测系统建设，推进涉诈样本信息数据共享。在上述规定的基础上，本款要求互联网企业应当及时移送监测发现的涉诈违法犯罪线索、风险信息等。

根据本款规定，首先，互联网服务提供者要做好互联网账号异常使用监测，涉诈支持、帮助活动监测和其他涉诈信息、活动监测。对此，一方面，需要通过制定内部监测管理制度和操作规程，落实本法规定的监测防范制度要求，根据实践情况通过大数据、人工智能等技术手段不断完善涉诈监测模型，提高监测的准确性、及时性。可以根据不同诈骗类型，开展高危交易模型专项建设，针对具体交易环节，研究、分析类案犯罪链路、特点并提炼模型特征，建设相关预警模型。另一方面，要完善涉诈风险信息共享机制。当前，单一平台的数据和信息有限性与电信网络诈骗跨平台甚至跨国作案的矛盾，影响企业算法识别效果，只有丰富全链路数据和信息种类才能不断提升识别准确度。

其次，对于监测中发现的涉诈违法犯罪线索、风险信息等，应当依照规定，根据涉诈风险类型、程度情况移送公安、金融、电信、网信等部门。这里的“涉诈违法犯罪线索”，是指互联网服务提供者通过监测发现涉电信网络诈骗违法犯罪行为、嫌疑人、被害人等信息；“风险信息”是指根据一定的标准，经判断涉电信网络诈骗违法犯罪可能性高的信息。“根据涉诈风险类型、程度情况”主要是指互联网企业对于通过监测发现的涉诈违法犯罪线索，通过算法、模型监测等发现的风险信息等，应当进一步区分涉诈风险类型、风险程度，依照有关规定移送公安、金融、电信、网信等部门。

法律赋予互联网服务提供者一定的移送自主权，由其根据涉诈风险类型、风险程度等做出判断，对于确认风险较高的应当移送，对于风险较低的，则不需要移送。这样规定，主要是考虑互联网服务提供者在账号、涉诈产业、信息、活动等的监测中，监测到的犯罪线索和风险信息是海量的，如果全部直接移送公安、金融、电信、网信等部门，一方面，信息量较大，会给监管部门造成压力，很难在海量信息中有效精准地辨别出哪些信息需要重点关注并采取进一步措施；另一方面，如果仅仅是风险信息就移交，最终真正转化成案件的比例较小，容易造成人员、资源的浪费。互联网服务提供者处于对账号、涉诈信息进行监测的第一线，为有效利用有限资源，避免无效投入，法律给予互联网服务提供者一定的自主权，允许互联网服务提供者根据监测情况进行判断，将其中情节严重、风险较高的犯罪线索和风险信息再按规定移交，这样可以减轻互联网企业的移送工作压力，也有利于相关职能部门精准调查处理。

再次，根据本款规定有关部门应当建立完善反馈机制，将相关情况及时告知移送单位。建立完善反馈机制，一方面有利于督促接收移送的有关部门及时处理涉诈违法犯罪线索、风险信息，及时侦办案件，追查犯罪行为；另一方面通过反馈，也有利于互联网服务提供者知悉其移送的涉诈违法犯罪线索、风险信息的使用情况，可以及时对风险监测模式等进行调整，完善对涉诈活动的监测机制，提高监测质量和效率。

此外，本法同时对违反本条规定的法律责任作了规定，本法第四十一条规定："电信业务经营者、互联网服务提供者违反本法规定，有下列情形之一的，由有关主管部门责令改正，情节较轻的，给予警告、通报批评，或者处五万元以上五十万元以下罚款；情节严重的，处五十万元以上五百万元以下罚款，并可以由有关主管部门责令暂停相关业务、停业整顿、关闭网站或者应用程序、吊销相关业务许可证或者吊销营业执照，对其直接负责的主管人员和其他直接责任人员，处一万元以上二十万元以下罚款：（一）未落实国家有关规定确定的反电信网络诈骗内部控制机制的；（二）未履行网络服务实名制职责，或者未对涉案、涉诈电话卡关联注册互联网账号进行核验的；（三）未按照国家有关规定，核验域名注册、解析信息和互联网协议地址的真实性、准确性，规范域名跳转，或者记录并留存所提供相应服务的日志信息的；（四）未登记核验移动互联网应用程序开发运营者的真实身份信息或者未核验应用程序的功能、用途，为其提供应用程序封装、分发服务的；（五）未履行对涉诈互联网账号和应用程序，以及其他电信网络诈骗信息、活动的监测识别和处置义务的；（六）拒不依法为查处电信网络诈骗犯罪提供技术支持和协助，或者未按规定移送有关违法犯罪线索、风险信息的。”

在该条的理解适用中，应当注意以下几个方面的问题：

1. 我国当前有多部法律对公民、组织为有关机关侦查违法犯罪行为提供技术支持和协助的范围、措施等作了规定，如根据国家安全法、反恐怖主义法、反间谍法、网络安全法以及刑事诉讼法等的规定，任何公民和组织对有关机关维护国家安全和侦查犯罪的活动都有提供支持和协助的义务。《中华人民共和国网络安全法》第二十八条规定，网络运营者应当为公安机关依法维护国家安全和侦查犯罪的活动提供技术支持和协助。反电信网络诈骗法本条规定的互联网服务提供者的协助、配合义务，与上述法律规定的精神是一致的。同时，也要注意，互联网服务提供者及时提供技术支持和协助的前提必须是公安机关依法调取证据，也就是说公安机关必须按照法律、行政法规和有关规定的要求调取证据，对于不符合要求的则不能提供。

2. 实践中要处理好安全与企业发展的关系，公安机关与互联网服务提供者应当建立适当机制，加强沟通协调，在企业为公安机关提供证据调取等办案支持的同时，也要避免过度加重企业负担，维护好企业的发展利益。互联网服务提供者提供的内容多样，其产品被用于诈骗的情形也各不相同，公安机关调取证据的要求要尽量明确、具体。另外，当前电信网络诈骗仍然高发、多发，受害群众多、分布广，办理电信网络诈骗案件的公安机关数量也很多，公安机关内部也应当建立相应的信息、证据材料的协调共享机制，提高使用效率。

◆ **相关规定**

《中华人民共和国反电信网络诈骗法》第 41 条；《中华人民共和国网络安全法》第 28 条

第五章 综合措施

第二十七条 公安机关应当建立完善打击治理电信网络诈骗工作机制，加强专门队伍和专业技术建设，各警种、各地公安机关应当密切配合，依法有效惩处电信网络诈骗活动。

公安机关接到电信网络诈骗活动的报案或者发现电信网络诈骗活动，应当依照《中华人民共和国刑事诉讼法》的规定立案侦查。

◆ 条文主旨

本条是关于公安机关建立完善打击治理工作机制，加强能力建设及依法及时立案的规定。

◆ 立法背景

（一）起草背景

公安机关是打击治理电信网络诈骗犯罪活动的“主力军”，本法总则部分第六条各方职责中，已从总体上明确了公安机关在反电信网络诈骗工作中的部门职责，即“公安机关牵头负责反电信网络诈骗工作，金融、电信、网信、市场监管等有关部门依照职责履行监管主体责任，负责本行业领域反电信网络诈骗工作。”本条关于公安机关建立完善打击治理工作机制，加强能力建设及依法及时立案的规定，是对公安机关部门职责的重申和采取综合措施的具体要求。

我国电信诈骗犯罪呈高发多发的态势，已严重影响社会治安稳定和国家经济安全，为有效打击治理电信网络诈骗犯罪活动，必须坚持系统观念、源头治理和综合治理的总体思路。这就要求公安机关建立完善打击治理电信网络诈骗的工作机制，健全反电信网络诈骗犯罪专业力量，加强人才队伍建设和专业技术建设，建立起一支强大、高效的反电信网络诈骗犯罪队伍。在反电信网络诈骗工作中承担不同职能的警种，不同地区的公安机关应当密切协作、积极配合，共同依法有效惩处电信网络诈骗活动。

公安机关建立完善打击治理工作机制，进一步加强反电信网络诈骗能力建设，是有效预防和惩治电信网络诈骗犯罪的最重要保证。

针对电信网络诈骗犯罪案件，一个重要的办案原则是"快、准、狠"。要求公安机关在接到电信网络诈骗活动的报案或者发现电信网络诈骗活动时，应当依据刑事诉讼法的规定进行立案侦查，不得推诿。目的是要求公安机关对电信网络诈骗犯罪线索要依法进行处理，该立案的应当依法立案，立案后进一步开展有关侦查工作，及时惩治电信网络诈骗犯罪。实践中有的部门在接收到有关电信网络诈骗犯罪举报线索或者发现线索后，存在失职渎职，迟延懈怠，不及时依法移送线索，不认真核查线索，不依法立案，导致不能及时查处犯罪或者放纵犯罪；在发现有电信网络诈骗活动时，有畏难情绪，故意不依法立案或进行推诿扯皮等。因此，本条第二款对公安机关应当依法立案作了强调和规定，是与刑事诉讼法相衔接的规定。

（二）审议中各方面的意见

草案三次审议稿第二十七条规定："公安机关应当建立完善打

击治理电信网络诈骗工作机制，加强专门队伍和专业技术建设，各警种、各地公安机关应当密切配合，依法有效惩处电信网络诈骗活动。

公安机关接到电信网络诈骗活动的报案或者发现电信网络诈骗活动，应当依照《中华人民共和国刑事诉讼法》的规定立案侦查。”

本条在反电信网络诈骗法（草案）和草案二次审议稿中没有规定，是草案三次审议稿中新增加的条款。二次审议过程中，有的意见提出公安机关应当建立完善打击治理工作机制，加强能力建设，有效惩治电信网络诈骗活动，对电信网络诈骗犯罪案件依法及时立案。

◆ **条文解读**

本条共分两款。第一款是关于公安机关建立完善打击治理工作机制，加强能力建设的规定。

公安机关应当建立完善打击治理电信网络诈骗工作机制，这里的“工作机制”是指公安机关在打击治理电信网络诈骗过程中，所建立起的具体实施规范、工作程序、职责分工等，强调内部协调配合，形成打击合力，以保证公安机关打击治理电信网络诈骗工作机制高效运行。打击治理电信网络诈骗工作机制的主要内容，具体包括预警防范、案情通报、线索落查、联动处置、约谈问责等方面。公安机关反电信网络诈骗专业力量是防范和惩治电信网络诈骗犯罪的具体实施者，在反电信网络诈骗犯罪线索发现、证据收集、侦查讯问等方面发挥着重要作用。电信网络诈骗犯罪有涉及面广、欺骗性强、无接触性等特点，需要一支经过专业训练、具备丰富经验和专业技术的专门队伍来应对电信网络诈骗犯罪。专门队伍和专业技术建设，是指公安机关针对电信网络诈骗犯罪行为的特点、规律、手段、方式等，组建专门的团队，提升相应的专业技术水平，从而使反电信网络诈骗专门力量具备应对网络、金融、信息技术等相应活动的专业技能、技巧。通过加强反电信网络诈骗犯罪专门力量建设，增强专业技术水平，强化反电信网络诈骗犯罪情报信息收集能力，使公安机关在面对复杂、多变、隐蔽的电信网络诈骗活动时，能够及时、果断地采取有针对性的处置措施，从而尽可能地避免电信网络诈骗犯罪的发生，最大程度减少人民群众的财产损失。在应对电信网络诈骗犯罪过程中，公安机关应当发挥内部协作配合的优势，各警种之间各司其职、各负其责，刑事、经侦、网安、治安等警察团队应发挥各自职能进行通力合作；还要发挥不同地区公安机关联动配合机制的优势，互通涉诈信息、线索，相互提供办案协助等，多部门、多区域间密切配合，对电信网络诈骗犯罪形成打击合力，依法有效惩处电信网络诈骗活动。

第二款是关于公安机关依法及时立案的规定。

本款规定是对公安机关及时查处电信网络诈骗活动的具体要求，当公安机关接到电信网络诈骗活动的报案或者发现电信网络诈骗活动时，应当及时立案侦查。该款属于与刑事诉讼法相衔接的条款，具体可以从以下几个方面理解：一是，本条强调的是对公安机关的职责要求，在接到电信网络诈骗活动的报案或者发现电信网络诈骗活动时，应当依法立案侦查。公安机关获取的电信网络诈骗犯罪线索，主要包括来自自身发现、有关部门移送或者群众举报等。本法第三十条第三款规定：“任何单位和个人有权举报电信网络诈骗活动，有关部门应当依法及时处理，对提供有效信息的举报人依照规定给予奖励和保护。”第二十六条第二款规定：“互联网服务提供者依照本法规定对有关涉诈信息、活动进行监测时，发现涉诈违法犯罪线索、风险信息的，应当依照国家有关规定，根据涉诈风险类型、程度情况移送公安、金融、电信、网信等部门。有关部门应当建立完善反馈机制，将相关情况及时告知移送单位。”本款要求公安机关从上述途径发现电信网络诈骗活动相关线索的，应当及时进行审查核实，依法进行立案侦查。

二是，公安机关在接到电信网络诈骗活动的报案或者发现电信网络诈骗活动的，应当依照刑事诉讼法的规定立案侦查。《中华人民共和国刑事诉讼法》第一百零九条规定：“公安机关或者人民检察院发现犯罪事实或者犯罪嫌疑人，应当按照管辖范围，立案侦查。”立案是刑事诉讼活动开始的标志。立案侦查是法律赋予侦查机关的专属权力，其他任何机关或者个人都不得行使。根据《中华人民共和国刑事诉讼法》的规定，公安机关和人民检察院依照法律规定的案件管辖范围承担着对犯罪案件的侦查工作，肩负着打击犯罪，维护社会治安，维护社会稳定的职责。因此，公安机关在接到电信网络诈骗活动的报案或者发现电信网络诈骗活动的，根据刑事诉讼法第一百零九条的规定，在此过程中发现犯罪事实或者犯罪嫌疑人的，应当由公安机关立案侦查。本款规定的公安机关立案侦查的条件与刑事诉讼法规定的情形是一致。公安机关自身发现、有关部门移送或者群众举报中，发现犯罪事实或者发现犯罪嫌疑人，具有两种情形之一的，即应立案，并不要求二者都具备。一些情况下，只有依法立案后才能进一步采取有关侦查措施，才能查证犯罪，因此对于发现涉嫌犯罪线索，符合刑事诉讼法规定的立案侦查条件的，应当及时依法立案。对公安机关的刑事案件侦查权，刑事诉讼法作了明确规定。对于案件应由哪个具体公安机关侦查，可根据案件发生地、造成的社会影响、复杂程度等因素确定具体的侦查机关。

根据《公安机关办理刑事案件程序规定》的规定，刑事案件由犯罪地的公安机关管辖，如果由犯罪嫌疑人居住地的公安机关管辖更为适宜的，可以由犯罪嫌疑人居住地的公安机关管辖。几个公安机关都有权管辖的刑事案件，由最初受理的公安机关管辖，必要时，可以由主要犯罪地的公安机关管辖。对于管辖有争议的，由公安机关协商，协商不成的，由共同的上级公安机关指定管辖。有关公安机关在接到电信网络诈骗活动的报案或者发现电信网络诈骗活动的，发现犯罪事实或者犯罪嫌疑人属于自己管辖的，应当依法立案，对认为不属于自己管辖的，按照法律和有关规定移送有权管辖的公安机关。

三是，关于电信网络诈骗犯罪活动的立案标准。电信网络诈骗犯罪活动包括诈骗罪、帮助信息网络犯罪活动罪等具体罪名。关于诈骗罪，《中华人民共和国刑法》第二百六十六条规定："诈骗公私财物，数额较大的，处三年以下有期徒刑、拘役或者管制，并处或者单处罚金；数额巨大或者有其他严重情节的，处三年以上十年以下有期徒刑，并处罚金；数额特别巨大或者有其他特别严重情节的，处十年以上有期徒刑或者无期徒刑，并处罚金或者没收财产。本法另有规定的，依照规定。"《最高人民法院、最高人民检察院关于办理诈骗刑事案件具体应用法律若干问题的解释》第一条对诈骗数额标准作出明确规定："诈骗公私财物价值三千元至一万元以上、三万元至十万元以上、五十万元以上的，应当分别认定为刑法第二百六十六条规定的'数额较大'、'数额巨大'、'数额特别巨大'。各省、自治区、直辖市高级人民法院、人民检察院可以结合本地区经济社会发展状况，在前款规定的数额幅度内，共同研究确定本地区执行的具体数额标准，报最高人民法院、最高人民检察院备案。"《最高人民法院、最高人民检察院、公安部关于办理电信网络诈骗等刑事案件适用法律若干问题的意见》规定，根据《最高人民法院、最高人民检察院关于办理诈骗刑事案件具体应用法律若干问题的解释》第一条的规定，利用电信网络技术手段实施诈骗，诈骗公私财物价值三千元以上、三万元以上、五十万元以上的，应当分别认定为刑法第二百六十六条规定的“数额较大”“数额巨大”“数额特别巨大”。二年内多次实施电信网络诈骗未经处理，诈骗数额累计计算构成犯罪的，应当依法定罪处罚。

关于帮助信息网络犯罪活动罪，《中华人民共和国刑法》第二百八十七条之二规定，明知他人利用信息网络实施犯罪，为其犯罪提供互联网接入、服务器托管、网络存储、通讯传输等技术支持，或者提供广告推广、支付结算等帮助，情节严重的，处三年以下有期徒刑或者拘役，并处或者单处罚金。单位犯前款罪的，对单位判处罚金，并对其直接负责的主管人员和其他直接责任人员，依照第一款的规定处罚。根据《最高人民法院、最高人民检察院关于办理非法利用信息网络、帮助信息网络犯罪活动等刑事案件适用法律若干问题的解释》第十一条的规定：“为他人实施犯罪提供技术支持或者帮助，具有下列情形之一的，可以认定行为人明知他人利用信息网络实施犯罪，但是有相反证据的除外：（一）经监管部门告知后仍然实施有关行为的；（二）接到举报后不履行法定管理职责的；（三）交易价格或者方式明显异常的；（四）提供专门用于违法犯罪的程序、工具或者其他技术支持、帮助的；（五）频繁采用隐蔽上网、加密通信、销毁数据等措施或者使用虚假身份，逃避监管或者规避调查的；（六）为他人逃避监管或者规避调查提供技术支持、帮助的；（七）其他足以认定行为人明知的情形。”第十二条规定：“明知他人利用信息网络实施犯罪，为其犯罪提供帮助，具有下列情形之一的，应当认定为刑法第二百八十七条之二第一款规定的“情节严重”：（一）为三个以上对象提供帮助的；（二）支付结算金额二十万元以上的；（三）以投放广告等方式提供资金五万元以上的；（四）违法所得一万元以上的；（五）二年内曾因非法利用信息网络、帮助信息网络犯罪活动、危害计算机信息系统安全受过行政处罚，又帮助信息网络犯罪活动的；（六）被帮助对象实施的犯罪造成严重后果的；（七）其他情节严重的情形。实施前款规定的行为，确因客观条件限制无法查证被帮助对象是否达到犯罪的程度，但相关数额总计达到前款第二项至第四项规定标准五倍以上，或者造成特别严重后果的，应当以帮助信息网络犯罪活动罪追究行为人的刑事责任。”《最高人民法院、最高人民检察院、公安部关于办理电信网络诈骗等刑事案件适用法律若干问题的意见（二）》第七条规定：“为他人利用信息网络实施犯罪而实施下列行为，可以认定为刑法第二百八十七条之二规定的“帮助”行为：（一）收购、出售、出租信用卡、银行账户、非银行支付账户、具有支付结算功能的互联网账号密码、网络支付接口、网上银行数字证书的；（二）收购、出售、出租他人手机卡、流量卡、物联网卡的。”第八条规定：“认定刑法第二百八十七条之二规定的行为人明知他人利用信息网络实施犯罪，应当根据行为人收购、出售、出租前述第七条规定的信用卡、银行账户、非银行支付账户、具有支付结算功能的互联网账号密码、网络支付接口、网上银行数字证书，或者他人手机卡、流量卡、物联网卡等的次数、张数、个数，并结合行为人的认知能力、既往经历、交易对象、与实施信息网络犯罪的行为人的关系、提供技术支持或者帮助的时间和方式、获利情况以及行为人的供述等主客观因素，予以综合认定。收购、出售、出租单位银行结算账户、非银行支付机构单位支付账户，或者电信、银行、网络支付等行业从业人员利用履行职责或提供服务便利，非法开办并出售、出租他人手机卡、信用卡、银行账户、非银行支付账户等的，可以认定为《最高人民法院、最高人民检察院关于办理非法利用信息网络、帮助信息网络犯罪活动等刑事案件适用法律若干问题的解释》第十一条第（七）项规定的

‘其他足以认定行为人明知的情形’。但有相反证据的除外。”

上述法律、司法解释中对通过电信网络进行诈骗的典型行为作了较为清晰的界定，同时也对电信网络诈骗活动中诈骗罪及帮助信息网络犯罪活动罪的立案标准作了较为明确的解释。关于电信网络诈骗活动中可能涉及的拒不履行信息网络安全管理义务罪、非法利用信息网络罪、信用卡诈骗罪等，公安机关对立案标准的把握，也应当以刑法及相关司法解释作为主要依据。同时，公安机关在接到电信网络诈骗活动的报案或者发现电信网络诈骗活动时，应对是否符合立案标准进行综合评判、整体考量，不局限于个案事实或区域行为，依法及时进行立案侦查。

四是，公安机关接到电信网络诈骗活动的报案或者发现电信网络诈骗活动的，符合刑事诉讼法关于立案的条件，应当依法及时立案。公安机关在此过程中发现电信网络诈骗犯罪事实或者犯罪嫌疑人的，必须立案侦查，不得推诿、拖延，及时采取必要的侦查措施，及时发现和收集证据，从而确保准确、及时惩治电信网络诈骗犯罪。如果该立案不立案或者立案不及时，就可能贻误侦查时机，甚至放纵电信网络诈骗犯罪，造成无法挽回的损失。公安机关决不能为片面追求破案率或者不愿做工作而不依法积极立案、不破不立或者先破后立，这是严重违反本款规定的错误做法，应当予以纠正。对于公安机关接到电信网络诈骗活动的报案或者发现电信网络诈骗活动过程中，发现犯罪事实或者犯罪嫌疑人，不依法立案侦查，相关法律规定了相应的救济措施。《中华人民共和国刑事诉讼法》第一百一十三条规定：“人民检察院认为公安机关对应当立案侦查的案件而不立案侦查的，或者被害人认为公安机关对应当立案侦查的案件而不立案侦查，向人民检察院提出的，人民检察院应当要求公安机关说明不立案的理由。人民检察院认为公安机关不立案理由不能成立的，应当通知公安机关立案，公安机关接到通知后应当立案。”对于不依法立案，存在本法第四十五条规定的“反电信网络诈骗工作有关部门、单位的工作人员滥用职权、玩忽职守、徇私舞弊，或者有其他违反本法规定行为，构成犯罪的，依法追究刑事责任。”

在该条的理解适用中，需要注意以下几个方面的问题：

本条规定的主体是公安机关，对其建立完善打击治理工作机制，加强能力建设提出了明确要求，在接到电信网络诈骗活动的报案或者发现电信网络诈骗活动的，要求依法及时立案。这样规定主要是考虑到，公安机关是实践中打击惩治电信网络诈骗犯罪的主要部门，在发现电信网络诈骗犯罪事实或犯罪嫌疑人时，应第一时间进行立案侦查，不得推诿，防止因延误侦查犯罪时机，给人民群众财产带来更大的损失。

司法实践中，公安机关侦破电信网络诈骗犯罪往往面临办案成本、办理难度等多重压力，部分办案机关接到报案或发现线索后存在畏难、推诿的情况。针对电信网络诈骗犯罪有案不立的现象，《最高人民法院、最高人民检察院、公安部关于办理电信网络诈骗等刑事案件适用法律若干问题的意见（一）》、《最高人民法院、最高人民检察院、公安部关于办理电信网络诈骗等刑事案件适用法律若干问题的意见（二）》中依法确定案件管辖，明确电信网络诈骗犯罪案件一般由犯罪地公安机关立案侦查，如果由犯罪嫌疑人居住地公安机关立案侦查更为适宜的，可以由犯罪嫌疑人居住地公安机关立案侦查。解释中对犯罪地作出了细化规定：包括犯罪行为发生地和犯罪结果发生地。“犯罪行为发生地”包括用于电信网络诈骗犯罪的网站服务器所在地，网站建立者、管理者所在地，被侵害的计算机信息系统或其管理者所在地，犯罪嫌疑人、被害人使用的计算机信息系统所在地，诈骗电话、短信息、电子邮件等的拨打地、发送地、到达地、接受地，以及诈骗行为持续发生的实施地、预备地、开始地、途经地、结束地。“犯罪结果发生地”包括被害人被骗时所在地，以及诈骗所得财物的实际取得地、藏匿地、转移地、使用地、销售地等。电信网络诈骗犯罪地，除《最高人民法院、最高人民检察院、公安部关于办理电信网络诈骗等刑事案件适用法律若干问题的意见》规定的犯罪行为发生地和结果发生地外，还包括：用于犯罪活动的手机卡、流量卡、物联网卡的开立地、销售地、转移地、藏匿地；用于犯罪活动的信用卡的开立地、销售地、转移地、藏匿地、使用地以及资金交易对手资金交付和汇出地；用于犯罪活动的银行账户、非银行支付账户的开立地、销售地、使用地以及资金交易对手资金交付和汇出地；用于犯罪活动的即时通讯信息、广告推广信息的发送地、接受地、到达地；用于犯罪活动的“猫池”（Modem Pool）、GOIP 设备、多卡宝等硬件设备的销售地、入网地、藏匿地；用于犯罪活动的互联网账号的销售地、登录地。这些细化规定为公安机关立案侦查管辖的范围提供了重要依据。

但同时，司法实践中还存在电信网络诈骗犯罪“多头侦查”的情况，根据规定均有立案侦查权的不同地区公安机关，对同一案件分别进行侦查并对涉案财产采取重复性的查封、扣押、冻结等强制措施。这种“各自为政”的案件管辖方式，不利于电信网络诈骗犯罪案件的办理效率和统一部署，需要不断总结经验，优化资源配置，做好沟通协调工作。

此外，对电信网络诈骗活动予以立案侦查应当符合法律规定的条件，不拔高凑数，做到依法有效惩治电信网络诈骗活动，更不能以侦查电信网络诈骗犯罪为由影响公民和组织的正常生产生活。

◆ **相关规定**

《中华人民共和国刑法》第 266 条、第 287 条之二；《中华人民共和国刑事诉讼法》第109条、第113条;《中华人民共和国反有组织犯罪法》第28条;《公安机关办理刑事案件程序规定》第29条、第30条;《最高人民法院、最高人民检察院关于办理诈骗刑事案件具体应用法律若干问题的解释》;《最高人民法院、最高人民检察院、公安部关于办理电信网络诈骗等刑事案件适用法律若干问题的意见》;《最高人民法院、最高人民检察院关于办理非法利用信息网络、帮助信息网络犯罪活动等刑事案件适用法律若干问题的解释》

第二十八条 金融、电信、网信部门依照职责对银行业金融机构、非银行支付机构、电信业务经营者、互联网服务提供者落实本法规定情况进行监督检查。有关监督检查活动应当依法规范开展。

◆ 条文主旨

本条是关于反电信网络诈骗工作中有关部门依法规范开展监督检查的规定。

◆ 立法背景

(一) 起草背景

近年来,电信网络诈骗犯罪活动形势严峻,相关案件高发多发,严重危害人民群众切身利益。诈骗分子利用电信网络技术手段,更多采用“钻空子”“打短板”的方式实施诈骗。一些金融、电信、互联网企业等片面追求经济利益,不落实或未有效落实安全管理社会责任,致使各种账户、账号和网络技术等被违法犯罪分子大量利用。目前国内通过APP软件、银行账户(卡)泄露个人信息的问题较为突出，在APP、账户等被收集的公民个人信息大量流入黑灰产，为实施电信网络诈骗提供了大量资源和基础，使实施诈骗更有针对性、更具备欺骗性。手机卡、电话卡和网络账号“实名不实人”的问题，也是滋生电信网络诈骗违法犯罪的根源性问题。例如在网站注册备案的同时，出现了一些散而小的非法APP。目前对此类APP的监管主要是抽样监测，监测系统很难全面覆盖，对此类APP不易识别和监测。再如域名注册、服务器租用、短信通道等也存在层层转包、登记备案信息不全和“实名不实人”问题。金融机构、电信运营商、互联网企业等存在监管责任落实不到位的情况主要有：一是金融机构方面，对公账户审核不严格；客户身份识别有效性不足、对电信网络诈骗交易的预警不足及后续风险控制措施较为滞缓等问题。此外，面对新型支付平台等新形势，相关监管措施滞后。部分商业银行、支付机构片面追求规模扩张，个别支付机构和银行员工为不法分子提供便利。二是电信运营商方面，为了企业利益，层层下达考核指标，根据开卡数量、业务规模给予代理商代理资格或者优惠政策，对手机卡在使用环节“实名制”缺少有效监管。三是互联网企业方面，部分互联网企业片面追求经济利益，履行社会责任不力。少数企业不但不切实履行防范违法犯罪企业责任，反而利用自身技术和系统掌握、获取的信息数据资源，将有关涉案线索信息打包转卖，获取不当利益。

打击治理电信网络诈骗必须“全面落实打防管控各项措施和金融、通信、互联网等行业监管主体责任”。工作中，“打”的方面做得比较多，“防”的方面还不够，实践表明光靠“打”是不行的，要打防管控、多管齐下。为使银行业金融机构、非银行支付机构、电信业务经营者、互联网服务提供者落实好本法的相关规定，解决金融、电信、网信部门监管薄弱问题，有效适应网络犯罪系统治理的需要，要强化金融、电信、网信部门的监督检查责任。加强有关部门的监督检查职责也是建立完善反电信网络诈骗工作责任体系的重要组成部分。

（二）审议中各方面的意见

草案三次审议稿第二十八条规定：“金融、电信、网信部门依照职责对银行业金融机构、非银行支付机构、电信业务经营者、互联网服务提供者落实本法规定情况进行监督检查。有关监督检查活动应当依法规范开展。”调研中，中国人民银行建议明确合法收集和使用个人信息的主体、收集信息的规则以及监督检查制度，赋予监管部门必要的权利和监管手段。三次审议过程中，有的委员、部门提出，本法对主管部门监管责任、企业各项防范治理责任等作了相应规定。为保障这些规定得到有效实施，建议增加规定，有关主管部门应当依照职责对企业落实情况进行监督检查；有的部门、企业提出，有关监督检查活动应当依法规范开展。此前，一次、二次审议稿中未规定本条，经研究，采纳上述意见，增加本条规定。

（三）有关国家、地区的规定

1. 欧盟对移动支付的监管机构主要有欧洲委员会、欧盟理事会和欧洲央行，且执行统一的移动支付监管体系和法律法规标准。欧洲央行负责协调各成员国贯彻执行统一的监管制度及相关政策，并对电子货币及其发行机构进行监督管理。在具体监管措施方面，对银行开立的银行账户和支付机构开立的支付账户，进行区别管理，并随着支付账户体系的不断深化，对支付机构进行动态监管，从功能和行为特征视角上不断细化支付账户的分类标准，实施灵活、完善、动态的新型支付账户监管。

2. 美国于1970年发布了《银行保密法》，该法案要求美国金融机构协助美国政府发现并防止洗钱活动，规定了金融机构在日常经营活动中的报告义务及风控措施。美国为了加强对特定非金融机构以及金融机构高风险业务的监管，相继出台相关的法律法规。1996 年，美国财政部与联邦储备委员会等五家负责银行监管的机构颁布了一项规则，明确要求各个银行对于有经济犯罪嫌疑的活动进行报告，报告呈递美国财政部，美国财政部将此报告传递到的“金融犯罪执法网络”汇总，然后此执法网络根据不同情况，分发给不同的执法机构处理。

3. 日本内务和通信部是根据电信商业法和其他相关法律拥有监管权力，以授予任何电信活动所需的任何许可、许可或批准的政府机构。《日本银行法》是为日本银行业提供基本监管框架的核心银行立法。日本银行也对银行的业务和资产进行检查。2020 年 11 月，日本成立了一个特别工作组，以加强金融服务局检查和日本银行检查之间的合作。金融服务局和日本银行将通过数据整合和检查结果共享等措施，对金融机构进行监测，从而减轻它们各自的负担。

◆ 条文解读

本条包含以下三个方面的内容：

一是关于反电信网络诈骗工作中实施监督检查的主体。本条明确，金融、电信、网信部门是反电信网络诈骗工作中实施监督检查的主体，负责对银行业金融机构、非银行支付机构、电信业务经营者、互联网服务提供者落实本法规定情况实施监督检查。与传统的诈骗相比，电信网络诈骗利用技术手段钻管理上的漏洞，呈现组织化、链条化、精准化等特征，实现跨部门、跨行业、跨地域协作犯罪。实践中也存在一些银行、电信公司、互联网公司等出现行业内鬼，将掌握的信息数据提供给电信网络诈骗分子，谋取非法利益。网络运营者作为以盈利为目的的市场主体，如不加强监管、规范，容易导致互联网企业与网络犯罪形成“依附共生”关系。有的运营商一味追求业绩利益，通过机房的简单操作，实现擅自改变物联网卡功能和用途的目的，导致大量卡号流入黑灰产，破坏了实名制的落实，为公安机关及时、准确打击此类犯罪活动，带来困难。有的工作人员法律意识淡薄，为了满足考核要求、拓展业务、追求业绩、获得提成等，盗用他人身份证信息激活手机卡、违规办理手机卡或者直接出租、出借手机卡等。此外，金融、电信、网信行业内部管理不规范，存在管理漏洞也可能为实施电信网络诈骗提供可乘之机，或者被电信网络诈骗分子利用。因此，非常有必要加强行业主管部门实施监督检查工作，压实主体责任。

二是关于监督检查的内容。本条中监督检查的内容是银行业金融机构、非银行支付机构、电信业务经营者、互联网服务提供者落实本法规定的执行情况。在本法有关电信、金融、互联网治理和综合措施章节中，具体规定了有关部门的监督管理职责和各项防范治理责任等。第一，在总则中规定，电信企业、银行、支付机构、互联网企业在反电信网络诈骗工作中要承担风险防控责任，建立内部控制机制和安全责任制度。这是总的要求。第二，对电话卡、物联网卡、银行卡、支付账户、网络账号等从源头加强管理，防范电信网络和金融业务资源被利用实施电信网络诈骗活动。落实各领域实名制要求，对办理电话卡、金融账户的数量进行限制，识别异常办卡、开户情形，有针对性地完善物联网卡销售、使用监测制度。第三，规定要采取措施有效监测防范涉诈信息、活动，要求企业对改号电话、虚假主叫、非法设备、软件、网络黑灰产等进行识别拦截，对涉诈异常电话卡、银行卡、互联网账号进行监测识别，根据风险情况采取相应处置措施，包括暂停、限制有关功能、业务，采取二次实人核验等。第四，对 APP、域名解析、域名跳转等网络资源规范管理，强化各行业涉诈违法犯罪线索、风险信息、黑样本数据信息共享。为保障这些规定得到有效实施，有关主管部门应当依照职责对企业落实情况进行监督检查。

三是有关监督检查活动应当依法规范开展。本条对金融、电信、网信部门的监督检查行为作出了规范，相应监督检查活动应依法检查、定期检查，不得具有随意性，同时，监督检查活动应统筹好发展与安全。金融、电信、网信部门依照其相应职责，依法实施监督检查工作，本法有规定的，要依法履行职责，不能越权，也不能缺位。根据《中华人民共和国电信条例》第四条第二款的规定，电信业务经营者应当依法经营，遵守商业道德，接受依法实施的监督检查。第四十二条规定，国务院信息产业主管部门或者省、自治区、直辖市电信管理机构应当依据职权对电信业务经营者的电信服务质量和经营活动进行监督检查，并向社会公布监督抽查结果。《中华人民共和国网络安全法》第四十九条第二款规定，网络运营者对网信部门和有关部门依法实施的监督检查，应当予以配合。加强对金融、电信、互联网行业治理是防范电信网络诈骗活动的关键和重点，日常监督检查可采用的上门检查、群众举报、线上检查等方式应依法依规开展。监督检查中可以推行“双随机一公开”方式，根据公开的随机抽查事项清单等进行监督检查工作。金融、电信、网信部门可以探索实行联合检查、上下级协同检查，加强与地方有关部门的沟通协调，争取一并开展检查，防范多头反复检查。同时，实践中对于随机检查事项要按规定编制计划、按计划开展检查。对能够通过网络监测、信息化监管、数据共享等方式实现检查效果的，可以采用线上检查方式检查。开展监督检查工作不应干扰银行业金融机构、非银行支付机构、电信业务经营者、互联网服务提供者的正常生产经营活动，严格依法规范开展检查。实施监督检查的人员现场检查要出示相应证件、规范个人言行。因实施监督检查工作任务行使的是法律授予的职权，代表着国家和政府的形象，具有一定的严肃性和威慑力，其出示证件能够更好地开展监督管理工作，也能够约束其依法履行监督管理职责，接受社会监督。

在该条的理解适用中，应注意加强监督检查与提升服务之间的平衡问题。国家推进放管服改革和商事制度改革，这就要求妥善处理好适应放管服改革需要和预防治理犯罪需要之间的关系。本法作为一部专项急需立法必须立足实践需要，一方面，明确赋予有关部门监督检查职责和企业责任，立法的目的，是强化相关主管部门的监管责任，加强日常管理，堵住制度上的漏洞，及时发现问题、纠正问题，从根本上、制度上遏制此类犯罪的发生。另一方面，相关主管部门的检查监督也必须坚持精准防治，防止“一刀切”措施，防止不必要的或者成本过大、收效很小的措施，防止对企业、公民正常生产经营活动产生影响，依法保护公民和组织的合法权益。

需要说明的是，有关监督检查活动应当依法依规，坚持以事实为依据，以法律为准绳；同时也要尊重保障公民和组织的合法权益，在工作过程中知悉的国家秘密、商业秘密和个人隐私、个人信息要予以保密；监督检查须严格程序和内容，银行业金融机构、非银行支付机构、电信业务经营者、互联网服务提供者应当为相关监督检查活动提供必要的条件。

◆ **相关规定**

《中华人民共和国网络安全法》第 49 条；《中华人民共和国电信条例》第 4 条、第 42 条

第二十九条 个人信息处理者应当依照《中华人民共和国个人信息保护法》等法律规定，规范个人信息处理，加强个人信息保护，建立个人信息被用于电信网络诈骗的防范机制。

履行个人信息保护职责的部门、单位对可能被电信网络诈骗利用的物流信息、交易信息、贷款信息、医疗信息、婚介信息等实施重点保护。公安机关办理电信网络诈骗案件，应当同时查证犯罪所利用的个人信息来源，依法追究相关人员和单位责任。

◆ 条文主旨

本条是关于反电信网络诈骗工作中个人信息保护的规定。

◆ 立法背景

（一）起草背景

加强个人信息保护工作是反电信网络诈骗的一个重要环节。电信网络诈骗的背后是互联网时代个人信息泄露问题日益突出，很多电信网络诈骗案件之所以难以防范，其中一个重要原因就是实施诈骗的人有着精准目标、精准施骗。实践中，电信网络诈骗分子事先就掌握了被害人的大量个人信息，通过多种手段进行分析，为被害人“精准画像”，结合被害人的心理、社交特点、婚姻状况、财产情况等进行个性化分析，建构特定的诈骗场景，以此骗取被害人的信任。常见的诈骗事由如代办子女入学、冒充公检法工作人员、网络投资理财、消除个人征信问题等，均是通过精准画像，获取信任后展开的诈骗活动。通过精准画像，犯罪分子取得受害者的高度信任，然后实施环环相扣的精准诈骗。2016

年，山东考生徐某某被电信网络诈骗 9900 元学费，因郁结于心，年仅 18 岁的生命逝去。导致这一悲剧的源头就是犯罪分子通过非法获取的考生个人信息以发放助学金为名实施诈骗。

因此，治理电信网络诈骗，首先需要建立科学完善的个人信息保护制度和机制。在信息化时代，个人信息保护已成为广大人民群众最关心、最直接、最现实的利益问题之一。我国在立法、执法、司法方面不断加大对个人信息的保护力度。但现实生活中，一些企业、机构和个人，为了经济利益，随意收集、违法获取、过度使用、非法买卖个人信息。从近年来最高人民法院、最高人民检察院、公安部、中国人民银行、国家市场监督管理总局等司法、执法机关发布的典型案例和数据来看，侵犯公民个人信息的行为虽得到一定遏制，但总体上仍呈现出量大面广的特征，个人信息保护的形势依然严峻。

在数字经济发展和法治建设进程中，我国的个人信息保护法律制度逐步建立并不断发展完善。全国人大及其常委会高度重视个人信息保护相关立法工作。2012 年通过的《关于加强网络信息保护的决定》确立了个人信息保护的基本原则；2016 年通过《网络安全法》，建立了个人信息保护的主要制度规则；2020 年通过《民法典》，将个人信息作为一项重要的民事权利作出规定。此外，在修改《消费者权益保护法》《广告法》《刑法》以及制定《电子商务法》时，也对个人信息保护的有关问题作了规定。2021 年 8 月 20 日，十三届全国人大常委会第三十次会议表决通过了《个人信息保护法》，于 2021 年 11 月 1 日起施行。

在反电信网络诈骗预防和治理过程中，对于涉及个人信息保护方面的工作，应适用个人信息保护法等相关法律的规定。同时，根据反电信网络诈骗的需要，结合其特点，本法在本条中作出指引性规定。

(二) 审议中各方面的意见

1. 反电信网络诈骗法（草案）第二十四条规定：“个人信息处理者应当依照《中华人民共和国个人信息保护法》等法律法规规定，规范个人信息处理，加强个人信息保护，建立防范个人信息被用于电信网络诈骗的工作机制。

履行个人信息保护职责的部门、单位对物流信息、购物信息、贷款信息、医疗信息等可能被电信网络诈骗利用的重要信息实施重点监管和保护。公安机关办理利用个人信息实施电信网络诈骗案件，应当同时查证个人信息来源，依法追究相关人员和单位责任。”

有的建议将第二款中“依法追究相关人员和单位责任”修改为“根据相关人员和单位的过错程度依法追究责任”。

2. 草案二次审议稿第二十七条规定：“个人信息处理者应当依照《中华人民共和国个人信息保护法》等法律规定，规范个人信息处理，加强个人信息保护，建立个人信息被用于电信网络诈骗的防范机制。

履行个人信息保护职责的部门、单位对可能被电信网络诈骗利用的物流信息、交易信息、贷款信息、医疗信息、婚介信息等实施重点监管和保护。公安机关办理利用个人信息实施电信网络诈骗案件，应当同时查证个人信息来源，依法追究相关人员和单位责任。”

根据各方面的意见，草案二次审议稿对草案作了以下修改：在本条第二款中针对“杀猪盘”等电信网络诈骗类型，在“履行个人信息保护职责的部门、单位对物流信息、购物信息、贷款信息、医疗信息等可能被电信网络诈骗利用的重要信息实施重点监管和保护”中增加了“婚介信息”。

在草案审议和征求意见过程中，有的建议明确“婚介信息”的内容，是否包括婚姻状况、择偶标准、约见记录等。

3. 草案三次审议稿第二十八条规定："个人信息处理者应当依照《中华人民共和国个人信息保护法》等法律规定，规范个人信息处理，加强个人信息保护，建立个人信息被用于电信网络诈骗的防范机制。

履行个人信息保护职责的部门、单位对可能被电信网络诈骗利用的物流信息、交易信息、贷款信息、医疗信息、婚介信息等实施重点保护。公安机关办理电信网络诈骗案件，应当同时查证犯罪所利用的个人信息来源，依法追究相关人员和单位责任。"

根据各方面的意见，草案三次审议稿对草案二次审议稿作了以下修改，将"公安机关办理利用个人信息实施电信网络诈骗案件，应当同时查证个人信息来源，依法追究相关人员和单位责任"修改为"公安机关办理电信网络诈骗案件，应当同时查证犯罪所利用的个人信息来源，依法追究相关人员和单位责任"。这一修改主要是文字表述性质的修改。

◆ 条文解读

本条共分两款。

第一款是关于适用个人信息保护法等法律严格个人信息保护，建立防范制度的规定。根据本款规定，个人信息处理者应当依照《中华人民共和国个人信息保护法》等法律规定，规范个人信息处理，加强个人信息保护，建立个人信息被用于电信网络诈骗的防范机制。

本款包含以下几个方面的内容：首先，个人信息处理者应当依照法律规定规范个人信息处理、加强个人信息保护。个人信息保护法坚持保护人民群众个人信息权益的立法定位，聚焦个人信息保护领域的突出问题和人民群众的重大关切，在有关法律的基础上，进一步细化、完善个人信息保护应遵循的原则和个人信息处理规则，明确个人信息处理活动中的权利义务边界，健全个人信息保护工作体制机制。从具体内容上看，个人信息保护法以严密的制度、严格的标准、严厉的责任构建了权责明确、保护有效、利用规范的个人信息处理和保护制度规则；确立了个人信息保护原则，强调处理个人信息应当遵循合法、正当、必要和诚信原则，具有明确、合理的目的，并与处理目的直接相关，采取对个人权益影响最小的方式，限于实现处理目的的最小范围，公开处理规则，保证信息质量，采取安全保护措施等；构建以"告知—同意"为核心的个人信息处理规则，要求处理个人信息应当在事先充分告知的前提下取得个人同意。

同时，个人信息保护法规定，个人信息处理者是个人信息保护的第一责任人。《中华人民共和国个人信息保护法》第七十三条中规定，"个人信息处理者，是指在个人信息处理活动中自主决定处理目的、处理方式的组织、个人。"个人信息处理者有义务采取必要的措施确保其个人信息处理活动符合有关法律法规的规定，并保障个人信息安全，切实保护个人信息权益。这里的"处理"不单指对个人信息的加工，而是包括从个人信息的收集到最终删除的全生命周期中的各个环节。关于个人信息处理者的责任义务，个人信息保护法通过专章规定了个人信息处理者的义务，强调个人信息处理者应当对其个人信息处理活动负责，并采取必要措施保障所处理的个人信息的安全；明确了个人信息处理者的合规管理和保障个人信息安全等义务，要求个人信息处理者按照规定制定内部管理制度和操作规程，采取相应的安全技术措施，指定负责人对其个人信息处理活动进行监督，定期对其个人信息活动进行合规审计，对处理敏感个人信息、利用个人信息进行自动化决策、对外提供或公开个人信息等高风险处理活动进行事前影响评估，履行个人信息泄露补救和通知义务；赋予大型网络平台个人信息保护特别义务，提高大型互联网平台经营业务的透明度，完善平台治理，强化外部监督，形成全社会共同参与的个人信息保护机制。根据本法和个人信息保护法的规定，个人信息处理者应当严格按照法律规定，不断提升个人信息保护法治意识。

除《个人信息保护法》外，《网络安全法》《民法典》《消费者权益保护法》《广告法》《刑法》《电子商务法》等，也对个人信息保护的有关问题作了规定。同时，有关方面也出台了一系列配套法规、规章、标准和司法解释。个人信息处理者在执行中应当依照上述规定规开展个人信息处理活动。

第二，建立个人信息被用于电信网络诈骗的防范机制。

为了更加有效地保护公民的个人信息权益，个人信息处理者应当在建立健全个人信息保护制度的基础上，采取措施监测、预警个人信息保护面临的突出问题和风险，建立个人信息被用于电信网络诈骗的防范机制。有针对性地改进个人信息保护工作举措，有效预防侵犯个人信息权益行为的发生。

当前，电信网络诈骗方式和手法不断翻新，诈骗活动呈现从电话诈骗向互联网诈骗、从全国分布向重点边境地区集聚、从“短平快”诈骗向长线套路诈骗转变等趋势特点，技术对抗性日益加大，需要针对不同类型的电信网络诈骗犯罪的特点，规范个人信息处理活动，加强个人信息保护，充分运用大数据推进构建长效机制，为行业防范治理工作提供更加有力的数据支撑和能力支撑。对此，个人信息处理者要围绕技术平台、监管能力、工作机制，明确具体工作任务，持续提升大数据技术管控水平，强化行业源头治理，健全创新事前防范、责任落实、成效评价、信用管理等制度，持续优化跨政企、跨行业、跨部门的联防联控工作机制，充分释放大数据在防范治理电信网络诈骗方面的强大效能，以形成责任明确、快速响应、密切配合、齐抓共管的工作格局，切实减少电信诈骗犯罪案件的发生。

第二款是关于履行个人信息保护职责的部门、单位对可能被电信网络诈骗利用的个人信息等实施重点保护，以及公安机关办理电信网络诈骗案件，应当同时查证个人信息来源，依法追究相关人员和单位责任的规定。

本款包括两层含义，第一层含义是履行个人信息保护职责的部门、单位对可能被电信网络诈骗利用的物流信息、交易信息、贷款信息、医疗信息、婚介信息等实施重点保护。“物流信息、交易信息、贷款信息、医疗信息、婚介信息等”涉及公民个人的住址、财产、健康、婚姻等情况，这些信息一旦被电信网络诈骗分子获取，容易被利用实施“精准诈骗”，且被害人往往难以防范。之所以规定这几类信息是因为当前电信网络诈骗违法犯罪的主要类型有购物退款诈骗、兼职刷单诈骗、网络贷款诈骗、“杀猪盘”诈骗、网络交友诈骗等，在各类电信网络诈骗犯罪类型中，个人信息的泄露都是电信诈骗行为实施的关键环节，因此有必要对这些信息重点保护，履行个人信息保护职责的部门、单位应当加强对此类信息的保护，防止泄露。“履行个人信息保护职责的部门”，是指根据本法和其他相关法律规定依法负有个人信息保护职责的部门。《中华人民共和国个人信息保护法》第六章专章对履行个人信息保护职责的部门的职责、义务等作了规定，如第六十条规定：“国家网信部门负责统筹协调个人信息保护工作和相关监督管理工作。国务院有关部门依照本法和有关法律、行政法规的规定，在各自职责范围内负责个人信息保护和监督管理工作。县级以上地方人民政府有关部门的个人信息保护和监督管理职责，按照国家有关规定确定。前两款规定的部门统称为履行个人信息保护职责的部门。”第六十一条规定：“履行个人信息保护职责的部门履行下列个人信息保护职责：（一）开展个人信息保护宣传教育，指导、监督个人信息处理者开展个人信息保护工作；（二）接受、处理与个人信息保护有关的投诉、举报；（三）组织对应用程序等个人信息保护情况进行测评，并公布测评结果；（四）调查、处理违法个人信息处理活动；（五）法律、行政法规规定的其他职责。”“履行个人信息保护职责的单位”，是指对上述信息负有保护职责的单位，如物流企业、电商企业、婚介企业等。

本款的第二层含义是明确公安机关在办理电诈案件中应当倒查个人信息来源，依法处理相关单位、人员泄露、提供个人信息责任。基本上所有的电信网络诈骗案件背后，都有存在个人信息泄露问题。因此，公安机关应当在办理电信网络诈骗案件的同时，要查证个人信息来源，追查个人信息泄露源头，对于其中涉及窃取、贩卖公民个人信息的违法犯罪行为，应当依法追究相关人员和单位的责任。这样一方面可以铲除电信网络诈骗赖以实施的土壤，从源头上预防新的电信网络诈骗行为发生，另一方面也可以有力震慑潜在的个人信息泄露者。

在该条的理解适用中，需要注意以下几个方面的问题：

由于个人信息处理的主体、处理的个人信息种类以及处理活动存在较大差异，根据个人信息保护的实践需要，我国相关法律、行政法规等对有关部门的个人信息保护职责作了规定，主要有：国家网信部门根据《网络安全法》等法律和有关规定，负责承担互联网信息服务等领域的个人信息保护职责；市场监管部门根据《消费者权益保护法》等法律的规定，承担消费者个人信息保护的相关职责；金融监管部门根据《商业银行法》《证券法》《保险法》等法律的规定，承担金融消费者、投资者个人信息保护的相关职责；公安部门根据《刑法》《网络安全法》等法律的规定，承担打击侵害个人信息的违法犯罪的职责；工信、教育、医疗等有关主管部门按照相关法律和有关规定，承担指导、监督本行业、本领域个人信息保护的职责。

对于本条规定的对物流信息、交易信息、贷款信息、医疗信息、婚介信息等实施重点保护的规定，上述部门以及相关单位，应当依照各自的职责分工，做好对相关个人信息的保护工作，防止信息泄露被用于实施电信网络诈骗活动。

◆ 典型案例

行为人朱某伙同赵某某等3人制作可用于查询假信用卡信息并可修改后台数据的假网页及二维码，在制作假信用卡后即通过QQ联系并贩卖给刘某某等6名电信诈骗人员。刘某某等人则在网络上购得部分公民个人信息（主要是姓名和手机号码）后，以代办信用卡为名，通过电话、微信等通讯工具进一步获取被害人信息，后快递员按照电信诈骗人员要求将假信用卡及二维码寄送给被害人，电信诈骗人员则诱使被害人扫码进入假网页，进而以授信银行信用卡大额透支额度等名义继续诱骗被害人交付各种手续费、流水费，以此骗取大量钱款。[①]

◆ 相关规定

《中华人民共和国个人信息保护法》第60条、第61条

第三十条　电信业务经营者、银行业金融机构、非银行支付机构、互联网服务提供者应当对从业人员和用户开展反电信网络诈骗宣传，在有关业务活动中对防范电信网络诈骗作出提示，对本领域新出现的电信网络诈骗手段及时向用户作出提醒，对非法买卖、出租、出借

---

① 参见浙江省宁波市奉化区人民法院刑事判决书，（2018）浙刑初第329号。

本人有关卡、账户、账号等被用于电信网络诈骗的法律责任作出警示。

新闻、广播、电视、文化、互联网信息服务等单位，应当面向社会有针对性地开展反电信网络诈骗宣传教育。

任何单位和个人有权举报电信网络诈骗活动，有关部门应当依法及时处理，对提供有效信息的举报人依照规定给予奖励和保护。

◆ 条文主旨

本条是关于有关企业和单位的宣传教育义务的规定。

◆ 立法背景

（一）起草背景

加强反电信网络诈骗宣传教育，普及反电信网络诈骗知识，增强全社会反电信网络诈骗意识，是反电信网络诈骗工作的基础。宣传教育的目的是增强公民的反电信网络诈骗意识和能力，提高各行业反电信网络诈骗的意识，凝聚最广泛的社会力量共同投身反电信网络诈骗工作，从根源上防范电信网络诈骗的发生。同时，防范电信网络诈骗宣传教育也是一个长期系统工程，需要政府、企业、相关社会组织和公众共同参与，发挥全社会的作用。具体到企业、单位而言，企业、单位要依法履行反电信网络诈骗义务、遵守商业道德、承担社会责任、接受政府和社会监督。社会公众通过行使监督、投诉、举报等权利，可以促进反电信网络诈骗工作的开展。国家应当采取措施支持社会各方面参与反电信网络诈骗宣传教育工作，营造全社会共同参与的有利环境和良好氛围。从实践看，宣传教育也是目前最有效的防范电信网络诈骗违法犯罪的手段之一。

因此，本法对有关企业、单位的反电信网络诈骗宣传教育义务，对社会公众举报电信诈骗的权利作了规定，推动形成全链条反诈、全行业阻诈、全社会防诈的打防管控格局，为打击遏制电信网络诈骗活动提供有力法治支撑。

关于规定电信业务经营者、银行业金融机构、非银行支付机构、互联网服务提供者的反电信网络诈骗宣传、提示义务。反电信网络诈骗的重点在于治理电信、金融、互联网等关键节点，这也是本法规定的重点内容。因此，从预防的角度看，电信、金融、互联网也是反电信网络诈骗宣传的重点。据此，本法对电信业务经营者、银行业金融机构、非银行支付机构、互联网服务提供者的反电信网络诈骗宣传、提示、提醒、警示等义务作了明确规定。

关于规定新闻、广播、电视、文化、互联网信息服务等单位的宣传教育责任。新闻、广播、电视、文化、互联网信息服务等单位是当前社会宣传的重点阵地，具有受众广泛、传播速度快、影响力强的特点，充分运用这些阵地开展反电信网络诈骗宣传教育十分必要。加强反电信网络诈骗宣传教育，包括宣传反电信网络诈骗的重要性、各方主体在反电信网络诈骗方面的权利和义务、反电信网络诈骗的具体知识以及反电信网络诈骗法律法规等，有利于增强各方面的反电信网络诈骗意识，提高个人自我保护能力，在全社会营造重视反电信网络诈骗的良好氛围，促进反电信网络诈骗法律制度的有效实施。

关于规定公民举报电信网络诈骗的权利，对举报电信网络诈骗者给予奖励。反电信网络诈骗工作要始终坚持以人民为中心，坚持人民主体地位，紧紧依靠群众。《中华人民共和国反电信网络诈骗法》第四条中规定，反电信网络诈骗工作坚持齐抓共管、群防群治原则，其中，“群防群治”主要是指依靠群众发现、举报电信网络诈骗行为，实现工作人民参与、成效人民评价、成果人民共享。因此，为动员人民群众积极参与反电信网络诈骗工作，发动群众举报电信网络诈骗，法律明确鼓励单位和个人举报电信网络诈骗，同时规定了奖励制度。另外，法律也鼓励电信诈骗集团内部人员举报，对于查证属实，对侦破电信网络诈骗犯罪发挥重要作用的，可以依法予以从宽处理。

（二）审议中各方面的意见

1. 反电信网络诈骗法（草案）第二十五条规定："地方各级人民政府及其有关部门应当加强反电信网络诈骗宣传，普及法律知识，提高公众对各类电信网络诈骗的鉴别能力和安全防范意识。

村民委员会、居民委员会和教育、民政、市场监管等有关部门，应当结合电信网络诈骗受害群体的分布等特征，有针对性地开展防范电信网络诈骗违法犯罪知识进学校、进企业、进社区、进农村等宣传活动。"

在起草阶段、审议过程中、征求意见过程中，有的建议明确电信企业、互联网企业、金融机构反电信网络诈骗宣传的责任；有的建议增加针对老年人、未成年人等重点人员的防范电诈宣传教育的规定；有的建议，根据电信网络诈骗多针对普通民众尤其是老年人、多发生在境外对境内实施的特点，在相关章条中进一步明确一些具体要求，如明确银行应当张贴、发放反电信网络诈骗宣传材料，明确新闻媒体的宣传责任等。

有的提出，银行、通信等相关部门属于垂直管理体系，不受地方政府直接管理，应当在法律层面补充规定其宣传义务，建议将"有关部门"修改为"有关行业主管部门"。

2. 草案二次审议稿第二十八条规定："电信业务经营者、银行业金融机构、非银行支付机构、互联网服务提供者应当对从业人员和用户开展反电信网络诈骗宣传，在有关业务活动中对防范电信网络诈骗作出提示，对非法买卖、出租、出借本人有关产品、服务被用于电信网络诈骗的法律责任作出警示。

新闻、广播、电视、文化、互联网信息服务等单位，应当有针对性地面向社会开展反电信网络诈骗宣传教育防范。”

根据各方面的意见，草案二次审议稿对草案作了以下修改：主要是增加金融机构、电信企业、互联网企业和新闻媒体单位开展反电信网络诈骗宣传的相关义务。在审议过程中、征求意见过程中，有的提出，宣传案例需要根据司法实践的情况及时更新，以短视频、电视节目、动画、报纸、杂志，甚至进入教材等多种宣传形式，定期通过各种媒介向大众宣传，抓住各类诈骗最显著特点，扩大受众范围和层面。

3. 草案三次审议稿第二十九条规定：“电信业务经营者、银行业金融机构、非银行支付机构、互联网服务提供者应当对从业人员和用户开展反电信网络诈骗宣传，在有关业务活动中对防范电信网络诈骗作出提示，对本领域新出现的电信网络诈骗手段及时向用户作出提醒，对非法买卖、出租、出借本人有关卡、账户、账号等被用于电信网络诈骗的法律责任作出警示。

新闻、广播、电视、文化、互联网信息服务等单位，应当面向社会有针对性地开展反电信网络诈骗宣传教育。

任何单位和个人有权举报电信网络诈骗活动，有关部门应当依法及时处理，对提供有效信息的举报人依照规定给予奖励和保护。”

根据各方面的意见，草案三次审议稿对草案二次审议稿作了以下修改：一是，在第一款中增加规定“对本领域新出现的电信网络诈骗手段及时向用户作出提醒”。二是，将第一款中的“对非法买卖、出租、出借本人有关产品、服务被用于电信网络诈骗的法律责任作出警示”修改为“对非法买卖、出租、出借本人有关卡、账户、账号等被用于电信网络诈骗的法律责任作出警示”。三是，增加一款作为第三款，规定“任何单位和个人有权举报电信网络诈骗活动，有关部门应当依法及时处理，对提供有效信息的举报人依照规定给予奖励和保护”。

◆ **条文解读**

本条共分三款。

第一款是关于电信业务经营者、银行业金融机构、非银行支付机构、互联网服务提供者等行业的宣传义务的规定。主要包括以下几层意思：

一是，电信业务经营者、银行业金融机构、非银行支付机构、互联网服务提供者应当对从业人员和用户开展反电信网络诈骗宣传。电信行业、金融行业和互联网行业是电信网络诈骗分子惯常利用的渠道、领域，因此，这些行业有义务、也有责任承担更多的反诈宣传工作。电信业务经营者、银行业金融机构、非银行支付机构、互联网服务提供者等，应当对从业人员和用户开展反电信网络诈骗宣传，帮助从业人员识别、分析、防范电信网络诈骗，帮助广大群众提高警惕。

二是，在有关业务活动中对防范电信网络诈骗作出提示。电信业务经营者、银行业金融机构、非银行支付机构、互联网服务提供者应当将防范电信网络诈骗融入日常业务办理工作中，对于多发、易发的电信网络诈骗行为，通过日常业务监测及时对用户做出提示。如提示用户保护好个人信息，尤其是对个人账户信息等做好防护；不通过电话、短信、微信等方式泄露银行卡账户、密码，不透露银行卡余额及贷款额度；在使用互联网时，审慎操作，不下载来源不明的程序软件，不随意提供账户授权；在办理金融业务时，针对大额不明转账、陌生人转账交易等行为进行有效提示，不断提高群众的风险防范意识。同时，电信业务经营者、银行业金融机构、非银行支付机构、互联网服务提供者也应当提示用户不得出租、出借本人卡、账户给他人，或者帮助他人进行实名核验。

三是，对本领域新出现的电信网络诈骗手段及时向用户作出提醒。当前利用电信网络和互联网手段实施诈骗呈高发态势，犯罪涉案链条长，团伙组织严密，诈骗手法逐步升级更趋隐蔽，受害群体已覆盖各行各业、各个年龄阶段，给人民群众造成了巨大的财产损失，已经成为严重侵害人民群众切身利益的社会公害。电信网络诈骗犯罪之所以能够不断得逞，一个重要原因就是诈骗手段不断翻新，随着互联网新技术新应用迭代升级，电信网络诈骗的方式也不断升级，利用网络贷款、刷单、购物、交友等方式实施诈骗，欺骗性、迷惑性不断升级。因此，电信业务经营者、银行业金融机构、非银行支付机构、互联网服务提供者应当及时对本领域新出现的电信网络诈骗手段向用户作出提醒。

四是，对非法买卖、出租、出借本人有关卡、账户、账号等被用于电信网络诈骗的法律责任作出警示。实践中，由于一些群众法律意识淡薄，非法买卖、出租、出借本人有关卡、账户、账号等行为众多，这种行为一方面为电信网络诈骗等违法犯罪行为提供滋生土壤，为不法分子提供作案工具，协助其转移资金，严重危害人民群众财产安全和合法权益，另一方面也给非法买卖、出租、出借者本人带来巨大的信用风险、法律风险。因此，有必要对有关主体对客户的警示义务做出规定。

电信业务经营者、银行业金融机构、非银行支付机构、互联网服务提供者在为用户提供服务、办理业务的过程中，要告知用户非法买卖、出租、出借本人有关卡、账户、账号等被用于电信网络诈骗的法律责任，防止个人账户等被用于电信网络诈骗。关于非法买卖、出租、出借本人有关卡、账户、账号的法律责任，本法第三十一条中规定，任何单位和个人不得非法买卖、出租、出借电话卡、物联网卡、电信线路、短信端口、银行账户、支付账户、互联网账号等，不得提供实名核验帮助；不得假冒他人身份或者虚构代理关系开立上述卡、账户、账号等。对经设区的市级以上公安机关认定的实施前款行为的单位、个人和相关组织者，以及因从事电信网络诈骗活动或者关联犯罪受过刑事处罚的人员，可以按照国家有关规定记入信用记录，采取限制其有关卡、账户、账号等功能和停止非柜面业务、暂停新业务、限制入网等措施。对上述认定和措施有异议的，可以提出申诉，有关部门应当建立健全申诉渠道、信用修复和救济制度。具体办法由国务院公安部门会同有关主管部门规定。本法第四十四条规定，违反本法第三十一条第一款规定的，没收违法所得，由公安机关处违法所得一倍以上十倍以下罚款，没有违法所得或者违法所得不足二万元的，处二十万元以下罚款；情节严重的，并处十五日以下拘留。此外，如果行为人明知他人实施电信网络诈骗犯罪，非法买卖、出租、出借本人有关卡、账户、账号为其提供帮助的，则有可能构成帮助信息网络犯罪活动罪，应当依照《中华人民共和国刑法》第二百八十七条之二的规定，处三年以下有期徒刑或者拘役，并处或者单处罚金。

第二款是关于新闻、广播、电视、文化、互联网信息服务等单位，应当面向社会有针对性地开展反电信网络诈骗宣传教育的规定。

本款规定的宣传教育主体是新闻、广播、电视、文化、互联网信息服务等单位。根据本款规定，新闻、广播、电视、文化、互联网信息服务等单位有义务面向社会开展反电信网络诈骗宣传教育活动，而且应当结合国内国际反电信网络诈骗的形势，把握时机，开展形式多样的宣传教育工作，如宣传、普及电信网络诈骗的成因、表现形式、危害后果，及时报道有关信息；在电信网络诈骗案件多发易发地区、领域、行业经常性播放预防电信网络诈骗的音像制品、网络视频，出版和发行有关反电信网络诈骗的书刊；报道举报电信网络诈骗的渠道、方式等。实践中，为了提高宣传的有效性，相关宣传义务主体要有针对性地开展反电信网络诈骗宣传，提升宣传效率。如针对老年人、大学生、未成年人等诈骗作案目标群体，通过线上线下结合的方式，加大警示教育和宣传引导力度；针对电信网络诈骗高发地区，被骗风险高的企业要积极组织企业员工学习了解电信网络诈骗惯用的伎俩手段，提高防骗意识，不断完善企业的财务管理制度，杜绝给电信网络诈骗分子留下可乘之机。

第三款是关于任何单位和个人有权举报电信网络诈骗活动，有关部门应当依法及时处理，对提供有效信息的举报人依照规定给予奖励的规定。

“举报”是指当事人以外的其他知情人向公安机关、人民检察院、人民法院等机关检举、揭发电信网络诈骗犯罪嫌疑人的犯罪事实或者犯罪嫌疑人线索的行为。“举报电信网络诈骗”是指举报与电信网络诈骗相关的行为，举报的对象包括实施电信网络诈骗的组织和个人。举报的形式是多样的，有关单位和个人可以亲自到有关部门举报，也可以通过信件、邮件、电话、网络平台举报，可以口头提出，也可以书面提出，举报可以实名，也可以匿名。

接收电信网络诈骗举报的机关是不特定的，有关单位和个人可以向公安机关举报，也可以向法院、检察院以及有关主管部门举报。任何机关接到电信网络诈骗的举报，都应当依法处理或者移送有关主管部门依法处理。此外，《中华人民共和国刑事诉讼法》第五十七条、第一百一十条至一百一十二条对公安机关、人民检察院、人民法院对举报应当如何处理，作了详细规定，这些规定对反电信网络诈骗的举报的处理同样适用。根据《中华人民共和国刑事诉讼法》第一百一十条第一款的规定，任何单位和个人发现有犯罪事实或者犯罪嫌疑人，有权利也有义务向公安机关、人民检察院或者人民法院报案或者举报。本条的规定是与刑事诉讼法规定的精神是一致的。同时，对提供有效信息的举报人依照规定给予奖励，在对其举报行为给予肯定的同时，可以鼓励其他单位和个人更加积极地提供有效信息，弘扬正气，进而有效地调动整个社会、有关单位和个人协助、配合有关部门做好反电信网络诈骗工作的积极性。

履行反电信网络诈骗职责的部门应当公开接受投诉、举报的方式，完善投诉、举报处理程序，建立方便、快捷的投诉举报处理机制。对属于本部门职责的，收到投诉、举报后，应当根据投诉、举报的内容、性质等依法、及时作出处理。对不属于本部门职责的，收到举报的部门应当及时移送有权处理的部门，接收移送的部门也应当在规定的时限内依法及时处理，不能相互推诿、拖延塞责。

关于对提供有效信息的举报人依照规定给予奖励的规定。这里的“有效信息”是指对反电信网络诈骗工作起到重要的促进作用，对反电信网络诈骗工作进展有重大帮助，如提供了重要线索，对发现、破获严重电信网络诈骗行为有重大帮助等情形。关于“有效信息”的认定标准，本法未作规定，还需要根据实践情况，各有关部门和地方具体予以把握。这里的“奖励”包括精神奖励，也包括物质奖励。实践中，单位和个人向公安机关和有关主管部门举报电信网络诈骗，可能会面临电信网络诈骗犯罪组织、犯罪分子的打击报复，甚至有的单位和个人明知自己的财产可能被损害，人身安全可能面临威胁，仍然举报电信网络诈骗活动，积极配合和协助有关部门，使得有关部门能够及时防范、制止即将发生或者正在发生的电信网络诈骗案件，侦破电信网络诈骗案件，这些单位和个人在反电信网络诈骗工作中作出了自己的贡献，应当予以表彰和奖励。

在该条的理解适用中，应当注意以下问题：

为了使宣传教育工作取得实际成效，各有关宣传义务主体应当注重宣传手段和形式的多样化，增强宣传的影响效果。移动互联网时代用于宣传的渠道和形式种类较多，因此宣传义务主体应当广泛利用现代信息手段，发挥宣传手段多样化的优势，广泛利用电视广播、社区电子屏幕、微博、微信、短信等媒介，向广大群众开展形式多样的电信网络诈骗防范宣传，还可以通过制作防电信网络诈骗指南等宣传手册、宣传单，通过发送或播放宣传音频、视频，悬挂宣传横幅、现场咨询解答等形式，向群众普及防范电信网络诈骗的常识，进一步扩大宣传覆盖面，增强宣传效果。

同时，反电信网络诈骗宣传活动也要适度，提高宣传的针对性，避免过度宣传造成扰民。

◆ **相关规定**

《中华人民共和国刑事诉讼法》第 57 条、第 110—112 条

第三十一条 任何单位和个人不得非法买卖、出租、出借电话卡、物联网卡、电信线路、短信端口、银行账户、支付账户、互联网账号等，不得提供实名核验帮助；不得假冒他人身份或者虚构代理关系开立上述卡、账户、账号等。

> 对经设区的市级以上公安机关认定的实施前款行为的单位、个人和相关组织者，以及因从事电信网络诈骗活动或者关联犯罪受过刑事处罚的人员，可以按照国家有关规定记入信用记录，采取限制其有关卡、账户、账号等功能和停止非柜面业务、暂停新业务、限制入网等措施。对上述认定和措施有异议的，可以提出申诉，有关部门应当建立健全申诉渠道、信用修复和救济制度。具体办法由国务院公安部门会同有关主管部门规定。

◆ **条文主旨**

本条是关于禁止非法转让有关卡、账户、账号及采取限制措施和申诉救济的规定。

◆ **立法背景**

（一）起草背景

目前，反电信网络诈骗工作的关键一环是各类卡和账号等注册开卡人与实际使用人一致性的有效落实。随着近些年电话卡、银行卡等“实名制”管理不断加强，“实名制”的落实总体上是好的。然而，从所查出的电信网络诈骗违法犯罪案件情况看，“人卡分离”“人号分离”问题日趋严重，实践中，被用来实施电信网络诈骗的电话卡、物联网卡、银行卡、账户、网络账号等多数是通过买卖而来，对上述各种卡和账号的非法转让作出规制是电信网络诈骗源头治理的重要方面。犯罪分子大量非法收购他人手机卡来实施电信网络诈骗，绕过实名制监管要求，成为网络黑灰产业链上的重要一环，在校学生成为参与电信网络诈骗收卡贩卡的重要渠道。比如，一些地区的农民、学生等群体法律意识相对薄弱，为了获取收益注册多个电话卡、银行卡等予以出售，有的出售人还为买方在使用过程中提供帮助实名核验的“售后服务”，增加了监管工作的难度。

此外，一些新情况不断出现，部分诈骗分子转用境外运营服务商的服务，批量使用缅甸、泰国、英国等境外和港澳地区电话卡或卫星电话，采集涉诈域名网址，技术反制难度加大。在物联网卡管理方面，随着物联网卡越来越广泛地被应用于各行业领域，一些监管漏洞也随之出现：有的个人用户转卖物联网卡及企业用户将设备和物联网卡分拆而直接倒卖裸卡；有的企业用户多报虚报实际使用数量，将存量转售，通过极为简单的技术操作对物联网卡更改使用场景和用途，被用于实施电信网络诈骗，加大监测识别难度。此外，在金融领域，金融系统与第三方支付平台深度融合，网银、支付宝、微信支付、虚拟商品交易等方式广泛应用，但普通公民还未认识到便捷应用潜在的高风险。近些年，有关部门依据出台的规范性文件等方式开展各类“断卡”“断号”等专项行动。反电信网络诈骗法作为专门立法，明确规定禁止对各类卡、账号等非法转让，一方面可以为实践提供法律依据，提高“打防管控”的针对性，另一方面可以更明确地起到教育警示作用。对于上述非法买卖、出租、出借各类卡、账号、账户等行为的，本条也规定了相应惩戒措施；对于被误伤者或者被采取措施有异议的，规定提出申诉的救济方式，有关部门应当根据实践情况探索建立和完善申诉渠道、信用修复和救济制度。

（二）审议中各方面的意见

1. 反电信网络诈骗法（草案）第二十六条规定：“任何单位和个人不得非法买卖、出租、出借电话卡、物联网卡、银行账户、支付账户、互联网账号；不得为非法买卖、出租、出借的上述卡、账户、账号提供实名核验帮助。

对实施前款行为的单位和个人及相关组织者，可以采取限制其有关卡、账户、账号功能、暂停新业务等惩戒措施。对惩戒措施有异议的，可以提出申诉。具体办法由国务院公安部门会同国务院有关主管部门规定。”

在起草过程中有代表提出，将第一款中的“提供实名核验帮助”修改为“提供帮助”。考虑到实践情况主要是，通过大数据监测模型监测到的异常的卡、账号、账户等，需要二次实名核验，出售、出租、出借人在此环节帮助提供实名核验，从而使卡、账号等恢复正常使用。因此，规制的重点是二次实名核验环节提供帮助的行为。如果有其他帮助行为，可以依据本法其他规定追究法律责任。

2. 草案二次审议稿第二十九条规定：“任何单位和个人不得非法买卖、出租、出借电话卡、物联网卡、银行账户、支付账户、互联网账号等；不得为非法买卖、出租、出借的上述卡、账户、账号等提供实名核验帮助。

对经设区的市级以上公安机关认定的实施前款行为的单位、个人和相关组织者，以及因从事电信网络诈骗活动受到刑事处罚的人员，可以采取限制其有关卡、账户、账号等功能和停止非柜面业务、暂停新业务、限制入网等措施。对上述认定和措施有异议的，可以提出申诉。具体办法由国务院有关主管部门会同国务院公安部门规定。”

根据各方面的意见，草案二次审议稿对草案作了以下修改：一是，在第一款“互联网账号”后增加“等”字。有的部门提出，根据反诈工作实践，除了草案列举的银行账户、支付账户外，随着支付方式的不断发展完善还会有其他支付工具和服务，用“等”字兜底可以留出适用和解释空间。二是，根据部门意见在限制措施中增加列举“限制入网”“停止非柜面业务”措施。三是，采取限制措施的对象增加规定了“因从事电信网络诈骗活动受到刑事处罚的人员”。从立法目的总体考虑，这部法律要预防和治理、教育和惩罚并重，因此，采取限制措施的对象除了“买卖、出租、出借”的单位和个人外，也要对诈骗分子本人有所惩罚。此外，在起草和审议过程中有部门和社会公众提出建议，要明确电诈分子的法律责任，加重对其的处罚力度，综上在二审稿中增加了从事电信诈骗受到刑事处罚的人员。四是，根据有的部门建议，将制定申诉制度方面具体办法的主体由“国务院公安部门会同国务院有关主管部门规定”修改为“国务院有关主管部门会同国务院公安部门规定”。五是，根据有的部门意见，进一步完善申诉情形，增加对“认定”不服的申诉规定。

征求意见过程中，有的部门建议，在第二款规定的认定主体“经设区的市级以上公安机关”后增加“有关主管部门”。认为在行业监管中发现存在大量的倒卖电话卡等行为，明确公安机关、行业主管部门均可以认定失信人员和行为。考虑到目前实践中，对于买卖、出租、出让电话卡、银行卡等行为的认定主要是由公安机关作出，再由公安机关将有关人员信息通知给行业主管部门，这一做法可以由公安机关按照统一标准作出，由于各行业领域具有差异性，如果由有关主管部门认定，在判断标准上也容易出现较大差别。公安机关作为侦查机关，作为认定主体具有一定的权威性和执行力。因此，对认定主体未作出修改。

3. 草案三次审议稿第三十条规定：“任何单位和个人不得非法买卖、出租、出借、假冒他人身份或者虚构代理关系开立电话卡、物联网卡、电信线路、短信端口、银行账户、支付账户、互联网账号等；不得为非法买卖、出租、出借的上述卡、账户、账号等提供实名核验帮助。

对经设区的市级以上公安机关认定的实施前款行为的单位、

个人和相关组织者，以及因从事电信网络诈骗活动或者其他关联犯罪受过刑事处罚的人员，可以按照国家有关规定记入信用记录，采取限制其有关卡、账户、账号等功能和停止非柜面业务、暂停新业务、限制入网等措施。对上述认定和措施有异议的，可以提出申诉，有关部门应当建立健全申诉渠道、信用修复和救济制度。具体办法由国务院公安部门会同有关主管部门规定。”

根据各方面的意见，草案三次审议稿对草案二次审议稿作了以下修改：一是，根据部门提出的意见，加大买卖账户惩戒力度，在第一款的禁止行为中增加任何单位和个人不得非法“租用、借用或者假冒他人身份或者虚构代理关系”；在“电话卡、物联网卡、银行账户、支付账户、互联网账号”基础上增加“电信线路、短信端口等电信资源”。二是，增加信用记录的规定。三是，在二审稿基础上又增加了对电诈关联犯罪刑事处罚人员的惩戒。四是，将第二款中“具体办法由国务院有关主管部门会同国务院公安部门规定”的表述修改为“具体办法由国务院公安部门会同有关主管部门规定”。申诉救济制度的具体办法涉及主管部门，考虑到对有关人员采取措施通常依据公安机关作出的决定，公安机关作为侦查机关和反电信网络诈骗工作的牵头部门，可以更好地做好统筹工作，目前公安机关的投诉举报电话 96110 和国家反诈中心 APP 已经被普遍推广，公安机关牵头负责对具体申诉办法的制定有一定的实践基础。因此，由公安部门会同其他主管部门对有关具体办法作出规定。

在审议和征求意见的过程中，关于增加信用惩戒方面的内容存在一定的争议。一审中，有的常委委员建议，对涉嫌网上诈骗前科人员实施信用惩戒作出专门规定，明确因涉嫌电信网络诈骗相关犯罪的列为严重失信主体，并配套惩戒措施、移出条件、惩戒程序等有关内容。在征求意见过程中，有的企业建议，在立法中明确信用惩戒措施，建立信用惩戒平台，将涉诈人员信息进行公开，更好地发挥对相关涉诈人员的惩罚和教育作用。有的部门提出进一步加强对电诈及关联犯罪人员的信用惩戒制度，扩大惩戒措施的范围和性质，对从事电诈及关联违法犯罪的人员建立失信主体名单制度，纳入全国信用信息共享平台，并依照规定实施惩戒。对于不赞同在立法中写明信用惩戒的理由主要有：有的部门和专家提出，关于信用惩戒的性质目前并不明确，信用惩戒是否属于行政处罚存在不同认识；信用惩戒可能侵害公民个人权利；信用惩戒的内容、方式、救济途径等尚无明确规定；目前在立法中尚未对信用惩戒作出明确，建议反电信网络诈骗法对信用惩戒慎重研究，不作规定。综合上述建议，考虑到实践中对于电诈分子信用惩戒的需要，三审稿增加相关内容。但同时考虑到信用惩戒的争议和问题，因此，法条表述为“记入信用记录”，在范围和内容上与信用惩戒有一定区别。此外，有部门建议，对第二款中申诉内容的规定要进一步明确对违法犯罪分子采取限制措施的主体、期限，以增强可操作性，确保法律规定落地实施。对于申诉制度的建立和完善，还要在总结经验的基础上作出规定。

根据常委会组成人员的审议意见，本条又作了文字性修改：一是，为表述更清楚，将第一款中“不得假冒他人身份或者虚构代理关系”开立各种卡、账户、账号等单独列明。二是，删除“其他关联犯罪”中的“其他”二字，表述更为简洁。

◆ 条文解读

本条共分两款。

第一款是关于不得非法转让有关卡、账户、账号及提供实名核验帮助的规定。根据本款规定，任何单位和个人不得非法买卖、出租、出借电话卡、物联网卡、电信线路、短信端口、银行账户、支付账户、互联网账号等，不得提供实名核验帮助；不得假冒他人身份或者虚构代理关系开立上述卡、账户、账号等。本款包含以下几个方面的内容：

第一，任何单位和个人不得非法买卖、出租、出借、假冒他人身份或者虚构代理关系开立各种卡、账号、账户等。非法买卖、出租、出借、假冒他人身份或者虚构代理关系开立各种卡、账号、账户等是违反金融、电信、互联网实名制规定的行为。本法对金融、电信、互联网领域的实名制作出规定，如金融领域规定，要建立客户尽职调查制度，依法识别收益所有人；电信业务经营者要全面落实电话用户真实身份信息登记，严格登记物联网卡用户身份信息等；电信业务经营者、互联网服务提供者在与用户签订协议或者确认提供服务时，应当依法要求用户提供真实身份信息。各类卡、账户、账号的买卖、出租、出借及冒用身份开立卡的行为是对实名制管理的破坏。诈骗分子通过多种方式大量购买、租用、借用电话卡等，或者低价购买物联网卡后通过技术手段将物联网卡作为电话卡使用，利用这些电话卡拨打诈骗电话、群发诈骗短信或者用电话号注册互联网账号等从而实现寻求、锁定和培养“猎物”的前端引流目的。受骗人将钱转给诈骗分子后，短期内银行账户的钱将被快速分散转移到多个账户，再通过与合法贸易资金混同、多账户多笔转账、虚拟币交易等方式洗钱。这些行为是支撑电信网络诈骗犯罪得以实施的重要技术、资金通道。

这里的非法转让各种卡、账号等的主体不仅可以是个人，也包括单位。如实践中个别电信企业为了销售业绩等，将物联网卡未按有关规定登记核验即出售。“买卖、出租”是支付对价，转移所有权，可以是单纯的买或者卖或者由他人长期持有、使用；“出借”通常是不支付对价由他人占有的状态。“假冒他人身份”是指冒充使用他人有效的身份证件。“虚构代理关系”是指，谎称自己与他人具有亲属、朋友等关系，通常通过伪造代理书等方式虚构代理身份。对于实际具有亲朋好友身份，在他人不知情的情况下，伪造代理书实施开立卡、账户等的行为也属于虚构代理关系的范畴。

第二，为非法买卖、出租、出借、假冒他人身份或者虚构代理关系开立的卡、账号等"提供实名核验帮助"的，这里的"帮助"并非泛指的所有帮助行为，而是限定实名核验环节。根据本法规定，对监测识别的涉诈异常电话卡、涉诈异常账号、异常账户和可疑交易以及存在异常使用情形的物联网卡等应当重新核验，并采取相应的核验和处置措施。本条的这一规定主要是针对，实践中如非法买卖、出租的卡经监测模型识别被认定为可疑账户、账号、卡等，在被采取限制措施要求重新核验时，有的出售人、出租人会帮助通过二次核验，通过这种方式这些可疑的账号和各类卡仍继续被使用，严重影响对可疑账号、账户和各种卡的监测排查。提供实名核验帮助的方式包括但不限于指纹、短信、证件比对等。

第二款是关于对有关人员记入信用记录或者采取限制措施以及申诉救济制度的规定。根据本款规定，对经设区的市级以上公安机关认定的实施前款行为的单位、个人和相关组织者，以及因从事电信网络诈骗活动或者其他关联犯罪受过刑事处罚的人员，可以按照国家有关规定记入信用记录，采取限制其有关卡、账户、账号等功能和停止非柜面业务、暂停新业务、限制入网等措施。对上述认定和措施有异议的，可以提出申诉，有关部门应当建立健全申诉渠道、信用修复和救济制度。具体办法由国务院公安部门会同有关主管部门规定。

关于第二款的规定，目前实践中主要依据 2019 年中国人民银行发布的《关于进一步加强支付结算管理防范电信网络新型违法犯罪有关事项的通知》。该通知根据实践中银行卡、电话卡、账号买卖突出的问题，加大买卖银行账户和支付账户、冒名开户惩戒力度，规定“银行和支付机构对经设区的市级及以上公安机关认定的出租、出借、出售、购买银行账户（含银行卡）或者支付账户的单位和个人及相关组织者，假冒他人身份或者虚构代理关系开立银行账户或者支付账户的单位和个人，5 年内暂停其银行账户非柜面业务、支付账户所有业务，并不得为其新开立账户。惩戒期满后，受惩戒的单位和个人办理新开立账户业务的，银行和支付机构应加大审核力度。人民银行将上述单位和个人信息移送金融信用信息基础数据库并向社会公布。”

对于该款的理解，主要包括以下几个内容：一是，由经设区市以上公安机关进行认定，主要考虑一方面可以缓解基层公安机关日常繁杂的工作量，经设区的市以上公安机关认定可更好地做好辖区内统筹，减少误伤。另一方面，也是结合上述规定和目前实践做法作出的规定。二是，本款中被纳入信用记录和采取措施的对象主要是，公安机关认定的实施非法转让有关卡、账户、账号及提供实名核验帮助的行为的单位、个人和相关组织者，以及因从事电信网络诈骗活动或者其他关联犯罪受过刑事处罚的人员。前者是对尚未被追究刑事责任的单位、个人和相关组织者采取的措施，这里的“相关组织者”主要是指为实施电信网络诈骗组织批量买卖、租借各类卡、账户等，如通常所说的卡头、卡贩，还包括组织人员编造剧本话术，建群引流等。公安机关对实施本条第一款行为的认定主要是一种行政确认。后者是对构成相关犯罪的前科人员的惩罚和教育。从事电信网络诈骗活动主要是指组织、策划、实施和参与电信网络诈骗活动，包括买卖、出租、出借、假冒身份开立各类卡、账户、账号，利用剧本、话术实施诈骗，将诈骗钱款转移“洗钱”以及为实施电信网络诈骗活动提供互联网接入、服务器托管等技术支持或者提供广告推广、信息发布、支付结算等服务的。关联犯罪主要是指侵犯公民个人信息罪、掩饰、隐瞒犯罪所得、犯罪所得收益罪、拒不履行信息网络安全管理义务罪等。三是，对于上述人员，并非一定都要记入信用记录和采取限制措施，“可以”结合实践情况确定。关于信用记录的内容在反不正当竞争法、商标法、固体废物污染环境防治法等法律法规中有所规定，实践中可以根据已有的经验做法结合反电信网络诈骗工作的特点进一步完善。实践中，人民银行将出租、出借、出售、购买银行账户（含银行卡）或者支付账户的单位和个人及相关组织者，假冒他人身份或者虚构代理关系开立银行账户或者支付账户的单位和个人信息移送金融信用信息基础数据库并向社会公布。四是，在权利救济方面，要赋予申诉救济渠道。对于被采取限制措施有异议的，可以向采取措施的银行业金融机构、非银行支付机构、电信业务经营者、互联网服务提供者提出申诉，这些部门要根据实践经验，在内部建立健全申诉渠道、信用修复和救济制度。关于申诉救济的具体办法，公安部会同有关主管部门规定。

在该条的理解适用中，需要注意以下几个方面的问题：

一是，第一款中“非法买卖、出租、出借、假冒他人身份或者虚构代理关系”，要将合法过户买卖，或者亲属朋友间日常出借等情形与被用于实施电诈的情况相区分，办案部门也要对电诈分子以向亲戚朋友借用、租用等理由逃避法律责任的情况作出判断识别。

二是，第二款中的信用惩戒和限制措施的范围不得扩大。“信用记录”不能被理解为是广义的信用惩戒措施，不能以此限制相关人员就业、上学等基本权利，或者对正常生活造成干预，也不能将“信用记录”的适用或者影响扩大至对相关人员的子女、配偶等。采取限制措施的内容也不能被扩大，主要包括对有关卡、账户、账号等功能采取限制措施和停止非柜面业务、暂停新业务、限制入网，本条款中已经根据实践需要和已有做法作了较为详尽明确的列举，若采取条款中列举措施之外的其他措施，这些措施在手段、影响程度等方面也要与条款中列举的措施相当。

三是，第二款中经设区的市级以上公安机关对于实施本条第一款中非法买卖、出租、出借电话卡、物联网卡等行为的认定，属于行政确认，对于认定有异议的，可以向作出认定的公安机关提起申诉，也可以根据行政复议法、行政诉讼法的规定，提起行政复议和行政诉讼。

◆ **典型案例**

1. 在校学生买卖手机卡案例。郭某凯，1997 年 10 月出生，初中文化，无固定职业；刘某学，1999 年 5 月出生，系某学院在校学生；耿某云，2000 年 6 月出生，高中文化，无固定职业。2020 年 8 月，刘某学办理休学手续后到河北省石家庄市打工，在网上看到收购手机卡的信息后，办理多张手机卡出售给郭某凯所在的贩卡团伙。为尽快挣钱，刘某学主动加入该团伙成为“收卡人”。该团伙长期在北京、石家庄等地收购手机卡，贩卖给电信网络诈骗等违法犯罪团伙使用。经统计，郭某凯通过自己及其下线收购、贩卖手机卡 3700 张，获利人民币 5.7 万余元；刘某学收购、贩卖手机卡 871 张，获利人民币 1.5 万余元。

2020 年 8 月 23 日，耿某云在微信兼职群内看到郭某凯团伙发布的收购手机卡信息后，用自己身份证办理 9 张手机卡并按照郭某凯要求交给刘某学，由刘某学验卡、拍照后通过快递寄出，耿某云获利人民币 450 元。其中一张手机卡被用于实施电信网络诈骗犯罪，导致河北省井陉县一名被害人被骗人民币 35 万余元。

2. 根据有关线索，广西公安机关发现一个从全国各地收购银行卡和企业对公账户并寄到中越边境再走私到境外的犯罪网络。2019年3月26日，广西公安机关成功抓获蒋某杰等5名犯罪嫌疑人，缴获银行卡、手机卡等27箱、共220余公斤，涉及全国27个省区市。4月28日，公安部指挥全国27个省区市公安机关开展统一收网行动，成功摧毁一个特大买卖银行卡和企业对公账户并偷运往东南亚的犯罪团伙，抓获涉案犯罪嫌疑人631名，缴获银行卡11220张、企业对公账户1886个，查扣一大批手机卡、U盾、公章等涉案物品。

经调查，自2018年以来，数个藏匿在菲律宾的犯罪团伙通过互联网发布广告，大肆招募在校学生、城市务工人员等卖卡人到各银行开办银行卡和企业对公账户。买卖双方在网上达成交易意向后，卖卡人到银行实名办理银行卡或者注册公司后办理企业对公账户，然后邮寄到广西崇左的犯罪嫌疑人蒋某杰处。买卖双方通过微信或银行卡转账的方式完成交易。其中，银行卡“四件套”包括身份证件、银行卡、手机卡、U盾，一般每套500至1000元，经层层转卖加价，最高可以卖到每套3000元。企业对公账户“八件套”相关材料包括对公银行卡、U盾、法人身份证、公司营业执照、对公账户银行申请表、公司公章、法人印章、公司章程等，每套8000至15000元。犯罪嫌疑人蒋某杰在广西崇左源源不断地收到全国各地寄来的银行卡后，通过境外犯罪集团安排的接货人员偷运出境，经越南、菲律宾等地，最终流入境外电信网络诈骗犯罪窝点。调查显示，这些银行卡和企业对公账户大多来自国内在校学生、城市务工人员等社会群体，他们前往银行开办银行卡和对公账户后卖给他人，有些是自己直接卖，也有人专门组织办卡、收购，再进行转卖。

◆ **相关规定**

《关于加强支付结算管理防范电信网络新型违法犯罪有关事项的通知》；《关于进一步加强支付结算管理防范电信网络新型违法犯罪有关事项的通知》；《最高人民法院、最高人民检察院、公安部、工业和信息化部、中国人民银行关于依法严厉打击惩戒治理非法买卖电话卡银行卡违法犯罪活动的通告》；《工业和信息化部、公安部关于依法清理整治涉诈电话卡、物联网卡以及关联互联网账号的通告》

第三十二条　国家支持电信业务经营者、银行业金融机构、非银行支付机构、互联网服务提供者研究开发有关电信网络诈骗反制技术，用于监测识别、动态封堵和处置涉诈异常信息、活动。

国务院公安部门、金融管理部门、电信主管部门和国家网信部门等应当统筹负责本行业领域反制技术措施建设，推进涉电信网络诈骗样本信息数据共享，加强涉诈用户信息交叉核验，建立有关涉诈异常信息、活动的监测识别、动态封堵和处置机制。

依据本法第十一条、第十二条、第十八条、第二十二条和前款规定，对涉诈异常情形采取限制、暂停服务等处置措施的，应当告知处置原因、救济渠道及需要提交的资料等事项，被处置对象可以向作出决定或者采取措施的部门、单位提出申诉。作出决定的部门、单位应当建立完善申诉渠道，及时受理申诉并核查，核查通过的，应当即时解除有关措施。

◆ **条文主旨**

本条是关于反电信网络诈骗工作各方采取技术反制措施和申诉救济的规定。

◆ **立法背景**

（一）起草背景

互联网信息技术飞速发展，同时也催生电信网络诈骗手段迭代更新，对于诈骗手段的识别、监测和追踪的难度越来越大，诈骗技术的对抗性不断增强。诈骗分子利用人工智能、智能群呼设备等新技术新设备，躲避拦截封堵。猫池（多用户拨号连接）、GOIP（虚拟拨号设备）等技术工具被犯罪分子大量运用，利用呼叫转移等新手法逃避系统监测的对抗持续不断。其他新型违法犯罪工具和作案平台也层出不穷，如多卡宝、跑分平台、VPN 跳转服务、虚拟货币等被大量应用。

电信网络诈骗与传统诈骗有着重要的区别，因此，要根据此类案件的特点，充分利用大数据做好反诈工作。各部门监管中的漏洞以及沟通不及时等问题，给电诈分子实施电诈提供"可乘之机"。相关部门要不断加强和完善监管，同时需要提升各自的反诈能力，充分发挥协同联动作用，从行业监管上筑牢"反制网"。

反制技术是预防和治理电信网络诈骗的重要"武器"，提高技术反制能力对治理电信网络诈骗具有十分重要的意义。因此，国家支持研究开发电信网络诈骗反制技术，公安和金融、电信、网信等部门应统筹做好本行业领域反制技术建设。通过技术手段可以实现对电信网络诈骗的监测识别，从而采取相应的处置措施。目前，实践中基于管理需要，不同部门已经在采用相应的处置措施，但这些处置措施在法律依据上，多为部门规章、规范性文件等，效力层级较低。如，电信网络行业进行失信管理或者实施失信惩戒效力较弱，电信部门配合公安机关打击“电诈”活动，采取关停、拦截、二次核验、资金止付冻结等处置措施，虽然实践中按照此类方式操做，依靠政策协调国有企业执行，但尚没有明确的法律依据。2021 年修改的行政处罚法规定，暂停、限制有关市场主体业务等措施属于行政处罚的种类，必须由法律、行政法规明确规定，有关规章、政策文件无权设定，因此对于实践中采取的相关做法，需要将依据进一步上升为法律规定。此外，在明确可以采取暂停、限制措施的同时，也要考虑到实践中因为监测模型不够精准，及其他复杂情况等原因造成误判，因此有必要赋予被采取措施的人申诉救济的权利。作出决定的部门和单位要建立完善申诉机制。

（二）审议中各方面的意见

1. 反电信网络诈骗法（草案）第二十七条规定：“国家支持电信业务经营者、银行业金融机构、非银行支付机构、互联网服务提供者研究开发有关电信网络诈骗反制技术措施，用于监测、识别和处置涉诈信息、活动。

国家金融、通信、互联网行业主管部门和公安部门等应当统筹推进跨行业、企业技术措施建设，推进涉电信网络诈骗样本信息数据共享。

对依据本法有关技术措施，针对异常情形采取的限制、暂停服务等处置措施，有关单位、个人可以向作出决定或者采取措施的有关部门、单位提出申诉。有关部门、单位应当建立完善申诉渠道，对提出的申诉及时核查，核查通过的，应当及时解除有关措施。”

在反电信网络诈骗法起草过程中，有的地方、部门和企业提出，在涉诈数据共享方面，缺少明确的合作机制和细化的法律规定，银行、互联网企业开展线索核查、快速处置等机制不畅通。建议在立法中明确信息共享机制，建立全国性的查询系统，实现数据共享，这有利于不断完善监测模型，提高预警监测能力。还有意见提出，实践中存在一定的误伤率，要赋予被采取措施的人申诉的权利。考虑到实践情况和打击预防电信网络诈骗犯罪工作的现实需要，在本条中对上述内容作出相应规定。

2. 草案二次审议稿第三十条规定："国家支持电信业务经营者、银行业金融机构、非银行支付机构、互联网服务提供者研究开发有关电信网络诈骗技术反制措施，用于监测识别、动态封堵和处置涉诈信息、活动。

国家网信、电信、金融管理和公安部门等应当统筹负责本行业领域技术反制措施建设，推进涉电信网络诈骗样本信息数据共享，建立有关涉诈信息、活动的监测识别、动态封堵和处置机制。

依据本法第十一条、第十二条、第十八条、第二十二条和前款规定，对异常情形采取限制、暂停服务等处置措施的，有关单位、个人可以向作出决定或者采取措施的有关部门、单位提出申诉。有关部门、单位应当建立完善申诉渠道，对提出的申诉及时核查，核查通过的，应当即时解除有关措施。"

根据各方面的意见，草案二次审议稿对草案作了以下修改：一是进一步增加反制措施。第一款在"监测识别"后增加"动态封堵"。二是调整第二款中的部门名称、顺序，明确责任主体地位。根据有的部门意见，将第二款中的第一个"推进"修改为"负责"，明确了各部门的责任主体地位。将"互联网行业主管部门"表述为"网信部门"，并作为统筹反制技术建设的责任单位。同时，在本款最后增加了部门职责，即"建立有关涉诈信息、活动的监测识别、动态封堵和处置机制"，针对第一款中反制措施建立相应的机制。因为草案只对企业动态封堵和处置作了相应规定，没有对国家有关部门建立针对涉诈 IP、网站、域名、APP、诈骗电话、短消息、链接等处置机制作出规定。实践中已经有这种做法，增加规定后进一步予以明确。三是三处文字性修改。将第一款中的“反制技术措施”、第二款中的“技术措施”统一修改为“技术反制措施”；将第二款中“跨行业、企业技术措施建设”修改为“本行业领域技术反制措施建设”，主要考虑是草案原表述“跨行业”易理解为跨各个行业统一的反制技术措施，实际上此处主要是指有关主管部门应当统筹建立信息通信行业、互联网行业、金融行业等各行业的技术反制措施，如实践中的国家反诈APP、网信办的涉诈黑样本库、工信部的信息通信反诈平台等；将第三款中的“及时解除”修改为“即时解除”。一审中，有常委委员提出对“及时”解除有关措施作出进一步明确。考虑到实践中各类卡和账号的异常情形较为复杂，立法中很难对各种情况的解除措施均作出明确规定，但为更好地保护人民群众的权益，将“及时”修改为“即时”，更具有时效性。

3. 草案三次审议稿第三十一条规定：“国家支持电信业务经营者、银行业金融机构、非银行支付机构、互联网服务提供者研究开发有关电信网络诈骗反制技术，用于监测识别、动态封堵和处置涉诈异常信息、活动。

国务院公安部门、金融管理部门、电信主管部门和国家网信部门等应当统筹负责本行业领域反制技术建设，推进涉电信网络诈骗样本信息数据共享，加强涉诈用户信息交叉核验，建立有关涉诈异常信息、活动的监测识别、动态封堵和处置机制。

依据本法第十一条、第十二条、第十八条、第二十二条和前款规定，对涉诈异常情形采取限制、暂停服务等处置措施的，应当告知处置原因、救济渠道及需要提交的资料等事项，被处置对象可以向作出决定或者采取措施的有关部门、单位提出申诉。有关部门、单位应当按照谁决定、谁负责的原则建立完善申诉渠道，对提出的申诉及时核查，核查通过的，应当即时解除有关措施。”

根据各方面的意见，草案三次审议稿对草案二次审议稿作了以下修改：一是统一部门名称表述，调整部门排序。二是在第二款中增加规定“加强涉诈用户信息交叉核验”。三是进一步保障被采取处置措施人的权利，增加“告知处置原因、救济渠道及需要提交的资料等事项”的规定。四是在申诉制度中增加规定“谁决定、谁负责的原则”。关于申诉渠道的建立，有的部门建议明确由公安部门统一建立异议申诉渠道。考虑到实践中既可能是公安机关决定而采取处置措施，也可能是电信业务经营者、银行业金融机构、非银行支付机构、互联网服务提供者等通过自身监测识别采取措施，因此修改为按照“谁决定、谁负责”的原则牵头建立异议申诉渠道。

在审议过程中有的常委委员建议，在第三款“及时核查”后增加“明确申诉应答和核查处置时间”。考虑到申诉的理由、种类及作出决定和采取措施的主体不同等情况，应答和处置时间由受理申诉的部门根据实际情况处理更为适宜。

根据常委会组成人员的审议意见，本条作了文字性修改：将第三款中“有关部门、单位应当按照谁决定、谁负责的原则建立完善申诉渠道”修改为“作出决定的部门、单位应当建立完善申诉渠道”。修改后，表述上更为直接明确。

（三）有关国家、地区的规定

在监测处置措施方面，欧盟《电子通信准则》（European Electronic Communications Code，EECC）对及时终止数字和服务提出了要求。第九十七条要求，成员国应确保国家监管机构或其他主管当局能够要求公共电子通信网络或公开可用的电子通信服务提供商在有正当理由（无欺诈或滥用）的情况下，逐案阻止对号码或服务的访问，并要求电子通信服务提供商扣留相关服务收入。

德国2021年5月通过的《电信现代化法案》（TKMOG）将适

用范围扩大到除互联网企业外的其他服务提供商，要求服务提供商确保检测高风险攻击及进行合法拦截，以确保网络和服务的可访问性和安全性。

韩国《信息网络通信法》第四十九条第二款规定，任何人不得通过信息通信网络进行欺骗，收集他人信息或者诱使他人提供信息。服务提供者有必要根据广播及通讯委员会或韩国互联网推广局的要求，收集有关违规事实的信息，并且采取防止损害蔓延的紧急措施，包括切断行为人对信息和通信服务提供商的访问途径。第四十七条规定，如果信息通信网络发生重大侵权事件，并且使用其服务的用户的信息系统或信息通信网络等可能出现严重故障，主要信息通信服务提供商应按照使用条款要求用户采取保护措施，如果不实施，可以暂时限制访问该信息通信网络。

在互联网企业监测、阻断、预警责任方面，美国《网络安全信息共享法》（CISA）有两个主要方面的制度规定：一是允许公司监控网络流量，包括对自己的系统采取防御措施；二是鼓励公司之间以及与政府共享网络威胁信息。

◆ 条文解读

本条共分三款。

第一款是关于国家支持研究开发电信网络诈骗反制技术的规定。根据本款的规定，国家支持电信业务经营者、银行业金融机构、非银行支付机构、互联网服务提供者研究开发有关电信网络诈骗反制技术，用于监测识别、动态封堵和处置涉诈异常信息、活动。

第一，关于反制技术的研发主体。反电信网络诈骗工作中主要涉及金融、电信、互联网等有关行业领域，反制技术的研究开发主体为上述行业领域涉及的主要企业，即电信业务经营者、银行业金融机构、非银行支付机构、互联网服务提供者。电信网络诈骗日益呈现集团化、产业化、链条化运作趋势，各行业主体可以结合行业领域的特点，发挥自身优势，研究开发有关电信网络诈骗的反制技术。

第二，反制技术内容涵盖广，行业领域不限，包括建立监测模型、大数据应用、可疑交易识别、网页网址巡查、改进优化算法等。反制技术要应用于涉诈异常信息和活动的发现、封堵和采取处置措施，既可以是直接用于监测识别、动态封堵和处置涉诈异常信息、活动的方式和手段，也可以是为实现上述目的提供的依据。这里的动态封堵、处置主要是对涉电信网络诈骗或者具有涉电信网络诈骗高风险的异常电话卡、物联网卡、银行卡、银行账户、支付账户、互联网账号等采取的措施，具体包括延迟支付结算、紧急止付、快速冻结，限制功能、停止非柜面业务、暂停新业务、限制入网、暂停功能、关闭账号、禁止重新注册等。如实践中，一些互联网企业通过扫描关键字等技术手段发现涉诈违规内容立即停止服务，并通知客户；针对不同业务场景采取相应拦截处置措施，对网页内容和网络生态有专门风控团队利用技术手段对涉诈信息进行识别，及时处置删帖或者封号；巡查广告页面，发现涉诈信息即对主体账号进行处罚，封禁账号；通过浏览服务对钓鱼网站及时进行拦截等。

实践中，各地结合自身情况不断优化预警监测系统。如，有的企业开发了专门用于电信诈骗预警的信息系统，覆盖冒充公检法、虚假贷款、虚假刷单、冒充客服、虚假投资理财、杀猪盘等主要诈骗类型。技术创新，运用大数据、智能模型识别、处置电信网络诈骗信息、活动，形成实时预警劝阻能力。有的企业依托自行研发的全球运营商最大的 IT 集中系统，实现全网全量全景实时反诈智能防护，不断技术迭代，提升“全链条”打击质效和技术反制能力。此外，有的地方建成全省诈骗电话监测系统，推进技术管控能力向互联网延伸覆盖，建设互联网反诈监测系统。企业和监管部门充分发挥资源、技术等优势，有的互联网企业利用大数据实现对电信网络诈骗的研判、精准预警和反制。从国家反诈中心引入涉诈 APK 样本数据，用户下载安装包时，可以同时提供安全监测，及时拦阻用户安装涉诈 APK。针对境外人工拨打诈骗电话的情况，中央网信办启动“安全大脑”智能反诈技术研究，逐步具备预警监测能力。做好反诈平台建设，建设上线国家反诈大数据平台，建设运行国家反诈中心 APP。工业和信息化部启用 12381 涉诈预警劝阻短信系统以来，联合公安机关劝阻用户 30 万左右，有效劝阻率超过 60%。目前正在抓紧建设跨三大运营商的监测系统，对电话卡、物联网卡统一监测预警，形成涉诈短信、电话号码、域名网址、互联网账号等统一处置能力。

第二款是关于有关部门推进涉电信网络诈骗样本信息数据共享，加强涉诈用户信息交叉核验的规定。根据本款的规定，国务院公安部门、金融管理部门、电信主管部门和国家网信部门等应当统筹负责本行业领域反制技术措施建设，推进涉电信网络诈骗样本信息数据共享，加强涉诈用户信息交叉核验，建立有关涉诈异常信息、活动的监测识别、动态封堵和处置机制。本款主要包括以下几个方面的内容：

第一，本款主要针对公安、金融、电信、网信部门在反制技术建设职责方面作出规定。电信网络诈骗的防治工作是一项系统工程，需要由电信业务经营者、银行业金融机构、非银行支付机构、互联网服务提供者做好前端监测和防范，更需要由有关部门统筹做好行业领域内的反制技术建设工作，并建立完善有关涉诈异常信息、活动的监测识别、动态封堵和处置机制。反电信网络诈骗工作开展以来，各部门也在积极创新和采取各种反制措施。

2021 年 3 月，国家反诈 APP 正式上线，作为一款官方手机防骗保护软件，可以实现预警提示、举报、涉诈风险验证和宣传等目的。同时，具有预警劝阻、防骗咨询、涉诈举报的公安机关 96110 预警劝阻专线是反电信网络诈骗的专用号码；2021 年 7 月，工信部联合公安部正式推出 12381 涉诈预警劝阻短信系统。2022 年 6 月，为防止预警电话被误认为是诈骗或者骚扰电话而被拒接，更好地提高预警效果，工信部联合国家反诈中心，组织中国电信、中国移动、中国联通推出“反诈名片”，对各级公安机关的反诈预警劝阻电话号码进行标记和来电提醒。针对部分群众身份信息被诈骗分子冒用办理电话卡等情况及银行卡查询的诉求，工信部推出全国移动电话卡“一证通查”服务，可通过线上线下多种渠道查询本人名下持有的移动电话卡数量；中国人民银行指导中国银联股份有限公司联合商业银行基于银行业统一 APP 云闪付试点“一键查卡”功能。

第二，公安、金融、电信、网信部门统筹将本行业领域在日常反电信网络诈骗工作监测识别中发现的涉诈数据、黑样本进行共享，积极推进电信网络诈骗样本信息数据共享。涉电信网络诈骗样本信息数据包括已被公安机关确认为涉电信网络诈骗的人员名单及其名下的各类卡和账号、新出现的作案方式和手段、经监测识别的具有电信网络诈骗高风险的卡或账号信息。在共享平台建设方面，中国人民银行会同工信部、税务总局、市场监管总局建设运行企业信息联网核查系统，为有效防范账户风险提供保障。

第三，通过涉诈用户信息交叉核验的方式，对涉诈用户关联的银行卡、电话卡和各种账户及时进行动态封堵和处置。实践中，电话卡、银行卡和各类账户、账号信息通常相互绑定，比如一张电话卡可以使用电话号码注册微信等社交账号，电话号码发送短信也同时可以成为银行卡等核验的方式。对于涉诈的号码或者账号如果不及时进行交叉核验，可能会导致电话卡停用后，关联的微信号等依然可以被电诈分子使用，或者出现银行卡、手机号注册人和实际使用人不一致等情况。通过交叉核验可以减少问题发生，遏制买卖、租借电话卡、银行卡、互联网账号等黑灰产，阻断电诈犯罪信息流、资金流，同时尽可能减少对公民正常的资金往来、信息联络等的影响。

第三款是关于申诉和救济的规定。第一，关于告知义务主体和申诉部门。第三款是对本法第十一条、第十二条、第十八条、第二十二条和本条第二款规定的涉诈异常情形采取处置措施的告知及申诉规定。采取上述处置措施的目的主要是识别可疑交易、涉诈高风险行为。本法第十一条规定了电信业务经营者对涉诈异常电话卡用户未核验或者核验未通过采取限制、暂停电话卡功能等措施；第十二条规定了电信业务经营者对异常使用情形的物联网卡采取暂停服务等处置措施；第十八条规定了银行业金融机构、非银行支付机构对监测识别的异常账户和可疑交易，采取延迟支付结算、限制或者中止有关业务等措施。在对公民采取限制、暂停服务等措施的同时，也要赋予相应申诉救济渠道，告知处置原因、救济渠道及需要提交的资料等事项。原则上，采取措施时要对采取措施的依据、申诉救济方式等进行告知。被处置对象可以向作出决定或者采取措施的公安机关、行业主管部门以及企业提起申诉。对于企业依据公安机关或者主管部门的决定采取措施的，被处置人如果向企业申诉，企业不得以非自行决定为由拒绝受理申诉，可以受理后转交给作出决定的公安机关处理，或者告知被处置拨打公安机关 96110 电话进行申诉处理。

第二，建立完善申诉渠道，及时受理申诉并核查。根据本款的规定，作出决定的部门、单位应当建立完善申诉渠道，及时受理申诉并核查。“作出决定的部门和单位”主要包括公安机关和金融、电信、互联网企业以及行业主管部门。实践中，采取处置措施有的是根据企业的监测模型等技术手段自行监测识别作出的，有的是企业依据公安机关的决定而采取的，还有部分情况是金融、电信、互联网主管部门决定，通知企业采取的。作出决定的部门、单位既要履行对涉电信网络诈骗异常情形的前端监测识别责任，也要对采取限制、暂停服务等处置措施的决定负责。受理申诉的部门和单位，要完善申诉渠道和做好申诉处理。有关部门、单位要建立完善申诉机制，畅通渠道，包括申诉的流程、处理部门、核查程序、结果处置、备案存档等。在部门、单位内部设有申诉处置部门或者由专人负责申诉处理。对申诉所涉人员及有关卡、账号等须快速核查，通过核查的应即时解除措施，恢复被处置人的有关权限。

在该条的理解适用中，需要注意以下几个方面的问题：

第一，统筹技术反制与个人信息保护。在加强技术反制，提高监测识别能力过程中，会不断进行探索和创新，但不能以牺牲个人信息为代价和理由，特别是对于人脸、个人行踪轨迹、交易账户信息等敏感信息的使用要严格遵守个人信息保护法的有关规定。

第二，本条第二款中的交叉核验仅限于涉诈用户信息，不能被一般性地用于核验以外的金融、电信、互联网领域。这里的“信息”应与核验涉诈用户相关，与此无关的信息、数据和其他用户的信息不得被用于交叉核验。

◆ **相关规定**

《工业和信息化部、公安部关于依法清理整治涉诈电话卡、物联网卡以及关联互联网账号的通告》

第三十三条　国家推进网络身份认证公共服务建设，支持个人、企业自愿使用，电信业务经营者、银行业金融机构、非银行支付机构、互联网服务提供者对存在涉诈异常的电话卡、银行账户、支付账户、互联网账号，可以通过国家网络身份认证公共服务对用户身份重新进行核验。

◆ 条文主旨

本条是关于国家推进网络身份认证公共服务建设，可以通过该服务对涉诈异常情形的用户身份重新进行核验的规定。

◆ 立法背景

（一）起草背景

《中华人民共和国个人信息保护法》第六十二条第三项规定，支持研究开发和推广应用安全、方便的电子身份认证技术，推进网络身份认证公共服务建设。《中华人民共和国网络安全法》第二十四条第二款中规定，国家支持研究开发安全、方便的电子身份认证技术，推动不同电子身份认证之间的互认。个人信息保护法中对“网络身份认证公共服务建设”作了原则性规定，在试点基础上总结经验。国家实施网络可信身份战略，推进网络身份认证公共服务建设，统一建设网络身份认证公共服务平台。为加强电信诈骗违法犯罪源头防治和风险防范，本法重申了个人信息保护法的精神，个人、企业可自愿使用国家网络身份认证公共服务，在网络应用服务中进行真实身份核验。同时，规定电信业务经营者、银行业金融机构、非银行支付机构、互联网服务提供者，对存在涉诈异常的电话卡、银行账户、支付账户、互联网账号，可以通过国家网络身份认证公共服务对用户身份重新进行核验，进一步降低涉诈异常账号的风险，为防治电信网络诈骗提供有力支撑。

1. 诈骗分子逃避实名制的落实义务是电信网络诈骗犯罪高发的重要原因之一。当前，电信网络诈骗犯罪高发多发，人民群众对此深恶痛绝。公安机关在打击涉诈违法犯罪的实践中发现，绝大部分犯罪分子在进行电信网络诈骗犯罪活动时，均使用非实名的卡号、账号，并以此来逃避公安机关的监管和侦查打击。此类卡号、账号的泛滥无形中助推了电信网络诈骗犯罪的高发频发态势。虽然网络安全法规定了网络运营者为用户办理网络接入、域名注册、电话入网或者提供信息发布、即时通讯等服务的，应当要求用户提供真实身份信息，但客观情况是，网络运营者在核验电诈分子真实身份的能力建设上存在短板。目前，网络运营者对用户真实身份的核验，大多是通过用户提供身份证信息或者“手机号+验证码”的方式，应当说，这对绝大多数用户来说是足够的，但也客观上为大量“实名非实人”的“黑卡”“黑号”衍生、存在提供了可乘之机。突出表现为：一是注册环节“非实名”卡号大量存在。在注册环节，不法分子故意冒用、盗用他人身份信息进行开卡，从而产生大量“非实名”卡号，变相成为电信网络诈骗犯罪的基础物料，增加了犯罪风险、提升了预防成本。二是使用环节，部分用户受利益驱使向他人出租、出售本人实名卡号，导致“实名非实人”卡号应运而生，“黑卡”“黑号”大量存在。大量“黑卡”“黑号”流入市场，不仅严重破坏“网络实名制”的落实，客观上还为电信网络诈骗犯罪分子提供了“犯罪工具”。三是“黑卡”“黑号”生产、流通已形成了庞大的产业链条。犯罪分子对“黑卡”“黑号”的需求，催生了代办注册、贩卖黑卡以及为干扰、破坏用户真实身份核验制度提供服务的“养号平台”“卡商平台”“打码平台”等庞大的黑灰产业。因其违法成本低、市场需求大、利润空间高，导致此类网络黑灰产业滋生蔓延、愈演愈烈，已成为导致电信网络诈骗居高不下的顽疾。

2. 国家建设网络身份认证公共服务为核验用户身份和防范电信网络诈骗提供了支撑。《中华人民共和国网络安全法》第二十四条首次以法律的形式明确“国家实施网络可信身份战略”，《中华人民共和国个人信息保护法》第六十二条对此进一步予以明确，即“国家网信部门统筹协调有关部门，支持研究开发和推广应用安全、方便的电子身份认证技术，推进网络身份认证公共服务建设”。为贯彻落实网络安全法、个人信息保护法等法律有关要求，扎实推进国家网络可信身份战略，目前，国家正组织开展网络身份认证公共服务基础设施建设，旨在建成国家网络身份认证公共服务平台，形成网络身份认证公共服务能力，面向社会公众提供真实身份登记、核验服务。

反电信网络诈骗法规定了电信业务经营者、银行业金融机构、非银行支付机构以及互联网服务提供者对监测识别存在涉诈异常的电话卡、银行账户、支付账户、互联网账号，应当重新进行实名核验，强化了上述服务提供者的实名制义务。本条为落实二次实名核验义务提供了一种可供使用的解决路径。上述服务提供者可以通过国家网络身份认证公共服务，对存在涉诈异常的用户依法进行二次实名核验，加大了对非实名注册的“黑卡”“黑号”等网络黑灰产业滋生蔓延的防治力度，进一步预防电信网络诈骗犯罪的高发频发。

（二）审议中各方面的意见

草案二次审议稿第三十一条规定：“国家推进网络身份认证公共服务建设，支持个人、企业自愿使用，电信业务经营者、银行业金融机构、非银行支付机构、互联网服务提供者对存在涉诈异常的电话卡、银行账户、支付账户、互联网账号，可以通过国家网络身份认证公共服务对用户身份重新进行核验。”

草案二次审议过程中有的意见提出，对于网络身份认证公共服务建设用于身份核验作出进一步规定，在应用范围、情形和自愿性上作出明确限制，避免在实践中变相强制使用，同时处理好本法与个人信息保护法的关系。网络身份认证公共服务的使用对公民个人信息、公民基本权利、行业治理等方面的影响，是本条在立法过程中需要着重考虑的因素，本法对此已经作出原则性的限制。网络身份认证公共服务目前还在建设完善过程中，对于操作层面的具体内容，根据实践情况要及时完善配套规定。

三次审议稿对条文内容没作修改。

（三）有关国家、地区的规定

1. 关于提供网络身份管理相关公共服务的规定

为有效开展网络空间身份管理，美国、欧盟等发达国家和地区积极通过立法，探索实施相关制度，推进数字身份体系建设。

美国是最早将网络空间可信身份上升到国家安全战略高度的国家之一。2011 年 4 月，美国发布《网络空间可信身份国家战略》（NSTIC），核心内容是在政府推动下，政府与私营部门、社会团体等机构组织协作，建立一个以用户为中心、具有不同安全等级和多种要件组成的数字身份生态体系，改善隐私保护环境，确保在线交易的便利性和敏感信息的安全性。同时，美国积极开展网络可信数字身份标准研究工作，先后发布了可以跨部门使用的“以身份为中心”的安全和隐私标准、协议和概要文件等。美国弗吉尼亚州是最早开展 NSTIC 试点项目的区域。2015 年 3 月，该州通过了《电子身份管理法案》，旨在建立一套涵盖个人用户、企业、政府机构等多方主体自愿参与的电子身份管理生态体系。2017 年 3 月，弗吉尼亚州又通过了《电子凭证法案》，对美国车辆管理局（DMV）签发的电子身份凭证进行了规定，其中也涉及电子身份管理的内容。

为推动电子政务的发展，方便各成员国公民与企业在欧盟范围内的跨国活动，2006 年，欧盟委员会发布了《2010 泛欧洲电子身份管理框架路线图》，在欧盟层面统筹规划了电子身份的实施标准和整体计划，标志着欧盟推进电子身份的顶层设计方案已然成型。2010 年 5 月，欧盟发布《欧洲数字化议程》，指出欧盟委员会将向所有成员国提供“认证服务”，推动成员国间的电子身份互认。2014 年，欧盟颁布《电子身份识别和信托服务条例》（eIDAS）及配套的实施法案，旨在确保公民、企业可以使用本国的 eID 安全、便捷地访问本国以及其他欧盟国家在线公共服务，并在欧盟成员国之间实现结果互信互认，确保在线交易真实可靠，推动建立欧盟内部单一市场。2021 年 6 月，欧盟委员会发布 eIDAS 修订案提案，将大部分欧盟公民拥有自主、可信、可控的数字身份作为目标。目前，欧盟基于 eIDAS 条例的电子身份识别和信任服务体系已基本建成，多个成员国都推出了符合该条例要求的网络电子身份证项目。

2. 有关强化网络可信身份制度用以预防犯罪的规定

2011 年，美国发布《网络空间可信身份国家战略》（NSTIC）并陆续开展多个 NSTIC 战略试点项目，实现对网络身份的动态全过程管理，从而应对网络空间的身份盗窃、隐私泄露、网络欺诈等犯罪问题。2019 年 2 月，美国发布《打击恐怖分子流动的国家战略》，要求政府为各州、地方提供恐怖分子的身份和流动数据以及身份识别工具和技术，通过匹配记录信息或生物特征实现对恐怖分子的筛查，探索将身份认证应用于反恐领域。此外，美国于 2022 年年初发布《联邦零信任战略》和《推动美国政府走向零信任网络安全原则》，推动联邦零信任架构全面实施，强化对联邦政府网络安全的保护。

澳大利亚为加强网络安全、有效打击网络犯罪，于 2020 年 8 月发布了《2020 年网络安全战略》，其中一项战略举措就是推行“数字身份”计划，让民众选择使用可信任的数字身份证书访问政府和私营部门提供的网络服务，从而免遭身份盗窃、网络犯罪的侵害。

印度为减少身份欺诈和腐败等犯罪行为，着手建立了全国统一身份证制度，于 2010 年 9 月启动了生物身份识别系统（Aadhaar 计划），并制定了 Aadhaar 法案，为每个印度居民提供一个独一无二的 12 位身份证明编号，将其作为个人办理领取政府福利补贴等事项的身份证明依据。

此外，巴西、南非等也在积极通过颁布法律、制定政策等形式，向居民统一提供数字身份，强化身份认证，以便积极防范选举舞弊、福利欺诈等领域的犯罪活动。

◆ 条文解读

本条可以从以下几个方面理解：

第一，关于国家网络身份认证公共服务的建设和作用。《中华人民共和国网络安全法》第二十四条明确提出国家实施网络可信身份战略，《中华人民共和国个人信息保护法》第六十二条进一步明确了推进网络身份认证公共服务建设。为贯彻落实法律规定，目前国家正组织开展网络身份认证公共服务基础设施建设。国家网络身份认证公共服务平台由国家统一建设并由国家认可的专门机构负责运营，能够为社会公众提供以法定身份证件信息为基础的网络身份认证公共服务。公民可以通过由国家开发并运维的网络身份认证 APP，自愿申请获取网络可信身份，并使用网络可信身份进行匿名化登记公民身份信息、核验公民真实身份。一方面通过国家公共服务可以确保真实身份核验的真实有效；另一方面，最大限度减少互联网企业采集、留存个人信息所造成的安全风险。根据本条的规定，国家推进网络身份认证公共服务建设是对个人信息保护法上述规定精神的重申。

第二，关于使用网络身份认证公共服务的原则，本条规定支持个人、企业自愿使用。根据本法的规定，任何个人、企业使用国家网络身份认证公共服务，进行身份核验，以及电信业务经营者、银行业金融机构、非银行支付机构、互联网服务提供者使用国家网络身份认证公共服务，对存在涉诈异常的卡号、账号重新进行用户真实身份核验，均坚持“自愿”原则。条文中“自愿使用”“可以通过”等表述，充分表明了相关主体使用国家网络身份认证公共服务的自愿性。国家网络身份认证公共服务具有公共属性和服务属性，面向社会公众统一提供服务，支持个人、企业自愿使用。同时，授权电信业务经营者、银行业金融机构、非银行支付机构、互联网服务提供者，对存在涉诈异常的电话卡、银行账户、支付账户、互联网账号，可以通过国家网络身份认证公共服务，重新核验用户真实，为落实本法规定的二次身份核验义务提供了便利途径。

第三，关于可以使用网络身份认证公共服务重新核验身份的范围。本条将通过国家网络身份认证公共服务重新核验真实身份的范围限定为存在涉诈异常的卡号、账号。一是，实践表明，大量非实名卡号、账号的存在，导致现有通过用户身份证信息或者“手机号+验证码”的实名制核验方式存在被冒用、盗用的风险，大大减损了实名制的落实效果。二是，本条对使用国家网络身份认证公共服务二次核验用户身份的范围，严格限定为存在涉诈异常的电话卡、银行账户、支付账户、互联网账号等范围，既突出重点，确保了犯罪预防的精准性，又降低了犯罪预防的社会成本。

在该条的理解适用中，需要注意以下几个方面的问题：

实名制和实名制的核验是两个不同的概念，法律对实名制作了规定，但对实名制的核验方式并未作硬性要求，可以由相关单位根据风险等级采取有区别的、相应的核验措施。为解决人与身份证件的同一认定问题，居民身份证法作了修改，增加了指纹作为登记项目，是一种法定身份确认方式，可以通过指纹验证身份。此外也要注意，身份证、电子身份证和身份证的核验方式也是不同的范畴。

对于网络身份认证公共服务，要全面把握使用国家网络身份认证的自愿性、主动性。个人和企业必须遵循自愿使用原则，不得以推广、试点等理由变相强制，更不得以是否使用网络身份认证公共服务作为部门、企业考核的因素或者作为捆绑服务等。对于公民个人，网络身份认证公共服务使用的自愿性不能成为公民衣食住行等基本生活的影响因素。实践中要考虑身份核验的必要性。例如，通过大数据比对等方式确认非本人交易的，可以依法采取处置措施，不能作为一项强制性义务要求客户普遍采取此类措施落实实名制。

严格限定网络身份认证公共服务的使用范围，不得扩大使用。电信业务经营者、银行业金融机构、非银行支付机构、互联网服务提供者通过网络身份认证公共服务对用户身份重新进行核验的情形严格限定为存在涉诈异常的电话卡、银行账户、支付账户、互联网账号。对于存在上述情形的，“可以”通过网络身份认证公共服务核验，也可以通过其他方式进行重新核验。

◆ **相关规定**

《中华人民共和国网络安全法》第 24 条；《中华人民共和国个人信息保护法》第 62 条；《中华人民共和国反洗钱法》第 16 条；《非银行支付机构网络支付业务管理办法》第 6 条

第三十四条　公安机关应当会同金融、电信、网信部门组织银行业金融机构、非银行支付机构、电信业务经营者、互联网服务提供者等建立预警劝阻系统，对预警发现的潜在被害人，根据情况及时采取相应劝阻措施。对电信网络诈骗案件应当加强追赃挽损，完善涉案资金处置制度，及时返还被害人的合法财产。对遭受重大生活困难的被害人，符合国家有关救助条件的，有关方面依照规定给予救助。

◆ 条文主旨

本条是关于反电信网络诈骗工作中建立预警劝阻系统和被害人救助的规定。

◆ 立法背景

（一）起草背景

电信网络诈骗犯罪高发多发，严重影响社会治安稳定。近年来，国家有关部门采取了有力措施，在反电信网络诈骗方面取得了明显的成效，但是，单靠严厉打击难以从根本上遏制电信网络诈骗的高发多发情况。目前，电信网络诈骗案件呈现“几多”的特点：境外诈骗多、花样手段多、违法人员多、涉及领域多，很多群众和百姓因诈骗破产、自杀，还有因骗致贫和返贫，严重影响了人民群众的生命财产安全、社会的和谐稳定和国家经济安全，同时也影响了国家边境安全、国家形象和“一带一路”的倡议实施。电信网络诈骗受害人往往是老年人、青少年等社会弱势群体，自助、自救能力不足，抗风险能力较差，一旦陷入电信网络诈骗，对其生活带来的不利影响往往是颠覆性的，甚至可能带来生理、心理上不可逆转的伤害。

目前，打击治理电信网络诈骗犯罪存在的主要困难、问题有：一是，电信网络诈骗防范工作基础薄弱。在技术和机制建设方面，如多数地方没有建立精准有效的社区防范体系，部分地区尚未升级改造网络端拦截系统，有的地方没有建立预警劝阻工作机制。二是，在电信、网络、金融等领域的风险防控方面还存在薄弱环节。三是，跨部门协作、快速联动等方面还需要进一步强化，各方面打击治理工作尚未形成有效、强大合力。

此外，关于预警劝阻，目前，市场机构主动阻断可疑交易缺少明确或直接的法律依据。中国人民银行相关规范性文件要求商业银行、支付机构对可疑交易采取暂停非柜面业务、延迟结算等阻断措施，但相关措施源于行政监管要求，市场机构在执行过程中面临投诉风险。实践中，由于受害人被诈骗分子洗脑操控，有时会躲避公安机关寻找、联系，导致预警劝阻工作无法开展，因此需要进一步建立健全预警劝阻机制。另外，实践中电信网络诈骗犯罪的挽损率与被害人报案时间关系密切。电信网络诈骗犯罪的专业洗钱速度以分钟来计算，受害人汇款汇出时间在半个小时之内报案的，挽损拦截率可以达到85%以上；超过24小时报案的，止付挽损率相对较低，平均不足20%，也需要有关方面进一步加强追赃挽损工作，依法救助被害人。

（二）审议中各方面的意见

1. 起草阶段，关于追赃挽损和被害人救助，反电信网络诈骗法（草案）规定："公安机关应当会同有关金融主管部门、金融机构对电信网络诈骗涉案资金及时开展追踪溯源，依法止付、冻结，防止资金转移、取现，加强追赃挽损工作。对于涉案资金权属明确的，应当及时返还被害人；对于权属不能明确到个人，难以查证，但被害人群体确定的，可以按比例返还。国家建立电信网络诈骗被害人救助基金。对于涉案资金长期冻结，难以查证资金来源和被害人，经向社会公示仍无法处置的，以及追缴、没收的电信网络诈骗犯罪违法所得，经批准纳入救助基金，对因被诈骗陷入升学、就医、养老，以及其他重大生活困难的，应当予以救助。具体办法由国务院公安部门会同有关部门制定。”

在起草过程中，考虑到实践中反映当前大量电信网络诈骗犯罪所得资金被冻结，但由于电信网络诈骗案件作案周期短，涉案金额大，资金转移方式隐蔽，有的诈骗分子将赃款转换成其他财产形式，常出现个人财产和违法犯罪所得混同的情况，查不清资金最初来源和受害人，财产长期得不到处理。有的地方建议借鉴扫黑除恶“打财断血”的做法，应收尽收、应赔尽赔、应退尽退、应没尽没，在犯罪数额特别巨大或情节特别严重的情况下，在难以区分合法和非法财产时，可并处没收个人财产，将被告人的合法、非法财产一并处置。还有一些意见提出，打击治理电信网络诈骗犯罪的最终目的是挽回资金损失，本条将特定条件下的冻结资金纳入被害人救助基金有利于追赃挽损，保护被害人和实现社会公平、和谐稳定。有的意见提出，只有退赔才能抚慰被害者的创伤，建议完善对被害人追赃挽损的规定，并建立、实施受害百姓群体的帮扶救助机制及措施。

关于预警劝阻，起草时，反电信网络诈骗法（草案）规定：“公安机关和金融、通信、互联网等行业主管部门根据电信网络诈骗犯罪特点，建立预警劝阻专门系统，及时发现潜在受害群众，发出提示、预警信息。公安机关建立劝阻工作机制，对预警发现的潜在受害人，应当根据情况及时采取劝阻措施。”预警劝阻制度是在总结实践经验基础上作出的规定。有的部门认为，规定预警劝阻制度，通过采取暂时中断受害人通话、转账、上网服务等临时性保护措施，可以有效提升劝阻效能。

2. 反电信网络诈骗法（草案）第二十八条规定：“公安机关应当建立预警劝阻系统，对预警发现的潜在受害人，根据情况及时采取相应劝阻措施。

对因电信网络诈骗遭受重大生活困难的受害人，有关方面应当依照规定给予救助。”

关于预警劝阻的规定。有的委员和部门提出，金融、电信部门和单位也有义务、有责任进行劝阻，建议在预警劝阻机制中增加金融、电信企业的预警劝阻责任规定。有的部门提出，增加对受害人的临时保护性措施，对于发现的潜在受害人，及时将有关信息推送公安机关。公安机关根据情况及时采取相应劝阻措施，必要时可以对潜在受害人银行卡、电话卡等采取临时性保护措施。有的部门建议，明确国务院电信主管部门会同公安机关组织建立预警劝阻系统。

关于受害人救助的规定。在起草过程中，对于长期冻结查找不到受害人的资金考虑设立反诈救助基金或者专款账户，经公示等法定程序后，统一划拨至救助基金专款账户，用于救济因电信网络诈骗生活困难的部分被害人。有关部门对冻结账户能够关联的被害人进行梳理，将冻结资金按照比例返还这类关联被害人。在征求意见过程中，各方面反映的一个主要问题是，公安机关冻结的大量资金，由于无法查实对应被害人和数额，暂时难以处理。有的提出，“有关方面”和“给予救助”的规定不明确，建议明确为民政、慈善等有关部门单位，细化相关规定。有的部门和专家提出，公安机关在一些电信网络诈骗资金流向地下钱庄或进行贸易对敲等案件中，对资金采取快速冻结后，面临冻结资金如何处置等问题。有的部门建议，通过公告、公证的形式，对无人认领的资金进行处置，通过救助基金的形式返还给被害人；对于超过一年无法查明权属和性质的资金，按照比例返还给被害人，无法核实的先上缴国库，后续再进行司法救助或划入救助基金。有的提出，建议明确受害人救助与刑事被害人救助制度的关系，受害人的范围仅指刑事案件受害人还是包括民事案件受害人、行政案件受害人，救助的主体和资金来源，具体如何操作等内容。有的地方建议，将电信业务经营者、金融机构、互联网服务商因违规而被处罚和没收非法所得资金建立受骗人救助基金，专项救助电信网编诈骗的受害人；增加连带赔偿责任的规定，根据情节严重程度，完善行刑衔接机制。

还有一些部门和地方建议，删除救助规定，电信网络诈骗受害群体众多，救助工作有待于进一步研究探索，容易造成部门间推诿；应该明确救助的范围、条件、情形、标准等，便于实践操作。有的公众意见提出，退赔才能抚慰受害者的创伤，要完善对受害人追赃挽损的规定。不少社会公众意见提出，只有最大程度的追赃挽损，才能给受害者以继续生活的信心和勇气；国家建立网络诈骗受害者群体的帮扶救助机制和措施。不少社会公众意见提出，可以对违规银行、未履职银行的罚款的一部分作为对为此蒙受损失的受害者赔偿资金，按转入金额的50%退赔给受害人，并建议对于无力偿还债务的受害者予以救助。冻结资金难以查明归属，难以及时返还受害者和被“误伤”者的，要分类分情况进行处置，完善有关冻结财产返还方面的规定。此外，有的地方建议对于通过虚拟货币获取的反诈资金，或者对不符合对外贸易管理规定且收取涉案资金的商户，将涉案资金返还被害人。

3. 草案二次审议稿第三十二条规定：“公安机关应当会同网信、电信和金融管理部门，以及电信业务经营者、互联网服务提供者、银行业金融机构、非银行支付机构等组织建立预警劝阻系统，对预警发现的潜在被害人，根据情况及时采取相应劝阻措施。

对电信网络诈骗案件应当加强追赃挽损，及时返还被害人的合法财产。对财产不能追回，因电信网络诈骗遭受重大生活困难的被害人，符合国家有关救助条件的，有关方面依照规定给予救助。”

根据各方面的意见，草案二次审议稿对草案作了以下修改：一是根据有关部门和单位的意见，增加建立预警劝阻系统的责任，增加其他有关部门和金融、电信、互联网企业的预警劝阻措施。二是根据有关方面建议删除本条第二款规定，因电信网络诈骗受害群体众多，如何救助以及与其他国家有关救助的规定的关系等需要进一步研究。为进一步明确本条属于衔接性条款，条文中增加“符合国家有关救助条件的”表述，包括现有的社会救助、司法救助等。

4. 草案三次审议稿第三十四条规定：“公安机关应当会同金融、电信、网信部门组织电信业务经营者、互联网服务提供者、银行业金融机构、非银行支付机构等建立预警劝阻系统，对预警发现的潜在被害人，根据情况及时采取相应劝阻措施。

对电信网络诈骗案件应当加强追赃挽损，完善涉案资金处置制度，及时返还被害人的合法财产。对遭受重大生活困难的被害人，符合国家有关救助条件的，有关方面依照规定给予救助。”

根据各方面的意见，草案三次审议稿对草案二次审议稿作了以下修改：一是统一有关部门的表述；二是增加完善涉案资金处置制度。

（三）有关国家、地区的规定

2018 年，英国金融业协会与英国财政部、伦敦市警察局、大都会警察局联合成立专用卡和支付欺诈专案组，专职打击欺诈类犯罪。英国金融业协会通过金融欺诈反欺局和欺诈情报共享系统与警察局、金融从业机制之间建立欺诈情报共享机制，并根据共享情况定期生成可疑活动报告，供监管机构、司法机关、金融从业机构和消费者交流共享来提高英国金融业整体反欺诈水平。

◆ 条文解读

本条包含以下三个方面的内容：

一是关于反电信网络诈骗工作中建立预警劝阻系统的规定。根据本条的规定，公安机关应当会同金融、电信、网信部门组织银行业金融机构、非银行支付机构、电信业务经营者、互联网服务提供者等建立预警劝阻系统，对预警发现的潜在被害人，根据情况及时采取相应劝阻措施。当前，比较高发的电信网络诈骗案件种类主要有刷单、贷款、杀猪盘、冒充客服等，都有一定的案发周期，当被害人发现自己上当受骗，资金早已不知所终，所以要加强预警劝阻工作。有关部门需要强化精准预警劝阻，积极开发精准预警、电信诈骗风险人员数据库等应用，对下发的预警数据开展研判、流转、预警、电话或劝阻。实践中，有的公安机关网安部门充分利用技术手段和数据资源，每日对涉诈网站和移动应用软件进行网络特征回溯，组织人员研究预警反制战术战法，将相关预警信息向刑侦部门推送。同时针对涉案金额大、人数多的杀猪盘、校园贷等征信信息注销、冒充公检法等案件，有关部门专门组织精干力量剖析，研究预警反制战术战法，起到很好的预警效果。

二是关于加强追赃挽损的规定。根据本条的规定，对电信网络诈骗案件应当加强追赃挽损，完善涉案资金处置制度，及时返还被害人的合法财产。追赃挽损是涉众犯罪的难点和薄弱环节，一方面，电诈案件的被害人常因电诈分子难以抓获而无法追回损失；另一方面，涉诈资金溯源难，因被害人不明而长期被冻结的涉诈资金处置问题，已经成为追赃挽损的突出问题。诈骗团伙通过多种方式混合洗钱并做多层物理隔断后，所冻结资金很难清晰划分资金归属。根据《中华人民共和国刑法》第六十四条的规定："犯罪分子违法所得的一切财物，应当予以追缴或者责令退赔；对被害人的合法财产，应当及时返还；违禁品和供犯罪所用的本人财物，应当予以没收。没收的财物和罚金，一律上缴国库，不得挪用和自行处理。"对于电信网络诈骗犯罪中追缴和退赔的违法所得，属于被害人的合法财产的，应当及时返还。本条中的"被害人"，是指遭受犯罪行为侵害的个人和单位。"合法财产"，是指依照法律规定属于被害人所有的动产和不动产，如被害人的财物、金钱、房屋等。根据本条的规定，对于被害人的合法财产，应当及时返还。

三是关于救助的规定。本条规定，对遭受重大生活困难的被害人，符合国家有关救助条件的，有关方面依照规定给予救助。实践中，因电信网络诈骗而遭受重大生活困难的被害人，如看病钱、养老钱、上学钱被席卷一空，有的被害人因此出现自杀等行为，犯罪活动严重危害群众的切身利益。这里的"有关方面"是指本法中相关主管部门，根据规定对符合国家救助条件的被害人给予救助。救助包括社会救助和司法救助。《社会救助暂行办法》第九条规定："国家对共同生活的家庭成员人均收入低于当地最低生活保障标准，且符合当地最低生活保障家庭财产状况规定的家庭，给予最低生活保障。"第十条规定："最低生活保障标准，由省、自治区、直辖市或者设区的市级人民政府按照当地居民生活必需的费用确定、公布，并根据当地经济社会发展水平和物价变动情况适时调整。最低生活保障家庭收入状况、财产状况的认定办法，由省、自治区、直辖市或者设区的市级人民政府按照国家有关规定制定。"

此外，根据中共中央办公厅、国务院办公厅印发的《关于改革完善社会救助制度的意见》、《社会救助暂行办法》等规定，社会救助对象主要包括下列家庭或者人员：（1）最低生活保障家庭；(2) 特困供养人员；(3) 受灾人员；(4) 临时遇困家庭或者人员；(5) 支出型贫困家庭；(6) 生活无着的流浪乞讨人员；(7) 需要急救，但身份不明或者无力支付费用的人员；(8) 低收入家庭；(9) 省、自治区、直辖市人民政府确定的其他特殊困难家庭或者人员。根据《关于建立完善国家司法救助制度的意见(试行)》的规定，国家司法救助的对象包括：(1) 刑事案件被害人受到犯罪侵害，致使重伤或严重残疾，因案件无法侦破造成生活困难的；或者因加害人死亡或没有赔偿能力，无法经过诉讼获得赔偿，造成生活困难的。(2) 刑事案件被害人受到犯罪侵害危及生命，急需救治，无力承担医疗救治费用的。(3) 刑事案件被害人受到犯罪侵害而死亡，因案件无法侦破造成依靠其收入为主要生活来源的近亲属生活困难的；或者因加害人死亡或没有赔偿能力，依靠被害人收入为主要生活来源的近亲属无法经过诉讼获得赔偿，造成生活困难的。(4) 刑事案件被害人受到犯罪侵害，致使财产遭受重大损失，因案件无法侦破造成生活困难的；或者因加害人死亡或没有赔偿能力，无法经过诉讼获得赔偿，造成生活困难的。(5) 举报人、证人、鉴定人因举报、作证、鉴定受到打击报复，致使人身受到伤害或财产受到重大损失，无法经过诉讼获得赔偿，造成生活困难的。(6) 追索赡养费、扶养费、抚育费等，因被执行人没有履行能力，造成申请执行人生活困难的。(7) 对于道路交通事故等民事侵权行为造成人身伤害，无法经过诉讼获得赔偿，造成生活困难的。(8) 党委政法委和政法各单位根据实际情况，认为需要救助的其他人员。涉法涉诉信访人，其诉求具有一定合理性，但通过法律途径难以解决，且生活困难，愿意接受国家司法救助后息诉息访的，可参照执行。

在该条的理解适用中，根据《关于建立完善国家司法救助制度的意见(试行)》的规定，申请国家司法救助人员，具有以下情形之一的，一般不予救助：对案件发生有重大过错的；无正当理由，拒绝配合查明犯罪事实的；故意作虚伪陈述或者伪造证据，妨害刑事诉讼的；在诉讼中主动放弃民事赔偿请求或拒绝加害责任人及其近亲属赔偿的；生活困难非案件原因所导致的；通过社会救助措施，已经得到合理补偿、救助的。对社会组织、法人，不予救助。国家司法救助以支付救助金为主要方式。同时，与思想疏导、宣传教育相结合，与法律援助、诉讼救济相配套，与其他社会救助相衔接。

◆ **典型案例**

甲市公安局反电信诈骗中心成功劝阻两起被诈骗案。

1. 甲市公安局反电信诈骗中心接到省厅推送预警，受害人洪某很有可能正在被冒充公检法人员洗钱诈骗，甲市公安局反电信诈骗中心立即开展劝阻工作，在劝阻过程中，受害人称自己已经将银行卡账号通知给骗子。经工作，决定联系银行暂时冻结洪某的银行卡账号，以免造成损失。最终劝阻成功，避免了受害人财产的损失。

2. 甲市公安局反电信诈骗中心接到公安部预警平台推进的一起冒充公检法的预报，联系受害人时，发现其号码无法接通，疑似被呼叫转移，随即发送短信对受害人进行短信劝阻，同时联系受害人的家人，其父亲称受害人中午接收一个北京打来的电话后就外出了，一直联系不上。中心工作人员察觉到事情的严重性，马上通知受害人的父亲，让其去当地派出所寻求民警的帮助。当地派出所民警立刻派警搜寻受害人，在查询附近旅馆、酒店无果后，对受害人的亲戚朋友进行走访调查，并且到受害人经常取工资的银行查询有没有受害人的转账记录，在确定没有转账记录后，派出所民警在银行蹲守。半个多小时后，受害人出现在银行，被民警带到派出所询问，受害人称：对方说她信用卡被刷了 500 万元，因长期未还款，已经被告到法院，对方还发来了法院的“通缉令”以及“警官证”，并且称其已成为失信高危人员，手机已被公安机关监控，让其手机关机等待转账处理结束后解除监控，所以她才相信了对方，准备转钱到对方指定的银行卡上。在家人以及民警的劝阻下，受害人发现自己被电信诈骗了，最终避免了财产损失。

◆ **相关规定**

《中华人民共和国刑法》第 64 条；《社会救助暂行办法》第 9 条

第三十五条　经国务院反电信网络诈骗工作机制决定或者批准，公安、金融、电信等部门对电信网络诈骗活动严重的特定地区，可以依照国家有关规定采取必要的临时风险防范措施。

◆ **条文主旨**

本条是关于反电信网络诈骗工作临时风险防范措施的规定。

◆ **立法背景**

（一）起草背景

随着社会信息化进程加快，网上违法犯罪发展蔓延势态加剧，网络诈骗、网络赌博，“套路贷”等非接触性网络违法犯罪急剧上升。当前电信网络诈骗违法犯罪还处于高发多发阶段，特别是在常态化疫情防控条件下，电信网络诈骗犯罪显著上升。

此外，电信网络诈骗犯罪有一定的地域特征，对此类电诈犯罪活动严重的地区可以对上述电诈犯罪相关的技术、资金等环节采取必要的临时风险防范措施。

（二）审议中各方面的意见

1. 起草阶段，反电信网络诈骗法（草案）规定："经国家有关协同联动机制决定或者批准，金融主管部门、电信主管部门、公安部门对电信网络诈骗严重的特定地域，可以在一定时期内采取降G、关闭基站、断网等通信、互联网管控、自动取款机具、现金出入境等金融风险管控，以及边境管控等特定风险防范措施。"

在征求意见过程中，有的部门提出，物联网卡已经成为犯罪分子首选的工具，应按照最小化原则开通物联网卡功能，对语音、流量、短信等功能进行分级管控，在诈骗高发的高危地区使用网络电子围栏屏蔽进入该区域范围内的物联网卡网络信号。

2. 反电信网络诈骗法（草案）第二十九条规定：" 经国务院打击治理电信网络诈骗工作机制决定或者批准，国家金融、通信、互联网行业主管部门和公安部门对电信网络诈骗活动严重的特定地区，可以采取相应的风险防范措施。"

在审议过程中，有的委员建议，加入信用黑名单、违法禁业机制、举报奖励三项风险防范措施。有的建议对防诈骗重点人群，特别是独居老人等群体的防诈骗工作，作出有针对性的规定。在征求意见过程中，有的部门建议，将"国家金融、通信、互联网行业主管部门"修改为"国务院通信、金融、互联网等行业主管部门"，明确"风险防范措施"的内容。

3. 草案二次审议稿第三十二条规定："经国务院反电信网络诈骗工作机制决定或者批准，电信、金融、公安等部门对电信网络诈骗活动严重的特定地区，可以采取相应的风险防范措施。"

二次审议稿对草案一次审议稿作了以下修改：一是根据各方

面意见，进一步规范有关表述，对金融、通信、互联网行业主管部门的表述予以规范。二是决定或者批准的主体由国务院打击治理电信网络诈骗工作机制修改为国务院反电信网络诈骗工作机制。三是不再具体列举风险防范措施的类型。

4. 草案三次审议稿第三十五条规定："经国务院反电信网络诈骗工作机制决定或者批准，公安、金融、电信等部门对电信网络诈骗活动严重的特定地区，可以依照国家有关规定采取必要的临时风险防范措施。"

根据各方面的意见，草案三次审议稿对草案二次审议稿主要作了以下修改：一是增加"依照国家有关规定"的要求。二是将"相应的风险防范措施"修改为"必要的临时风险防范措施"。

（三）有关国家、地区的规定

1. 美国于1994年通过了《执法通信援助法》，旨在提高执法机构合法拦截通信的能力，要求电信运营商和电信设备制造商修改或设计其设备、设施及服务，以确保具有针对性监控的内置能力，从而允许联邦机构选择性窃听任何电话流量。此后，伴随技术的发展，该法的适用范围扩展到互联网和VOIP领域。2010年，美国为治理非法使用虚假来电显示信息以及电话诈骗，颁布了《主叫身份真实法》。根据该法规定，任何来电显示服务故意传输误导性或不准确的来电显示信息以欺诈、欺骗或错误地获取有价值信息均为违法，适用于传统的电话和互联网协议语音（VOIP）服务。2019年8月，美国联邦通讯委员会批准了一项禁止欺诈性短信及国际自动语音电话的新规则，明确允许追踪、监控、惩处身处境外的欺诈性短信及国际自动语音电话背后的操控者，进一步扩大了《主叫真实身份法》的适用范围。

2. 澳大利亚于2017年出台了《政府机构使用1997年电信法第313（3）节合法中断在线服务访问的指南》。该指南从两个方面规范了政府机构的中断要求。其中一项是事前的必要性审查，考虑因素包括涉及达到严重刑事犯罪或民事违法行为的门槛、其他执法工作的可用性、网站的服务范围、在线服务造成的损害、拟中断措施的有效性、相关互联网服务商的意见、拟中断所涉及的技术可行性和成本、对政府的潜在后果及损害、犯罪或违法行为的性质及严重性、中断访问是否涉及公共或国家利益。此外，澳大利亚 1979 年《电信（拦截和访问）法》也是互联网企业在刑事协助方面的重要立法，但适用情形相对较窄。

3. 2018 年 3 月，日本政府在内阁会议上提交了《电信事业法》修正案，写入了为加强打击网络攻击的措施，通信商之间推进信息共享的新制度。修正案中新设了由通信商将长期不用的电话号码交还政府的制度，以应对电话号码需求的增加。要求运营商披露违法邮件发件人信息；多环节实名制：移动业务、手机租赁、手机转让业务的实名制；禁止银行账户转给他人使用，以及使用他人账户；禁止未经运营商同意而转让手机号码。运营商根据警方要求停止服务，并拒绝向相关主体提供新号；授权银行冻结可疑账户；ATM 机安装信号干扰器。

4. 韩国：构建迟延取款、转账系统；基于举报，切断金融诈骗电话号码；1 万韩元数额即可启动应收款销毁程序。韩国《电信事业法》详细规定了禁止虚假短信消息、主叫号码显示、禁止虚假呼叫等保证主叫身份真实性的相关要求。《电信事业法》第四十八条明确规定，禁止私下交易电信号码，监管部门可要求对私下交易的电话号码采取服务隔离或信息显示限制。《信息网络通信法》第四十九条第二款规定，任何人不得通过信息通信网络进行欺骗，收集他人信息或者诱使他人提供信息。服务提供者有必要根据广播及通讯委员会或韩国互联网推广局的要求，收集有关违规事实的信息，并且采取防止损害蔓延的紧急措施，包括切断行为人对信息和通信服务提供商的访问途径。

5. 英国：遇到可疑电子邮件向国家网安中心举报；将诈骗短信免费转发到7726，由运营商处理；欺诈性、误导性广告向广告标准管理局报告。英国2016年通过《调查权力法案》，对众多服务提供商提出了要求，该法案通过强制生成、获取和保留更广泛的通信数据（包括网站浏览历史）扩展了《调查权力监管法案》的数据保留要求，以满足监管非法行为的要求，保护国家安全。

6. 德国：2021年5月通过的《电信现代化法案》（TKMOG）将适用范围扩大到其他服务提供商，包括人机通信服务，要求服务提供商确保检测高风险攻击及进行合法拦截，以确保网络和服务的可访问性和安全性。

◆ 条文解读

本条包含以下三个方面的内容：

第一，采取临时风险防范措施要经国务院反电信网络诈骗工作机制决定或者批准。实践中，反电信网络诈骗工作需要进行跨部门、跨地区的信息收集、分析和研判等，建立科学、高效的工作体制和机制。建立国务院反电信网络诈骗工作机制，依照有关申请或者根据实际情况决定对电信网络诈骗活动严重的特定地区，采取必要的临时风险防范措施，对于打击电信网络诈骗活动是必要的。另外，临时风险防范措施多涉及公民的通信自由等基本权利，不能由地方自己决定，经国务院反电信网络诈骗工作机制决定或批准有利于保证采取此类措施标准、尺度的统一。

第二，临时风险防范措施是针对电信网络诈骗活动严重的特定地区。特定地区是指电信网络诈骗活动高发多发地区，犯罪活动呈现地域性、家族性等特征。

第三，采取临时风险防范措施要依照国家有关规定。对拟采取风险防范措施的具体方式，涉及地域、对象、审批程序等要有相应的国家相关规定的依据，即要“依照国家有关规定”采取此类措施。国家有关规定是指国家法律、行政法规、部门规章等关于此类措施的相应规定。实践中，可以在一定时期内采取降G、关闭基站、断网等通信、互联网管控，自动取款机具、现金出入境等金融风险管控，以及边境管控等特定风险防范措施。目前，有的地区加强资金流管控，在重点边境地区增加限制取款次数、ATM机取款人脸识别、暂停跨行取款服务、暂停重点边境州市ATM机取款功能。此处的风险防范措施是临时性的措施，这里的“临时”风险防范措施体现的是此类措施的时效性，不能成为或者变相成为长期采用的防范措施。这里的“必要的”主要是指所采取的风险防范措施要与相应的电诈风险程度相适应，注意防范措施的精准性。“必要的临时”风险防范措施即体现了对特定地区打击、惩治电信网络诈骗要有相应的技术措施，尤其体现这种措施要限制在适当的范围内，有关反电信网络诈骗工作应当依法进行，尊重和保障人权。

在该条的理解适用中，需要注意的是：

各部门和地区应当坚持法治思维，统筹发展和安全。对电信网络诈骗活动严重的特定地区采取必要的临时风险防范措施应当依法进行，维护公民和组织的合法权益。从执法角度来说，有关部门应当严格依照反电信网络诈骗法和其他法律法规的规定，依法开展各种反电信网络诈骗工作。严格按照过罚相当原则，根据地区实际情况开展工作。依法打击治理电信网络诈骗犯罪，要始终高度重视精准性问题，依法保护公民和组织合法权益，防止由于采取“一刀切”等方式对市场服务、公民生活可能带来的不利影响。既要充分赋予有关部门执法和管理手段、落实企业社会责任，也要防止不必要的，或者成本过大、收益很小的措施，切实维护人民群众人身财产安全。在反电信网络诈骗工作中，有关部门既要依法采取必要的临时风险防范措施，有效防范和制止电信网络诈骗活动，也要树立尊重和保障人权的意识，防止发生损害公民和组织合法权益的情况。

◆ 典型案例

2019年11月14日至15日，全国打击治理中缅边境电信网络诈骗专案指挥部针对从境内将赃款运出境外，向缅甸北部地区电信网络诈骗、跨境赌博团伙“输血”运送资金的“背包客”嫌疑人开展集中抓捕行动，共抓获“背包客”嫌疑人409名，严厉打击了犯罪分子的嚣张气焰。云南省是打击治理缅北地区电信网络诈骗的主战场和打击跨境赌博犯罪前沿阵地之一。通过分析研判不法分子利用“背包客”通过ATM取款机大量转移涉诈涉赌资金的情况，有关部门推动升级技术，严格把控出境，将防范电信网络新型违法犯罪和跨境赌博犯罪的关口前移。

第三十六条 对前往电信网络诈骗活动严重地区的人员，出境活动存在重大涉电信网络诈骗活动嫌疑的，移民管理机构可以决定不准其出境。

因从事电信网络诈骗活动受过刑事处罚的人员，设区的市级以上公安机关可以根据犯罪情况和预防再犯罪的需要，决定自处罚完毕之日起六个月至三年以内不准其出境，并通知移民管理机构执行。

◆ 条文主旨

本条是关于限制出境措施的规定。

◆ 立法背景

（一）起草背景

电信网络诈骗犯罪黑灰产业链条复杂，犯罪活动系统化、集成化，犯罪分子充分利用信息网络技术的特点，钻营有关行业管理的弱点，与各类上下游黑灰产业及人员形成了分工合作，实现了跨部门、跨行业、跨地域协作犯罪。目前，有关对重点人员和地区出入境的限制等存在薄弱环节，其中包括对人员流动的治理。对电信网络诈骗犯罪相关的技术链、人员链等环节采取必要的措施，才能从根本上遏制电信网络诈骗犯罪。

（二）审议中各方面的意见

1. 草案二次审议稿第三十四条规定："对来自电信网络诈骗活动严重的特定地区人员或者前往电信网络诈骗活动严重的特定地区人员，不具有合法、真实出境事由，出境活动存在重大涉诈嫌疑的，移民管理机构可以决定不准其出境。

因从事电信网络诈骗活动受到刑事处罚的人员，移民管理机构可以决定自处罚完毕之日起六个月至三年不准其出境。

第一款规定的特定地区由国务院反电信网络诈骗工作机制认定。"

目前，限制疑似涉诈人员出境的主要依据是出境入境管理法及相关规章、规范性文件。一审稿中未规定本条。有关部门提出，在对境外电诈高压打击下，境外窝点为寻求生存空间，开始向纵深转移蔓延。考虑到拦截劝阻涉诈人员前往缅北等特定地区是防范境外诈骗的重要做法，本条作出有关出境限制的规定，可以为实践提供法律依据。在采取限制出境必要性方面，电诈窝点主要在境外，境外侦查取证受限，采取出境限制措施有利于对境内电诈人员的源头管控。同时，本法最后增加规定对此行政强制措施可以提起行政复议、诉讼的救济措施。

实践中，由于电诈犯罪涉及人数较多，且分散在全国各地，同时涉及人员属地监管、出境管控时效性强等实际需求，限制出境措施的决定机关存在法定决定层级与现实工作中的核查甄别主体不一致的问题。有的部门建议可以对不准出境决定主体的层级规定为“设区的市级以上公安机关”。

2. 草案三次审议稿第三十六条规定：“对前往电信网络诈骗活动严重地区的人员，出境活动存在重大涉电信网络诈骗活动嫌疑的，移民管理机构可以决定不准其出境。

因从事电信网络诈骗活动受过刑事处罚的人员，设区的市级以上公安机关可以根据犯罪情况和预防再犯罪的需要，决定自处罚完毕之日起六个月至三年以内不准其出境，并通知移民管理机构执行。”

根据各方面的意见，草案三次审议稿对草案二次审议稿作了以下修改：一是对限制出境的人员作出限定，修改限制出境人员的表述主要考虑防止出现地域歧视的情况，对电信网络诈骗活动严重的特定地区作出误读。二是根据实践情况修改作出决定不准出境的主体。三是有关文字表述和《出境入境管理法》保持一致，根据《出境入境管理法》第七十五条的规定，中国公民出境后非法前往其他国家或者地区被遣返的，出入境边防检查机关应当收缴其出境入境证件，出境入境证件签发机关自其被遣返之日起六个月至三年以内不予签发出境入境证件。四是删除原第三款关于特定地区由国务院反电信网络诈骗工作机制认定的规定。

（三）有关国家、地区的规定

1. 《公民权利和政治权利国际公约》第十二条中规定，“人人有自由离开任何国家，包括其本国在内”，并规定“法律所规定并为保护国家安全、公共秩序、公共卫生或道德、或他人的权利和自由所必需且与本公约所承认的其他权利不抵触”。

2.《美国联邦法律》规定，“个人使用护照或以其他方式跨越国际边界实施潜在犯罪”的，有关部门应吊销其美国护照。

3. 新西兰《护照法》第27GA款规定，以国家或国际安全为由拒绝签发、取消或保留新西兰旅行证件的情形：如部长有合理理由相信某个人，此人对新西兰的安全或新西兰以外的国家安全构成威胁，或打算从事或协助恐怖行为，或大规模杀伤性武器的扩散，或任何其他为获取商业或经济利益而设计可能对新西兰造成严重经济损害的非法活动，若该人在新西兰，部长可以采取以下任一措施：（1）拒绝签发新西兰护照；（2）收回已有的新西兰护照；（3）收回由新西兰政府或其代表签发的个人身份证明；（4）收回该人的紧急旅行证件发出的特别旅行紧急旅行证件；（5）拒绝向该人签发新西兰难民旅行证件；撤回该人的新西兰难民证。若该人不在新西兰，部长可以采取除（5）以外的任一措施。同时，《护照法》第32A条规定了法院作出决定禁止签发护照的情形。某人因违反《护照法》而被判刑，法院可以作出在不超过10年的特定期限内，不得向该人签发新西兰护照以及签发给该人的新西兰护照予以注销的决定来保护护照的安全和完整性；如果该人所犯之罪与恐怖主义有关，法院作出的决定的期限最长可延长至不超过15年。

4. 新加坡《护照法》规定，总监可以以书面的方式在以下情况通知任何新加坡公民拒发或撤销新加坡护照的决定，从而达到阻止该公民出境的目的：如果在发给某人新加坡护照或旅行证件后，该人可能从事危害新加坡或任何其他国家的安全，危及其他人的健康或人身安全，可能构成违反成文法律所规定的任何可扣押的罪行的；或犯下了可被扣押的罪行并且是被通缉目标的人；或申请者基于作为假释或提前释放的条件或为了遵守某法律或法院的指示这些原因而不允许作国际旅行；在申办护照之前的10年内，该公民曾经在任何可被扣押的罪行下被定过罪。

5. 韩国《出入境管理法》第四条规定了禁止出境的情形：法务部长官可禁止符合下列各项中的任意一项的国民出境：（1）为调查犯罪案情，认为不适合出境的人；（2）正接受刑事裁判的人；（3）劳役或监禁刑期未满的人；（4）未交法务部令规定金额以上的罚款或费用的人；（5）在没有正当原因的情况下，未在交款期限内缴纳法务部令规定金额以上的国税、关税或地方税的人；（6）其他符合（1）至（5）规定的人，法务部令中规定有可能危害大韩民国利益、公共安全或经济秩序的、不适合出境的人。

◆ **条文解读**

本条共分两款。

第一款是关于对前往电信网络诈骗活动严重地区的人员，出境活动存在重大涉电信网络诈骗活动嫌疑的人员限制出境的规定。根据本款的规定，第一，本款主要针对涉嫌出境从事电信网络诈骗犯罪人员等及时采取出入境管控措施，配合反电信网络诈骗工作的其他技术措施等，阻断境内境外勾连的“人员链”，多渠道联动防范危害结果的发生。通过对疑似涉诈人员询问情况、查验劳务派遣合同真伪、与相关劳务派遣公司核实等手段查控拦截，有效实现严防出境作案。电信网络诈骗活动严重地区是指诈骗高发多发的地区，一定程度上呈现地域性的特征。存在重大涉电信网络诈骗活动嫌疑是指，根据实践综合研判，有关人员的行为具有涉电信网络诈骗活动的规律特点。第二，关于决定程序。根据本款的规定，决定不准出境的主体为移民管理机构。

第二款是对从事电信网络诈骗活动受过刑事处罚的人员限制出境的规定。第一，本款针对因从事电信网络诈骗活动受过刑事处罚的人员。对涉电信网络诈骗前科人员，根据犯罪情况和预防再犯罪的需要，调查清楚目前工作生活情况、现实表现、依据其涉案金额等犯罪情节综合研判，作出对其限制出境的决定。第二，关于决定程序。根据本款的规定，决定不准出境的主体为设区的市级以上公安机关，即设区的市、自治州、地区以上公安机关，包括省级公安机关和公安部。此处通过适当提高不准出境决定层级从而加大对公民出境权利的保障。公安机关决定后，通知移民管理机构。第三，对不予签发出境证件的时限，本条规定了一个最低时限和最高时限，即最低六个月、最长三年的限制。根据《中华人民共和国出境入境管理法》第七十五条的规定，中国公民出境后非法前往其他国家或者地区被遣返的，出入境边防检查机关应当收缴其出境入境证件，出境入境证件签发机关自其被遣返之日起六个月至三年以内不予签发出境入境证件。例如，甲因从事电信网络诈骗活动受到刑事处罚，在六个月之内公安机关可以不允许给其签发出境证件，六个月之后，设区的市级以上公安机关可以根据情况，决定是否准予其出境，由出境入境管理机关给其签发出境证件。三年以后，出境签发机关就不能再以该事由拒绝为其签发出境证件。

此外，要准确理解"出境"，首先要理解好本条中的"境"的含义和范围。本条中的"境"指的是"国境"和"边境"。

《中华人民共和国出境入境管理法》第十二条规定："中国公民有下列情形之一的，不准出境：（一）未持有效出境入境证件或者拒绝、逃避接受边防检查的；（二）被判处刑罚尚未执行完毕或者属于刑事案件被告人、犯罪嫌疑人的；（三）有未了结的民事案件，人民法院决定不准出境的；（四）因妨害国（边）境管理受到刑事处罚或者因非法出境、非法居留、非法就业被其他国家或者地区遣返，未满不准出境规定年限的；（五）可能危害国家安全和利益，国务院有关主管部门决定不准出境的；（六）法律、行政法规规定不准出境的其他情形。”出境是公民的一项权利。《世界人权宣言》与《公民权利和政治权利国际公约》将出境自由作为公民的一项基本权利，但同时也规定，此项权利可以在出于维护国家安全、公共秩序、公共卫生或风化或他人权利与自由的需要时，由法律进行限制。世界上许多国家和地区都制定了相关制度，在特定情况下限制本国或本地区人员出境。公民不准出境制度的核心问题是处理好出入境管理中国家利益和公民权利。不准本国公民出境制度，主要是出于维护国家安全、公共秩序、公共卫生或他人权利的需要，对于具有法定情形的公民限制其出境。1985 年《中华人民共和国公民出境入境管理法》第八条规定了五种不准出境的情形，第九条规定了三种有权阻止出境并依法处理的情形；1995 年《出境入境边防检查条例》第八条又规定了八种边防检查站有权阻止出境、入境的情形。在《中国公民因私事往来香港地区或者澳门地区的暂行管理办法》《中国公民往来台湾地区管理办法》中也规定了一些不予批准出境申请的情形。由于不准出境与阻止出境是公民出境管理中具有衔接关系的两个环节，互为因果，紧密相连，因此本法所指的不准出境包含出境的含义，不再对两个概念加以区分。当公民具有本法不准出境的情形时，有关主管机关有权阻止其出境，或对其证件予以扣留或收回。

在该条的理解适用中，需要注意以下几个方面的问题：

第一，实践中对涉诈重点人员限制出境工作应贯彻尊重和保障人权的要求，对前往电信网络诈骗活动严重地区的人员或出境活动存在重大涉电信网络诈骗活动嫌疑的人员进行严格审查，避免影响居民正常工作生活的出入境需求。对该类人员应核清其基本信息、前科案情、可能出境从事涉电信网络诈骗活动具体嫌疑、目前工作生活情况、现实表现等情况后根据其犯罪情况和预防再犯罪的需要综合研判。

第二，本条最后增加规定对此行政强制措施可以提起行政复议、诉讼的救济措施。需要注意的是，在行政处罚和行政强制措施具体执行中，既要符合本法的具体规定，也要符合行政处罚法和行政强制法包括程序在内的相应规定。例如，行政处罚法规定，行政处罚遵循公正、公开原则，行政处罚由具有行政处罚权的行政机关在法定职权范围内实施等；行政强制法规定，行政强制的实施应当适当；采用非强制手段可以达到行政管理目的的，不得实施行政强制；应当坚持教育与强制相结合等。上述法律中还规定，公民、法人或者其他组织对行政机关所给予的行政处罚、实施的行政强制措施，享有陈述权、申辩权。这里的“依法申请行政复议或者提起行政诉讼”，是指有关单位和个人可以按照行政复议法、行政诉讼法规定的条件和程序申请行政复议、提起行政诉讼。行政复议是指公民、法人或者其他组织不服行政机关的处罚决定、侵犯其合法权益的，在一定期限内，依法向行政复议机关提出行政复议申请，接受申请的行政复议机关根据提出的申请，按照法律、法规的规定对原具体行政行为的合法性和适当性进行复查，在规定的时限内作出维持、变更或者撤销原具体行政行为的决定。《中华人民共和国行政复议法》第九条规定：“公民、法人或者其他组织认为具体行政行为侵犯其合法权益的，可以自知道该具体行政行为之日起六十日内提出行政复议申请；但是法律规定的申请期限超过六十日的除外。因不可抗力或者其他正当理由耽误法定申请期限的，申请期限自障碍消除之日起继续计算。”公民、法人或者其他组织认为行政机关和行政机关工作人员的行政行为侵犯其合法权益，有权依照行政诉讼法向人民法院提起诉讼。《中华人民共和国行政诉讼法》第四十五条规定：“公民、法人或者其他组织不服复议决定的，可以在收到复议决定书之日起十五日内向人民法院提起诉讼。复议机关逾期不作决定的，申请人可以在复议期满之日起十五日内向人民法院提起诉讼。法律另有规定的除外。”

当事人可以依法申请行政复议或者提起行政诉讼，但复议和诉讼期间，除行政复议法、行政诉讼法规定的例外情况外，处罚等决定一般不停止执行。这样一方面当事人有权申请复议和提起诉讼，便于当事人行使自己的权利，如果发生因有关部门认定事实不清或者适用法律不当，使当事人受到不应有的处罚或者行政强制时可以得到及时的纠正和补救，有效地保护当事人的合法权益不受侵犯，同时对包括公安机关等相关部门也是一种监督和制约；另一方面又体现了有关部门处罚决定和行政强制决定的严肃性和权威性，保证有关部门能够依法履行职责，及时追究违法者的法律责任。

◆ 典型案例

2020 年 3 月 27 日下午，某市打击治理电信欺诈骗局违法犯罪工作新闻发布会公布了 2020 年一季度打击治理电信欺诈骗局违法犯罪证据和案例。其中，某市公安机关利用春节期间人员返乡的时机，全力以赴做好管控工作，进一步压缩“外流”电信诈骗违法犯罪分子作案空间。从 1 月 22 日（农历腊月二十八）开始，公安机关出动警力 3 万余人次对全市涉诈骗前科人员和高危人员采取干预管控工作，限制其出境，对本人以及家属采取签署不参与电信欺诈违法犯罪行为承诺书等方式，有效管住电信诈骗人员“外流”作案通道。

◆ 相关规定

《中华人民共和国行政复议法》第 9 条；《中华人民共和国行

政诉讼法》第44—46条；《中华人民共和国出境入境管理法》第12条、第75条；《中华人民共和国护照法》第13条、第14条

第三十七条 国务院公安部门等会同外交部门加强国际执法司法合作，与有关国家、地区、国际组织建立有效合作机制，通过开展国际警务合作等方式，提升在信息交流、调查取证、侦查抓捕、追赃挽损等方面的合作水平，有效打击遏制跨境电信网络诈骗活动。

◆ 条文主旨

本条是关于反电信网络诈骗工作开展国际合作的规定。

◆ 立法背景

（一）起草背景

随着我国国际地位的日益提高，对外交往日益频繁，我国缔结和参加了许多有惩治犯罪行为规定的国际条约。加强国际执法司法合作有利于加强国际合作打击跨国犯罪，形成工作合力。网络犯罪的特点是跨行业、跨国境，传统的“分业管理、属地管辖”的监管模式难以有效应对。境内外犯罪分子越来越多使用新技术、新应用实施犯罪，具有较高的反侦查能力。当前，许多电信网络诈骗犯罪呈现国际化的特点，借助信息网络，电信网络诈骗犯罪的组织、策划、实施往往在不同国家进行，参与电信网络诈骗活动组织和人员，有相当一部分受到境外电信网络诈骗组织的影响，甚至在境外接受电信网络诈骗的训练和任务。如缅北地区的违法犯罪从“犯罪团伙”向“犯罪集团”转型。在整个诈骗链条中，内部有专人负责招募实施电信网络诈骗的团伙成员，有

专人负责日常管理和对外联系，并设有培训、管理、保障、护卫等岗位，管理层级清晰。加强国际执法司法合作，是防范和打击电信网络诈骗活动，维护我国国家安全、公共安全和人民群众生命财产安全的必要措施。本条对反电信网络诈骗工作开展国际合作作了规定。刑事诉讼法、民事诉讼法、引渡法、反洗钱法等有关我国与外国开展司法协助、执法合作的法律，也都有类似的规定。

党的十八届四中全会强调，要“加强涉外法律工作。……深化司法领域国际合作，完善我国司法协助体制，扩大国际司法协助覆盖面。”共同打击跨国电信网络诈骗犯罪，已经成为我国与有关国家开展交流合作的重要领域。有效惩治电信网络诈骗跨国犯罪离不开国家间的紧密合作，通过法律手段加强国际合作，有利于打击电信网络诈骗跨国犯罪，有利于反电信网络诈骗犯罪国际合作的开展。

（二）审议中各方面的意见

1. 起草阶段，反电信网络诈骗法（草案）规定：“国家外交、公安等部门积极稳妥推进国际执法合作，与有关国家和地区建立快速联络工作机制。推动境外电信网络诈骗犯罪问题突出的国家和地区对相关犯罪的惩治。”起草时，本条主要针对缅北诈骗等境外诈骗打击治理的情况，要求有关方面加强执法合作，推动外交合作，形成国家间打击治理电信网络诈骗合力。

反电信网络诈骗法（草案）第三十条规定：“国家外交、公安等部门积极稳妥推进国际执法司法合作，与有关国家和地区建立快速联络工作机制，共同推进跨境电信网络诈骗犯罪打击治理。”

在征求意见过程中，有的地方和部门反映，跨境电诈犯罪打击有诸多难点。一是跨境执法难度大。跨境电诈属于“两头在外”，即涉诈人员在境外，受害人在外地，给案件侦查工作带来很大难度。在国际刑事司法协助方面，跨境犯罪取证难、抓捕难、追赃难，建议在国家层面加强国际司法协作。二是取证和证据合法性认定难。有的地方提出，境外电诈窝点使用的设备均在境外，我国警方侦查时很难将设备带回，从事电诈的人员在回国时不携带任何设备，而且设备中电子记录实时清除，很难固定。司法机关无法调取电子银行全项信息，难以对犯罪分子使用的转账工具所在的网络环境准确定位。三是办案成本较高。各地普遍反映，跨境电诈案件在获取线索、取证、审讯等方面投入的人力、物力和技术成本较高。而由于证据合法性和证明标准等问题，抓获的电诈人员进入诉讼程序的比例在不同诉讼阶段层层缩减，因此有些案件存在打击不力的情况。此外，受疫情影响，对境外偷渡人员需先行隔离，其间给嫌疑人以应对审讯的准备时间，增加了审讯难度。

2. 草案二次审议稿第三十五条规定："国务院公安部门等会同外交部门积极稳妥推进国际执法司法合作，与有关国家和地区建立有效合作机制，共同推进跨境电信网络诈骗犯罪打击治理。"

根据各方面的意见，草案二次审议稿对草案作了以下修改：一是将有关主管部门作为建立机制的主责部门；二是吸收部门意见建立有效合作机制。

在征求意见过程中，有的部门建议，加强跨境执法司法合作，对国际刑事司法协助、跨境执法、取证、案件管辖等进一步明确。目前，电信网络诈骗违法犯罪行为通常跨省、跨境，不仅成本大、取证难，各地执法司法会产生交织和冲突，国内各部门协作机制和跨境国际司法协助缺少细化的规定。有的部门提出，一些新情况不断出现，部分诈骗分子开始转用境外运营服务商，批量使用缅甸、泰国、英国等境外和港澳地区电话卡或卫星电话，采集涉诈域名网址，技术反制难度加大。

3. 草案三次审议稿修改过程中，第三十六条规定：“国务院公安部门等会同外交部门加强国际执法司法合作，与有关国家和地区建立有效合作机制，共同推进跨境电信网络诈骗犯罪打击治理。”根据各方面的意见，草案三次审议稿对草案二次审议稿作了文字修改。

草案三审稿第三十七条规定：“国务院公安部门等会同外交部门加强国际执法司法合作，与有关国家、地区、国际组织建立有效合作机制，通过开展国际警务合作等方式，提升在信息交流、调查取证、侦查抓捕、追赃挽损等方面的合作水平，有效打击遏制跨境电信网络诈骗活动。”

（三）有关国家、地区的规定

在要求互联网企业协助打击犯罪方面，被澳大利亚政府机构广泛和长期应用的制度是该国《电信法》第313（3）条中有关通信服务提供商或承包商的协助执法义务。该条款规定，通信业务服务商应基于澳大利亚选举委员会（AEC）的要求提供合理必要的协助，包括执行刑法和罚款法，协助执行外国现行法等。实践中，有关政府机构将上述条款的执行扩充至互联网服务提供商。

◆ **条文解读**

本条是关于反电信网络诈骗工作开展国际合作的规定，包含以下几个方面的内容：

第一，本条是我国开展反电信网络诈骗工作国际合作的原则性规定，明确了我国可以与其他国家、地区、国际组织开展反电信网络诈骗合作。合作的对象是其他国家、地区、国际组织，一般是国家或者地区相应级别的政府及其主管部门。合作的内容包括信息交流、执法司法合作、刑事司法协助、引渡等。开展反电信网络诈骗工作国际合作的主体是国务院公安部门等会同外交部门。这里的有关部门包括公安部、中国人民银行等，实践中由什么部门实施应当根据合作的具体内容来确定。规定国务院公安部门等会同外交部门加强国际执法司法合作，与有关国家和地区建立有效合作机制，对于防范和打击国内外涉电信网络诈骗犯罪团伙相互勾结实施犯罪活动具有重要意义，也是我国履行国际责任和义务的重要方面。开展国际执法司法合作的方式具有多样性和全面性，可以根据双边或者多边条约进行合作，也可以按照平等互惠原则开展合作。

第二，关于开展跨境反电信网络诈骗犯罪警务合作的规定。由于存在跨国、跨境犯罪，犯罪嫌疑人、被告人外逃，在境外犯罪或者犯罪地涉及外国，证据在外国等各种因素，以及司法主权的原因，实践中无法到外国开展诉讼，追究跨国、跨境犯罪嫌疑人、被告人责任。开展与其他国家、地区、国际组织之间的国际执法司法合作就尤为重要。国际执法司法合作是国家和国家、地区、国际组织之间开展协助、打击犯罪的一种合作活动。目前，世界上许多国家通过签订双边国际司法协助条约，以及为专项目的而签订条约，比如《移管被判刑人条约》等。从各国司法实践情况来看，国际执法司法合作已经成为有效惩治犯罪，保护个人和组织的合法权益，维护国家利益和社会秩序的一种重要手段，使犯罪分子的犯罪行为不因国家在地域管辖上的限制而逃脱法网，对于维护国际社会的共同利益具有很重要的作用。国务院公安部门等会同外交部门加强跨境反电信网络诈骗犯罪警务合作，推动与有关国家、地区、国际组织建立机制。加强警务合作有利于提高打击跨境反电信网络诈骗犯罪工作的灵活性和主动性，提升在信息交流、调查取证、侦查抓捕、追赃挽损等方面的合作水平，及时防范打击电信网络诈骗活动，是针对电信网络诈骗活动特点等进行国际反电信网络诈骗合作的有效方式。

在该条的理解适用中，需要注意的是，开展反电信网络诈骗工作国际合作，不仅我国司法执法有与外国开展合作的实际需求，外国也有与我国开展反电信网络诈骗工作国际合作的实际需求。打击跨境电信网络诈骗工作还需要考虑我国的外交策略，综合考虑外交因素。本条有利于保障开展反电信网络诈骗工作国际合作的正常进行。同时，由于跨国犯罪、犯罪人外逃，在境外犯罪或者犯罪地涉及本国及外国、证据在国外等各种因素，有时候只在本国开展诉讼，很难抓获犯罪嫌疑人、被告人，或者很难获得指控犯罪必需的证据。开展反电信网络诈骗工作国际合作，从广义上来说，可以通过引渡将犯罪嫌疑人、被告人引渡回国进行追诉；从本法意义上来说，可以通过外国执法司法合作开展诉讼，有效惩治犯罪。在国际执法司法合作过程中，要保护个人和组织的合法权益，维护国家利益和社会秩序。国际执法司法合作涉及的范围很广，在提出、接受、办理国际执法司法合作时，往往不仅涉及案件的处理，也涉及当事人各方面的权利，对外联系机关和主管机关在办理过程中，需要注意保护国际执法司法合作事项涉及的人员的合法权益。同时，国际执法司法合作可能影响国与国之间的关系，有的合作事项涉及涉案财产处置等问题，有的合作事项可能在社会上造成很大影响。因此，在国际执法司法合作中，需要注意处理好各方面的关系，既要有利于惩治电信网络诈骗犯罪，同时要注意依法保护个人和组织的合法权益，维护国家利益和社会秩序。

◆ 典型案例

马来西亚“11·20”专案

2019 年 10 月，马来西亚移民总局根据群众举报，在赛城发现一疑似大批中国公民非法居留务工的犯罪窝点，后经近一个月的监视进行收网，共抓获犯罪嫌疑人593名，扣押台式电脑787台、笔记本电脑174台、手机8230部。马来西亚移民总局以非法居留、非法务工等罪名对577名犯罪嫌疑人移交法院进行审判，其中233人被判处监禁4个月，142人被判处监禁5个月，105人被判处罚金，53人未被判处监禁或罚金，但因触犯相关移民法律将被驱逐出境。马来西亚移民局通报中国驻马来西亚大使馆，该批犯罪嫌疑人均为中国籍，因涉嫌诈骗犯罪，要求中国派员处理。2019年12月15日至2020年1月10日，在公安部统一带领指挥下，经过与马来西亚方面反复沟通协商，河南省组织安阳、许昌、焦作、南阳、郑州、开封等省辖市公安机关近500名民警，将马来西亚首批移交的232名犯罪嫌疑人包机押解回国并依法刑事拘留。第二批犯罪嫌疑人在马来西亚服刑期满后，考虑到抗疫的严峻形势，采取马来西亚遣返、犯罪嫌疑人自行购买民航机票乘机回国、在降落地隔离十四天后押解回河南省的办法。自2020年7月13日起，马方陆续将该批295名犯罪嫌疑人分25批送回国内。

经查，该团伙属网络投资虚拟货币为手段的“杀猪盘”类诈骗犯罪，专案组已破获该集团在国内类案86起，涉及全国21个省、自治区、直辖市，查明涉案资金2700余万元。

第六章　法律责任

第三十八条　组织、策划、实施、参与电信网络诈骗活动或者为电信网络诈骗活动提供帮助，构成犯罪的，依法追究刑事责任。

前款行为尚不构成犯罪的，由公安机关处十日以上十五日以下拘留；没收违法所得，处违法所得一倍以上十倍以下罚款，没有违法所得或者违法所得不足一万元的，处十万元以下罚款。

◆ 条文主旨

本条是关于组织、策划、实施、参与电信网络诈骗活动以及为其提供帮助，构成犯罪的，依法追究刑事责任，尚不构成犯罪的，给予治安管理处罚的规定。

◆ 立法背景

（一）起草背景

近年来，电信网络诈骗犯罪活动形势严峻，在刑事犯罪案件中占据很大的比重，严重影响人民群众利益和社会和谐稳定。犯罪分子利用新型电信网络技术手段，钻管理的漏洞，利用非法获取个人信息、网络黑灰产业交易等实施精准诈骗，组织化、链条化运作，跨境跨地域实施，严重影响人民群众获得感、幸福感、安全感。本条有关规定与刑法衔接，对于组织、策划、实施、参与电信网络诈骗活动及为其提供帮助的，明确应当按照刑法规定追究刑事责任，是贯彻落实党中央决策部署的重要举措，是坚持依法治国的重要内容，体现了国家坚决打击遏制电信网络诈骗犯罪的决心。

同时，作为一种快速发展的新型网络犯罪，电信网络诈骗已经呈现团伙化、产业化的态势，电信网络诈骗犯罪链条复杂隐蔽，从电信网络诈骗的策划准备、信息获取、平台搭建、实施活动到资金转移等一系列环节，并非所有参与人员及帮助行为都能构成犯罪，对于部分情节显著轻微，尚不构成犯罪的，不追究刑事责任。但是，考虑到上述行为的社会危险性，如果完全放任不管，不利于打击电信网络诈骗违法犯罪，没有及时必要的教育和惩戒，也不利于行为人认识并改正错误，这些人也可能走上实施严重犯罪的道路。为此，本条第二款规定，对组织、策划、实施、参与电信网络诈骗以及提供帮助，尚不构成犯罪的，应当依法给予治安管理处罚。

（二）审议中各方面的意见

1. 反电信网络诈骗法（草案）第三十七条规定："违反本法规定，构成犯罪的，依法追究刑事责任。

任何个人、单位实施电信网络诈骗活动，或者帮助他人实施电信网络诈骗活动的，依法追究刑事责任；尚不构成犯罪的，依法给予行政处罚。"

在审议过程中，有的提出，除了实施电信网络诈骗活动外，还应当增加"组织、策划"等行为。在征求意见过程中，有的建议将"行政处罚"修改为"治安管理处罚"，进一步明确诈骗不构成犯罪的，给予拘留等治安管理处罚。

2. 草案二次审议稿第四十三条规定："违反本法规定，构成犯罪的，依法追究刑事责任。

任何单位、个人组织、策划、实施电信网络诈骗活动的，或者为电信网络诈骗活动提供帮助的，依法追究刑事责任；尚不构成犯罪的，依法给予治安管理处罚。”

根据各方面的意见，草案二次审议稿对草案作了以下修改：一是增加组织、策划电信网络诈骗的行为；二是将“帮助他人实施”改为“为电信网络诈骗活动提供帮助的”；三是将“行政处罚”改为“治安管理处罚”。

在征求意见和审议过程中，有的意见提出，二审稿第一款和第二款有重复，建议删除第一款。经研究，第一款原本是针对所有违反本法有关管理制度规定，可能构成犯罪的，明确依法追究刑事责任。但是考虑到电信企业、互联网企业、银行与非金融支付机构等违反规定构成犯罪的情况不突出，即使不对其予以规定，在实践中也可以依法适用刑法有关规定追究其刑事责任，因此，只保留第二款专门针对电诈分子的衔接性规定即可，可不再保留第一款规定。

还有的意见提出，要增加没收违法所得的规定，进一步明确治安管理处罚的具体内容。经研究，治安管理处罚法仅对一般性诈骗行为作出了规定，且处罚程度较轻。该法第四十九条规定，盗窃、诈骗、哄抢、抢夺、敲诈勒索或者故意损毁公私财物的，处五日以上十日以下拘留，可以并处五百元以下罚款；情节较重的，处十日以上十五日以下拘留，可以并处一千元以下罚款。而本法规定的电信网络诈骗行为，与一般性诈骗行为不同，其社会危害性大，严重危害人民群众利益和社会和谐稳定，因此应当对从事电信网络诈骗活动但尚不构成犯罪的，予以专门治安管理处罚规定，没收违法所得，提高罚款额度，在经济上予以严厉处罚，斩断非法经济来源。

3. 草案三次审议稿第三十七条规定："组织、策划、实施电信网络诈骗活动的，或者为电信网络诈骗活动提供帮助的，依法追究刑事责任。

前款行为尚不构成犯罪的，由公安机关处十日以上十五日以下拘留；没收违法所得，处违法所得一倍以上十倍以下罚款，没有违法所得或者违法所得不足一万元的，处十万元以下罚款。"

根据各方面的意见，草案三次审议稿对草案二次审议稿作了以下修改：一是调整了本条位置，将本条作为第六章法律责任的第一条规定；二是删除了二审稿第一款规定；三是对尚不构成犯罪的治安管理处罚内容作了进一步规定。在审议过程中，对本条作了文字性调整，与刑法规定进一步衔接。

◆ **条文解读**

本条共分两款。

第一款是关于组织、策划、实施、参与电信网络诈骗活动以及为其提供帮助，构成犯罪的，依法追究刑事责任的规定。

根据本法第二条的规定，本法所称电信网络诈骗，是指以非法占有为目的，利用电信网络技术手段，通过远程、非接触等方式，诈骗公私财物的行为。所谓"组织"，是指电信网络诈骗活动的组织者、领导者、首要分子所进行的纠集行为。行为人在组织过程中采取的手段具有多样性，包括招募、雇佣、强迫、威胁、勾引、收买等多种手段，既包括将本来就有意愿从事电信网络诈骗的人员纠合起来，也包括采用威逼利诱等手段聚集人员实施电信网络诈骗活动的行为。所谓"策划"，是指对如何实施电信网络诈骗活动进行谋划的行为，如制定实施电信网络诈骗犯罪行动计划、方案，确定电信网络诈骗集团的内部分工和具体诈骗流程等。所谓"实施"，就是实际着手实施电信网络诈骗，主要是通过信息网络以虚构事实或者隐瞒真相的手段实施的诈骗行为。所谓“参与”，主要是指参与实施电信网络诈骗活动的行为。所谓“提供帮助”，是指为实施某一电信网络诈骗活动提供的一般帮助行为，通常情况下作为共同犯罪中的帮助犯，在交通、住处、费用结算、招募人员等方面提供支持。

组织、策划、实施、参与电信网络诈骗活动的，可能触犯多个刑法罪名，其中，最主要涉及的罪名就是诈骗罪。根据《中华人民共和国刑法》第二百六十六条的规定，诈骗公私财物，数额较大的，处三年以下有期徒刑、拘役或者管制，并处或者单处罚金；数额巨大或者有其他严重情节的，处三年以上十年以下有期徒刑，并处罚金；数额特别巨大或者有其他特别严重情节的，处十年以上有期徒刑或者无期徒刑，并处罚金或者没收财产。根据《最高人民法院、最高人民检察院关于办理诈骗刑事案件具体应用法律若干问题的解释》第二条第一款的规定，诈骗公私财物达到规定的数额标准，具有利用互联网等发布虚假信息、对不特定多数人实施诈骗的情形的，可以依照刑法第二百六十六条的规定酌情从严惩处。根据《最高人民法院、最高人民检察院、公安部关于办理电信网络诈骗等刑事案件适用法律若干问题的意见》规定，利用电信网络技术手段实施诈骗，诈骗公私财物价值三千元以上、三万元以上、五十万元以上的，应当分别认定为刑法第二百六十六条规定的“数额较大”“数额巨大”“数额特别巨大”。

《中华人民共和国刑法》第二百六十六条的规定，主要是针对广泛的诈骗活动所作出的具有普适性的定罪量刑标准。而随着互联网和信息化的发展，电信网络诈骗犯罪作为一种高发的新型诈骗犯罪，其作案手段变化快、迷惑性强、防范难度大，有组织犯罪特征明显，社会危害严重，在司法裁量和刑事政策上需要作出相应调整。因此，《最高人民法院、最高人民检察院、公安部关于办理电信网络诈骗等刑事案件适用法律若干问题的意见》中规定："实施电信网络诈骗犯罪，达到相应数额标准，具有下列情形之一的，酌情从重处罚：1. 造成被害人或其近亲属自杀、死亡或者精神失常等严重后果的；2. 冒充司法机关等国家机关工作人员实施诈骗的；3. 组织、指挥电信网络诈骗犯罪团伙的；4. 在境外实施电信网络诈骗的；5. 曾因电信网络诈骗犯罪受过刑事处罚或者二年内曾因电信网络诈骗受过治安管理处罚的；6. 诈骗残疾人、老年人、未成年人、在校学生、丧失劳动能力人的财物，或者诈骗重病患者及其亲属财物的；7. 诈骗救灾、抢险、防汛、优抚、扶贫、移民、救济、医疗等款物的；8. 以赈灾、募捐等社会公益、慈善名义实施诈骗的；9. 利用电话追呼系统等技术手段严重干扰公安机关等部门工作的；10. 利用"钓鱼网站"链接、"木马"程序链接、网络渗透等隐蔽技术手段实施诈骗的。"实施电信网络诈骗犯罪，诈骗数额接近"数额巨大""数额特别巨大"的标准，具有前述十种从重情形之一的，应当分别认定为刑法第二百六十六条规定的"其他严重情节""其他特别严重情节"。

在刑罚适用和执行过程中，《最高人民法院、最高人民检察院、公安部关于办理电信网络诈骗等刑事案件适用法律若干问题的意见》规定，对实施电信网络诈骗犯罪的被告人裁量刑罚，在确定量刑起点、基准刑时，一般应就高选择。确定宣告刑时，应当综合全案事实情节，准确把握从重、从轻量刑情节的调节幅度，保证罪责刑相适应。对实施电信网络诈骗犯罪的被告人，应当严格控制适用缓刑的范围，严格掌握适用缓刑的条件，并注重依法适用财产刑，加大经济上的惩罚力度，最大限度剥夺被告人再犯的能力。

除此之外，从事电信网络诈骗活动还可能涉及大量的关联犯罪。根据《最高人民法院、最高人民检察院、公安部关于办理电信网络诈骗等刑事案件适用法律若干问题的意见》的有关规定：

(1) 在实施电信网络诈骗活动中，非法使用“伪基站”“黑广播”，干扰无线电通讯秩序，符合刑法第二百八十八条规定的，以扰乱无线电通讯管理秩序罪追究刑事责任。同时构成诈骗罪的，依照处罚较重的规定定罪处罚。(2) 违反国家有关规定，向他人出售或者提供公民个人信息，窃取或者以其他方法非法获取公民个人信息，符合刑法第二百五十三条之一规定的，以侵犯公民个人信息罪追究刑事责任。使用非法获取的公民个人信息，实施电信网络诈骗犯罪行为，构成数罪的，应当依法予以并罚。(3) 冒充国家机关工作人员实施电信网络诈骗犯罪，同时构成诈骗罪和招摇撞骗罪的，依照处罚较重的规定定罪处罚。(4) 非法持有他人信用卡，没有证据证明从事电信网络诈骗犯罪活动，符合刑法第一百七十七条之一第一款第二项规定的，以妨害信用卡管理罪追究刑事责任。(5) 明知是电信网络诈骗犯罪所得及其产生的收益，以各种方式予以转账、套现、取现的，依照刑法第三百一十二条第一款的规定，以掩饰、隐瞒犯罪所得、犯罪所得收益罪追究刑事责任。但有证据证明确实不知道的除外。实施上述行为，事前通谋的，以共同犯罪论处；实施上述行为，电信网络诈骗犯罪嫌疑人尚未到案或案件尚未依法裁判，但现有证据足以证明该犯罪行为确实存在的，不影响掩饰、隐瞒犯罪所得、犯罪所得收益罪的认定；实施上述行为，同时构成其他犯罪的，依照处罚较重的规定定罪处罚。法律和司法解释另有规定的除外。(6) 实施刑法第二百八十七条之一、第二百八十七条之二规定之行为，构成非法利用信息网络罪、帮助信息网络犯罪活动罪，同时构成诈骗罪的，依照处罚较重的规定定罪处罚。

第二款是关于对组织、策划、实施、参与实施电信网络诈骗活动及为其提供帮助，但尚不构成犯罪的，依法给予治安管理处罚的规定。“尚不构成犯罪的”在实践中一般作如下掌握：(1) 根据刑法规定，犯罪情节显著轻微，尚不构成犯罪的。如教唆、诱骗他人从事电信网络诈骗活动的，诈骗时间短、违法所得较少的，或者提供信息、物资、劳务、场所等支持帮助的，情节较轻的。(2) 根据刑事政策，认定情节显著轻微，不作为犯罪论处的。实践中，对于电信网络诈骗犯罪集团、犯罪团伙中的一般参加者、从犯等，特别是其中参与时间相对较短、诈骗数额相对较低或者从事辅助性工作并领取少量报酬，以及初犯、偶犯、未成年人、在校学生等，应当综合考虑其在共同犯罪中的地位作用、社会危害程度、主观恶性、人身危险性、认罪悔罪表现等情节，可以依法从轻、减轻处罚。犯罪情节轻微的，可以依法不起诉或者免予刑事处罚；情节显著轻微危害不大的，不以犯罪论处。

对第一款行为尚不构成犯罪的，依照本款规定，由公安机关处十日以上十五日以下拘留；没收违法所得，处违法所得一倍以上十倍以下罚款，没有违法所得或者违法所得不足一万元的，处十万元以下罚款。需要说明的是，本款特别作出“违法所得不足一万元”的，直接适用“处十万元以下罚款”的规定。这样规定，就避免了轻微违法所得所受财产处罚比没有违法所得还要轻的“倒挂”情形，如仅有五千元违法所得，如果按照本款中“一倍以上十倍以下罚款”的规定，最高只能处五万元罚款，而没有违法所得的，最高可以处十万元罚款。因此，本款将“违法所得不足一万元”的，与“没有违法所得”一同适用“处十万元以下罚款”的处罚标准。

在该条的理解适用中，需要注意打击治理新形势下电信网络诈骗犯罪的现实需要。当前，电信网络诈骗犯罪呈现明显的团伙化、链条化的特征。电信网络诈骗团伙往往涉案人员较多，各层级人员皆有，地位作用各不相同。围绕电信网络诈骗犯罪，已经形成一条上中下游紧密分工、密切关联的黑灰产业链。对于不同层级、不同环节的涉案人员，应当在整个犯罪团伙、犯罪链条中全面甄别和评估其层级地位及作用大小，结合犯罪嫌疑人的认罪态度、悔罪表现、退赃退赔等情况，准确认定刑事责任，做到罪责刑相适应。

同时，注意贯彻落实宽严相济刑事政策。对电信网络诈骗犯罪集团、犯罪团伙的组织者、策划者、指挥者和骨干分子，以及利用未成年人、在校学生、老年人、残疾人实施电信网络诈骗的，依法从严惩处；对司法实践中反映比较突出的“三低”（即低龄、低学历、低收入）涉案人员，尤其是其中未成年人、在校学生等特殊群体，需要综合主客观各方面因素，充分适用认罪认罚从宽制度，依法审慎作出司法决定。

◆ 典型案例

陈某辉等7人诈骗、侵犯公民个人信息案[①]

（一）基本案情。

2015年11月至2016年8月，被告人陈某辉、黄某春、陈某生、郑某锋、熊某、郑某聪、陈某地等人交叉结伙，通过网络购买学生信息和公民购房信息，分别在江西省九江市、新余市、广西壮族自治区钦州市、海南省海口市等地租赁房屋作为诈骗场所，分别冒充教育局、财政局、房产局的工作人员，以发放贫困学生助学金、购房补贴为名，将高考学生作为主要诈骗对象，拨打诈骗电话2.3万余次，骗取他人钱款共计56万余元，并造成被害人徐某玉死亡。

（二）裁判结果。

本案由山东省临沂市中级人民法院一审，山东省高级人民法院二审。现已发生法律效力。

---

① 来源：最高人民法院发布电信网络诈骗犯罪十大典型案例。

法院认为，被告人陈某辉等人以非法占有为目的，结成电信诈骗犯罪团伙，冒充国家机关工作人员，虚构事实，拨打电话骗取他人钱款，其行为均构成诈骗罪。陈某辉还以非法方法获取公民个人信息，其行为又构成侵犯公民个人信息罪。陈某辉在江西省九江市、新余市的诈骗犯罪中起组织、指挥作用，系主犯。陈某辉冒充国家机关工作人员，骗取在校学生钱款，并造成被害人徐某玉死亡，酌情从重处罚。据此，以诈骗罪、侵犯公民个人信息罪判处被告人陈某辉无期徒刑，剥夺政治权利终身，并处没收个人全部财产；以诈骗罪判处被告人郑某锋、黄某春等人十五年至三年不等有期徒刑。

（三）典型意义。

电信网络诈骗类案件近年高发、多发，严重侵害人民群众的财产安全和合法权益，破坏社会诚信，影响社会的和谐稳定。山东高考考生徐某玉因家中筹措的9000余元学费被诈骗，悲愤之下引发猝死，舆论反应强烈，对电信网络诈骗犯罪案件的打击问题再次引发了社会的广泛关注。2016年12月，“两高一部”共同制定出台了《关于办理电信网络诈骗等刑事案件适用法律若干问题的意见》，明确对诈骗造成被害人自杀、死亡或者精神失常等严重后果的，冒充司法机关等国家机关工作人员实施诈骗的，组织、指挥电信网络诈骗犯罪团伙的，诈骗在校学生财物的，要酌情从重处罚。本案是适用上述《意见》审理的第一例大要案，在罪责刑相适应原则的前提下，对被告人陈某辉顶格判处，充分体现了对电信网络诈骗犯罪分子依法从严惩处的精神。

◆ **相关规定**

《中华人民共和国刑法》第37条、第266条；《最高人民法院、最高人民检察院、公安部关于办理电信网络诈骗等刑事案件适用法律若干问题的意见》；《最高人民法院、最高人民检察院、公安部关于办理电信网络诈骗等刑事案件适用法律若干问题的意见（二）》；《最高人民法院、最高人民检察院关于办理诈骗刑事案件具体应用法律若干问题的解释》

第三十九条 电信业务经营者违反本法规定，有下列情形之一的，由有关主管部门责令改正，情节较轻的，给予警告、通报批评，或者处五万元以上五十万元以下罚款；情节严重的，处五十万元以上五百万元以下罚款，并可以由有关主管部门责令暂停相关业务、停业整顿、吊销相关业务许可证或者吊销营业执照，对其直接负责的主管人员和其他直接责任人员，处一万元以上二十万元以下罚款：

（一）未落实国家有关规定确定的反电信网络诈骗内部控制机制的；

（二）未履行电话卡、物联网卡实名制登记职责的；

（三）未履行对电话卡、物联网卡的监测识别、监测预警和相关处置职责的；

（四）未对物联网卡用户进行风险评估，或者未限定物联网卡的开通功能、使用场景和适用设备的；

（五）未采取措施对改号电话、虚假主叫或者具有相应功能的非法设备进行监测处置的。

◆ 条文主旨

本条是关于电信业务经营者具有相关情形，违反反电信网络诈骗法对其设置的相关义务和要求，由有关主管部门予以处罚的规定。

◆ 立法背景

（一）起草背景

在反电信网络诈骗工作中，电信业务经营者应当承担本法规定的相关义务和要求。对于未履行法律规定的相关义务和要求的，需要承担法律责任。本条通过明确规定电信业务经营者的法律责任，推动电信业务经营者主动履职，勤勉尽责，在电信环节有效阻断电信网络诈骗，同时赋予主管部门执法监督的法律依据。

（二）审议中各方面的意见

1. 反电信网络诈骗法（草案）第三十二条规定："电信业务经营者有下列情形之一的，由有关主管部门责令改正，根据造成的后果情况，给予警告、通报批评，或者处一万元以上十万元以下罚款；情节严重的，处十万元以上一百万元以下罚款，并可以由有关主管部门责令暂停相关业务、停业整顿、吊销相关业务许可证或者吊销营业执照，对其直接负责的主管人员和其他直接责任人员，处一万元以上二十万元以下罚款：

（一）未建立健全反电信网络诈骗内控机制或者未有效落实机制，经有关主管部门提出整改要求，拒不整改的；

（二）未履行电话卡、物联网卡实名制登记职责的；

（三）未履行对电话卡、物联网卡的风险监测和相关处置职责的；

（四）未对物联网用户进行风险评估，或者未限定物联网卡的可访问互联网协议地址、端口及适配的硬件设备的；

（五）未依法采取措施对改号电话、虚假主叫或者具有相应功能的非法设备进行监测处置的。"

在起草阶段、征求意见过程，以及常委会审议过程中，有的部门建议，将该条第一项中的"未有效落实机制"修改为"未有效落实内控机制”，同时将吊销营业执照的执法主体明确为市场监管部门。有的高校和研究机构建议，将该条法律责任的构成条件“根据造成的后果情况”修改为“可以根据情节”予以处罚；在该条列举的各项情形中均增加“依法”的规定。有的部门和地方建议，该条增加相关规定，对“未建立新业务事先风险自评估机制或机制不完善，经有关主管部门提出整改要求，拒不整改的”以及“拒不依法为查处电信网络诈骗犯罪提供支持和协助，或者未按规定移送有关犯罪线索、风险信息的”明确追究法律责任。有的地方建议增加一款规定，“对违反相关规定，不按相关规定执行，造成严重后果的个人，要依法承担刑事责任”。还有的地方建议对直接负责的主管人员和其他直接负责人员的处罚也应作出一般情况和情节严重的区分。

2. 草案二次审议稿第三十六条规定：“电信业务经营者违反本法规定，有下列情形之一的，由有关主管部门责令改正，情节较轻的，给予警告、通报批评，或者处五万元以上五十万元以下罚款；情节严重的，处五十万元以上五百万元以下罚款，并可以由有关主管部门责令暂停相关业务、停业整顿、吊销相关业务许可证或者吊销营业执照，对其直接负责的主管人员和其他直接责任人员，处一万元以上二十万元以下罚款：

（一）未建立健全反电信网络诈骗内部控制机制或者未有效落实机制，经有关主管部门提出整改要求，拒不整改的；

（二）未履行电话卡、物联网卡实名制登记职责的；

（三）未履行对电话卡、物联网卡的监测识别、监测预警和相关处置职责的；

（四）未对物联网卡用户进行风险评估，或者未限定物联网卡的开通功能、使用场景和适用设备的；

（五）未采取措施对改号电话、虚假主叫或者具有相应功能的非法设备进行监测处置的。”

根据各方面的意见，草案二次审议稿对草案作了以下修改：一是在法律责任的条件部分，增加规定电信业务经营者“违反本法规定”的规定。二是将追究行政责任的门槛，由结果要件修改为情节要件，将“根据造成的后果情况”修改为“情节较轻”。三是将两档行政罚款分别由“一万元以上十万元以下”“十万元以上一百万元以下”提高到“五万元以上五十万元以下”“五十万元以上五百万元以下”。四是将草案稿第一项“内控机制”修改为“内部控制机制”。五是将草案稿第三项“风险监测”修改为“监测识别、监测预警”。六是将草案稿第四项“物联网用户”修改为“物联网卡用户”，将“未限定物联网卡的可访问互联网协议地址、端口及适配的硬件设备”修改为“未限定物联网卡的开通功能、使用场景和适用设备”。

在常委会审议和征求意见过程中，有的常委会组成人员提出，草案二审稿相较草案一审稿加大了对相关机构的处罚力度，但对直接负责的主管人员和其他直接负责人员的处罚没有修改，仍为“一万元以上二十万元以下”，建议修改为“五万元以上五十万元以下”。有的常委委员建议，将该条法律责任第一档中“或者”处罚款的规定，修改为“并可以”处罚款，以加大处罚力度。有的部门提出，草案二审稿本条第一项与第三十八条关于“电信业务经营者、互联网服务提供者”法律责任第一项的规定重合，建议删去。

3. 草案三次审议稿第三十八条规定：“电信业务经营者违反本法规定，有下列情形之一的，由有关主管部门责令改正，情节较轻的，给予警告、通报批评，或者处五万元以上五十万元以下罚款；情节严重的，处五十万元以上五百万元以下罚款，并可以由有关主管部门责令暂停相关业务、停业整顿、吊销相关业务许可证或者吊销营业执照，对其直接负责的主管人员和其他直接责任人员，处一万元以上二十万元以下罚款：

（一）未落实国家有关规定确定的反电信网络诈骗内部控制机制的；

（二）未履行电话卡、物联网卡实名制登记职责的；

（三）未履行对电话卡、物联网卡的监测识别、监测预警和相关处置职责的；

（四）未对物联网卡用户进行风险评估，或者未限定物联网卡的开通功能、使用场景和适用设备的；

（五）未采取措施对改号电话、虚假主叫或者具有相应功能的非法设备进行监测处置的。”

根据各方面的意见，草案三次审议稿对草案二次审议稿作了进一步修改，将第一项修改为“未落实国家有关规定确定的反电信网络诈骗内部控制机制的”应追究法律责任。草案三次审议稿同时对条文序号作了进一步调整，该条为本法第三十九条。

◆ 条文解读

本条规定了电信业务经营者违反本法规定的相关情形应当承担相应的法律责任。根据本条规定，法律责任主要分为两个档次。

一是，当电信业务经营者出现本条列举的情形，由有关主管部门责令改正，情节较轻的，并给予警告、通报批评或者罚款。这里规定的“有关主管部门”，主要是电信业务经营者的行业主管部门，如工业和信息化部门等。

这里的“情节较轻”是指电信业务经营者违反反电信网络诈骗法律法规相关行为的违法性程度尚属轻微，并不严重，如未履行相关义务的时间不长、造成的危害和影响尚可限可控、积极主动采取措施整改较大程度弥补了漏洞等。是否属于“情节较轻”，可以由有关主管部门根据事实情况综合判断。

在该档法律责任中，有关主管部门首先要对电信业务经营者的具体违法行为“责令改正”，电信业务经营者应根据主管部门的要求和时限，对照反电信网络诈骗法等相关规定进行整改。此外，有关主管部门还可以给予“警告、通报批评或者处五万元以上五十万元以下罚款”。

这里的“警告、通报批评”属于名誉罚，由有关主管行政机关向违法的电信业务经营者发出警诫，申明其有违法行为，通过名誉、信誉、荣誉等施加市场和社会影响，促使其不再违法。

“警告”是有关主管部门对有违反本法规定的电信业务经营者提出告诫，使其认识自身存在违法行为并进行改正的一种处罚。警告属于行政处罚中最轻的一种处罚，适合较为轻微的违法行为，是可以当场作出的。

“通报批评”是有关主管部门对有违反本法规定的电信业务经营者在一定范围内通过书面批评加以谴责和告诫，指出其违法行为，避免其再犯。通报批评是面向一定范围作出的，既可以在电信行业范围内作出，使其违法行为在行业内部受到谴责，对同行经营业者以警示，也可以面向社会公开进行谴责，将具有更大的社会影响。“通报批评”相比“警告”，对电信业务经营者具有更大的社会压力和警示力度。

对于本条规定的情节较轻违法行为的处罚，有关主管部门还可以处以“五万元以上五十万元以下罚款”。需要注意的是，本条规定的警告、通报批评、行政罚款既可以单独适用，也可以按照“警告和行政罚款”“通报批评和行政罚款”的方式组合适用。具体如何适用，由有关主管部门根据电信业务经营者违法情节的情况作出判断。

二是，当电信业务经营者出现本条列举的情形，违反本法规定，情节严重的，由有关主管部门处以罚款，并可以由有关主管部门责令暂停相关业务、停业整顿、吊销相关业务许可证或者吊销营业执照，对其直接负责的主管人员和其他责任人员处以罚款。

需要注意的是，在该档次法律责任中，有关主管部门也要对电信业务经营者的具体违法行为“责令改正”，电信业务经营者应根据主管部门的要求和时限，对照反电信网络诈骗法等相关规定进行整改。此外，有关主管部门还可以给予“情节严重”档次的处罚。

这里的“情节严重”是指电信业务经营者违反反电信网络诈骗法律法规相关行为的违法性程度严重，行为恶劣，如蓄意长期不履行相关义务、故意实施相关行为规避监管、造成巨大风险和危害、给人民群众造成巨大损失、产生的风险和危害无法弥补等。是否属于“情节严重”可以由有关主管部门根据事实情况综合判断。

对于电信业务经营者的严重违法行为，本条规定了双罚制，有关主管部门对电信业务经营者处以罚款，即“五十万元以上五百万元以下罚款”；在行政罚款的基础上，还可以并处“责令暂停相关业务、停业整顿、吊销相关业务许可证或者吊销营业执照”。

这里的“责令暂停相关业务”，是限制开展生产经营活动的一种行政处罚。有关主管部门可以责令电信业务经营者在一定期限、一定业务范围、一定地域暂停部分电信业务，也包括暂停扩大和发展与该业务相关的新领域电信业务，如暂停参加政府采购、暂停参与招标活动等。暂停相关业务可以体现行政管理的精细化趋势，将电信业务经营者存在的违法行为、风险领域与其合法、合规领域区分开来，准确惩治，体现过罚相当原则。“停业整顿”是要求电信业务经营者在一定期限内停止全部或者部分生产经营活动的行政处罚。停业整顿属于十分严厉的行政处罚，被处罚主体需要根据相关要求进行整顿，同时禁止生产、经营任何活动。

“吊销相关业务许可证或者吊销营业执照”是有关行政机关依法对违反反电信网络诈骗法律法规的电信业务经营者取消其取得的行政许可证件、营业资质，剥夺电信业务经营者从事某项生产经营活动、执业权利直至彻底剥夺其营业资质的行政处罚。

此外，有关主管部门还要对电信业务经营者的相关责任人员进行处罚。这里的责任人员是“电信业务经营者直接负责的主管人员和其他直接责任人员”。根据本条规定，应对其处“一万元以上二十万元以下罚款”。

需要注意的是，对于一些处罚较重的行政处罚，根据《中华人民共和国行政处罚法》第六十三条的规定，行政机关在拟作出行政处罚决定时，应当告知当事人有要求听证的权利，当事人要求听证的，行政机关应当组织听证。

本条规定了电信业务经营者违法应接受处罚的五种情形：

1. 未落实国家有关规定确定的反电信网络诈骗内部控制机制的。

本项涉及电信业务经营者未落实国家规定确定的内控机制的法律责任。该项包含两层意思：一是国家有关规定确定的反电信网络诈骗内部控制机制。根据本法第六条规定，电信业务经营者承担风险防控责任，建立反电信网络诈骗内部控制机制和安全责任制度，加强新业务涉诈风险安全评估。本项要求的是国家规定确定的反电信网络诈骗内部控制机制，包括根据本法、个人信息保护法、电信条例等法律、行政法规、规范性文件等确立的内部控制机制。电信业务经营者在国家规定确定的内控机制以外设立的其他涉及反电信网络诈骗的自行规范或者内部要求，不属于本项规定的“国家有关规定确定的反电信网络诈骗内部控制机制”的范围。二是未落实国家有关规定确定的反电信网络诈骗内部控制机制的，要承担行政处罚。国家规定确定的反电信网络诈骗内部控制机制，如果仅停留在制度层面，尚未具体贯彻实施；或者相关机制在贯彻中“打折扣”，实际生产经营过程中基本不按照反电信网络诈骗内部控制机制进行的，会产生电信网络诈骗的巨大风险，应承担行政处罚的法律责任。

2. 未履行电话卡、物联网卡实名制登记职责的。

本项涉及电信业务经营者未履行电话卡、物联网卡实名制登记职责的法律责任。本法第九条规定，电信业务经营者应当依法全面落实电话用户真实身份信息登记制度。基础电信企业和移动通信转售企业应当承担对代理商落实电话实名制管理责任，在协议中明确代理商实名制登记的责任和有关违约处置措施。第十二条规定，电信业务经营者要严格登记物联网卡用户身份信息，采取有效技术措施限定物联网卡开通功能、使用场景和适用设备。单位用户从电信业务经营者购买物联网卡再将载有物联网卡的设备销售给其他用户的，应当核验和登记用户身份信息，并将销量、存量及用户实名信息传送给号码归属的电信业务经营者。根据本法上述规定，电信业务经营者未能落实电话用户真实身份信息登记、物联网卡实名制登记的，根据本项规定对其予以处罚。

3. 未履行对电话卡、物联网卡的监测识别、监测预警和相关处置职责的。

本项涉及电信业务经营者未履行对电话卡、物联网卡的监测识别、监测预警和相关处置的法律责任。本法第十条规定，办理电话卡不得超出国家有关规定限制的数量。对经识别存在异常办卡情形的，电信业务经营者有权加强核查或者拒绝办卡。第十一条规定，电信业务经营者对监测识别的涉诈异常电话卡用户应当重新进行实名核验，根据风险等级采取有区别的、相应的核验措施。对未按规定核验或者核验未通过的，电信业务经营者可以限制、暂停有关电话卡功能。第十二条规定，电信业务经营者对物联网卡的使用建立监测预警机制。对存在异常使用情形的，应当采取暂停服务、重新核验身份和使用场景或者其他合同约定的处置措施。基于本法上述规定，电信业务经营者未就用户办理电话卡数量实施总数统计、上限限制；未对检测识别的涉诈异常电话卡进行重新实名核验、提高风险等级核验等进一步预警和处置措施；对异常使用的物联网卡未采取暂停服务、重新核验身份和使用场景或者其他处置措施的，根据本项规定对其予以处罚。

4. 未对物联网卡用户进行风险评估，或者未限定物联网卡的开通功能、使用场景和适用设备的。

本项涉及电信业务经营者未对物联网卡用户进行风险评估以及未对物联网卡进行反电信网络诈骗的技术管控的法律责任。本法第十二条规定，电信业务经营者建立物联网卡用户风险评估制度，评估未通过的，不得向其销售物联网卡；采取有效技术措施限定物联网卡开通功能、使用场景和适用设备。本项规定的法律责任有两层意思，一是针对实践中电信网络诈骗分子利用物联网卡进行诈骗的行为，需要电信业务经营者通过风险控制的方式，主动识别和评估物联网卡会被用于电信网络诈骗的可能性，如果未经评估或者未经严格评估就销售物联网卡，或者评估未通过但无视风险继续销售物联网卡的，都属于物联网卡用户风险评估制度失效，电信业务经营者应当承担法律责任。二是电信业务经营者应在技术上限定物联网卡开通功能、使用场景和适用设备，一旦发现物联网卡的使用超出了限定的功能、场景和设备，应依法通过技术手段阻断物联网卡使用。电信业务经营者如果未依法在技术上有效限制物联网卡的使用功能、场景和范围的，应当承担法律责任。

5. 未采取措施对改号电话、虚假主叫或者具有相应功能的非法设备进行监测处置的。

本项涉及电信业务经营者未采取检测处置措施应对改号电话、

虚假主叫或者具有相应功能的非法设备的法律责任。本法第十三条规定，电信业务经营者应当规范真实主叫号码传送和电信线路出租，对改号电话进行封堵拦截和溯源核查。电信业务经营者应当严格规范国际通信业务出入口局主叫号码传送，真实、准确向用户提示来电号码所属国家或者地区，对网内和网间虚假主叫、不规范主叫进行识别、拦截。第十四条规定，电信业务经营者应对采取技术措施，及时识别、阻断具有改变主叫号码、虚拟拨号等功能的设备、软件。根据本项规定，电信业务经营者如果未采取相应技术措施对改号电话、虚假主叫或者具有相应功能的非法设备进行识别、检测并进行封堵、拦截、阻断、溯源核查的，应当承担法律责任。

在该条的理解适用中，需要注意以下问题：

实践中，电信网络诈骗犯罪随着信息技术的发展，犯罪手段在不断迭代更新。诈骗分子利用人工智能、智能群呼设备等新技术新设备，躲避拦截封堵。猫池（多用户拨号连接）、GOIP（虚拟拨号设备）等技术工具被犯罪分子大量运用，利用呼叫转移等新手法逃避系统监测的对抗持续不断。其他新型违法犯罪工具和作案平台也层出不穷。在此情况下，电信业务经营者的有些传统处置方式已经无法满足工作要求，以技术对抗技术将成为新常态。电信业务经营者一方面需要在防欺诈模型的自我研发上满足时效性的要求，另一方面也需要及时根据监管部门的指导和要求，积极回应电信网络诈骗的新动态，统筹各方面力量形成完整防护链，实现反电信网络诈骗犯罪综合治理的效果。

◆ **相关规定**

《中华人民共和国反电信网络诈骗法》第6条、第9—14条；《中华人民共和国行政处罚法》第63条

第四十条 银行业金融机构、非银行支付机构违反本法规定，有下列情形之一的，由有关主管部门责令改正，情节较轻的，给予警告、通报批评，或者处五万元以上五十万元以下罚款；情节严重的，处五十万元以上五百万元以下罚款，并可以由有关主管部门责令停止新增业务、缩减业务类型或者业务范围、暂停相关业务、停业整顿、吊销相关业务许可证或者吊销营业执照，对其直接负责的主管人员和其他直接责任人员，处一万元以上二十万元以下罚款：

（一）未落实国家有关规定确定的反电信网络诈骗内部控制机制的；

（二）未履行尽职调查义务和有关风险管理措施的；

（三）未履行对异常账户、可疑交易的风险监测和相关处置义务的；

（四）未按照规定完整、准确传输有关交易信息的。

◆ 条文主旨

本条是关于银行业金融机构、非银行支付机构具有相关情形，违反反电信网络诈骗法对其设置的相关义务和要求，由有关主管部门予以处罚的规定。

◆ 立法背景

（一）起草背景

在反电信网络诈骗工作中，核心环节是控制涉诈资金的转移、支付。银行业金融机构、非银行支付机构应当承担本法规定的相关义务和要求。对于未履行法律规定的相关义务和要求的，需要承担法律责任。本条通过明确规定银行业金融机构、非银行支付机构的法律责任，推动银行业金融机构、非银行支付机构主动履职，勤勉尽责，在资金转移、支付环节有效阻断电信网络诈骗，同时赋予主管部门执法监督的法律依据。

（二）审议中各方面的意见

1. 反电信网络诈骗法（草案）第三十三条规定："银行业金融机构、非银行支付机构有下列情形之一的，由有关主管部门责令改正，根据造成的后果情况，给予警告、通报批评，或者处一万元以上十万元以下罚款；情节严重的，处十万元以上一百万元以下罚款，并可以由有关主管部门责令暂停相关业务、停业整顿、吊销相关业务许可证或者吊销营业执照，对其直接负责的主管人员和其他直接责任人员，处一万元以上二十万元以下罚款：

（一）未建立健全反电信网络诈骗内控机制或者未有效落实机制，经有关主管部门提出整改要求，拒不整改的；

（二）未履行尽职调查义务和有关风险管理措施的；

（三）未履行对异常账户、可疑交易的风险监测和相关处置义务的。"

在起草阶段、征求意见过程，以及常委会审议过程中，有些部门和地方建议，对非银行支付机构从事或参与电信网络诈骗活动的行为可以作出"停止新增业务、缩减业务类型或业务范围、禁止相关责任人员从业"的处罚，相关处罚应由行业主管部门作出。有的部门建议将本条中"有关主管部门"明确修改为"分别由国务院银行业监督管理机构及其派出机构、中国人民银行及其分支机构"。有的部门建议将吊销营业执照的执法主体明确为市场监管部门。有的部门建议，本条规定的银行业金融机构、非银行支付机构未履行风险监测、管理、处置等义务的法律责任，与《中华人民共和国反洗钱法》第六章"法律责任"等有关规定做好衔接。有的部门建议，将该条第一项中的“未有效落实机制”修改为“未有效落实内控机制”。有的部门建议增加一项规定，“拒不为查处电信网络诈骗犯罪提供支持或协助，或者未按规定移送有关线索、风险信息的”，应予以处罚。有的地方建议增加一项规定，“不配合公安机关进行紧急止付、快速冻结、资金返还的”，与一审稿草案第十七条规定的义务予以对应，或者规定为“未建立紧急止付、快速冻结、资金返还制度，公安部门责令整改后拒不整改的”，应予以处罚。有的部门建议，增加规定“对于银行业金融机构已勤勉尽责、积极履行自身反电信网络诈骗责任的，应当合理免除追究责任”；对于发生违法情形的金融机构，责任人员应不仅限于“直接负责的主管人员和其他责任人员”，参照反洗钱法，将范围界定为“对直接负责的董事、高级管理人员和其他直接责任人员”。

2. 草案二次审议稿第三十七条规定：“银行业金融机构、非银行支付机构违反本法规定，有下列情形之一的，由有关主管部门责令改正，情节较轻的，给予警告、通报批评，或者处五万元以上五十万元以下罚款；情节严重的，处五十万元以上五百万元以下罚款，并可以由有关主管部门责令停止新增业务、缩减业务类型或者业务范围、暂停相关业务、停业整顿、吊销相关业务许可证或者吊销营业执照，对其直接负责的主管人员和其他直接责任人员，处一万元以上二十万元以下罚款：

（一）未建立健全反电信网络诈骗内部控制机制或者未有效落实机制，经有关主管部门提出整改要求，拒不整改的；

（二）未履行尽职调查义务和有关风险管理措施的；

（三）未履行对异常账户、可疑交易的风险监测和相关处置义务的；

（四）未按照规定完整、准确传输有关交易信息的。”

根据各方面的意见，草案二次审议稿对草案作了以下修改：一是在法律责任的条件部分，增加规定银行业金融机构、非银行支付机构“违反本法规定”的规定。二是将追究行政责任的门槛，由结果要件修改为情节要件，将“根据造成的后果情况”修改为“情节较轻”。三是将两档行政罚款分别由“一万元以上十万元以下”“十万元以上一百万元以下”提高到“五万元以上五十万元以下”“五十万元以上五百万元以下”。四是将草案稿第一项“内控机制”修改为“内部控制机制”。五是增加一项作为第四项“未按照规定完整、准确传输有关交易信息的”，应承担法律责任。

在常委会审议和征求意见过程中，有的常委会组成人员提出，草案二审稿相较草案一审稿加大了对相关机构的处罚力度，但对直接负责的主管人员和其他直接负责人员的处罚没有修改，仍为“一万元以上二十万元以下”，建议修改为“五万元以上五十万元以下”。有的常委委员建议，将该条法律责任第一档中“或者”处罚款的规定，修改为“并可以”处罚款，以加大处罚力度。有的地方和部门提出，本条第二项“有关风险管理措施”与第三项“未履行对异常账户、可疑交易的风险检测和相关处置义务”的含义存在重合，建议删去第二项中“有关风险管理措施”的规定，并增加兜底性规定。有的互联网企业提出，本条第四项“未按照规定完整、准确传输有关交易信息的”，要予以行政处罚，建议增加结果要件，即“未按照规定完整、准确传输有关交易信息，造成涉诈案件资金链无法追溯的”，给予行政处罚。还有的地方和部门提出，实践中，中国人民银行已经对交易信息透传作了明确规定，但是执行中仍需要考虑相关主体执行的现实能力，建议在设置法律责任时，规定有关主管部门责令改正后，拒不改正的，再予以处罚，更为妥当。

3. 草案三次审议稿第三十九条规定：“银行业金融机构、非银行支付机构违反本法规定，有下列情形之一的，由有关主管部门责令改正，情节较轻的，给予警告、通报批评，或者处五万元以上五十万元以下罚款；情节严重的，处五十万元以上五百万元以下罚款，并可以由有关主管部门责令停止新增业务、缩减业务类型或者业务范围、暂停相关业务、停业整顿、吊销相关业务许可证或者吊销营业执照，对其直接负责的主管人员和其他直接责任人员，处一万元以上二十万元以下罚款：

（一）未落实国家有关规定确定的反电信网络诈骗内部控制机制的；

（二）未履行尽职调查义务和有关风险管理措施的；

（三）未履行对异常账户、可疑交易的风险监测和相关处置义务的；

（四）未按照规定完整、准确传输有关交易信息的。"

根据各方面的意见，草案三次审议稿对草案二次审议稿作了以下修改：一是，将二次审议稿第一项修改为"未落实国家有关规定确定的反电信网络诈骗内部控制机制"；二是，将二次审议稿第二项修改为"未履行尽职调查义务和有关风险管理措施的"应予以处罚。

在常委会审议过程中，对本条的条文序号作了进一步调整，由第三十九条变为第四十条。

◆ **条文解读**

本条规定了银行业金融机构、非银行支付机构违反本法规定的相关情形应当承担相应的法律责任。根据本条规定，法律责任土要分为两个档次。

一是，当银行业金融机构、非银行支付机构出现本条列举的情形，由有关主管部门责令改正，对于情节较轻的违法行为，由有关主管部门给予警告、通报批评或者罚款。这里规定的“有关主管部门”，主要是银行业金融机构、非银行支付机构的行业主管部门，包括中国人民银行、银行保险监督管理委员会等。

这里的“情节较轻”是指银行业金融机构、非银行支付机构违反反电信网络诈骗法律法规相关行为的违法性程度尚属轻微，并不严重，如未履行相关义务的时间不长、造成的危害和影响尚可限可控、积极主动采取措施整改较大程度上弥补了漏洞等。是否属于“情节较轻”可以由有关主管部门根据事实情况综合判断。

在该档次法律责任中，有关主管部门首先要对银行业金融机构、非银行支付机构的具体违法行为“责令改正”，银行业金融机构、非银行支付机构应根据主管部门的要求和时限，对照反电信网络诈骗法和相关行政法规的规定进行整改。此外，有关主管部门还可以给予“警告、通报批评或者处五万元以上五十万元以下罚款”。关于“警告、通报批评、罚款”的行政处罚方式，可详见本法第三十九条解读的内容。需要注意的是，本条规定的警告、通报批评、行政罚款既可以单独适用，也可以按照“警告和行政罚款”“通报批评和行政罚款”的方式组合适用。具体如何适用，可以由有关主管部门根据银行业金融机构、非银行支付机构违法情节的情况作出判断。

二是，当银行业金融机构、非银行支付机构出现本条列举的情形，违反本法规定，情节严重的，由有关主管部门处以罚款，并由有关主管部门责令停止新增业务、缩减业务类型或者业务范围、暂停相关业务、停业整顿、吊销相关业务许可证或者吊销营业执照，同时对其单位的责任人员处以罚款。

需要注意的是，在该档次法律责任中，有关主管部门也要对银行业金融机构、非银行支付机构的具体违法行为“责令改正”，银行业金融机构、非银行支付机构应根据主管部门的要求和时限，对照反电信网络诈骗法等相关规定进行整改。此外，有关主管部门还可以给予“情节严重”档次的处罚。

这里的“情节严重”是指银行业金融机构、非银行支付机构违反反电信网络诈骗法律法规相关行为的违法性程度严重，行为恶劣，如蓄意长期不履行相关义务、故意实施相关行为规避监管、造成巨大风险和危害、给人民群众造成巨大损失、产生的风险和危害无法弥补等。是否属于“情节严重”由有关主管部门根据事实情况综合判断。

对于银行业金融机构、非银行支付机构的严重违法行为，本条规定了双罚制，有关主管部门对银行业金融机构、非银行支付机构处以罚款，即“五十万元以上五百万元以下罚款”；在行政罚款的基础上，还可以并处“责令停止新增业务、缩减业务类型或者业务范围、暂停相关业务、停业整顿、吊销相关业务许可证或者吊销营业执照”。

这里的“责令停止新增业务、缩减业务类型或者业务范围”，是限制开展生产经营活动的一种行政处罚。有关主管部门可以责令具体的银行业金融机构、非银行支付机构在一定期限、一定业务范围、一定地域暂停新增业务或者将原有业务缩减，包括暂停原业务牌照的可续展审批、暂停新用户申请、停止新业务审批申报、取消相关类型种类业务、暂停相关类型业务的办理、将业务类型办理权限提级管理、取消代理权限等。“暂停相关业务、停业整顿、吊销相关业务许可证或者吊销营业执照”的行政处罚方式，可详见本法第三十九条解读的内容。此外，有关主管部门还要对银行业金融机构、非银行支付机构的相关责任人员进行处罚。这里的责任人员是“银行业金融机构、非银行支付机构直接负责的主管人员和其他直接责任人员”。根据本条规定，应对其处“一万元以上二十万元以下罚款”。

需要注意的是，对于处罚较重的行政处罚，根据《中华人民共和国行政处罚法》第六十三条的规定，行政机关在拟作出行政处罚决定时，应当告知当事人有要求听证的权利，当事人要求听证的，行政机关应当组织听证。

本条规定了银行业金融机构、非银行支付机构违法应接受处罚的四种情形：

1. 未落实国家有关规定确定的反电信网络诈骗内部控制机制的。

本项涉及银行业金融机构、非银行支付机构未落实国家规定确定的内控机制的法律责任。该项包含两层意思：一是国家有关规定确定的反电信网络诈骗内部控制机制。根据本法第六条规定，银行业金融机构、非银行支付机构应承担风险防控责任，建立反电信网络诈骗内部控制机制和安全责任制度，加强新业务涉诈风险安全评估。本项要求的是国家规定确定的反电信网络诈骗内部控制机制，包括根据本法、中国人民银行法、商业银行法、银行业监督管理法、反洗钱法、个人信息保护法等法律、行政法规、规范性文件等确立的内部控制机制。国家层面在现行金融监管机制的基础上增加了反电信网络诈骗的目标任务，是要求银行业金融机构、非银行支付机构内部统一建立国家规定确定的专门反电信网络诈骗的长效机制。如果是银行业金融机构、非银行支付机构在国家规定确定的内控机制以外设立的其他涉及反电信网络诈骗的自行规范或者内部要求，不属于本项规定的“国家有关规定确定的反电信网络诈骗内部控制机制”的范围。二是未落实国家有关规定确定的反电信网络诈骗内部控制机制的，要承担行政处罚。国家规定确定的反电信网络诈骗内部控制机制，如果仅停留在制度层面，尚未具体贯彻实施；或者相关机制在贯彻中“打折扣”，实际生产经营过程中基本不按照反电信网络诈骗内部控制机制进行的，会产生电信网络诈骗的巨大风险，应承担行政处罚的法律责任。

2. 未履行尽职调查义务和有关风险管理措施的。

本项涉及银行业金融机构、非银行支付机构未履行本法规定的尽职调查义务和有关风险管理措施的法律责任。本法第十五条规定："银行业金融机构、非银行支付机构为客户开立银行账户、支付账户及提供支付结算服务，和与客户业务关系存续期间，应当建立客户尽职调查制度，依法识别受益所有人，采取相应风险管理措施，防范银行账户、支付账户等被用于电信网络诈骗活动。"此外，本法对银行业金融机构、非银行支付机构还规定了一些防范、制止、惩治电信网络诈骗行为的风险管理措施，比如本法第二十条规定，银行业金融机构、非银行支付机构应配合国务院公安部门会同有关部门建立的涉案资金即时查询、紧急止付、快速冻结、及时解冻和资金返还相关制度的工作。第三十五条规定，经国务院反电信网络诈骗工作机制决定或者批准，公安、金融、电信等部门对电信网络诈骗活动严重的特定地区，可以依照国家有关规定采取相应的风险防范措施。基于此，银行业金融机构、非银行支付机构未履行尽职调查义务和有关风险管理措施的，应予以处罚。

3. 未履行对异常账户、可疑交易的风险监测和相关处置义务的。

本项涉及银行业金融机构、非银行支付机构未履行本法规定的对异常账户、可疑交易的风险监测和相关处置义务的法律责任。本法第十六条规定，开立银行账户、支付账户不得超出国家有关规定限制的数量。对经识别存在异常开户情形的，银行业金融机构、非银行支付机构有权加强核查或者拒绝开户。银行业金融机构、非银行支付机构应当按照国家有关规定提供开户情况和有关风险信息。第十七条规定，银行业金融机构、非银行支付机构应当建立开立企业账户异常情形的风险防控机制。第十八条规定，银行业金融机构、非银行支付机构应当对银行账户、支付账户及支付结算服务加强监测，建立完善符合电信网络诈骗活动特征的异常账户和可疑交易监测机制。对监测识别的异常账户和可疑交易，银行业金融机构、非银行支付机构应当根据风险情况，采取核实交易情况、重新核验身份、延迟支付结算、限制或者中止有关业务等必要的防范措施。基于此，银行业金融机构、非银行支付机构未履行对异常账户、可疑交易的风险监测和相关处置义务的，应根据本项规定，予以处罚。

4. 未按照规定完整、准确传输有关交易信息的。

本项涉及银行业金融机构、非银行支付机构未按规定完整、准确传输有关交易信息的法律责任。本法第十九条规定，银行业金融机构、非银行支付机构应当按照国家有关规定，完整、准确传输直接提供商品或者服务的商户名称、收付款客户名称及账号等交易信息，保证交易信息的真实、完整和支付全流程中的一致性。违反上述规定，不利于银行业金融机构、非银行支付机构完整、彻底地执行尽职调查，对相关信息进行回溯和追踪，准确识别可疑交易，并在金融交易阶段及时对有电信诈骗风险的行为采取相关措施，有效防范和惩治电信网络诈骗。此外，交易信息不完整，也不利于公安机关等有关部门侦查、取证、打击电信网络诈骗，不利于对犯罪被害人的追赃挽损，使关于防范和惩治电信网络诈骗的相关举措无法发挥效果。对于银行业金融机构、非银行支付机构未按照规定完整、准确传输有关交易信息的，应根据本项规定予以处罚。

在该条的理解适用中，需要注意以下方面的问题：

该条主要涉及银行业金融机构、非银行支付机构违反本法关于反电信网络诈骗相关义务的法律责任，其中不少涉及既违反本法，又违反反洗钱法的相关规定和义务，也应按照反洗钱法追究法律责任的问题，需要注意实践中如何处罚。

对于该问题，有三个层面的解决方式。一是，关于罚款。《中华人民共和国行政处罚法》第二十九条规定，对当事人的同一个违法行为，不得给予两次以上罚款的行政处罚。同一违法行为违反多个法律规范应当给予罚款处罚的，按照罚款数额高的规定处罚。二是，如果同一行为同时触犯不同立法目的的法律，同时涉及罚款以外的不同种行政处罚的，比如名誉罚、资格罚等，因属于不同立法目的设置的处罚，行政机关可以叠加适用。如一行政机关对单位作出停业整顿的处罚，同时另一行政机关对其作出取消相关责任人员任职资格的处罚。三是，如果同一性质的行为，涉及同一行政执法主体，对既违反特别法，又违反一般法的行为，要根据行政处罚规则具体判断。目前的方式是，特别法优于一般法。如本法第四十九条规定："反电信网络诈骗工作涉及的有关管理和责任制度，本法没有规定的，适用《中华人民共和国网络安全法》、《中华人民共和国个人信息保护法》、《中华人民共和国反洗钱法》等相关法律规定。"考虑到反洗钱法尚未修改，如果相关违反反洗钱义务的行为在反电信网络诈骗活动中有明确的法律责任的，应依照从新原则，按照反电信网络诈骗法的规定处罚。在一般的基础性法律修改后，涉及新修改的一般法和旧的特别法如何适用的问题。一般而言，应认为新修改的一般法已经统筹考虑了旧的特别法的相关规定，在同一性质的行为规定存在既可以适用一般法，也可以适用特别法进行处罚，而且两部法律的法律责任存在差异的情况下，不能简单以特别法优于一般法的规则处理。

◆ **相关规定**

《中华人民共和国反电信网络诈骗法》第 6 条、第 15—20 条、第 35 条；《中华人民共和国行政处罚法》第 63 条

第四十一条　电信业务经营者、互联网服务提供者违反本法规定，有下列情形之一的，由有关主管部门责令改正，情节较轻的，给予警告、通报批评，或者处五万元以上五十万元以下罚款；情节严重的，处五十万元以上五百万元以下罚款，并可以由有关主管部门责令暂停相关业务、停业整顿、关闭网站或者应用程序、吊销相关业务许可证或者吊销营业执照，对其直接负责的主管人员和其他直接责任人员，处一万元以上二十万元以下罚款：

（一）未落实国家有关规定确定的反电信网络诈骗内部控制机制的；

（二）未履行网络服务实名制职责，或者未对涉案、涉诈电话卡关联注册互联网账号进行核验的；

（三）未按照国家有关规定，核验域名注册、解析信息和互联网协议地址的真实性、准确性，规范域名跳转，或者记录并留存所提供相应服务的日志信息的；

（四）未登记核验移动互联网应用程序开发运营者的真实身份信息或者未核验应用程序的功能、用途，为其提供应用程序封装、分发服务的；

（五）未履行对涉诈互联网账号和应用程序，以及其他电信网络诈骗信息、活动的监测识别和处置义务的；

（六）拒不依法为查处电信网络诈骗犯罪提供技术支持和协助，或者未按规定移送有关违法犯罪线索、风险信息的。

◆ 条文主旨

本条是关于电信业务经营者、互联网服务提供者具有相关情形，违反反电信网络诈骗法对其设置的相关义务和要求，由有关主管部门予以处罚的规定。

◆ 立法背景

（一）起草背景

在反电信网络诈骗工作中，电信业务经营者、互联网服务提供者承担本法规定的重要义务和要求。对于未履行法律规定的相关义务和要求的，需要承担法律责任。本条通过明确规定电信业务经营者、互联网服务提供者的法律责任，监督电信业务经营者、互联网服务提供者主动履责，采取多种手段有效减少、阻断电信网络诈骗分子利用电信和互联网实施诈骗，同时赋予监管部门执法监督的法律依据。

（二）审议中各方面的意见

1. 反电信网络诈骗法（草案）第三十四条规定："互联网服务提供者有下列情形之一的，由有关主管部门责令改正，根据造成的后果情况，给予警告、通报批评，或者处一万元以上十万元以下罚款；情节严重的，处十万元以上一百万元以下罚款，并可以由有关主管部门责令暂停相关业务、停业整顿、关闭网站、吊销相关业务许可证或者吊销营业执照，对其直接负责的主管人员和其他直接责任人员，处一万元以上二十万元以下罚款：

（一）未建立健全反电信网络诈骗内控机制或者未有效落实机制，经有关主管部门提出整改要求，拒不整改的；

（二）未依法履行网络服务实名制职责的；

（三）未核验域名注册、解析信息和互联网协议地址的真实性、准确性，或者未记录并留存所提供相应服务的日志信息的；

（四）未登记核验移动互联网应用程序开发运营者的真实身份和联系方式，为其提供应用程序封装、分发服务的；

（五）未建立互联网账号、应用程序、涉诈产业，或者其他电信网络诈骗信息、活动的监测、识别和处置机制的；

（六）拒不依法为查处电信网络诈骗犯罪提供支持和协助，或者未按规定移送有关犯罪线索、风险信息的。”

在起草阶段、征求意见过程，以及常委会审议过程中，有的部门建议将本条中“有关主管部门”明确修改为“分别由国务院银行业监督管理机构及其派出机构、中国人民银行及其分支机构”；有的部门建议将吊销营业执照的执法主体明确为市场监管部门。有的高校研究机构建议将本条规定的“未建立”“未履行”等表述修改为“未依法建立”“未依法履行”。有的地方、企业建议进一步完善罚款的规定，建议将三种情形对应的罚款数额分别修改为“处十万元以上二十万元以下罚款”“处二十万元以上一百万元以下罚款”“处二万元以上二十万元以下罚款”，还有的地方建议对直接负责的主管人员和其他直接责任人员的罚款金额规定为十万元以上，同时增加负有严重责任后果的要依法承担刑事责任。对于具体列举的应当处罚的情形，有的地方建议，本条第四项“未登记核验移动互联网应用程序开发运营者的真实身份和联系方式，为其提供应用程序封装、分发服务的”应承担法律责任与草案第二十条第二款规定的“为应用程序提供封装、分发服务的，应当登记并核验应用程序开发运营者的真实身份信息，核验应用程序的功能、用途，支持实现对封装、分发的全程溯源”的规定相匹配。有的高校研究机构、地方建议删去本条第六项中规定的“未按规定移送有关犯罪线索、风险信息”的规定，或者修改为“拒不移送有关犯罪线索、风险信息的”予以处罚。有的部门提出，本条第六项规定的内容实践中普遍存在，不仅在互联网服务中存在不提供支持帮助或者不移送有关线索的情况，在金融业务或者电信业务中也会存在，建议将该项作为单独一条予以规定：拒不依法为查处电信网络诈骗犯罪提供支持和协助，或者未按规定移送有关犯罪线索、风险信息的，由有关主管部门责令改正，根据造成的后果情况，给予警告、通报批评，或者处一万元以上十万元以下罚款。

2. 草案二次审议稿第三十八条规定："电信业务经营者、互联网服务提供者违反本法规定，有下列情形之一的，由有关主管部门责令改正，情节较轻的，给予警告、通报批评，或者处五万元以上五十万元以下罚款；情节严重的，处五十万元以上五百万元以下罚款，并可以由有关主管部门责令暂停相关业务、停业整顿、关闭网站、吊销相关业务许可证或者吊销营业执照，对其直接负责的主管人员和其他直接责任人员，处一万元以上二十万元以下罚款：

（一）未建立健全反电信网络诈骗内部控制机制或者未有效落实机制，经有关主管部门提出整改要求，拒不整改的；

（二）未履行网络服务实名制职责的；

（三）未按照规定核验域名注册、解析信息和互联网协议地址的真实性、准确性，未限制域名跳转次数，或者未记录并留存所提供相应服务的日志信息的；

（四）未登记核验移动互联网应用程序开发运营者的真实身份信息或者未核验应用程序的功能、用途，为其提供应用程序封装、分发服务的；

（五）未建立互联网账号、应用程序、涉诈支持、帮助活动，或者其他电信网络诈骗信息、活动的监测识别和处置机制的；

（六）拒不依法为查处电信网络诈骗犯罪提供技术支持和协助，或者未按规定移送有关犯罪线索、风险信息的。"

根据各方面的意见，草案二次审议稿对草案作了以下修改：一是在法律责任的主体部分，增加电信业务经营者。二是在法律责任的条件部分增加规定电信业务经营者、互联网服务提供者“违反本法规定”的规定，并删去了具体项目中“依法”的规定。三是将追究行政责任的门槛，由结果要件修改为情节要件，将“根据造成的后果情况”修改为“情节较轻”。四是将两档行政罚款分别由“一万元以上十万元以下”“十万元以上一百万元以下”提高到“五万元以上五十万元以下”“五十万元以上五百万元以下”。五是将草案稿第一项“内控机制”修改为“内部控制机制”。六是对本条第三项增加“按照规定”核验域名注册、解析信息和互联网协议地址的真实性、准确性。增加“未限制域名跳转次数”应予以处罚的规定。七是将本条第四项“真实身份和联系方式”修改为“真实身份信息或者未核验应用程序的功能、用途”。八是将本条第五项规定的“涉诈产业”修改为“涉诈支持、帮助活动”。九是将本条第六项规定的“拒不提供支持和协助”修改为“拒不提供技术支持和协助”。

在常委会审议和征求意见过程中，有的部门提出，建议将处罚措施的“关闭网站”修改为“关闭网站（移动互联网应用程序）”，以进一步明确对APP程序的关闭措施。有的企业建议，将本条第一项中规定的“未有效落实”修改为“未依照法律、行政法规的规定和国家标准的强制性要求落实”。有的部门建议，将本条第二项修改为“未履行网络服务实名制职责的，未对涉案、涉诈电话卡关联注册互联网账号进行核验的”；本条第三项后增加“未按照规定履行互联网协议（IP）地址归属地信息标注义务的”应予以处罚。

3. 草案三次审议稿第四十条规定：“电信业务经营者、互联网服务提供者违反本法规定，有下列情形之一的，由有关主管部门责令改正，情节较轻的，给予警告、通报批评，或者处五万元以上五十万元以下罚款；情节严重的，处五十万元以上五百万元以下罚款，并可以由有关主管部门责令暂停相关业务、停业整顿、关闭网站或者应用程序、吊销相关业务许可证或者吊销营业执照，对其直接负责的主管人员和其他直接责任人员，处一万元以上二十万元以下罚款：

（一）未落实国家有关规定确定的反电信网络诈骗内部控制机制的；

（二）未履行网络服务实名制职责的，或者未对涉案、涉诈电话卡关联注册互联网账号进行核验的；

（三）未按照规定核验域名注册、解析信息和互联网协议地址的真实性、准确性，未限制域名跳转次数，或者未记录并留存所提供相应服务的日志信息的；

（四）未登记核验移动互联网应用程序开发运营者的真实身份信息或者未核验应用程序的功能、用途，为其提供应用程序封装、分发服务的；

（五）未建立涉诈互联网账号和应用程序、涉诈支持、帮助活动，以及其他电信网络诈骗信息、活动的监测识别和处置机制的；

（六）拒不依法为查处电信网络诈骗犯罪提供技术支持和协助，或者未按规定移送有关犯罪线索、风险信息的。”

根据各方面的意见，草案三次审议稿对草案二次审议稿作了以下修改：一是增加有关主管部门可以关闭应用程序的行政处罚；二是将第一项修改为“未落实国家有关规定确定的反电信网络诈骗内部控制机制”；三是第二项增加规定，电信业务经营者、互联网服务提供者“未对涉案、涉诈电话卡关联注册互联网账号进行核验的”应予以处罚。四是对第五项作了文字修改，修改为“未建立涉诈互联网账号和应用程序、涉诈支持、帮助活动，以及其他电信网络诈骗信息、活动的监测识别和处置机制的”应予以处罚。

根据常委会组成人员的审议意见，本条又作了以下修改：一是，将第二项、第三项、第五项作了文字修改。二是，将本条的条文序号由第四十条修改为第四十一条。

◆ 条文解读

本条规定了电信业务经营者、互联网服务提供者违反本法规定的相关情形应当承担相应的法律责任。根据本条规定，法律责任主要分为两个档次。

一是，当电信业务经营者、互联网服务提供者出现本条列举的情形，一般性违反本法规定，由有关主管部门责令改正，对于情节较轻的违法行为，由有关主管部门给予警告、通报批评或者罚款。这里规定的“有关主管部门”，主要是电信业务经营者、互联网服务提供者的行业主管部门，涉及工业和信息化部门、网络安全和信息化委员会办公室等。

这里的“情节较轻”是指电信业务经营者、互联网服务提供者违反反电信网络诈骗法律法规相关行为的违法性程度尚属轻微，并不严重，如未履行相关义务的时间不长、造成的危害和影响尚可限可控、积极主动采取措施整改较大程度上弥补了漏洞等。是否属于“情节较轻”可以由有关主管部门根据事实情况综合判断。

在该档次法律责任中，有关主管部门首先要对电信业务经营者、互联网服务提供者的具体违法行为“责令改正”，电信业务经营者、互联网服务提供者应根据主管部门的要求和时限，对照反电信网络诈骗法和相关行政法规的规定进行整改。此外，有关主管部门还可以给予“警告、通报批评或者处五万元以上五十万元以下罚款”。关于“警告、通报批评、罚款”的行政处罚方式，可详见本法第三十九条解读的内容。需要注意的是，本条规定的警告、通报批评、行政罚款既可以单独适用，也可以按照“警告和行政罚款”“通报批评和行政罚款”的方式组合适用。具体如何适用，可以由有关主管部门根据电信业务经营者、互联网服务提供者违法情节的情况作出判断。

二是，当电信业务经营者、互联网服务提供者出现本条列举的情形，违反本法规定，情节严重的，由有关主管部门处以罚款，并由有关主管部门责令暂停相关业务、停业整顿、关闭网站或者应用程序、吊销相关业务许可证或者吊销营业执照，同时对其单位的责任人员处以罚款。

需要注意的是，在该档次法律责任中，有关主管部门也要对电信业务经营者、互联网服务提供者的具体违法行为“责令改正”，电信业务经营者、互联网服务提供者应根据主管部门的要求和时限，对照反电信网络诈骗法等相关规定进行整改。此外，有关主管部门还可以给予“情节严重”档次的处罚。

这里的“情节严重”是指电信业务经营者、互联网服务提供者违反反电信网络诈骗法律法规相关行为的违法性程度严重，行为恶劣，如蓄意长期不履行相关义务、故意实施相关行为规避监管、造成巨大风险和危害、给人民群众造成巨大损失、产生的风险和危害无法弥补等。是否属于“情节严重”可以由有关主管部门根据事实情况综合判断。

对于电信业务经营者、互联网服务提供者的严重违法行为，本条规定了双罚制，有关主管部门对电信业务经营者、互联网服务提供者处以罚款，即“五十万元以上五百万元以下罚款”；在行政罚款的基础上，还可以并处“责令暂停相关业务、停业整顿、关闭网站或者应用程序、吊销相关业务许可证或者吊销营业执照”。

这里的“关闭网站或者应用程序”，是关闭电信、互联网业务的一种特殊行政处罚。有关主管部门可以责令具体的电信业务经营者、互联网服务提供者停止网站、应用程序的全部活动，表现方式为注销、下架等。“暂停相关业务、停业整顿、吊销相关业务许可证或者吊销营业执照”的行政处罚方式，可详见本法第三十九条解读的内容。此外，有关主管部门还要对电信业务经营者、互联网服务提供者的相关责任人员进行处罚。这里的责任人员是“电信业务经营者、互联网服务提供者直接负责的主管人员和其他直接责任人员”。根据本条规定，应对其处“一万元以上二十万元以下罚款”。

需要注意的是，对于处罚较重的行政处罚，根据《中华人民共和国行政处罚法》第六十三条的规定，行政机关在拟作出行政处罚决定时，应当告知当事人有要求听证的权利，当事人要求听证的，行政机关应当组织听证。

本条规定了电信业务经营者、互联网服务提供者违法应接受处罚的六种情形：

1. 未落实国家有关规定确定的反电信网络诈骗内部控制机制的。

本项涉及电信业务经营者、互联网服务提供者未落实国家规定确定的内控机制的法律责任。该项包含两层意思：一是国家有关规定确定的反电信网络诈骗内部控制机制。根据本法第六条规定，电信业务经营者、互联网服务提供者应承担风险防控责任，建立反电信网络诈骗内部控制机制和安全责任制度，加强新业务涉诈风险安全评估。本项要求的是国家规定确定的反电信网络诈骗内部控制机制，包括根据本法、个人信息保护法、网络安全法、数据安全法、电信条例等法律、行政法规、规范性文件等确立的内部控制机制。这里的内部控制机制与本法第三十九条第一项中规定的内部控制机制应在领域上有所区别，主要偏向以互联网为技术基础的网络、电信反电信网络诈骗的内部控制机制。电信业务经营者、互联网服务提供者在国家规定确定的内控机制以外设立的其他涉及反电信网络诈骗的自行规范或者内部要求，不属于本项规定的“国家有关规定确定的反电信网络诈骗内部控制机制”的范围。二是未落实国家有关规定确定的反电信网络诈骗内部控制机制的，要承担行政处罚。国家规定确定的反电信网络诈骗内部控制机制，如果仅停留在制度层面，尚未具体贯彻实施；或者相关机制在贯彻中“打折扣”，在实际生产经营过程中基本不按照反电信网络诈骗内部控制机制进行的，会产生电信网络诈骗的巨大风险，应承担行政处罚的法律责任。

2. 未履行网络服务实名制职责，或者未对涉案、涉诈电话卡关联注册互联网账号进行核验的。

本项涉及电信业务经营者、互联网服务提供者不履行网络服务实名制职责，未对涉案、涉诈电话卡关联注册互联网账号进行核验的法律责任。本项包含两层意思：一是，未履行网络服务实名制职责的法律责任。本法第二十一条规定：“电信业务经营者、互联网服务提供者为用户提供下列服务，在与用户签订协议或者确认提供服务时，应当依法要求用户提供真实身份信息，用户不提供真实身份信息的，不得提供服务：（一）提供互联网接入服务；（二）提供网络代理等网络地址转换服务；（三）提供互联网域名注册、服务器托管、空间租用、云服务、内容分发服务；（四）提供信息、软件发布服务，或者提供即时通讯、网络交易、网络游戏、网络直播发布、广告推广服务。”当实名制未真正落实，造成电信网络诈骗风险的，电信业务经营者、互联网服务提供者应承担法律责任。二是，未对涉案、涉诈电话卡关联注册互联网账号进行核验的法律责任。本法第二十二条规定：“互联网服务提供者对监测识别的涉诈异常账号应当采取重新核验，根据国家有关规定采取限制功能、暂停服务等处置措施。互联网服务提供者应当根据公安机关、电信主管部门要求，对涉案电话卡、涉诈异常电话卡所关联注册的有关互联网账号进行核验，根据风险情况，采取限期改正、限制功能、暂停使用、关闭账号、禁止重新注册等处置措施。”重新核验制度既可以最大化排查电信网络诈骗风险，也可以为错误认定涉案、涉诈的相关账号所有人提供救济渠道，如果电信业务经营者、互联网服务提供者未履行对关联注册互联网账号进行核验的，应承担法律责任。

3. 未按照国家有关规定，核验域名注册、解析信息和互联网协议地址的真实性、准确性，规范域名跳转，或者记录并留存所提供相应服务的日志信息的。

本项涉及电信业务经营者、互联网服务提供者未按照国家规定核验域名注册、解析信息和互联网协议地址的真实性、准确性，规范域名跳转，或者记录并留存所提供相应服务的日志信息的法律责任。本法第二十四条规定：“提供域名解析、域名跳转、网址链接转换服务的，应当按照国家有关规定，核验域名注册、解析信息和互联网协议地址的真实性、准确性，规范域名跳转，记录并留存所提供相应服务的日志信息，支持实现对解析、跳转、转换记录的溯源。”对于电信业务经营者、互联网服务提供者未按照国家规定核验相关内容的真实性、准确性，未限制域名跳转次数及保留日志信息的，应承担法律责任。

4. 未登记核验移动互联网应用程序开发运营者的真实身份信息或者未核验应用程序的功能、用途，为其提供应用程序封装、分发服务的。

本项涉及电信业务经营者、互联网服务提供者未登记核验移动互联网应用程序开发运营者的真实身份信息或者未核验应用程序的功能、用途，为其提供应用程序封装、分发服务的法律责任。本法第二十三条规定：“设立移动互联网应用程序应当按照国家有关规定向电信主管部门办理许可或者备案手续。为应用程序提供封装、分发服务的，应当登记并核验应用程序开发运营者的真实身份信息，核验应用程序的功能、用途。公安、电信、网信等部门和电信业务经营者、互联网服务提供者应当加强对分发平台以外途径下载传播的涉诈应用程序重点监测、及时处置。”如果未登记核验移动互联网应用程序开发运营者的真实身份信息或者未核验应用程序的功能、用途，为其提供应用程序封装、分发服务的，应承担法律责任。

5. 未履行对涉诈互联网账号和应用程序，以及其他电信网络诈骗信息、活动的监测识别和处置义务的。

本项涉及电信业务经营者、互联网服务提供者未履行对涉及电信网络诈骗的互联网账号和应用程序，以及对其他电信网络诈骗信息、活动的监测识别和处置义务的法律责任。本法第二十二条第一款规定：“互联网服务提供者对监测识别的涉诈异常账号应当重新核验，根据国家有关规定采取限制功能、暂停服务等处置措施。”第二十三条第二款、第三款规定：“为应用程序提供封装、分发服务的，应当登记并核验应用程序开发运营者的真实身份信息，核验应用程序的功能、用途。公安、电信、网信等部门和电信业务经营者、互联网服务提供者应当加强对分发平台以外途径下载传播的涉诈应用程序重点监测、及时处置。”第十四条规定：“任何单位和个人不得非法制造、买卖、提供或者使用下列设备、软件：（一）电话卡批量插入设备；（二）具有改变主叫号码、虚拟拨号、互联网电话违规接入公用电信网络等功能的设备、软件；（三）批量账号、网络地址自动切换系统，批量接收提供短信验证、语音验证的平台；（四）其他用于实施电信网络诈骗等违法犯罪的设备、软件。电信业务经营者、互联网服务提供者应当采取技术措施，及时识别、阻断前款规定的非法设备、软件接入网络，并向公安机关和相关行业主管部门报告。”此外，还包括处置机制的救济措施。第三十二条第三款规定，根据本法的相关规定，对涉诈异常情形采取限制、暂停服务等处置措施的，应当告知处置原因、救济渠道及需要提交的资料等事项，被处置对象可以向作出决定或者采取措施的部门、单位提出申诉。对于电信业务经营者、互联网服务提供者未履行对涉诈互联网账号和应用程序，以及其他电信网络诈骗信息、活动的监测识别和处置义务的，应承担法律责任。

6. 拒不依法为查处电信网络诈骗犯罪提供技术支持和协助，或者未按规定移送有关犯罪线索、风险信息的。

本项涉及电信业务经营者、互联网服务提供者拒不依法为查处电信网络诈骗犯罪提供技术支持和协助，或者未按规定移送有关犯罪线索、风险信息的法律责任。本法第十四条第二款规定："电信业务经营者、互联网服务提供者应当采取技术措施，及时识别、阻断前款规定的非法设备、软件接入网络，并向公安机关和相关行业主管部门报告。"第二十六条规定，公安机关办理电信网络诈骗案件依法调取证据的，互联网服务提供者应当及时提供技术支持和协助。互联网服务提供者在依照本法规定对有关涉诈信息、活动进行监测时，发现涉诈违法犯罪线索、风险信息的，应当依照国家有关规定，根据涉诈风险类型、程度情况移送公安、金融、电信、网信等部门。如果相关主体拒不依法为查处电信网络诈骗犯罪提供技术支持和协助，或者未按规定移送有关犯罪线索、风险信息的，应承担法律责任。

◆ 相关规定

《中华人民共和国反电信网络诈骗法》第 6 条、第 14 条、第 21—24 条、第 26 条、第 32 条；《中华人民共和国行政处罚法》第 63 条

第四十二条 违反本法第十四条、第二十五条第一款规定的，没收违法所得，由公安机关或者有关主管部门处违法所得一倍以上十倍以下罚款，没有违法所得或者违法所得不足五万元的，处五十万元以下罚款；情节严重的，由公安机关并处十五日以下拘留。

◆ 条文主旨

本条是关于从事涉诈黑灰产法律责任的规定。

◆ 立法背景

（一）起草背景

电信网络诈骗犯罪是近年来持续高发多发的新型犯罪，涉及面广，欺骗性强，危害严重，围绕电信网络诈骗犯罪滋生了一系列黑灰产业链，形成上下游关联犯罪，很多群众的看病钱、养老钱、上学钱被席卷一空，因骗致贫、因骗返贫现象和受骗后破产、自杀等恶性事件时有发生。大量涉诈资金被转往境外，大批人员偷渡赴境外作案，严重影响人民群众财产安全、社会和谐稳定和国家经济安全，严重影响人民群众安全感、幸福感、获得感，电信网络诈骗成为当前一个比较突出的社会问题。目前，移动通信网络和线上金融业务不断发展，新的技术成果、通讯网络工具和互联网业务不断被吸纳到电信网络诈骗犯罪中，电信网络诈骗犯罪已经经过了多轮次骗术升级改造，犯罪分工逐渐精细化，也催生了为诈骗犯罪提供帮助和支持的黑灰产业，这些产业群体或违反国家法律、法规及行业规定，从事非法活动，或利用制度漏洞，故意逃避法律追究，从信息传播、技术支撑、资金流转等方面为电信网络诈骗犯罪提供有形或无形的帮助，进而形成了分工明确、彼此依赖、利益共享的产业链条。遍布于电信网络诈骗犯罪的各个环节的产业化现象，加速了电信网络诈骗犯罪的蔓延泛滥，成为影响电信网络诈骗犯罪治理效果的重要因素之一。由于电信网络诈骗违法犯罪的滋生蔓延，部分设备、软件主要被用于违法犯罪活动，甚至有些设备、软件就是因电信网络诈骗而生，比较典型的如 GOIP 设备（GOIP，Gsm Over Internet Protocol 设备是一种虚拟拨号设备，该设备能将传统电话信号转化为网络信号，供上百张手机卡同时运作，并通过卡池远程控制异地设备，实现人机分离、人卡分离、机卡分离等功能），由于对于其生产销售缺乏有效的规制，在市场上被广泛流通使用。

在全社会各领域对通讯网络领域展开深度综合治理的背景下，诈骗犯罪分子用来与受害群体建立通讯连接的方式愈发减少，为此，想方设法逃避监管部门的约束，建立相对隐蔽、稳定的通讯线路连接便成了诈骗犯罪的核心环节。为诈骗分子提供通讯线路、网络服务、桥接设备、应用程序等通讯连接渠道的黑灰产业涌现出来。因此，隐蔽的窝点环境、稳定的网络传输、便捷的通讯工具、以假乱真的应用程序都已成为电信网络诈骗中游产业不可缺少的元素。同时，在诈骗行为完成后，为了逃避侦查打击，及时获得赃款，通常需要通过非法渠道对涉案钱款进行转存、支付、结算、取现等处理，以“资金结算”为主要特点的黑灰产业便有了生存的土壤。

可以预见的是，随着该类犯罪的常态化发展，寄生在其周围的黑灰产业会愈发多样复杂，电信网络诈骗犯罪的产业化程度也会越来越深。国家网信办统计的数据显示，近年来，利用 APP 进行诈骗已成为电信网络诈骗案件的主要犯罪手段之一，约占整体案发量的六成。其中，网络兼职刷单、快速贷款等诈骗 APP 较多，特别是有一些仿冒各大银行和金融平台的 APP 具有较大迷惑性和欺骗性。2022 年 4 月，国家网信办曝光了一批电信网络诈骗案例，其中四起涉及网络黑灰产诈骗：一是，2021年6月，诈骗分子冒充浙江省某市派出所民警，联系郭某称其已涉嫌诈骗被立案，并要求郭某登录仿冒的某公安局官网查看立案信息，将资金转移到“安全账户”。郭某按照诈骗分子要求转账，合计被骗50余万元。二是，2021年8月，江苏省某市方某某下载了“阿聊”APP和“汇龙支付”APP，参加所谓的“高额”任务返现活动。平台以连单任务、信誉不足为由让方某某先充钱再重启任务，方某某累计被骗11万元。三是，2022年2月，江西省某市受害人洪某某下载了一款名为“京东.J.R”的仿冒APP，受到“额度高”“利息低”等表述诱导，注册账户并申请贷款。平台谎称其账号异常，需转账到所谓的“银保监会账户”进行验证，洪某某先后多次转账，合计被骗5万元。四是，2022年2月，河北省某市受害人胡某看到炒股广告，下载“平安证券”仿冒APP进行相关投资操作，开始投入小金额盈利并提现成功，遂加大投资金额，最后提现失败，合计被骗50万元。

基于现实情况和需要，反电信网络诈骗法在立法起草阶段和修改完善过程中，针对这类设备，从源头开始就严格区分合法与非法用途范围界限，加强行业主管部门的监管力度，防止被滥用以及违法使用，除刑法帮助信息网络犯罪活动罪外，对尚不构成犯罪的行为，在本条规定了相应的行政处罚。

（二）审议中各方面的意见

1. 反电信网络诈骗法草案在第三十五条即作出规定：“违反本法第十二条、第二十二条规定，非法制造、销售、提供或者使用专门或者主要用于电信网络诈骗的设备、软件的，或者从事相关涉诈产业的，没收违法所得，由有关主管部门或者公安机关处违法所得一倍以上十倍以下罚款，没有违法所得的，处二十万元以下罚款；情节严重的，由公安机关并处十日以下拘留。”

在审议和征求意见过程中，主要意见有：一是，有关方面建议将“涉诈产业”修改为“涉诈黑灰产业”，一方面与前面条文相对应，另一方面使得对概念的描述也更加准确清晰。二是，常委委员和各方面普遍建议提高罚款数额、拘留时限。三是，有的意见提出，对涉诈产业的治理，主要的处罚主体为公安机关，但同时对于非法设备的制造、销售、使用等行为，也不宜排除电信等主管部门的处罚权限。因此，二次审议稿作了如下修改：一是，将“从事相关涉诈产业的”修改为“从事相关涉诈支持、帮助活动的”。没有修改为“涉诈黑灰产”，主要考虑“黑灰产”不是法律概念，使用“相关涉诈支持、帮助活动”能够表达“涉诈黑灰产”的含义，而且更符合立法技术和概念表达的要求。二是，对具有处罚权限的部门的顺序进行了调整，将“有关主管部门或者公安机关”修改为“公安机关或者有关主管部门”，突出强调公安机关的职权和作用。三是，进一步加大了处罚力度，针对没有违法所得的情形，将“处二十万元以下罚款”修改为“处五十万元以下罚款”；针对情节严重的情形，将“处十日以下拘留”修改为“处十五日以下拘留”。

2. 二次审议稿第三十九条规定：“违反本法第十四条、第二十五条规定，非法制造、销售、提供或者使用专门或者主要用于电信网络诈骗的设备、软件的，或者从事相关涉诈支持、帮助活动的，没收违法所得，由公安机关或者有关主管部门处违法所得一倍以上十倍以下罚款，没有违法所得的，处五十万元以下罚款；情节严重的，由公安机关并处十五日以下拘留。”

在审议和征求意见过程中，主要意见有：一是，在没有违法所得的情况下，定额罚款的上限为五十万元，有违法所得的处罚倍数为一倍以上十倍以下，从理论上讲，如果违法所得不足五万元，可能出现有违法所得的处罚反而比没有违法所得还要轻的情况。二是，根据第二十五条的修改情况，对法律责任部分进行相应调整。三是，可以不再次重复描述本法第十四条、第二十五条第一款行为的具体表现，只将行为指引到前述条文即可。因此，对二次审议稿主要从立法技术上作了三处修改完善：一是将“没有违法所得”修改为“没有违法所得或者违法所得不足五万元”；二是本条只针对第二十五条第一款的内容规定法律责任；三是不再对行为的表现作出具体描述。

◆ **条文解读**

本条是针对本法第二章电信治理部分的第十四条涉诈非法设备、软件防治，以及第四章互联网治理部分的第二十五条第一款涉诈黑灰产防治规定的法律责任。本法第十四条规定：“任何单位和个人不得非法制造、买卖、提供或者使用下列设备、软件：(一) 电话卡批量插入设备；(二) 具有改变主叫号码、虚拟拨号、互联网电话违规接入公用电信网络等功能的设备、软件；(三) 批量账号、网络地址自动切换系统，批量接收提供短信验证、语音验证的平台；(四) 其他用于实施电信网络诈骗等违法犯罪的设备、软件。电信业务经营者、互联网服务提供者应当采取技术措施，及时识别、阻断前款规定的非法设备、软件接入网络，并向公安机关和相关行业主管部门报告。”本法第二十五条第一款规定：“任何单位和个人不得为他人实施电信网络诈骗活动提供下列支持或者帮助：(一) 出售、提供个人信息；(二) 帮助他人通过虚拟货币交易等方式洗钱；(三) 其他为电信网络诈骗活动提供支持或者帮助的行为。”

针对上述行为，本条规定的法律责任分为三个层次：

一是，如果实施了本法第十四条、第二十五条第一款规定的非法制造、买卖、提供或者使用用于电信网络诈骗的设备、软件的行为，或者为他人实施电信网络诈骗活动提供了相关支持、帮助活动，则将被没收违法所得，同时，由公安机关或者有关主管部门处违法所得一倍以上十倍以下罚款。需要注意的是，此处的违法所得需达到五万元以上，例如，制造了用于电信网络诈骗的APP，违法获利十万元，则该十万元将被没收，同时面临由公安机关或者有关主管部门作出的至少十万元、至多一百万元的罚款。

二是，如果实施了本法第十四条、第二十五条第一款规定的行为，但没有违法所得或者违法所得不足五万元的，则将面临五十万以下罚款。

三是，如果实施了本法第十四条、第二十五条第一款规定的行为，情节严重，但尚不构成犯罪的，在被没收全部违法所得、由公安机关或者有关主管部门处违法所得一倍以上十倍以下罚款的同时，还将面临公安机关作出的十五日以下拘留的行政处罚。需要注意的是，情节严重与否，需要综合考虑行为的性质、造成的后果等多方面因素。

实践中需要注意的问题是：

一是，注意区分本条法律责任与刑法规定的帮助信息网络犯罪活动罪。本条的法律责任，针对的是行为尚不构成犯罪的情形，即任何单位和个人不得从事涉诈黑灰产；同时不得为他人实施电信网络诈骗活动提供支持或者帮助。如果明知他人实施电信网络诈骗活动，而提供涉诈支持、帮助，则应当按照《中华人民共和国刑法》第二百八十七条之二规定的帮助信息网络犯罪活动罪处罚，即：明知他人利用信息网络实施犯罪，为其犯罪提供互联网接入、服务器托管、网络存储、通讯传输等技术支持，或者提供广告推广、支付结算等帮助，情节严重的，构成帮助信息网络犯罪活动罪。

二是，具体的处罚标准需要在实践中进一步细化，本条仅对法律责任作了基本规定，实践中如何确定具体的罚款标准和数额、如何认定“情节严重”等问题，均有待有关部门依据实际情况进一步明确和细化。

◆ **典型案例**

2022年4月21日，最高人民检察院发布10件打击治理电信网络诈骗及关联犯罪典型案例①，其中一件是唐某琪、方某帮助信息网络犯罪活动案。

该案中，电信网络诈骗犯罪分子利用GOIP设备拨打电话、发送信息，加大了打击治理难度。基本案情如下：被告人唐某琪，系广东深圳乔尚科技有限公司（以下简称乔尚公司）法定代表人；被告人方某，系浙江杭州三汇信息工程有限公司（以下简称三汇公司）销售经理。被告人唐某琪曾因其销售的GOIP设备涉及违法犯罪被公安机关查扣并口头警告，之后其仍以乔尚公司名义向方某购买该设备，并通过网络销售给他人。方某明知唐某琪将GOIP设备出售给从事电信网络诈骗犯罪的人员，仍然长期向唐某琪出售。自2019年12月至2020年10月，唐某琪从方某处购买130台GOIP设备并销售给他人，并提供后续安装、调试及配置系统等技术支持。期间，公安机关在广西北海、钦州以及贵州六盘水、铜仁等地查获唐某琪、方某出售的GOIP设备20台。经查，其中5台设备被他人用于实施电信网络诈骗，造成张某淘、李某兰等人被诈骗人民币共计34万余元。

本案由广西壮族自治区北海市公安局立案侦查。2020年9月27日，北海市人民检察院介入案件侦查。2021年1月25日，公安机关以唐某琪、方某涉嫌帮助信息网络犯罪活动罪移送起诉，

---

① 来源：https：//www.spp.gov.cn/spp/xwfbh/wsfbt/202204/t20220421_554307.shtml#2.

北海市人民检察院将本案指定由海城区人民检察院审查起诉。检察机关经审查认为，唐某琪曾因其销售的 GOIP 设备涉及违法犯罪被公安机关查扣并口头警告，后仍然实施有关行为；方某作为行业销售商，在明知 GOIP 设备多用于电信网络诈骗犯罪且收到公司警示通知的情况下，对销售对象不加审核，仍然长期向唐某琪出售，导致所出售的设备被用于电信网络诈骗犯罪，造成严重危害，依法均应认定为构成帮助信息网络犯罪活动罪。同年 6 月 21 日，检察机关以帮助信息网络犯罪活动罪对唐某琪、方某提起公诉。同年 8 月 2 日，北海市海城区人民法院以帮助信息网络犯罪活动罪分别判处被告人唐某琪、方某有期徒刑 9 个月、8 个月，并处罚金人民币 12000 元、10000 元。唐某琪提出上诉，同年 10 月 18 日，北海市中级人民法院裁定驳回上诉，维持原判。

◆ **相关规定**

《中华人民共和国刑法》第 287 条之二；《最高人民法院、最高人民检察院关于办理非法利用信息网络、帮助信息网络犯罪活动等刑事案件适用法律若干问题的解释》第 11—13 条；《移动互联网应用程序信息服务管理规定》

第四十三条　违反本法第二十五条第二款规定，由有关主管部门责令改正，情节较轻的，给予警告、通报批评，或者处五万元以上五十万元以下罚款；情节严重的，处五十万元以上五百万元以下罚款，并可以由有关主管部门责令暂停相关业务、停业整顿、关闭网站或者应用程序，对其直接负责的主管人员和其他直接责任人员，处一万元以上二十万元以下罚款。

◆ **条文主旨**

本条是关于电信业务经营者、互联网服务提供者未按照国家有关规定履行合理注意义务的法律责任的规定。

◆ **立法背景**

（一）起草背景

电信网络诈骗犯罪涉及面广，欺骗性强，危害严重，上下游关联犯罪多，很多群众的看病钱、养老钱、上学钱被席卷一空，因骗致贫、因骗返贫现象和受骗后破产、自杀等恶性事件时有发生，严重影响人民群众财产安全、社会和谐稳定和国家经济安全。电信网络诈骗行为，往往都是通过平台给潜在受害人发送各类信息，从而建立与被害人的联系。电信业务经营者、互联网服务提供者在正常开展经营、提供服务的过程中，如果未能及时监测识别和处置涉嫌电信网络诈骗的活动或者支持、帮助电信网络诈骗的活动，会给人民群众财产安全造成重大隐患。因此，平台应当担负起应有的责任，建立有效地阻隔电信网络诈骗的“防火墙”。因此，反电信网络诈骗立法和修改过程中，规定了电信业务经营者、互联网服务提供者的合理注意义务，即应当依照国家有关规定，对自身经营的业务被用于涉诈支持、帮助活动进行监测识别和处置。

（二）审议中各方面的意见

反电信网络诈骗法草案、二次审议稿中均没有对本条涉及的内容作出规定。在审议和征求意见过程中，有些意见提出，电信网络诈骗链条长、情况复杂，电信业务经营者、互联网服务提供者正常开展经营、提供服务的过程中的各个业务环节都可能被电信网络诈骗分子利用，如果两类主体未能履行法律规定的合理注意义务，应当承担相应责任。因此，三次审议中在第二十五条进一步明确了电信业务经营者、互联网服务提供者应当按照国家有关规定履行相关监测识别和处置义务的内容，同时在法律责任部分相应增加了本条规定，明确了相关法律责任。

◆ **条文解读**

本条是针对本法第四章互联网治理部分的第二十五条第二款规定的法律责任。本法第二十五条第二款规定："电信业务经营者、互联网服务提供者应当依照国家有关规定，履行合理注意义务，对利用下列业务从事涉诈支持、帮助活动进行监测识别和处置：（一）提供互联网接入、服务器托管、网络存储、通讯传输、线路出租、域名解析等网络资源服务；（二）提供信息发布或者搜索、广告推广、引流推广等网络推广服务；（三）提供应用程序、网站等网络技术、产品的制作、维护服务；（四）提供支付结算服务。针对上述行为，本条规定的法律责任分为两个层次：一是，如果违反了本法第二十五条第二款的规定，情节较轻，则由有关主管部门责令改正，给予警告、通报批评；或者处五万元以上五十万元以下罚款。二是，如果情节严重，则由有关主管部门处五十万元以上五百万元以下罚款，还将可能面临由有关主管部门责令其暂停相关业务、停业整顿、关闭网站或者应用程序的处罚，以及对其直接负责的主管人员和其他直接责任人员，处一万元以上二十万元以下罚款的处罚。

我国现行法律法规对电信业务经营者、互联网服务提供者的合理注意义务等作了原则性规定，如《中华人民共和国网络安全法》第四十七条规定："网络运营者应当加强对其用户发布的信息的管理，发现法律、行政法规禁止发布或者传输的信息的，应当立即停止传输该信息，采取消除等处置措施，防止信息扩散，保存有关记录，并向有关主管部门报告。"《中华人民共和国电子商务法》第三十八条规定，电子商务平台经营者知道或者应当知道平台内经营者销售的商品或者提供的服务不符合保障人身、财产安全的要求，或者有其他侵害消费者合法权益行为，未采取必要措施的，依法与该平台内经营者承担连带责任。对关系消费者生命健康的商品或者服务，电子商务平台经营者对平台内经营者的资质资格未尽到审核义务，或者对消费者未尽到安全保障义务，造成消费者损害的，依法承担相应的责任。《中华人民共和国电信条例》第六十一条规定，在公共信息服务中，电信业务经营者发现电信网络中传输的信息明显属于本条例第五十六条所列内容的，应当立即停止传输，保存有关记录，并向国家有关机关报告。而《中华人民共和国电信条例》第五十六条明确规定："任何组织或者个人不得利用电信网络制作、复制、发布、传播含有下列内容的信息：（一）反对宪法所确定的基本原则的；（二）危害国家安全，泄露国家秘密，颠覆国家政权，破坏国家统一的；（三）损害国家荣誉和利益的；（四）煽动民族仇恨、民族歧视，破坏民族团结的；（五）破坏国家宗教政策，宣扬邪教和封建迷信的；（六）散布谣言，扰乱社会秩序，破坏社会稳定的；（七）散布淫秽、色情、赌博、暴力、凶杀、恐怖或者教唆犯罪的；（八）侮辱或者诽谤他人，侵害他人合法权益的；（九）含有法律、行政法规禁止的其他内容的。"

一些司法解释、部门规章或行业准则还根据不同的平台和业务类型，对电信业务经营者、互联网服务提供者的合理注意义务提出了更具针对性的措施要求。如最高人民法院、最高人民检察院、公安部等《关于防范和打击电信网络诈骗犯罪的通告》第七条规定，电信企业、银行、支付机构和银联，要切实履行主体责任，对责任落实不到位导致被不法分子用于实施电信网络诈骗犯罪的，要依法追究责任。《工业和信息化部关于加强电信和互联网行业网络安全工作的指导意见》对维护公共互联网网络安全环境、推进安全可控关键软硬件应用、强化网络数据和用户个人信息保护、加强移动应用商店和应用程序安全管理、加强新技术新业务网络安全管理、强化网络安全技术能力和手段建设等方面均提出了具体要求。《网络信息内容生态治理规定》第八条至第十七条要求网络平台建立网络信息内容生态治理机制。《互联网群组信息服务管理规定》第十一条第一款规定："互联网群组信息服务提供者应当对违反法律法规和国家有关规定的互联网群组，依法依约采取警示整改、暂停发布、关闭群组等处置措施，保存有关记录，并向有关主管部门报告。"

需要注意的是，本条的法律责任，针对的是电信业务经营者、互联网服务提供者没有按照国家有关规定，没有履行对利用相关业务从事涉诈支持、帮助活动进行监测识别和处置的合理注意义务，但尚不构成犯罪的行为。如果电信业务经营者、互联网服务提供者明知他人利用其相关业务从事涉诈支持、帮助活动，则按照《中华人民共和国刑法》第二百八十七条之二规定，以帮助信息网络犯罪活动罪处罚，即明知他人利用信息网络实施犯罪，为其犯罪提供互联网接入、服务器托管、网络存储、通讯传输等技术支持，或者提供广告推广、支付结算等帮助，情节严重的，构成帮助信息网络犯罪活动罪。如果涉及拒不履行信息网络安全管理义务，则按照《中华人民共和国刑法》第二百八十六条之一规定处罚，即："网络服务提供者不履行法律、行政法规规定的信息网络安全管理义务，经监管部门责令采取改正措施而拒不改正，有下列情形之一的，处三年以下有期徒刑、拘役或者管制，并处或者单处罚金：（一）致使违法信息大量传播的；（二）致使用户信息泄露，造成严重后果的；（三）致使刑事案件证据灭失，情节严重的；（四）有其他严重情节的。单位犯前款罪的，对单位判处罚金，并对其直接负责的主管人员和其他直接责任人员，依照前款的规定处罚。有前两款行为，同时构成其他犯罪的，依照处罚较重的规定定罪处罚。”

◆ **相关规定**

《中华人民共和国刑法》第286条之一、第287条之二；《中华人民共和国网络安全法》；《中华人民共和国数据安全法》；《中华人民共和国个人信息保护法》；《中华人民共和国电子商务法》；《中华人民共和国电信条例》；《最高人民法院、最高人民检察院、公安部等关于防范和打击电信网络诈骗犯罪的通告》；《工业和信息化部关于加强电信和互联网行业网络安全工作的指导意见》；《网络信息内容生态治理规定》；《互联网群组信息服务管理规定》；《移动互联网应用程序信息服务管理规定》

第四十四条 违反本法第三十一条第一款规定的，没收违法所得，由公安机关处违法所得一倍以上十倍以下罚款，没有违法所得或者违法所得不足二万元的，处二十万元以下罚款；情节严重的，并处十五日以下拘留。

◆ **条文主旨**

本条是关于非法转让“两卡”的法律责任的规定。

◆ **立法背景**

（一）起草背景

近年来，非法买卖电话卡、银行卡用于电信网络诈骗违法犯罪问题日益突出。大量的电信网络诈骗犯罪涉及电话卡、银行卡的违法使用，且有组织犯罪猖獗，涉诈窝点从境内转移到境外，倒卖电话卡和网络账号、盗取贩卖个人信息、制作销售网络黑客工具等黑灰产业链不断升级，电信网络诈骗已经成为贯通上中下游各环节的有组织犯罪链条。例如，违法利用电话卡、银行卡，参与、帮助上游电信网络诈骗“跑分”洗钱、提供收发短信验证码“服务”、非法获取并提供批量社交媒体账号、“解封”封禁账号等。再以贩卖银行卡为例，行为人贩卖的银行卡往往被用于向全国各地不特定的多名被害人实施诈骗，串并案件数量较多，涉案地区广、人数多，为案件侦破及挽回被害人经济损失带来较大困难。大量电话卡、银行卡“实名不实人”，被诈骗分子购买后作为通信联络、转移资金的工具，形成了黑灰产业链条，很多受害人的“上学钱”“养老钱”“看病钱”被洗劫一空。

目前，虽然已经通过技术手段实现了“人证合一”及“活体认证”，以落实实名制的管理要求，但是电话卡、银行卡属于人民群众的私有财产，监管手段毕竟有限，即便通过活体实名制认证，仍无法管控其具体用途或无法防止其被冒用，多数卡贩往往是在号卡经过实名认证后才收集号卡，导致“实人使用”难以实现。全方位、全链条打击电信网络诈骗犯罪，就是不仅要严厉打击电信网络诈骗犯罪，还要斩断其犯罪链条，铲除其周边犯罪黑灰色产业链。可是，目前相关监测、核验制度尚不健全，特别是买卖、出租、出借电话卡为实施电信网络诈骗提供了滋生土壤。电话卡的转售、倒卖问题是电话卡“实名不实人”产生的源头，因为这类行为通常是非特定主体间私下交易，电信企业很难发现此类行为，也很难监控电话卡是否为本人使用，管理部门也缺乏足够的法律依据对其进行惩罚。

非法交易的“两卡”，是电信网络诈骗犯罪赖以存在的“土壤”和“水源”。“两卡”非法交易泛滥，已经成为电信网络诈骗犯罪屡打不绝的重要因素。因此，打击“两卡”犯罪，是斩断电信网络诈骗犯罪帮助链条、遏制电信网络诈骗犯罪高发态势，加强源头治理的关键环节，是势在必行的，也是刻不容缓的。2021年最高人民法院、最高人民检察院、公安部出台的《关于办理电信网络诈骗等刑事案件适用法律若干问题的意见（二）》，就在第七、八、九条全面规定"两卡"犯罪的法律适用标准，目的也是进一步明确打击"两卡"犯罪的法律依据，方便执法办案，确保准确、有力、有效地打击此类犯罪。

针对这一现实问题，在总结打击治理电信网络诈骗犯罪经验的基础上，反电信网络诈骗法在立法起草阶段和修改完善过程中，对非法转让"两卡"的行为规定了法律责任。

（二）审议中各方面的意见

1. 反电信网络诈骗法草案第三十六条规定："违反本法第二十六条第一款规定的，没收违法所得，由公安机关处五千元以下罚款；情节较重的，处五日以下拘留，可以并处五千元以上五万元以下罚款。"

在审议和征求意见过程中，主要意见有：一是，建议加大罚款和拘留的力度，与其他条文规定的处罚相协调；二是，在立法技术上，条文的逻辑和具体表述应当与第三十五条一致，即对有违法所得的处以倍数罚款，对没有违法所得的处以定额罚款。因此，对草案主要作了如下修改：一是，将"处五千元以下罚款"修改为"处违法所得一倍以上十倍以下罚款"；二是，增加规定"没有违法所得的，处二十万元以下罚款"；三是，将"情节较重"修改为"情节严重"，使得相关表述与刑法的表述相一致；四是，将"处五日以下拘留，可以并处五千元以上五万元以下罚款"修改为"由公安机关并处十日以下拘留"，以明确作出拘留处罚的机关。

2. 二次审议稿第四十条规定："违反本法第二十九条第一款规定的，没收违法所得，由公安机关处违法所得一倍以上十倍以下罚款，没有违法所得的，处二十万元以下罚款；情节严重的，并处十日以下拘留。”在对二次审议稿的修改过程中，主要考虑是要在立法技术上与前一条对涉诈黑灰产的处罚相一致，因此，最终作了两处修改：一是，将“没有违法所得”修改为“没有违法所得或者违法所得不足二万元”，以避免出现有违法所得的处罚反而比没有违法所得处罚还要轻的情况。二是，将“并处十日以下拘留”修改为“并处十五日以下拘留”，进一步加大处罚力度。

◈ **条文解读**

本条是针对本法第五章治理措施中第三十一条第一款关于不得非法转让“两卡”规定的法律责任。本法第三十一条第一款规定，任何单位和个人不得非法买卖、出租、出借电话卡、物联网卡、电信线路、短信端口、银行账户、支付账户、互联网账号等，不得提供实名核验帮助；不得假冒他人身份或者虚构代理关系开立上述卡、账户、账号等。

针对上述行为，本条规定的法律责任分为三个层次：一是，如果从事了本法第三十一条第一款规定的非法买卖、出租、出借电话卡、物联网卡、电信线路、短信端口、银行账户、支付账户、互联网账号等行为，为非法买卖、出租、出借的上述卡、账户、账号等提供实名核验帮助的行为，或者假冒他人身份或者虚构代理关系开立上述卡、账户、账号等行为，则将被没收违法所得，同时，由公安机关处以违法所得一倍以上十倍以下罚款。需要注意的是，此处的违法所得需达到二万元以上。例如，假冒他人身份开立电话卡，违法获利三万元，则该三万元将被没收，同时面临由公安机关作出的至少三万元、至多三十万元的罚款。二是，如果从事了本法第三十一条第一款规定的行为，但没有违法所得或者违法所得不足二万元的，则将面临二十万以下罚款。三是，如果从事了本法第三十一条第一款规定的行为，情节严重，但尚不构成犯罪的，在被没收全部违法所得、由公安机关处违法所得一倍以上十倍以下罚款的同时，还将面临公安机关作出的十五日以下拘留的行政处罚。

“断卡”行动是打击治理电信网络新型违法犯罪，依法清理整治涉诈电话卡、物联网卡以及关联互联网账号，以斩断犯罪分子的信息流和资金流的行动。自2020年10月10日，国务院召开打击治理电信网络新型违法犯罪工作部际联席会决定在全国范围内开展“断卡”行动以来，集中清理了海量涉诈电话卡、银行卡，有力打击和遏制了电信网络诈骗犯罪。但是，需要注意的是，在“断卡”行动和有关部门、单位、企业日常风险监测中，还有以下需要注意的问题：一是，要注意保护公民的通信自由。目前，在风险监测方面，三家运营商主要采用大数据监测分析手段识别疑似涉诈号码及风险用户，及时采取实时拦截和封堵措施，但对监测模型和系统更新升级的速度要求较高。一旦采取严格的监管模式，例如对可疑用户的电话卡采取单停（只能接听不能拨打）、二次核验、双停（停止接听、拨打功能）等手段，必然会在一定程度上影响客户体验。二是，要注意保护银行客户权益，保障商业银行的稳健运行，维护金融秩序，促进社会主义市场经济的发展。为了防范电信网络诈骗犯罪，银行等金融机构、非银行支付机构必然采取更加严格的监管措施，例如限制转账金额、多次核验身份、反复确认交易目的等，给客户带来一定程度的不便。因此，如何平衡公民通信自由、正常金融交易需求和反电信网络诈骗工作需要，还要在实践中进一步探索完善。

◆ **相关规定**

《中华人民共和国商业银行法》第1条；《最高人民法院、最高人民检察院、公安部等联合发布关于依法严厉打击惩戒治理非法买卖电话卡银行卡违法犯罪活动的通告》；《关于依法清理整治涉诈电话卡、物联网卡以及关联互联网账号的通告》；《工业和信息化部关于进一步防范和打击通讯信息诈骗工作的实施意见》；《电话用户真实身份信息登记规定》

第四十五条　反电信网络诈骗工作有关部门、单位的工作人员滥用职权、玩忽职守、徇私舞弊，或者有其他违反本法规定行为，构成犯罪的，依法追究刑事责任。

◆ 条文主旨

本条是关于反电信网络诈骗工作有关部门、单位的工作人员失职渎职或者有其他违反本法规定的行为的刑事责任的规定。

◆ 立法背景

（一）起草背景

打击和治理电信网络诈骗犯罪过程中，有关部门、单位的工作人员一旦有滥用职权、玩忽职守、徇私舞弊的行为，不但会给反电信网络诈骗工作造成重大困难，也可能会造成电信诈骗犯罪的进一步蔓延。例如，有些部门、单位有机会获取大量的信息，诸如电信网络诈骗受害人或者潜在受害人的公司账户信息、手机卡信息、银行卡信息、消费信息、行程信息等，这些信息种类多，其中不乏个人敏感信息。在利益驱使下，信息一旦被这些部门或者行业的“内鬼”所泄露，再被犯罪分子扩散、利用，将变相、间接为网络黑灰产提供帮助；有的犯罪分子把非法获取的公民个人信息用于注册手机卡、银行卡，作为实施诈骗的基础工具，有的利用这些信息对被害人进行“画像”实施精准诈骗。在反电信网络诈骗法中增加相应规定，强调对反电信网络诈骗工作有关部门、单位的工作人员的行为约束，一方面能够增加人民群众的信任感、安全感，另一方面也是打击和治理电信网络诈骗犯罪的需要，避免犯罪活动的无限扩张和增加。

（二）审议中各方面的意见

1. 反电信网络诈骗法草案中没有对本条涉及的内容作出规定，在审议和征求意见过程中，有些意见提出，有关共享平台、移送的风险信息等信息应当依法用于打击和治理电信网络诈骗犯罪活动，主管部门、企业等主体在履行反电信网络诈骗职责中获取的有关国家秘密、商业秘密、个人隐私均不得泄露，因此，建议增加关于信息保护的内容和相关法律责任。

2. 二次审议稿在第五条增加了关于信息保护的规定，同时增加了违反第五条规定、泄露相关信息的法律责任的内容，即在第四十一条规定，反电信网络诈骗工作有关部门、单位的工作人员滥用职权、玩忽职守、徇私舞弊，或者有违反规定泄露国家秘密、商业秘密和个人隐私行为的，依法追究法律责任。在对二次审议稿的审议和征求意见过程中，有些意见提出，个人信息与个人隐私的概念不完全相同，有关主管部门、企业等获取的信息应严格被限制用于反电信网络诈骗工作，涉及个人信息的，也应予以保护，不得泄露。有些意见提出，违反本法规定的行为，都应依法追究法律责任，不应当将其限制在有违反规定泄露国家秘密、商业秘密和个人隐私行为。考虑到本条内容约束的主体是反电信网络诈骗工作有关部门、单位的工作人员，对违反本法规定的行为的法律责任作出原则性规定，也可以将泄露国家秘密、商业秘密和个人隐私行为一并约束。因此，在二次审议稿的基础上，将“有违反规定泄露国家秘密、商业秘密和个人隐私行为的”修改为“有其他违反本法规定的行为”。

◆ 条文解读

一、失职渎职或者其他违反本法规定的行为

本条是关于反电信网络诈骗工作有关部门、单位的工作人员失职渎职或者有其他违反本法规定的行为的刑事责任的规定。依据本条规定追究法律责任，需要符合以下两个方面的条件：

1. 滥用职权、玩忽职守、徇私舞弊。本条中的“滥用职权”，是指超越职权，违反法律规定的权限和程序决定、处理其无权决定、处理的事项，或者违反规定处理公务，致使公共财产、国家和人民利益遭受重大损失的行为。“玩忽职守”，是指严重不负责任，不履行法律所规定的职责或者不认真、不正确或者放弃履行职责，致使国家利益、公共利益遭受重大损失的行为。“徇私舞弊”，是指利用职务上的便利和权力，徇个人私利或者亲友私情的行为。

2. 其他违反本法规定的行为。本法对反电信网络诈骗工作总的原则、要求以及电信治理、金融治理、互联网治理的措施均作出了规定。例如，本法总则部分第五条第二款对有关部门、单位和个人的保密要求作了规定，即有关部门和单位、个人应当对在反电信网络诈骗工作过程中知悉的国家秘密、商业秘密和个人隐私、个人信息予以保密。又如，第十六条第三款规定，中国人民银行、国务院银行业监督管理机构组织有关清算机构建立跨机构开户数量核验机制和风险信息共享机制，并为客户提供查询名下银行账户、支付账户的便捷渠道。银行业金融机构、非银行支付机构应当按照国家有关规定提供开户情况和有关风险信息。相关信息不得用于反电信网络诈骗以外的其他用途。第二十六条规定，公安机关办理电信网络诈骗案件依法调取证据的，互联网服务提供者应当及时提供技术支持和协助。互联网服务提供者依照本法规定对有关涉诈信息、活动进行监测时，发现涉诈违法犯罪线索、风险信息的，应当依照国家有关规定，根据涉诈风险类型、程度情况移送公安、金融、电信、网信等部门。有关部门应当建立完善反馈机制，将相关情况及时告知移送单位。

二、构成犯罪的，依法追究刑事责任

按照本条的规定，反电信网络诈骗工作有关部门、单位的工作人员，构成犯罪的，要依法追究其刑事责任。

1. 刑法第九章对渎职罪作了规定，其中第三百九十七条第一款对滥用职权罪、玩忽职守罪作出了规定，即除刑法另有规定外，国家机关工作人员滥用职权或者玩忽职守，致使公共财产、国家和人民利益遭受重大损失的，将处以三年以下有期徒刑或者拘役；如果情节特别严重的，将处三年以上七年以下有期徒刑。第二款规定，国家机关工作人员徇私舞弊，犯前款罪的，处以五年以下有期徒刑或者拘役；情节特别严重的，处以五年以上十年以下有期徒刑。《最高人民法院、最高人民检察院关于办理渎职刑事案件适用法律若干问题的解释（一）》第一条规定："国家机关工作人员滥用职权或者玩忽职守，具有下列情形之一的，应当认定为刑法第三百九十七条规定的'致使公共财产、国家和人民利益遭受重大损失'：（一）造成死亡1人以上，或者重伤3人以上，或者轻伤9人以上，或者重伤2人、轻伤3人以上，或者重伤1人、轻伤6人以上的；（二）造成经济损失30万元以上的；（三）造成恶劣社会影响的；（四）其他致使公共财产、国家和人民利益遭受重大损失的情形。具有下列情形之一的，应当认定为刑法第三百九十七条规定的'情节特别严重'：（一）造成伤亡达到前款第（一）项规定人数3倍以上的；（二）造成经济损失150万元以上的；（三）造成前款规定的损失后果，不报、迟报、谎报或者授意、指使、强令他人不报、迟报、谎报事故情况，致使损失后果持续、扩大或者抢救工作延误的；（四）造成特别恶劣社会影响的；（五）其他特别严重的情节。”

2. 刑法第三百九十八条对故意泄露国家秘密罪、过失泄露国家秘密罪作了规定，即国家机关工作人员违反保守国家秘密法的规定，故意或者过失泄露国家秘密，情节严重的，处三年以下有期徒刑或者拘役；情节特别严重的，处三年以上七年以下有期徒刑。非国家机关工作人员犯前款罪的，依照前款的规定酌情处罚。此处的“国家秘密”，根据《保守国家秘密法》第二条、第九条的规定，是指关系国家安全和利益，依照法定程序确定，在一定时间内只限一定范围的人员知悉的事项。主要包括：（1）国家事务重大决策中的秘密事项；（2）国防建设和武装力量活动中的秘密事项；（3）外交和外事活动中的秘密事项以及对外承担保密义务的秘密事项；（4）国民经济和社会发展中的秘密事项；（5）科学技术中的秘密事项；（6）维护国家安全活动和追查刑事犯罪中的秘密事项；（7）经国家保密行政管理部门确定的其他秘密事项。此外，政党的秘密事项中符合前款规定的，属于国家秘密。“泄露国家秘密”是指行为人把自己掌管的或者知悉的国家秘密让不应知悉者知悉的行为。泄露的方式不作限制，方式不同不影响泄露国家秘密罪的成立。非国家机关工作人员犯泄露国家秘密罪的，依照刑法第三百九十八条第一款的规定酌情处罚。

需要注意的是，故意和过失行为均可以构成犯罪。故意泄露国家秘密罪是指国家机关工作人员或者非国家机关工作人员违反保守国家秘密法，故意使国家秘密被不应知悉者知悉，或者故意使国家秘密超出了限定的接触范围，情节严重的行为。过失泄露国家秘密罪是指国家机关工作人员或者非国家机关工作人员违反保守国家秘密法，过失泄露国家秘密，或者遗失国家秘密载体，致使国家秘密被不应知悉者知悉或者超出了限定的接触范围，情节严重的行为。

3. 刑法第二百一十九条对侵犯商业秘密罪作了规定，即有下列侵犯商业秘密行为之一，情节严重的，处三年以下有期徒刑，并处或者单处罚金；情节特别严重的，处三年以上十年以下有期徒刑，并处罚金：（1）以盗窃、贿赂、欺诈、胁迫、电子侵入或者其他不正当手段获取权利人的商业秘密的；（2）披露、使用或者允许他人使用以前项手段获取的权利人的商业秘密的；（3）违反保密义务或者违反权利人有关保守商业秘密的要求，披露、使用或者允许他人使用其所掌握的商业秘密的。明知前款所列行为，获取、披露、使用或者允许他人使用该商业秘密的，以侵犯商业秘密论。本条所称权利人，是指商业秘密的所有人和经商业秘密所有人许可的商业秘密使用人。"商业秘密"，依据《中华人民共和国反不正当竞争法》第九条的规定，是指不为公众所知悉、具有商业价值并经权利人采取相应保密措施的技术信息、经营信息等商业信息。

三、实践中需要注意的问题

1. 按照刑法的规定，滥用职权和玩忽职守的行为只有"致使公共财产、国家和人民利益遭受重大损失的"，才能构成犯罪。是否造成"重大损失"，是区分罪与非罪的重要标准。未造成重大损失的，属于一般工作过失的渎职行为，可以由有关部门给予批评教育或者处分，如，可以依据监察法和公务员法的有关规定给予其行政处分。根据《中华人民共和国监察法》第四十五条第一款第2项的规定，监察机关根据监督、调查结果对违法的公职人员依照法定程序作出警告、记过、记大过、降级、撤职、开除等政务处分决定。根据《中华人民共和国公务员法》第六十一条、第六十二条的规定，公务员因违纪违法应当承担纪律责任的，依照公务员法给予处分，处分分为：警告、记过、记大过、降级、撤职、开除。受处分的期间为：警告，六个月；记过，十二个月；记大过，十八个月；降级、撤职：二十四个月。受撤职处分的，按照规定降低级别。有处分权的单位可根据违法的国家工作人员所犯违法事实的情节轻重分别给予不同的处分，以达到教育惩戒的目的。

2. 依照刑法的规定，泄露国家秘密必须“情节严重”，才构成犯罪。根据《最高人民检察院关于渎职侵权犯罪案件立案标准的规定》，故意泄露国家秘密的立案标准是：(1) 泄露绝密级国家秘密 1 项（件）以上的；(2) 泄露机密级国家秘密 2 项（件）以上的；(3) 泄露秘密级国家秘密 3 项（件）以上的；(4) 向非境外机构、组织、人员泄露国家秘密，造成或者可能造成危害社会稳定、经济发展、国防安全或者其他严重危害后果的；(5) 通过口头、书面或者网络等方式向公众散布、传播国家秘密的；(6) 利用职权指使或者强迫他人违反国家保守秘密法的规定泄露国家秘密的；(7) 以牟取私利为目的泄露国家秘密的；(8) 其他情节严重的情形。过失泄露国家秘密的立案标准是：(1) 泄露绝密级国家秘密 1 项（件）以上的；(2) 泄露机密级国家秘密 3 项（件）以上的；(3) 泄露秘密级国家秘密 4 项（件）以上的；(4) 违反保密规定，将涉及国家秘密的计算机或者计算机信息系统与互联网相连接，泄露国家秘密的；(5) 泄露国家秘密或者遗失国家秘密载体，隐瞒不报、不如实提供有关情况或者不采取补救措施的；(6) 其他情节严重的情形。

根据《中华人民共和国保守国家秘密法》第十条的规定，国家秘密的密级分为“绝密”、“机密”、“秘密”三级，其中，“绝密”是最重要的国家秘密，泄露会使国家安全和利益遭受特别严重的损害；“机密”是重要的国家秘密，泄露会使国家安全和利益遭受严重的损害；“秘密”是一般的国家秘密，泄露会使国家安全和利益遭受损害。

3. 依据刑法规定，侵犯商业秘密的行为需要达到“情节严重”，才能构成犯罪。根据《最高人民法院、最高人民检察院关于办理侵犯知识产权刑事案件具体应用法律若干问题的解释（三）》第四条的规定，实施刑法第二百一十九条规定的行为，具有下列情形之一的，应当认定为“给商业秘密的权利人造成重大损失”：（一）给商业秘密的权利人造成损失数额或者因侵犯商业秘密违法所得数额在三十万元以上的；（二）直接导致商业秘密的权利人因重大经营困难而破产、倒闭的；（三）造成商业秘密的权利人其他重大损失的。给商业秘密的权利人造成损失数额或者因侵犯商业秘密违法所得数额在二百五十万元以上的，应当认定为刑法第二百一十九条规定的“造成特别严重后果”。

◆ **相关规定**

《中华人民共和国刑法》第 219 条、第 397 条、第 398 条；《中华人民共和国监察法》第 45 条；《中华人民共和国保守国家秘密法》第 1 条、第 3 条、第 10 条；《中华人民共和国反不正当竞争法》第 9 条；《最高人民法院、最高人民检察院关于办理渎职刑事案件适用法律若干问题的解释（一）》；《最高人民检察院关于渎职侵权犯罪案件立案标准的规定》；《最高人民法院、最高人民检察院关于办理侵犯知识产权刑事案件具体应用法律若干问题的解释（三）》

第四十六条 组织、策划、实施、参与电信网络诈骗活动或者为电信网络诈骗活动提供相关帮助的违法犯罪人员，除依法承担刑事责任、行政责任以外，造成他人损害的，依照《中华人民共和国民法典》等法律的规定承担民事责任。

电信业务经营者、银行业金融机构、非银行支付机构、互联网服务提供者等违反本法规定，造成他人损害的，依照《中华人民共和国民法典》等法律的规定承担民事责任。

◆ 条文主旨

本条是关于与民事责任的衔接规定。

◆ 立法背景

（一）起草背景

电信诈骗案件涉案资金重大，动辄几百万、上千万元，诈骗金额触目惊心，严重侵害人民群众财产安全和合法权益。如何最大程度帮助受害人挽回和弥补损失，事关人民群众切身利益，是反电信网络诈骗法立法的重要内容。因此，在本法中增加了有关主体承担民事责任的衔接性条款。

（二）审议中各方面的意见

1. 反电信网络诈骗法草案没有对本条涉及的内容作出规定。在审议和征求意见过程中，有些意见提出，电信网络诈骗犯罪给人民群众的财产安全造成重大威胁，客观上为电信网络诈骗犯罪提供帮助的电信业务经营者、银行业金融机构、非银行支付机构、互联网服务提供者等，应当依法承担民事责任。

2. 二次审议稿增加了相关规定，即在第四十二条中规定："电信业务经营者、银行业金融机构、非银行支付机构、互联网服务提供者违反本法规定，造成他人电信网络诈骗损失，构成民事侵权的，依法承担民事责任。"在审议和征求意见过程中，有些意见提出：一是，电信网络诈骗犯罪造成的损害，参与电信诈骗的犯罪分子应当是第一责任人，建议增加对其追究民事责任的规定；二是，建议明确规定“除应当承担的刑事责任、行政责任外”，还应当承担民事责任，避免造成进行民事赔偿后即可免予刑事处罚或者行政处罚的误读；三是，作为民事责任的衔接性条款，明确依据民法典的有关规定承担民事责任。

因此，在二次审议稿的基础上，本条作了如下修改：一是，增加对组织、策划、实施电信网络诈骗分子的追责规定，作为本条第一款，即组织、策划、实施电信网络诈骗活动的，或者为电信网络诈骗活动提供帮助的违法犯罪人员，除依法承担刑事责任、行政责任外，造成他人损害的，依照《中华人民共和国民法典》等法律的规定承担民事责任；二是，将“造成他人电信网络诈骗损失，构成民事侵权的”直接修改为“造成他人损害的”。

（三）有关国家、地区的规定

在国外电信及相关立法中，针对电信企业和互联网企业因涉及电信网络诈骗管理不当而产生民事责任的，目前尚无直接相关的法律规定。但由于电信和互联网企业在防范制度、监督管理等方面存在过错，进而承担民事赔偿责任的，有美国、欧盟、德国、日本、韩国的相关法律规定可以参考。

1. 美国

（1）一般侵权责任

美国在民事责任承担上对本国互联网信息服务商采取较宽容政策。服务商可以援引《通信规范法》第 230 条对用户向第三方的侵权责任主张豁免，但该豁免范围不包含对知识产权的侵权。此后修订的《数字千年版权法案》（DMCA）又对服务商承担知识产权侵权责任作出了限制。

由于互联网服务商无法像线下中介一样拥有对发布内容的过滤或筛选能力，故《通信规范法》第 230 条规定禁止将互联网服务商视为内容发布的中介商，以要求其承担相应中介责任。根据该法“交互式计算机服务”被定义为“任何信息服务、系统或访问软件提供商，它提供或允许多个用户访问计算机服务器”的规定，使得社交媒体网站、博客平台、留言板和搜索引擎等互联网服务提供商都不视为内容中介，进而也无需承担一般侵权责任。

但《通信规范法》第 230 条的豁免范围仅针对“他人的”内容，这意味着不涵盖服务商直接发布的内容。因此，互联网服务商如果被视为发布者时，或者对他人发布内容进行实质性修改后发生侵权时，其仍然须承担侵权责任。

（2）知识产权侵权责任

《通信规范法》虽然对服务商的大部分侵权责任予以豁免，但第 230 条明确排除了联邦刑法、知识产权法的适用。因此，第 230 条并不能免除服务商对版权侵权索赔和其他知识产权索赔案件的民事责任。如果用户在未经所有者许可的情况下发布或使用他人的创意作品、他们的商标或某些机密商业信息，服务商可能会因违反知识产权法而承担法律责任。

但是，按照《数字千年版权法案》的规定，服务商仅在非常有限的情况下才对其用户的版权侵权承担责任。分别有：一是，直接侵权：如果服务商有意托管受版权保护的材料并从中获得直接经济利益，则将构成直接侵权；二是，替代责任：如果服务商有权利和能力控制其用户，并从版权侵权中获得直接经济利益，则可能承担替代责任；三是，共同侵权：如果服务商知道侵权活动并对版权侵权做出实质性作用（即使是协助），则服务商可以根据共同侵权责任理论承担责任。

（3）其他民事责任

美国加州《隐私法》（CPRA）要求企业保证信息系统的“安全性和完整性”，包括：第一，网络或信息系统对为危及其存储或传输的个人信息的可用性、真实性、完整性和保密性的安全事故的检测能力；第二，对安全事故的，对阻挡恶意、欺骗、欺诈或非法行为，并协助对这些行为追责的能力；第三，企业确保自然人人身安全的能力。

在发现信息安全漏洞的时候，如果消费者未经加密和未经处理的个人信息，或其邮箱地址（包括可访问该邮箱的密码或安全问题及答案）遭受了未经授权的访问、泄露、盗窃或披露，且此等未经授权的访问、泄露、盗窃或披露是由于企业违反其义务，未能实施和维护与信息性质相符的合理安全程序和实践方法以保护个人信息所致，则该消费者可根据以下任意一项提起民事诉讼：(A）为每名消费者每件事故赔偿不少于一百美元且不多于七百五十美元的损害赔偿金或实际损害赔偿金，以数额较高者为准。(B）禁令性或宣告性法律救济。(C）法院认为适当的其他救济。

除此之外，企业存在其他违反《隐私法》的行为也可能受到处罚。第十七条规定，任何违反本法案要求的企业、服务提供商、承包商或其他人应当就每次承担不超过2500美元的罚金，或应当对企业、服务提供商、承包商或其他人每次故意违反本法的行为，及明知涉及16周岁以下消费者的个人信息而违反本法的行为，每次承担不超过7500美元的罚金。罚金由加利福尼亚州隐私保护署执行，具体数额根据1798.185（a）款第（5）项进行调整。

2. 欧盟

欧盟对互联网服务提供商的民事责任配置有两个方面的考量：一方面，如果将互联网服务商视作“出版商”而对用户的内容承担责任，则可能会限制服务提供商进入市场；另一方面，欧盟委员会认识到互联网服务商在限制非法在线内容方面应发挥作用，以提高公众对互联网作为经济活动安全空间的信任和信心。

为此，《电子商务指令》规范了信息社会服务中在服务自由、电子合同的处理以及第三方内容等方面的责任等问题，其中在第4节中规定了服务提供商的责任，也包含对特定类型的互联网服务引入责任豁免规定，仅涵盖管道、缓存和托管三种类型的服务。其他不符合免责条件的服务商，并不意味着中介机构本身就有责任，只是不能援引该指令规定的豁免权，但可以根据每个成员国相应的法律确定责任问题。

纯粹的管道业务服务商的责任豁免仅适用于以下情形：(1) 不启动数据传输；(2) 不选择数据的接收者；(3) 不选择或修改传输的数据。尽管此类服务提供者不承担责任，但成员国的法院和行政当局可依据其法律向“纯粹的管道”服务提供者发出禁令。

缓存业务服务商主要指代理服务器的提供者。此类服务的提供者只有在与所传输的信息没有任何关系的情况下才能免除责任。同时，服务提供商必须满足以下五个条件才能从缓存豁免中受益：(1) 提供者不得修改信息，因为这会剥夺他的中介地位；(2) 提供者必须遵守获取信息的条件；(3) 提供者必须根据该领域公认的规则和惯例定期更新信息；(4) 提供者不得干扰用于衡量信息使用的技术的合法使用；(5) 提供者必须在实际获知信息的初始来源已被删除、对它的访问已被禁用或法院、行政当局已下令进行此类删除或禁用后立即删除缓存的信息。

《电子商务指令》第14条规定了互联网中介机构的第三项责任豁免，涉及为用户提供网络空间的网络托管服务。此类服务提供商不对存储的信息负责，条件是：(1) 提供者不知道与民事损害赔偿索赔有关的非法活动，并且其没有实际了解关于其他索赔非法活动或信息；(2) 提供者在知道后，迅速采取行动删除或禁止访问信息。

欧盟2019年发布的《关于打击欺诈和伪造非现金支付手段和取代理事会框架决定——欧洲议会和理事会2019/713年指令》中

明确了法人责任。如果法人的主要机构或目的是实施第3-8条规定的罪行，会员国应采取必要措施，确保法人对其负责。这些罪行包括：（三）欺诈性使用非现金支付工具；（四）与欺诈性使用实体非现金支付工具有关的罪行；（五）与欺诈性使用非公司非现金支付工具有关的罪行；（六）与信息系统相关的欺诈；（七）用于犯罪的工具；（八）煽动、协助、教唆和企图。制裁应包括刑事或非刑事罚款，并可能包括其他制裁，例如：（a）不包括享受公共福利或援助的权利；（b）暂时不获得公共资金，包括招标程序、赠款和特许权；（c）暂时或永久取消商业活动资格；（d）置于司法监督之下；（e）司法清盘；（f）暂时或永久关闭用于犯罪的机构。

3. 德国

德国法律规定，组织有若干义务采取措施监测、发现、预防和减轻事故。根据《远程媒体法》第13（7）节，远程媒体提供商必须通过技术和组织措施确保不得未经授权访问其远程媒体服务所用的技术设备，并确保他们免受个人数据泄露和干扰，即使这些设备是由外部攻击造成的。根据《电信法》第109（1）条，电信服务提供商必须实施技术保障措施，以保护电信隐私和个人数据，并保护电信和数据处理系统免受未经授权的访问（《电信法》第109（2）至（5）条的进一步义务）。金融产品的提供者有义务发展一种针对IT的风险管理（《银行法》第25a条和《证券交易法》第80条）。根据《一般数据保护条例》第5（1）（f）条和第32条，控制者有义务以确保个人数据适当安全的方式处理个人数据，包括使用适当的技术或组织措施防止未经授权或非法处理以及防止意外丢失、破坏或损坏。

组织对事件有具体的报告义务。根据《一般数据保护条例》第33条，控制人必须将个人数据泄露通知主管数据保护机构。如果安全漏洞不太可能对数据主体的权利和自由造成高风险，则适用例外。报告必须在发现违规事件后不迟于 72 小时作出，并且必须载有事件说明、受影响数据类别的指示、有关数据主体以及为补救或减轻负面影响而采取的措施的详细说明。向主管数据保护机构发出的通知还必须说明非法访问和该机构采取的措施可能产生的有害后果，以及提供数据保护官员的姓名和联系方式。根据《联邦信息安全办公室法》第 8b 条，关键基础设施的运营商必须立即向联邦信息安全办公室通报其信息技术系统、组件或流程的可用性、完整性、真实性和保密性。通知应包括有关干扰、可能的跨境影响和技术框架的信息，特别是假定或实际原因、有关信息技术、有关设施或设备的类型，以及提供的关键服务以及事件对这项服务的影响。根据《电信法》第 109 节，公共电信网络或服务提供商必须通知导致或可能导致重大安全漏洞的电信网络和服务的任何损害，并立即通知联邦网络局和联邦信息安全办公室。通知必须包含有关损害的信息，以及技术条件，特别是推定或实际原因以及受影响的信息技术的信息。

根据《联邦信息安全办公室法》第 14 条，不遵守上述要求者可被处以最高 10 万欧元的行政罚款。根据《一般数据保护条例》第 83 条，不遵守上述要求者将被处以最高 1000 万欧元的罚款，或占全球年营业额的 2%，以较高者为准。

4. 日本

日本对特定电信服务提供商的民事责任问题制定了专门的《特定财产损害赔偿责任限制法》。根据该法第 3 条规定，当用户发布的信息侵害他人权利时，相关服务提供者对侵权行为所造成的损失不承担任何责任，但如果所述相关服务提供商是上述信息的发件人，则不适用该豁免条款。

《特定财产损害赔偿责任限制法》还对侵权责任的豁免提出

了例外情形，一是如果该服务提供商知道其他人的权利损害是通过该信息传输行为造成的；二是在相关服务提供商知道相关信息的传输，并且有合理理由知道所传输的信息可能造成他人损害。以上两种情形不能享受侵权责任豁免。

5. 韩国

韩国《关于促进信息通信网络的使用和信息保护的法案》规定了信息服务提供商就用户对他人实施诽谤或其他侵权内容时的民事责任承担问题。但该法案第44条第2款有关信息服务提供商侵权责任的规定，被认为变相加重了责任承担内容。

《关于促进信息通信网络的使用和信息保护的法案》第44条之二（信息删除请求）规定如下：（1）任何人因通过信息通信网络向公众提供的信息侵犯隐私、诽谤等权利而受到侵害的，可以要求处理该信息的信息通信服务提供者删除该信息，或者发布信息以对违规事实予以反驳；（2）信息通信服务提供者收到第一条规定的请求后，应当立即对信息进行删除或者暂时屏蔽或者采取其他必要措施，并立即通知信息作者和删除信息的申请人。服务提供者应通过在相关公告板上张贴告知用户已采取必要措施的事实；……（4）服务提供者不顾第一条的请求，发现权利是否受到侵犯难以判断或者预计利害关系人之间会发生纠纷的，可以采取临时措施暂时阻止访问相关信息，最长可能持续30天；……（6）服务提供者可以通过采取第2款规定的必要措施减少或免除责任。

上述规定第6款提到“在遵守上述义务的情况下免除或减少责任”，试图将第1至5款变成如美国《数字千年版权法案》一样的豁免条款。然而，这里的豁免不是强制性的，而是取决于法院，因为法律规定中介“可以减少或豁免”，而不是“应该被豁免”。实践中，也没有一家服务提供者敢将第44条之二解释为允许其按照避险港要求的简单措施便可获得豁免。

韩国最高法院就信息服务商的民事责任承担问题作出具有重大影响力的判决。韩国最高法院在2001年裁定，服务商“有责任在知道或有理由知道诽谤性帖子时采取适当措施”。在2009年的一起案件中，韩国最高法院作出了一项决定性的判决，认定门户网站Naver、Daum、SK Communications和Yahoo Korea对原告的遭受的诽谤负责，因为这些网站用户的发帖内容导致了原告女友自杀。法院分别判决上述服务商赔偿1000万韩元、700万韩元、800万韩元和500万韩元。

因此，最终结果显示，即使受害者没有通知信息服务商，如果“服务提供者很明显可能已经知道该内容”，该服务商将对后来被认定为“明显”诽谤的帖子承担绝对责任。这被称为最严格的中介责任制度。

◆ **条文解读**

本条共分为两款，第一款是关于组织、策划、实施、参与电信网络诈骗活动或者为电信网络诈骗活动提供帮助的违法犯罪人员承担民事责任的规定。即上述人员除了依法承担刑事责任、行政责任外，造成他人损害的，还将依照《中华人民共和国民法典》等法律的规定承担民事责任。

一、刑事责任

《中华人民共和国刑法》第二百六十六条规定：“诈骗公私财物，数额较大的，处三年以下有期徒刑、拘役或者管制，并处或者单处罚金；数额巨大或者有其他严重情节的，处三年以上十年以下有期徒刑，并处罚金；数额特别巨大或者有其他特别严重情节的，处十年以上有期徒刑或者无期徒刑，并处罚金或者没收财产。本法另有规定的，依照规定。”根据《最高人民法院、最高人民检察院关于办理诈骗刑事案件具体应用法律若干问题的解释》

规定，诈骗公私财物价值三千元至一万元以上、三万元至十万元以上、五十万元以上的，应当分别认定为刑法第266条规定的“数额较大”、“数额巨大”、“数额特别巨大”。

《中华人民共和国刑法》第二百八十六条之一规定：“网络服务提供者不履行法律、行政法规规定的信息网络安全管理义务，经监管部门责令采取改正措施而拒不改正，有下列情形之一的，处三年以下有期徒刑、拘役或者管制，并处或者单处罚金：（一）致使违法信息大量传播的；（二）致使用户信息泄露，造成严重后果的；（三）致使刑事案件证据灭失，情节严重的；（四）有其他严重情节的。单位犯前款罪的，对单位判处罚金，并对其直接负责的主管人员和其他直接责任人员，依照前款的规定处罚。有前两款行为，同时构成其他犯罪的，依照处罚较重的规定定罪处罚。”

《中华人民共和国刑法》第二百八十七条之一规定：“利用信息网络实施下列行为之一，情节严重的，处三年以下有期徒刑或者拘役，并处或者单处罚金：（一）设立用于实施诈骗、传授犯罪方法、制作或者销售违禁物品、管制物品等违法犯罪活动的网站、通讯群组的；（二）发布有关制作或者销售毒品、枪支、淫秽物品等违禁物品、管制物品或者其他违法犯罪信息的；（三）为实施诈骗等违法犯罪活动发布信息的。单位犯前款罪的，对单位判处罚金，并对其直接负责的主管人员和其他直接责任人员，依照第一款的规定处罚。有前两款行为，同时构成其他犯罪的，依照处罚较重的规定定罪处罚。”《中华人民共和国刑法》第二百八十七条之二规定：“明知他人利用信息网络实施犯罪，为其犯罪提供互联网接入、服务器托管、网络存储、通讯传输等技术支持，或者提供广告推广、支付结算等帮助，情节严重的，处三年以下有期徒刑或者拘役，并处或者单处罚金。单位犯前款罪的，对单位判处罚金，并对其直接负责的主管人员和其他直接责任人员，依照第一款的规定处罚。有前两款行为，同时构成其他犯罪的，依照处罚较重的规定定罪处罚。”《最高人民法院、最高人民检察院关于办理非法利用信息网络、帮助信息网络犯罪活动等刑事案件适用法律若干问题的解释》对帮助信息网络犯罪活动罪的适用作了具体规定。例如，第十二条对刑法第二百八十七条之二第一款规定的“情节严重”作了规定。

二、行政责任

组织、策划、实施、参与电信网络诈骗活动或者为电信网络诈骗活动提供帮助的人员，如尚不构成犯罪，则依照本法及有关法律的规定，承担行政责任。如根据本法第四十二条规定，违反本法第十四条、第二十五条第一款规定，从事涉诈黑灰产，为电信网络诈骗活动提供支持、帮助的，将面临的处罚是：没收违法所得，由公安机关或者有关主管部门处违法所得一倍以上十倍以下罚款，没有违法所得或者违法所得不足五万元的，处五十万元以下罚款；情节严重的，由公安机关并处十五日以下拘留。

三、民事责任

《中华人民共和国民法典》第一百二十条规定，民事权益受到侵害的，被侵权人有权请求侵权人承担侵权责任。此外，民法典第七编对侵权责任作了全面规定，其中，第一千一百六十五条第一款规定，行为人因过错侵害他人民事权益造成损害的，应当承担侵权责任；第一千一百八十四条规定，侵害他人财产的，财产损失按照损失发生时的市场价格或者其他合理方式计算。被害人因电信网络诈骗造成财产损失，组织、策划、实施、参与电信网络诈骗活动或者为电信网络诈骗活动提供帮助的违法犯罪人员应当承担相应的民事责任。

第二款是关于电信业务经营者、银行业金融机构、非银行支付机构、互联网服务提供者等主体承担民事责任的规定。即上述主体违反本法规定，造成他人损害的，依照《中华人民共和国民法典》等法律的规定承担民事责任。

本条的规定是与民法典等法律相衔接的条款，没有创设新的民事责任。根据《中华人民共和国民法典》第一千一百九十七条规定，网络服务提供者知道或者应当知道网络用户利用其网络服务侵害他人民事权益，未采取必要措施的，与该网络用户承担连带责任。

◆ **相关规定**

《中华人民共和国刑法》第266条、第286条之一、第287条之一、第287条之二；《中华人民共和国网络安全法》第21条、第25条、第59条；《中华人民共和国民法典》第120条、第1165条、第1184条、第1197条；《最高人民法院、最高人民检察院关于办理诈骗刑事案件具体应用法律若干问题的解释》；《最高人民法院、最高人民检察院关于办理非法利用信息网络、帮助信息网络犯罪活动等刑事案件适用法律若干问题的解释》

第四十七条 人民检察院在履行反电信网络诈骗职责中，对于侵害国家利益和社会公共利益的行为，可以依法向人民法院提起公益诉讼。

◆ **条文主旨**

本条是关于人民检察院在履行反电信网络诈骗职责中可以提起公益诉讼的规定。

◆ **立法背景**

（一）起草背景

为切实加强反电信网络诈骗工作，维护国家利益和社会公共利益，落实相关责任主体的责任，帮助相关受害者维护自身权益，强化法律监督职责，在检察机关探索实践公益诉讼的基础上，通过法律进一步明确检察机关在履行反电信网络诈骗职责中，对于侵害国家利益和社会公共利益的行为，依法提起公益诉讼。

（二）审议中各方面的意见

本条是反电信网络诈骗法三次审议稿增加的内容。在反电信网络诈骗法草案向地方征求意见的过程中，有的地方建议，增加规定“检察机关对反电信网络诈骗工作进行法律监督，开展检察公益诉讼”。在反电信网络诈骗法二次审议稿常委会审议期间，有的提出，近年来，电信网络诈骗犯罪多发高发，不仅广大人民群众深受其害，也严重危害网络空间秩序，严重侵害国家利益、社会公共利益。个人往往难以对海量公民个人信息泄露、网络平台治理责任等情况提出相关诉讼，需要适格主体提起公益诉讼。

草案三次审议稿增加第四十五条规定：“人民检察院在履行反电信网络诈骗职责中，对于侵害国家利益和社会公共利益的行为，可以依法向人民法院提起公益诉讼。”

根据常委会组成人员的审议意见，对本条的条文序号作了修改，将草案三次审议稿第四十五条修改为第四十七条。

◆ **条文解读**

本条包含三层意思。一是，人民检察院在反电信网络诈骗工作中负有相应职责。《中华人民共和国宪法》第一百三十四条规定，中华人民共和国人民检察院是国家的法律监督机关。《中华人民共和国人民检察院组织法》第二条规定，人民检察院是国家的法律监督机关。人民检察院通过行使检察权，追诉犯罪，维护国家安全和社会秩序，维护个人和组织的合法权益，维护国家利益和社会公共利益，保障法律正确实施，维护社会公平正义，维护国家法制统一、尊严和权威，保障中国特色社会主义建设的顺利进行。第四条规定，人民检察院依照法律规定独立行使检察权，不受行政机关、社会团体和个人的干涉。第二十条第四项规定，人民检察院依照法律规定提起公益诉讼。据此，人民检察院在反电信网络诈骗工作中通过依法独立行使检察权，督促负有反电信网络诈骗职责的行政机关依法履行相应的管理职责，督促金融、电信、互联网领域相关企业依法履职，维护国家利益和社会公共利益，维护社会公平正义，维护宪法和法律权威，促进国家治理体系和治理能力现代化，切实使反电信网络诈骗工作取得实效。

二是，人民检察院行使职权开展公益诉讼需要符合一定条件。本条规定，人民检察院在履行反电信网络诈骗职责中，发现“对于侵害国家利益和社会公共利益的行为”，可以依法开展公益诉讼。需要注意的是，电信网络诈骗犯罪一般属于刑事犯罪案件，人民检察院在刑事犯罪案件中依法承担对刑事案件进行审查，批准或者决定是否逮捕犯罪嫌疑人；对刑事案件进行审查，决定是否提起公诉，对决定提起公诉的案件支持公诉等职责。实践中一般对生态环境、食品药品安全等领域开展公益诉讼，主要是考虑到这类违法行为可能存在没有利益主体提起诉讼的情况，不利于保护社会公共利益和国家利益。对于电信网络诈骗犯罪，在有明确的违法犯罪人员和受害者，因果关系与法律责任清晰的情况下，主要依靠刑事依法惩治犯罪行为人并维护被害人的权益。人民检察院在反电信网络诈骗工作中发现行业主管部门、第三方相关企业等存在工作制度不完善、不作为等问题时，主要可依靠检察建议等方式，督促纠正有关方面完善工作。当行业主管部门、第三方相关企业等存在严重失职渎职或者不作为的行为，严重侵害国家利益和社会公共利益时，人民检察院可以依法提起公益诉讼。

三是，人民检察院可以依法向人民法院提起公益诉讼。这里的“依法”包括本法、人民检察院组织法、民事诉讼法、行政诉讼法。《中华人民共和国民事诉讼法》第五十八条规定，对污染环境、侵害众多消费者合法权益等损害社会公共利益的行为，法律规定的机关和有关组织可以向人民法院提起诉讼。人民检察院在履行职责中发现破坏生态环境和资源保护、食品药品安全领域侵害众多消费者合法权益等损害社会公共利益的行为，在没有前款规定的机关和组织或者前款规定的机关和组织不提起诉讼的情况下，可以向人民法院提起诉讼。前款规定的机关或者组织提起诉讼的，人民检察院可以支持起诉。《中华人民共和国行政诉讼法》第二十五条第四款规定，人民检察院在履行职责中发现生态环境和资源保护、食品药品安全、国有财产保护、国有土地使用权出让等领域负有监督管理职责的行政机关违法行使职权或者不作为，致使国家利益或者社会公共利益受到侵害的，应当向行政机关提出检察建议，督促其依法履行职责。行政机关不依法履行职责的，人民检察院依法向人民法院提起诉讼。此外，根据《人民检察院公益诉讼办案规则》，公益诉讼的一般规定包括管辖、回避、立案、调查等程序，对启动行政公益诉讼、民事公益诉讼的条件、要求等也作了详细规定。人民检察院对电信网络诈骗犯罪中发现的符合条件进行公益诉讼的案件，可以依法向人民法院提起诉讼。

◆ **相关规定**

《中华人民共和国宪法》第134条；《中华人民共和国人民检察院组织法》第20条；《中华人民共和国民事诉讼法》第58条；《中华人民共和国行政诉讼法》第25条；《人民检察院公益诉讼办案规则》

第四十八条 有关单位和个人对依照本法作出的行政处罚和行政强制措施决定不服的，可以依法申请行政复议或者提起行政诉讼。

◆ **条文主旨**

本条是关于对行政处罚和行政强制措施决定不服可以申请行政复议、提起行政诉讼的规定。

◆ **立法背景**

（一）起草背景

根据实施反电信网络诈骗工作的需要，本法对电信业务经营者、互联网服务提供者、银行业金融机构、非银行支付机构，非法制造、销售、提供或者使用专门或者主要用于电信网络诈骗的设备、软件的，从事相关涉诈支持、帮助活动的，以及非法买卖、出租、出借电话卡、物联网卡、银行账户、支付账户、互联网账号等的单位和个人，在法律责任章节规定了违反本法规定的行政处罚；对重大涉诈嫌疑人员和因从事电信网络诈骗活动受到刑事处罚的人员，在其他章节规定了不准出境的行政强制措施。这些处罚和措施，对规范有关主体建立反电信网络诈骗防范机制，履行本法规定的职责，打击电信网络诈骗黑灰产业，加强反电信网络诈骗工作的实施效果等方面，具有重要意义。

同时，本法第五条规定，反电信网络诈骗工作应当依法进行，维护公民和组织的合法权益。对公民、法人或者其他组织来说，行政处罚是依法以减损权益或者增加义务的方式对其予以惩戒，行政强制措施则是直接对其财产权、人身权的限制和剥夺，从权利保护的角度，应当明确当事人遭受行政处罚和行政强制措施的权利救济途径。作为一种事后救济手段，根据行政处罚法和行政强制法有关规定，当事人对行政处罚或者行政强制措施决定不服的，可以依法向复议机关申请行政复议或者向人民法院提起行政诉讼。这也是行政法领域程序正当原则的体现，目的是使公民、法人或者其他组织遭受行政行为侵害所受到的损失，通过行政和司法救济的途径，及时地予以恢复和补偿。本条依法对此作出了衔接性规定。

需要说明的是，本法对电信业务经营者、互联网服务提供者、银行业金融机构、非银行支付机构等单位主体在建立健全以及落实反电信网络诈骗内部控制机制上作出了要求，并规定了相应的行政处罚措施，通过这些处罚措施，赋予了有关主管机关广泛的行政职权。党的十八大以来，我国对行政权力监督和制约提出了要求，广泛的行政执法权应当对应严格的执法程序和监督机制。在监督机制中，作为行政对象的当事人监督，因直接参与行政执法程序并与行政决定有直接利害关系，而扮演着十分重要的地位。法律救济，就是法律赋予当事人对行政执法行为进行事后监督的重要方式，包括行政复议、行政诉讼和国家赔偿诉讼等。考虑到当事人监督中个人与行政机关的力量差距悬殊，需要在法律中明确监督渠道和权利。这是作出本条规定的另外一个考虑。

（二）审议中各方面的意见

1. 反电信网络诈骗法（草案）并未对此作出规定。在审议过程中，有的意见提出，本法法律责任一章规定有关单位和个人违反本法规定的，应当作出行政处罚。考虑到本法规定的法律义务较多，法律责任一章规定的行政处罚从罚款、拘留到责令停产停业不等，对当事人权利影响较大，应当提供相应的救济渠道，建议增加规定，对依法作出的行政处罚或者行政强制措施不服的，可以依照行政复议法或者行政诉讼法规定，申请行政复议或者行政诉讼。

2. 草案二次审议稿增加了本条内容。二次审议稿第四十三条规定："有关单位和个人对依照本法作出的行政处罚和行政强制措施决定不服的，可以依法申请行政复议或者提起行政诉讼。"

3. 草案三次审议稿未作修改。

◆ **条文解读**

本条是关于有关单位和个人对依照本法作出的行政处罚和行政强制措施决定不服，可以依法申请行政复议或者提起行政诉讼的规定。

第一，本条的适用对象是对依照本法作出的有关行政处罚和行政强制措施不服的行政相对人，包括单位和个人。本法根据反电信网络诈骗工作的实践需要，设定了一些具体的行政处罚和行政强制措施。

行政处罚是指行政机关依法对违反行政管理秩序的公民、法人或者其他组织，以减损权益或者增加义务的方式予以惩戒的行为。包括警告、罚款、行政拘留、没收违法所得、没收非法财物、责令停产停业、暂扣或者吊销许可证件、限制开展生产经营活动、限制从业等。本法法律责任一章对电信业务经营者、银行业金融机构、非银行支付机构、互联网服务提供者、从事电信网络诈骗黑灰产业以及其他实施涉诈非法行为的单位和个人，设定了不同程度的行政处罚。如第三十九条规定，电信业务经营者违反本法规定，有未履行对电话卡、物联网卡进行实名制登记、监测识别、监测预警和相关处置职责等五种情形的，由有关主管部门责令改正，情节较轻的，给予警告、通报批评，或者处五万元以上五十万元以下罚款；情节严重的，处五十万元以上五百万元以下罚款，并可以由有关主管部门责令暂停相关业务、停业整顿、吊销相关业务许可证或者吊销营业执照，对其直接负责的主管人员和其他直接责任人员，处一万元以上二十万元以下罚款。第四十条规定，银行业金融机构、非银行支付机构违反本法规定，有未履行尽职调查义务、可疑交易风险监测和相关处置义务等四种情形的，由有关主管部门责令改正，情节较轻的，给予警告、通报批评，或者处五万元以上五十万元以下罚款；情节严重的，处五十万元以上五百万元以下罚款，并可以由有关主管部门责令停止新增业务、缩减业务类型或者业务范围、暂停相关业务、停业整顿、吊销相关业务许可证或者吊销营业执照，对其直接负责的主管人员和其他直接责任人员，处一万元以上二十万元以下罚款。第四十一条规定，电信业务经营者、互联网服务提供者违反本法规定，有未履行网络服务实名制职责；未履行对涉诈互联网账号和应用程序，以及其他电信网络诈骗信息、活动的监测识别和处置义务；拒不依法为查处电信网络诈骗犯罪提供技术支持和协助等六种情形的，由有关主管部门责令改正，情节较轻的，给予警告、通报批评，或者处五万元以上五十万元以下罚款；情节严重的，处五十万元以上五百万元以下罚款，并可以由有关主管部门责令暂停相关业务、停业整顿、关闭网站或者应用程序、吊销相关业务许可证或者吊销营业执照，对其直接负责的主管人员和其他直接责任人员，处一万元以上二十万元以下罚款。第四十二条规定，违反本法第十四条和第二十五条第一款规定，非法制造、买卖、提供或者使用专门或者主要用于电信网络诈骗的设备、软件的，或者从事相关涉诈支持、帮助活动的，没收违法所得，由公安机关或者有关主管部门处违法所得一倍以上十倍以下罚款，没有违法所得或者违法所得不足五万元的，处五十万元以下罚款；情节严重的，由公安机关并处十五日以下拘留。第四十三条规定，违反本法第二十五条第二款规定，电信业务经营者、互联网服务提供者未依照国家有关规定履行合理注意义务的，由有关主管部门责令改正，情节较轻的，给予警告、通报批评，或者处五万元以上五十万元以下罚款；情节严重的，处五十万元以上五百万元以下罚款，并可以由有关主管部门责令暂停相关业务、停业整顿、关闭网站或者应用程序，对其直接负责的主管人员和其他直接责任人员，处一万元以上二十万元以下罚款。第四十四条规定，违反本法第三十一条第一款规定，非法买卖、出租、出借或者假冒他人身份或者虚构代理关系开立电话卡、物联网卡、银行账户、支付账户、互联网账号等，或者为其提供实名核验帮助的，没收违法所得，由公安机关处违法所得一倍以上十倍以下罚款，没有违法所得或者违法所得不足二万元的，处二十万元以下罚款；情节严重的，并处十五日以下拘留。

行政强制措施是行政机关在行政管理过程中，为制止违法行为、防止证据损毁、避免危害发生、控制危险扩大等情形，依法对公民的人身自由实施暂时性限制，或者对公民、法人或者其他组织的财物实施暂时性控制的行为，包括限制公民人身自由、查封场所、设施或者财物、扣押财物、冻结存款、汇款等。本法主要是在第三十六条中，对重大涉诈嫌疑人员以及因从事电信网络诈骗活动受到刑事处罚的人员，规定了限制出境措施。第三十六条规定，对前往电信网络诈骗活动严重地区的人员，出境活动存在重大涉电信网络诈骗活动嫌疑的，移民管理机构可以决定不准其出境。因从事电信网络诈骗活动受过刑事处罚的人员，设区的市级以上公安机关可以根据犯罪情况和预防再犯罪的需要，决定自处罚完毕之日起六个月至三年以内不准其出境，并通知移民管理机构执行。

第二，本条的适用条件是有关单位和个人对本法规定的行政处罚或者行政强制措施决定不服的。一般来说，不服行政处罚决定、行政强制措施决定而申请复议或者提起诉讼的，主要有以下几种情形：（1）原行政处罚决定、原行政强制措施决定认定的事实错误，包括认定的违法事实存在错误或者适用的对象错误等。（2）原行政处罚决定、原行政强制措施决定适用法律不当。（3）原行政处罚决定、原行政强制措施决定的作出不符合法定程序。

关于作出行政处罚和行政强制措施的法定程序，需要注意的是，除了要符合本法的具体规定外，还要符合行政处罚法和行政强制法本身对实施程序的规定。如行政处罚法规定的行政处罚遵循公正、公开原则，由具有行政处罚权的行政机关在法定职权范围内实施等；行政强制法规定的对需要限制公民人身自由的行政强制措施，应当场告知或者实施后立即通知当事人家属实施行政强制措施的行政机关、地点和期限；实施行政强制措施的目的已经达到或者条件已经消失，应当立即解除等。无论是行政处罚还是行政强制措施，作为行政相对人的公民、法人或者其他组织，在行政程序中均有权进行陈述和申辩。

第三，本条规定的救济途径包括依法申请行政复议或者提起行政诉讼两种。这里的“依法申请行政复议或者提起行政诉讼”，是指有关单位和个人可以按照行政复议法、行政诉讼法规定的条件和程序申请行政复议、提起行政诉讼。

行政复议是指公民、法人或者其他组织认为具体行政行为侵犯其合法权益，在一定期限内，依法向行政复议机关提出行政复议申请，接受申请的行政复议机关根据提出的申请，按照法律、法规的规定对原具体行政行为的合法性和适当性进行复查，在规定的时限内作出维持、变更或者撤销原具体行政行为的决定。（1）关于复议机关，根据行政复议法规定，对县级以上地方各级人民政府工作部门的具体行政行为不服的，可以向该部门的本级人民政府申请行政复议，也可以向上一级主管部门申请行政复议；

对海关、金融、国税、外汇管理等实行垂直领导的行政机关和国家安全机关的具体行政行为不服的，向上一级主管部门申请行政复议；对国务院部门的具体行政行为不服的，向作出该具体行政行为的国务院部门申请行政复议，对该行政复议决定不服的，可以向人民法院提起行政诉讼，也可以向国务院申请裁决，国务院裁决为最终裁决。（2）关于复议期限，《中华人民共和国行政复议法》第九条规定，公民、法人或者其他组织认为具体行政行为侵犯其合法权益的，可以自知道该具体行政行为之日起六十日内提出行政复议申请；但是法律规定的申请期限超过六十日的除外。因不可抗力或者其他正当理由耽误法定申请期限的，申请期限自障碍消除之日起继续计算。

行政诉讼是指公民、法人或者组织认为行政机关和行政机关工作人员的具体行政行为侵犯其合法权益，在一定期限内，依法向人民法院提起诉讼，由人民法院对具体行政行为是否合法进行审查并作出裁判。（1）关于管辖法院，根据行政诉讼法规定，一般由最初作出行政行为的行政机关所在地人民法院管辖；经复议的案件，也可以由复议机关所在地人民法院管辖；对限制人身自由的行政强制措施不服提起的诉讼，由被告所在地或者原告所在地人民法院管辖。（2）关于诉讼期限，《中华人民共和国行政诉讼法》第四十五条规定，公民、法人或者其他组织不服复议决定的，可以在收到复议决定书之日起十五日内向人民法院提起诉讼。复议机关逾期不作决定的，申请人可以在复议期满之日起十五日内向人民法院提起诉讼。法律另有规定的除外。第四十六条第一款规定，公民、法人或者其他组织直接向人民法院提起诉讼的，应当自知道或者应当知道作出行政行为之日起六个月内提出。法律另有规定的除外。

对于依照本法作出的行政处罚和行政强制措施决定，有关单位和个人不服的，可以直接申请行政复议，也可以直接提起行政诉讼。一方面，直接申请行政复议，且行政复议机关已经依法受理的，在法定行政复议期限内不得向人民法院提起行政诉讼；直接提起行政诉讼，且人民法院已经依法受理的，不得申请行政复议。另一方面，直接申请行政复议后，有关单位和个人对复议决定不服的，还可以在法定期限内向人民法院提起行政诉讼。经复议的案件，复议机关决定维持原行政行为，当事人不服的，作出原行政行为的行政机关和复议机关是共同被告；复议机关改变原行政行为，当事人不服的，复议机关是被告。

在该条的理解适用中，需要注意行政复议和行政诉讼原则上不停止具体行政行为的执行。实践中，为了保障行政效率，维护国家利益和社会公共利益，行政复议法和行政诉讼法均规定，在行政复议和行政诉讼期间，具体行政行为原则上不停止执行。之所以这样规定，是考虑到在确保当事人受到不应有的处罚或者行政强制时可以得到及时救济的同时，也要注重维护执法过程中有关主管部门作出的处罚决定和行政强制决定的严肃性和权威性，保证有关部门能够依法履行职责，及时追究违法者的法律责任，维护社会安全和公共利益。

◆ **相关规定**

《中华人民共和国行政诉讼法》第 18 条、第 19 条、第 45 条、第 46 条、第 56 条；《中华人民共和国行政处罚法》第 2 条、第 7 条、第 9 条；《中华人民共和国行政复议法》第 9 条、第 12-16 条、第 21 条；《中华人民共和国行政强制法》第 2 条、第 8 条、第 9 条、第 18 条、第 20 条

第七章 附　　则

第四十九条　反电信网络诈骗工作涉及的有关管理和责任制度，本法没有规定的，适用《中华人民共和国网络安全法》、《中华人民共和国个人信息保护法》、《中华人民共和国反洗钱法》等相关法律规定。

◆ 条文主旨

本条是关于反电信网络诈骗工作涉及的有关管理和责任制度，本法没有规定的，如何与其他法律衔接的规定。

◆ 立法背景

（一）起草背景

本法是对反电信网络诈骗工作的关键环节、主要制度进行的专门性立法。从功能定位上来讲，本法坚持精准防治和问题导向，注重源头治理、综合治理，强调完善预防性法律制度建设，是一部针对性强、实用性高的“小快灵”“小切口”法律。如反电信网络诈骗工作的基本原则；完善电话卡、物联网卡、金融账户、互联网账号有关基础管理制度；建立电信网络诈骗反制技术措施，统筹推进跨行业、企业统一监测系统建设，为利用大数据反诈提供制度支持等。此外，本法还规定了切实有效的举措加强网络黑灰产治理，推动形成协同打击治理电信网络诈骗犯罪的工作合力，并依法明确有关违法行为的法律责任，加大惩处力度。

由于反电信网络诈骗工作是一项系统性工程，本身涉及电信、金融、互联网、社会综合治理等多个领域，这些领域对应金融、电信、网信、市场监管等不同的主管机关和有关市场主体，领域本身已经形成了较为成熟的法律法规规范和管理制度，并一般对该领域违法违规甚至犯罪行为，以及法律责任作出了规定。如网络安全法、商业银行法、银行业监督管理法、数据安全法等。此外，电信网络诈骗犯罪滋生出泄露、买卖公民个人信息，洗钱等违法犯罪活动，这些非法行为有的已经专项法律作出了规定，如个人信息保护法、反洗钱法等。

从两者关系来说，本法是反电信网络诈骗工作的专门法律，与其他法律中涉及反电信网络诈骗工作的各种管理和责任制度，应当是相互补充、共同推进的关系。对于有关管理和责任制度，本法已经作出专门性规定的，应当适用本法规定；本法没有规定的，应当适用其他相关法律规定。本条对此作出衔接性规定。

（二）审议中各方面的意见

1. 反电信网络诈骗法（草案）第三十八条规定："反电信网络诈骗工作适用本法。有关管理和责任制度，本法没有规定的，适用《中华人民共和国网络安全法》、《中华人民共和国个人信息保护法》、《中华人民共和国反洗钱法》等相关法律法规规定。其他法律对相应行为有更重处罚规定的，从其规定。"

在征求意见过程中，有的提出，"适用本法"在第三条中已有表述，本条不必赘述；有的意见建议删除"法规"，明确应当适用其他有关法律规定；有的意见建议增加适用《中华人民共和国数据安全法》，有利于规范数据处理活动，保障数据安全，促进数据开发利用。在审议过程中，有的提出，本法规定的有关法律责任主要是从违反防范电诈义务的角度作出的规定，与商业银行法、反洗钱法等从各自监管角度作出的处罚可能不完全一致，属于法律之间适用的衔接问题，一般不作明确规定。实践中可以按照特别法规定或者择一重处罚，因此，建议删除“其他法律对相应行为有更重处罚规定的，从其规定”。

我们考虑到，一是，本法属于反电信网络诈骗的专门法律，对于本法没有规定而其他法律中涉及反电信网络诈骗工作有关制度的，可以采用列举加兜底的方式作出说明，并主要列举了涉及较多的网络安全法、个人信息保护法和反洗钱法，未列举的其他法律包含在“等相关法律规定”中，在一审稿草案中已有表述；二是，反电信网络诈骗工作涉及的有关管理和责任制度，有的法律尚未作出规定，目前仍是由行政法规进行规范，如2000年出台的《中华人民共和国电信条例》（已经2016年修订），对电信业务经营者在电信业务经营中的义务和责任作了规定；三是，对于其他法律对相应行为有更重处罚规定的，还涉及特别法和一般法的关系，应当在实践区分具体情形具体分析，可以不在本条作出规定。我们根据上述意见建议，对草案作了相应调整。

2. 草案二次审议稿第四十五条规定：“反电信网络诈骗工作涉及的有关管理和责任制度，本法没有规定的，适用《中华人民共和国网络安全法》、《中华人民共和国个人信息保护法》、《中华人民共和国反洗钱法》等相关法律规定。”

3. 草案三次审议稿未作修改。

◆ 条文解读

本条是关于反电信网络诈骗工作涉及的有关管理和责任制度，本法没有规定的，适用其他相关法律规定的规定。

根据本条规定，本法对反电信网络诈骗工作涉及的有关管理和责任制度作出规定的，应当适用本法规定；本法没有规定的，适用其他法律规定。“反电信网络诈骗工作涉及的管理和责任制度”，主要是指为打击治理电信网络诈骗活动而建立健全的各种管理制度，以及未依法履行管理义务而应当承担的法律责任。包括有关主管部门的管理职责，如本法第六条中规定的公安机关牵头负责反电信网络诈骗工作，金融、电信、网信、市场监管等有关主管部门承担监管主体责任的内容；也包括市场主体的管理责任，如本法针对电信、金融、互联网以及综合治理领域规定的电信业务经营者、银行业金融机构、非银行支付机构、互联网服务提供者等应当承担的内部控制机制、风险防控和安全责任制度；还包括上述主体不履行有关管理职责而应当依法承担的各种法律责任。

具体分析本法与其他法律之间的关系，可以区分以下两种情形：

1. 本法已有规定，其他法律没有规定的。如本法第十条规定电信业务经营者有权对经识别存在异常情形的电话卡拒绝办卡，第十七条规定银行业金融机构、非银行支付机构应当建立开立企业账户异常情形的风险防控机制，第二十二条规定互联网服务提供者对监测识别的涉诈异常账号应当采取重新核验、限制功能、暂停服务等处置措施。这些规定均属于首次在法律层面作出规定，作为反电信网络诈骗专门法律，自然应当适用本法规定。

2. 本法没有规定，还可以具体区分以下两种情形：

（1）本法没有规定，但其他法律对反电信网络诈骗工作涉及的有关管理和责任制度有规定的，应当从其规定。以几个常见的涉反电信网络诈骗工作的有关法律为例：

一是，网络安全法有关规定。电信网络诈骗区别于普通诈骗活动的本质特征就是通过利用电信网络设施及相关技术，使得诈骗活动更具隐匿性、涉诈资金更加不易追溯、诈骗结果更具危害性，因此，本法第四章互联网治理中对网络实名制、涉诈异常互联网账号监测等制度进行了专门规定。除此之外，2017 年 6 月 1

日，网络安全法开始施行，对在境内建设、运营、维护和使用网络，以及网络安全的监督管理等作了规定，部分规定同样适用于反电信网络诈骗工作。第二十一条规定，国家实行网络安全等级保护制度。网络运营者应当按照网络安全等级保护制度的要求，采取防范计算机病毒和网络攻击、监测和记录网络运行状态及网络安全事件、对重要数据备份和加密等安全保护义务，保障网络免受干扰、破坏或者未经授权的访问，防止网络数据泄露或者被窃取、篡改。网络安全法还对发布、传输法律法规禁止的内容(包括涉诈 APP 和非法链接等)，如何处置作了规定：任何个人和组织发送的电子信息、提供的应用软件，不得设置恶意程序，不得含有法律、行政法规禁止发布或者传输的信息。电子信息发送服务提供者和应用软件下载服务提供者，应当履行安全管理义务，知道其用户有前述行为的，应当停止提供服务，采取消除等处置措施，保存有关记录，并向有关主管部门报告。网络运营者应当加强对其用户发布的信息的管理，发现法律、行政法规禁止发布或者传输的信息的，应当立即停止传输该信息，采取消除等处置措施，防止信息扩散，保存有关记录，并向有关主管部门报告。同时，网络运营者应当建立网络信息安全投诉、举报制度，及时受理并处理有关网络信息安全的投诉和举报。国家网信部门和其他依法履行网络信息安全监督管理职责的有关部门，对来源于中华人民共和国境外的上述信息，应当通知有关机构采取技术措施和其他必要措施阻断传播。

二是，个人信息保护法有关规定。在电信网络诈骗活动中，往往存在公民姓名、身份证号、银行账号、手机号等个人信息泄露等问题。侵犯公民个人信息已成为电信网络诈骗“黑灰产业”的关键环节，需要对公民个人信息的处理与保护作出规定。2021 年 11 月 1 日，个人信息保护法生效实施，对在境内处理自然人个人信息的，以及在境外以向境内自然人提供产品或服务为目的处理境内自然人个人信息，在境外分析、评估境内自然人行为等情形，作了规定。第四条第二款规定，个人信息的处理包括个人信息的收集、存储、使用、加工、传输、提供、公开、删除等。根据个人信息保护法有关规定，除法定情形外，个人信息处理者应当征得个人同意方可处理个人信息；另外，只有在具有特定的目的和充分的必要性，并采取严格保护措施的情形下，个人信息处理者方可处理敏感个人信息。个人信息处理者，是指在个人信息处理活动中自主决定处理目的、处理方式的组织和个人。敏感个人信息是一旦泄露或者非法使用，容易导致自然人的人格尊严受到侵害或者人身、财产安全受到危害的个人信息，包括生物识别、宗教信仰、特定身份、医疗健康、金融账户、行踪轨迹等信息，以及不满十四周岁未成年人的个人信息。据此，由于电信业务经营者、银行业金融机构、非银行支付机构、互联网服务提供者等主体在日常经营活动中掌握大量包括身份信息、支付账户、人脸识别信息在内的敏感个人信息，这些机构在履行本法规定的反电信网络诈骗义务职责外，还应当遵守个人信息保护法的规定，采取措施确保个人信息处理活动符合法律、行政法规规定，并防止未经授权的访问以及个人信息泄露、篡改、丢失。包括：制定内部管理制度和操作规程；对个人信息实行分类管理；采取相应的加密、去标识化等安全技术措施；合理确定个人信息处理的操作权限；制定并组织实施个人信息安全事件应急预案；对个人权益有重大影响的个人信息处理活动事前进行影响评估等。

三是，反洗钱法有关规定。涉诈资金的追缴没收与被害人返还，一直是反电信网络诈骗工作的重点和难点，本法第三章金融治理对银行业金融机构、非银行支付机构建立客户尽职调查制度，依法识别受益所有人，采取相应风险管理措施等作了规定，并明确由国务院公安部门会同有关部门建立完善电信网络诈骗涉案资金即时查询、紧急止付、快速冻结、及时解冻和资金返还制度，明确有关条件、程序和救济措施。除此之外，受害人钱款一旦进入涉诈账户，即需要通过“跑分”平台、地下钱庄等渠道将钱款进行分发和转移，此时这些涉诈资金的洗钱活动就已经启动，为及时拦截涉诈资金、最大程度地维护受害人合法权益，需要对洗钱活动采取强有力的预防和惩治措施。2007 年 1 月 1 日，反洗钱法施行，对通过各种方式掩饰、隐瞒犯罪所得及其收益的来源和性质的洗钱活动，规定了预防、监控和惩治措施。该法对金融机构、特定非金融机构设定了三项基本的反洗钱义务：建立健全客户身份识别制度、客户身份资料和交易记录保存制度、大额交易和可疑交易报告制度。其中，客户身份识别制度和可疑交易报告制度已经在本法中作了专门规定。客户身份资料和交易记录保存制度，根据反洗钱法规定，是指金融机构在业务关系存续期间，客户身份资料发生变更的，应当及时更新；客户身份资料在业务关系结束后、客户交易信息在交易结束后，应当至少保存五年；金融机构破产和解散时，应当将客户身份资料和客户交易信息移交国务院有关部门指定的机构。大额交易报告制度，是指金融机构办理的单笔交易或者在规定期限内的累计交易超过规定金额的，应当及时向反洗钱信息中心报告。《金融机构大额交易和可疑交易报告管理办法》第二章对大额交易报告的标准和例外情形作了规定。

四是，数据安全法有关规定。近几年，随着国内不断加强打击治理电信网络诈骗违法犯罪工作，很多电信网络诈骗分子将犯罪据点转向国外尤其是东南亚国家，并利用非法设备和技术手段从境外获取境内自然人个人信息从而实施诈骗，这之中就涉及大量的数据跨境流动问题，需要对数据安全及跨境审查作出规范。

2021年9月1日，数据安全法施行，规定在我国境内开展数据处理活动及其安全监管，适用本法；在中华人民共和国境外开展数据处理活动，损害中华人民共和国国家安全、公共利益或者公民、组织合法权益的，依法追究法律责任。根据《中华人民共和国数据安全法》有关规定，任何组织、个人收集数据，应当采取合法、正当的方式，不得窃取或者以其他非法方式获取数据；从事数据交易中介服务的机构提供服务，应当要求数据提供方说明数据来源，审核交易双方的身份，并留存审核、交易记录；关键信息基础设施的运营者在中华人民共和国境内运营中收集和产生的重要数据的出境安全管理，适用《中华人民共和国网络安全法》的规定；其他数据处理者在中华人民共和国境内运营中收集和产生的重要数据的出境安全管理办法，由国家网信部门会同国务院有关部门制定等。另外，个人信息保护法也对个人信息跨境处理规则作出了规定。该法规定，一般情况下，个人信息处理者因业务等需要，确需向中华人民共和国境外提供个人信息的，应当依法通过国家网信部门组织的安全评估，并按照国家网信部门的规定经专业机构进行个人信息保护认证，以标准合同与境外接收方订立合同等。在向中华人民共和国境外提供个人信息时，个人信息处理者应当向个人告知或者姓名、联系方式、处理目的、处理方式、个人信息的种类以及个人向境外接收方行使本法规定权利的方式和程序等事项，并取得个人的单独同意。

（2）本法与其他法律均未作规定，行政法规作出规定的，也应当根据本条规定，适用行政法规有关内容。

根据立法法基本原则，除应当由法律作出规定的事项外，国务院有权就宪法第八十九条规定的国务院行政管理职权的事项，制定行政法规。在没有上位法规定时，可以直接适用行政法规的规定。

正如前文所述，电信网络诈骗活动往往需要通过互联网实施诈骗活动，除了通过网络安全法等对互联网活动进行规范外，互联网接入服务、互联网虚拟专用网业务、域名解析服务业务等前端网络搭建均属于电信业务范畴。除此之外，作为电信网络诈骗非法利用的另一个主要途径，IP 电话业务、国际通信设施服务、互联网国际数据传送业务等，也属于电信业务范畴，需要加以规制。本法第二章电信治理和第四章互联网治理中规定电信业务经营者提供服务时应当进行实名认证、对不法行为进行监测识别和处置、对域名解析、域名跳转、网址链接转换服务进行管理和溯源等。

此外，2016 年 2 月修订后的《中华人民共和国电信条例》对境内从事电信活动或者与电信有关的活动也作了规范。根据该条例规定，任何组织或者个人不得有利用电信网从事窃取或者破坏他人信息、损害他人合法权益等危害电信网络安全和信息安全的行为。任何组织或者个人不得以虚假、冒用的身份证件办理入网手续并使用移动电话等扰乱电信市场秩序的行为，违反规定但尚不构成犯罪的，由国务院信息产业主管部门或者省、自治区、直辖市电信管理机构依据职权责令改正，没收违法所得，处违法所得 3 倍以上 5 倍以下罚款；没有违法所得或者违法所得不足 1 万元的，处 1 万元以上 10 万元以下罚款。电信业务经营者应当按照国家有关电信安全的规定，建立健全内部安全保障制度，实行安全保障责任制。对于在公共信息服务中，电信业务经营者发现电信网络中传输的信息明显属于法律法规所禁止内容的，应当立即停止传输，保存有关记录，并向国家有关机关报告。

在该条的理解适用中，需要注意以下两个方面的问题：

第一，对于本法有规定的，其他法律暂时没有规定，但本法实施后，又制定有关的新法或者修改有关法律的，如何适用的问题。在全国人大常委会2022年度立法工作计划中，修改商业银行法、中国人民银行法、反洗钱法，制定电信法、网络犯罪防治法等方面的立法工作，均属于预备审议项目。在本法审议过程中，也有意见提出，建议通过电信法，对网络用户实名制、网络资源管理、网络技术防范、涉诈用户信用管理等源头治理、事中监管和事后惩治核心环节作出具体规定。通常情况下，即使是新的法律中涉及反电信网络诈骗工作的有关管理责任制度，也一般与本法的有关规定与精神一致。如果以后其他法律对反电信网络诈骗有关管理责任制度作出新的规定，则需要根据立法法等法律中关于新法优于旧法、特别法优于普通法等处理法条竞合的规定和精神处理。

第二，对于本法有规定，其他法律也有规定，但两者规定并不完全一致的问题。如本法第十八条规定的可疑交易监测与报告制度与反洗钱法规定可疑交易活动的行政调查。根据本法第十八条第三款规定，对监测识别的异常账户和可疑交易，银行业金融机构、非银行支付机构应当根据风险情况，采取核实交易情况、重新核验身份、延迟支付结算、限制或者中止有关业务等必要的防范措施。

根据反洗钱法和《金融机构大额交易和可疑交易报告管理办法》有关规定，金融机构应当按照规定执行大额交易和可疑交易报告制度。发现可疑交易明显涉嫌洗钱、恐怖融资等犯罪活动的，金融机构应当在向中国反洗钱监测分析中心提交可疑交易报告的同时，以电子形式或书面形式向所在地中国人民银行或者其分支机构报告，并配合反洗钱调查。反洗钱调查是指，国务院反洗钱行政主管部门或者其省一级派出机构作为监管主体，发现可疑交易活动，需要调查核实的，可以向金融机构进行调查，并可采取询问、查阅、复制、封存和临时冻结等措施。同时，为了避免权力滥用，对部分调查措施的行使条件、主体、批准程序和期限作了限制：一是只对可能被转移、隐藏、篡改或者毁损的文件、资料才能进行封存，对涉案账户资金有可能转移至境外的，才可采取临时冻结措施；二是只有中国人民银行总行可以采取临时冻结措施，并且必须报经其负责人批准；三是临时冻结以48小时为限。

可以看出，在《中华人民共和国反洗钱法》中，并没有赋予金融机构可以直接采取限制或者中止有关业务等防范措施的权利，对于临时冻结这种具有临时性限制交易性质的措施也规定了较为严格的程序和条件。本法规定银行业金融机构等可以采取必要防范措施，属于针对涉电信网络诈骗的新规定，实践中要注意应当严格限制在电信网络诈骗活动监测机制中识别出的异常账户和可疑交易中。对于已经依照本法规定采取了必要防范措施的，也不妨碍依照反洗钱法规定采取其他措施；对于涉嫌其他犯罪的洗钱活动（如涉嫌有组织犯罪）或者其他违法行为的可疑交易，应当按照反洗钱法有关规定执行。

◆ **相关规定**

《中华人民共和国网络安全法》第21条、第27条、第41条、第42条、第47条、第49条、第50条；《中华人民共和国个人信息保护法》第4条、第13条、第14条、第28条、第29条、第38条、第39条；《中华人民共和国反洗钱法》第3条、第16-20条、第23-26条；《中华人民共和国数据安全法》第2条、第21条、第31条、第33条；《中华人民共和国电信条例》第56-59条、第61条

第五十条 本法自 2022 年 12 月 1 日起施行。

◆ 条文主旨

本条是关于反电信网络诈骗法施行日期的规定。

◆ 立法背景

（一）起草背景

法律的施行日期，是指法律开始施行并发生法律效力的日期。关于法律的施行时间，立法法有明确规定。《中华人民共和国立法法》第五十七条规定："法律应当明确规定施行日期。"法律的施行时间，是法律效力的起点。一部法律何时开始生效，一般是由该法律的具体性质和实际需要决定的。目前，关于法律施行日期的规定，我国立法实践中通常有两种做法：一是，法律公布的时间与法律施行的时间是一致的，也就是说，法律自公布之日起施行。二是，法律公布的时间与法律施行的时间不一致，即法律公布后经过一段时间后才施行，其目的是给法律的施行以必要的准备时间。

（二）审议中各方面的意见

在审议过程中，关于反电信网络诈骗法的施行日期，也存在两种不同的观点。有的提出，当前电信网络诈骗多发高发，严重影响了人民群众的生命财产安全、社会和谐稳定和国家经济安全。反电信网络诈骗法草案深入贯彻落实习近平总书记关于打击治理电信网络诈骗工作的重要批示指示和党中央决策部署，为坚决打击电信网络诈骗犯罪提供了十分重要的法律支撑。作为一部"小快灵""小切口"立法，反电信网络诈骗法的生效实施有利于及时为反电信网络诈骗工作提供法治保障，有利于遏制猖獗的电信网络诈骗势头，有利于维护人民群众切身利益、社会稳定和国家安全，出台反电信网络诈骗法非常迫切、非常及时，建议通过即施行；有的则提出，反电信网络诈骗法是我国预防性法律制度建设的重要部分，审议稿内容对行业监管部门责任、企业责任、强化反洗钱制度建设、加强涉“两卡”管理惩戒、网络黑灰产治理、个人信息保护等主要制度和关键环节均作了规定，涉及主管部门、司法机关、企业、个人等多方主体，法律出台后，需要给予上述主体一定时间修改调整相关工作机制、进一步健全完善相关法规配套文件，也需要向公众宣传法律的基本内容，形成社会上的共识，建议通过后一定时期再施行。

◆ **条文解读**

本条是关于反电信网络诈骗法施行日期的规定。一部法律何时开始发生效力，需要具体的规定。正确理解法律关于施行时间的规定，是运用法律的前提条件。法律的公布和法律的施行是两个不同概念。法律的公布是指经立法机关法定程序表决通过，由国家主席签署主席令形式将法律向社会发布和公告。法律的施行是法律开始产生实际约束力，可以行使法律规定的权利并承担法律规定的义务。一般法律通过后都会在当日公布，但法律从何时开始施行，往往需要根据实际来决定。

法律的施行时间有四种情况，其中一、二种比较常见。一是法律自公布之日起施行，施行时间、公布时间与通过时间同步。二是法律另定时间施行，该时间是确定的一个时间，是法律公布后经一段时间后的具体时间。我国多数法律都采取这种形式。三是法律公布后先试行或者暂行，经试行或者暂行一段时间后，由立法机关予以修改调整补充，经通过为正式法律后，公布施行。在施行或者暂行期间，法律也有约束力。如第五届全国人民代表大会常务委员会第二十二次会议和第二十五次会议分别通过的《中华人民共和国民事诉讼法（试行）》和《中华人民共和国食品卫生法（试行）》。四是规定一个法律的生效日期取决于另一个法律的制定和施行时间，如第六届全国人民代表大会常务委员会第十八次会议通过的《中华人民共和国企业破产法（试行）》第四十三条规定："本法自全民所有制工业企业法实施满三个月之日起试行……"而全民所有制工业企业法在《中华人民共和国企业破产法（试行）》通过时还尚未制定出来，因此有意见认为采取这种方式规定的施行日期是不确定的，立法应当明确施行日期。

本法施行时间采取了第二种方式。根据本条规定，反电信网络诈骗法自 2022 年 12 月 1 日起施行。制定反电信网络诈骗法，是贯彻落实习近平总书记关于打击治理电信网络诈骗工作的重要指示批示精神，贯彻习近平法治思想，坚持以人民为中心，统筹发展和安全，坚持精准防治和问题导向，强化系统观念、注重源头治理、综合治理，加强预防性法律制度建设，为打击遏制电信网络诈骗活动提供法治支撑的一项重要立法活动。本法结合实践需要，对反电信网络诈骗急需的主要制度和关键环节作了规定，对于严厉打击反电信网络诈骗活动，遏制网络黑灰产高发态势，维护人民群众合法权益，建设更高水平的平安中国、法治中国，具有重要意义。

综合考虑反电信网络诈骗法的重要性和为实施准备的必要性，本条规定，反电信网络诈骗法自 2022 年 12 月 1 日起施行。一方面，本法是针对预防、遏制和惩治电信网络诈骗活动出台的一部预防性、综合性的法律，在本法出台之前，有关主管机关已经出台了大量的针对互联网账号、银行卡开立、支付结算等监督管理有关规定，部分法律如个人信息保护法、反洗钱法、网络安全法中也有涉及相关管理责任制度，因此，有关工作已经有了一定的积累和基础，各方面也作了一定的准备。

另一方面，反电信网络诈骗法的实施仍然需要一定时间的准备期。一是，为有关反电信网络诈骗工作主管部门留有相应的准备时间，方便及时制定和调整相应的工作机制，加强专业队伍建设，组织开展综合治理和社会宣传教育防范等工作；二是，通过前期公布和宣传，使得广大公民个人、单位等得以知悉法律内容，以使其能够事先对照法律规范的权利义务调整自身的行为，并对自身的行为进行合法性预期，从而促进法律在现实社会生活中的有效实现。另外，由于本法针对电信业务经营者、银行业金融机构、非银行支付机构、互联网服务提供者规定了风险防控义务，要求其建立反电信网络诈骗内部控制机制和安全责任制度，给予一定时间的准备期，也有利于这些企业主体及时组织开展工作，进行合规建设。

本法是 2022 年 9 月 2 日第十三届全国人民代表大会常务委员会第三十六次会议通过的，自 2022 年 12 月 1 日起施行。在法律文本中明确规定本法施行的具体日期，表明了法的时间效力状态。本法自通过至施行的这段准备期，既符合设定准备期的本意，又不至于过分延长法律的施行日期，有利于实践中理解、掌握和执行。

在该条的理解适用中，需要注意的是，法律的施行时间还涉及法律对其施行前的行为有无溯及力的问题。法律的溯及力，即溯及既往的效力，是指法律施行后，对施行前的行为是否适用的效力。如果适用，就表明具有溯及力，如果不能适用，也就是所谓的法不溯及既往，表明没有溯及力。各国规定大体有这样几种情况：一是从旧原则，即新法没有溯及力。二是从新原则，即新法有溯及力。三是从轻原则，即比较新法与旧法，哪个处理轻些就按照哪个法处理。四是从新兼从轻原则，即新法原则上溯及既往，但是旧法对行为人的处罚较轻时，则用旧法。五是从旧兼从轻原则，即新法原则上不溯及既往，但新法对行为人的处罚较轻时，则从新法。目前世界上多数国家采取从旧原则，法律没有溯及力。在法律规定有溯及力的国家，通常采用从旧兼从轻原则。比如我国刑法的时间效力就采用了从旧兼从轻原则，即对犯罪行为原则上应当适用行为时的法律规定，但如果适用新的法律规定对犯罪人更为有利的，则应适用新的法律规定。

就本法而言，本法针对电信业务经营者、互联网服务提供者、银行业金融机构、非银行支付机构存在违反本法规定的情形的，设置了相应的法律责任，尤其是行政责任和民事责任。根据《中华人民共和国立法法》第九十三条规定："法律、行政法规、地方性法规、自治条例和单行条例、规章不溯及既往，但为了更好地保护公民、法人和其他组织的权利和利益而作的特别规定除外。"本法考虑电信网络诈骗及其相关黑灰产业的社会危害性，对违反本法规定义务的情形，设置了较重的行政处罚，因此一般不溯及既往，即只有在本法施行之后，违反本法规定的行为才会按照本法规定进行处罚。

◆ **相关规定**

《中华人民共和国立法法》第 57 条、第 93 条

图书在版编目（CIP）数据

中华人民共和国反电信网络诈骗法解读 / 王爱立主编. —北京：中国法制出版社，2022. 12

ISBN 978-7-5216-2934-7

Ⅰ. ①中… Ⅱ. ①王… Ⅲ. ①电信-诈骗-预防犯罪-法规-法律解释-中国②互联网络-诈骗-预防犯罪-法规-法律解释-中国 Ⅳ. ①D924. 335

中国版本图书馆 CIP 数据核字（2022）第 180791 号

策划编辑 袁笋冰　　责任编辑 卜范杰　　封面设计 李 宁

中华人民共和国反电信网络诈骗法解读

ZHONGHUA RENMIN GONGHEGUO FANDIANXIN WANGLUO ZHAPIANFA JIEDU

主编/王爱立

经销/新华书店

印刷/三河市紫恒印装有限公司

开本/880 毫米×1230 毫米 32 开　　印张/ 16 字数/ 363 千

版次/2022 年 12 月第 1 版　　2022 年 12 月第 1 次印刷

中国法制出版社出版

书号 ISBN 978-7-5216-2934-7　　定价：65. 00 元

北京市西城区西便门西里甲 16 号西便门办公区

邮政编码：100053　　传真：010-63141600

网址：http：//www. zgfzs. com　　编辑部电话：010 63141673

市场营销部电话：010-63141612　　印务部电话：010-63141606

（如有印装质量问题，请与本社印务部联系。）